Christian Feldmann

Träume beginnen zu leben

Christian Feldmann

Träume beginnen zu leben

Große Christen unseres Jahrhunderts

Herder Freiburg · Basel · Wien

Meiner Mutter

Denn Christus lernt man
nur durch Menschen kennen

Bildnachweis:
Umschlag: Gerhardy/present, Essen (Frère Roger), KNA Bild, Frankfurt a. M. (Johannes XXIII., Mutter Teresa), dpa-Bild, Frankfurt a. M. (Martin Luther King). Seite 97: dpa-Bild, Frankfurt a. M. Alle übrigen Herder-Bildarchiv.

Dritte Auflage

Herstellung: Freiburger Graphische Betriebe 1984
ISBN 3-451-19896-7

Vorwort: Das Risiko des Glaubens

„Wenn jemand allein träumt,
dann ist das nur ein Traum,
wenn wir aber zusammen träumen,
dann ist das der Beginn der Wirklichkeit."
Hélder Câmara

Martin Luther King, der elegante Harvard-Student, ernst, distanziert, manchmal selbstquälerisch, wird fast über Nacht zum Motor der amerikanischen Bürgerrechtsbewegung. Ihn treibt das Wissen: „Vor 2000 Jahren sagte eine Stimme aus Betlehem, daß alle Menschen gleich sind."

Maksymilian Kolbe, ein polnischer Franziskaner, geht im KZ Auschwitz für einen Mithäftling, einen Familienvater, in den Tod. Er hat sich geschworen: „Das Leben entflieht schnell ... Bemühen wir uns, möglichst viele Beweise der Liebe zu geben."

Oscar Romero, der intelligente, menschenscheue Priester, ein Freund der Bücher und der schönen Gottesdienste, wird als Erzbischof von San Salvador zum furchtlosen Sprecher der Verfolgten und Ausgebeuteten. Denn in ihnen erkennt er „das wie Jesus ans Kreuz geschlagene Volk", das „Sakrament" des leidenden Christus.

Mutter Teresa von Kalkutta hängt ihren Beruf als Direktorin der großbürgerlichen St. Mary's High School an den Nagel, um in den Slums der Alptraumstadt Sterbende, weggeworfene Säuglinge und unterernährte Kinder aufzusammeln. Sie findet dort „Christus in der Verkleidung des Elends".

Raoul Follereau, ein junger Franzose, dessen Gedichte in der Comédie Française vorgetragen werden, verzichtet auf eine glänzende literarische Karriere, um 30 Jahre lang im Dienst der Leprakranken durch die Welt zu hasten. Er hat begriffen: „Niemand hat das Recht, allein glücklich zu sein!"

Dorothy Day, die aufmüpfige Journalistin, verübelt den satten Christen ihre Gleichgültigkeit gegenüber dem schreienden Unrecht der Gesellschaft und schließt sich anarchistischen Kreisen an – um später die führende Persönlichkeit der christlichen Arbeiterbewegung in den USA zu werden. „Woher wissen wir, daß wir glauben?" fragt sie: „Weil wir Seine Hände und Seine Füße in den Armen um uns herum gesehen haben."

Die Day und Raoul Follereau, Pater Kolbe und Monseñor Romero und all die anderen in diesem Buch Porträtierten – sie alle hätten auch anders gekonnt. Jeder von ihnen hat sich irgendwann einmal entschieden, hat den Sprung ins Risiko hinein gewagt. Ihr Christentum hätte eine lässige Attitüde bleiben können wie bei so vielen von uns – bequem, spielerisch, halbherzig, überall ein Hintertürchen, immer auf dem goldenen Mittelweg.

Aber Pastor King und Madeleine Delbrêl, Thomas Merton und die anderen in dieser Galerie nehmen das Evangelium, das oft so unvernünftige, närrische, hundertprozentig ernst. Sie wollen radikale Christen sein – oder gar keine. Es ist die Leidenschaft, nicht das kluge Abwägen, was ihr Handeln bestimmt. Wenn sie von ihren Erfahrungen – auch Kämpfen! – mit Gott reden, so liest sich das wie ein Liebesbrief.

Dabei haben sie Gott nicht im brennenden Dornbusch gefunden, in atemberaubenden Visionen und himmlischen

Ekstasen. Sie spüren einfach, daß er im Alltag mit ihnen geht und sie fordert.

Pioniere wie Teilhard de Chardin sind von einer leidenschaftlichen Liebe zum Menschen und zur Erde erfüllt, die nichts mehr von der verschämten Distanz früherer Zeiten erkennen läßt: Die Erde ist kein bloßer Wartesaal zum Himmel mehr, sondern ein heiliger Ort, den Gott durchdringt wie ein Strahl den Kristall. Gott ist da in dieser Welt: als Gekreuzigter im Antlitz der Geknechteten und Gefolterten, als Auferstandener in denen, die hoffen wider alle Hoffnung und um Gerechtigkeit kämpfen.

Damit prägen die hier Porträtierten das Gesicht des Glaubens in unserer Zeit und führen das Christentum hinüber in das 21. Jahrhundert. Sie können dem modernen Menschen zeigen, was Christsein heißt und was Gott aus einem Menschenleben machen kann, wenn wir uns nur trauen. „Das Nein in mir verwandelst du Tag um Tag in ein Ja", betet Frère Roger. „Du willst von mir nicht nur ein paar Bruchstücke, sondern mein ganzes Dasein."

Inhalt

Der Todesschuß am Altar

Oscar Arnulfo Romero, Erzbischof von San Salvador und Märtyrer

„Das Engagement an der Seite der Armen
bringt immer
Gefahren mit sich.
Deswegen werden diejenigen,
die laut sagen,
was Gott in unserer Gesellschaft mißfällt,
getötet."

An einem drückend heißen Junitag wird der Unterricht in einem Gymnasium in San Salvador plötzlich von Maschinengewehrsalven gestört: 300 Soldaten stürmen die benachbarte Zentralamerikanische Universität, dringen auf der Suche nach jungen Guerilleros auch in den Schulhof ein, zerschießen die Fenster im ersten Stock. Oben haben sich noch ein paar Schüler versteckt, voller Angst vor dem Gebrüll und dem Gewehrfeuer im Hof.

„Rauskommen, mit erhobenen Händen!" schreit ein Soldat. Ein Junge stolpert die Treppe herunter, etwa 15 Jahre alt, die Hände mit seinen Schulheften über dem Kopf. „Wir sind alle Christen", ruft er dem Uniformierten mit erstaunlich fester Stimme zu. „Töten Sie uns nicht! Wir sind alle Söhne Gottes, Herr Polizist ..."

Da dreht der Soldat durch. Er legt seine MP an, zielt und schießt. Blut spritzt aus der rechten Schulter des Jungen. Er torkelt, stürzt auf das Pflaster des Schulhofs.

„Bitte töten Sie uns nicht", fleht der Junge in panischer Angst. Aus zwei Meter Entfernung schießt der Soldat erneut. „Mama, Ma ... ma", keucht der Sterbende. Eine neue Salve, diesmal ins Genick. Der Junge ist tot. Sein Blut fließt auf den Schulhof.

Warum sie den Schüler erschossen hätten, will ein Journalist von den Soldaten wissen. Die zynische Antwort: „Na, das macht einen Guerillero weniger!"

Für eine Verbindung zu Terroristen gab es indes keinen Hinweis. Der Junge hatte keine Waffe bei sich, nur seine Schulhefte. Vierzehn Tage später wurden ein Redakteur und ein Fotograf, die in ihrer Zeitung über die Todesschüsse berichtet hatten, verhaftet, gefoltert und ermordet.

Terror ist der Alltag in El Salvador, dem kleinsten und am dichtesten besiedelten Land Mittelamerikas, nicht größer als Hessen, beherrscht von Ungerechtigkeit, bedrängt von Gewalt, regiert vom Tod. Zwei Prozent der Bevölkerung, die reichen Kaffeefarmer-Familien der Llach, De Sola,

Dueñas, Garcia Priesto, Quiñonez und wie sie alle heißen, kontrollieren zwei Drittel des Bodens.

Die meisten Menschen verdienen nicht mal 300 Dollar im Jahr. Jeder dritte stirbt an Unterernährung, nur jeder fünfte hat während des ganzen Jahres Arbeit. Auf dem Land leben die verelendeten Nachkommen der stolzen Mayas zu fünft oder sechst in einem einzigen armseligen Raum; sechs von zehn Kindern, die dort geboren werden, sterben.

Voller Hoffnung strömen ihre überlebenden Geschwister in die Hauptstadt San Salvador, um hier bloß die Bevölkerung der *Tugurios,* der Slums, noch mehr anschwellen zu lassen. Sie bauen sich Hütten aus Lehm oder Pappe, mit Plastiksäcken und ausgedienten Autoreifen überdacht. Wasserleitungen gibt es keine, aber die Ratten gedeihen prächtig in diesen Wohnbezirken, die stinkenden Müllhalden gleichen.

Diktatoren und Juntas haben in dem aus vielen Wunden blutenden Land mit dem schönen Namen *El Salvador* („Der Erlöser") in rascher Folge einander abgelöst, ohne daß sich an den tatsächlichen Machtverhältnissen viel geändert hätte. Schon im letzten Viertel des 19. Jahrhunderts wehrten sich die von ihren kleinen Ländereien vertriebenen Bauern in erbitterten Aufständen gegen die Übergriffe der Großgrundbesitzer. Bei den einzigen freien Wahlen im Jahr 1931 kam der reformfreudige Kaffeefarmer Araujo an die Macht – um bereits ein Jahr später von den Militärs gestürzt zu werden. Erneut stand das Volk gegen seine Unterdrücker auf. Mindestens 2000 Bauern kamen im Bürgerkrieg um, zehnmal so viele wurden danach bei willkürlichen Massenexekutionen getötet.

Seither wechseln zwar die Familienclans im Präsidentenpalais von San Salvador, aber nicht die dort getriebene Politik im Interesse der schmalen Schicht von Besitzenden – auf dem Rücken der großen Masse des Volkes, der Landproletarier und der Slumbewohner in den Städten. Der Krieg zwischen Junta und Guerilleros, der von Militär, Polizei und Rollkommandos der Großgrundbesitzer ausgeübte Terror und die Gegengewalt der bewaffneten Volksorganisationen forderten allein in den drei Jahren zwischen 1980 und 1982 schätzungsweise 35 000 Menschenleben.

Gegen die Opposition im Untergrund, der vor allem Gewerkschafter, Landarbeiter und Studenten angehören, führen paramilitärische Mordbanden wie der von Offizieren geführte, 80 000 Mann starke *ORDEN (Organización Democratica Nacional)* oder die *Union der Weißen Krieger* einen erbarmungslosen Kampf. Bei ihren „Säuberungsaktionen" wird gefoltert und gemetzelt. Augenzeugen berichten von Männern, denen man Zunge und Hoden ausriß, von Schwangeren, denen die Leibesfrucht aus dem Bauch geschnitten und den Hunden zum Fraß vorgeworfen wurde.

In dieser Situation hat sich die salvadorianische katholische Kirche – einst ein verläßlicher Partner der Generäle und Plantagenbesitzer – entschlossen auf die Seite des unterdrückten Volkes gestellt. Christliche Basisgemeinden denken gemeinsam über das Evangelium nach und konfrontieren die Botschaft Jesu mit der alltäglichen Ungerechtigkeit. Sie organisieren Volksapotheken und Bildungsprogramme, verteilen Lebensmittel, schulen Erste-Hilfe-Gruppen für die Versorgung der Bürgerkriegsopfer. Die christliche Landarbeitergewerkschaft hat mehr als 80 000 Mitglieder.

Aber die Kirche zahlt einen teuren Preis für ihr Engagement: Priester, Katechisten, Nonnen, die sich für die Rechte der kleinen Leute einsetzen und einen Christus predigen, dem das soziale Elend nicht gleichgültig ist, werden als „Kommunisten" verketzert, verfolgt, ausgewiesen, gefoltert, ermordet ... „Tu was für dein Vaterland, töte einen Priester!" forderten Flugblätter, die in der Hauptstadt San Salvador verteilt wurden – makabrer Kontrast zu der auf Hausmauern gesprühten Parole *Cristo, Fuerza liberadora de*

America Latina: Christus, befreiende Kraft von Lateinamerika.

Dutzende von Geistlichen sind bereits umgebracht worden. 1976 explodierten in der Jesuitenuniversität von San Salvador Bomben, weil sich Professoren und Studenten gegen die Verleumdungskampagnen der reichen Landbesitzer – „Infiltration" durch „Ausländer und Jesuiten" – gewehrt hatten. Das Rezept für solche Propagandafeldzüge stammt vom amerikanischen Geheimdienst *CIA,* dessen Handlungsanweisungen die angesehene französische Zeitung *Le Monde* ein Jahr zuvor an die Öffentlichkeit gebracht hatte: „Es darf nur der progressive Flügel der Kirche bekämpft werden, nicht die Kirche als Institution oder die Bischöfe als Gruppe ... Es muß andauernd wiederholt werden, daß dieser mit dem internationalen Kommunismus verbunden ist."

So explosiv war die Lage in El Salvador, als 1977 ausgerechnet der realitätsferne, auf Harmonie bedachte Oscar Arnulfo Romero zum Erzbischof der Hauptstadt ernannt wurde. Ein ganz von der kirchlichen Verwaltungslaufbahn geprägter Mann, der als menschenscheuer Bücherwurm galt, war der neue Hirte einer Stadt, auf deren Straßen jeden Morgen Leichen mit Foltermalen gefunden wurden.

Ein melancholischer Kämpfer

Oscar Arnulfo Romero y Galdámez, 1917 in der Kleinstadt Ciudad Barrios an der Grenze zu Honduras geboren, war ein stilles, stets etwas kränkelndes Kind gewesen. Die leise Melancholie im Blick behielt er auch als Kirchenführer, sein feiner Humor versteckte sich hinter einem immer gegenwärtigen Ernst. Seine späten Predigten in der Kathedrale von San Salvador und am Mikrofon des katholischen Rundfunksenders *YSAX* mochten noch so kämpferisch und leidenschaftlich sein, der Erzbischof blieb immer ruhig, bremste seinen gerechten Zorn, protestierte lieber durch das sachliche Abschildern von Unrecht und Terror als durch wütende Wortkaskaden.

Behütet wuchs er auf als Sohn eines Fernmeldeangestellten und seiner tiefgläubigen Frau. Der Rektor des Priesterseminars von San Salvador schickte den intelligenten Jungen zum Studium an die römische Gregoriana, wo man ihn als scharfen Denker schätzte. Mit 24 Jahren in Rom, am Herzen der Weltkirche, zum Priester geweiht, kehrte er als Dorfpfarrer von Anamorós in sein Heimatland zurück.

Die einzelnen Stufen der kirchlichen Karriereleiter waren schnell erklommen: Bischofssekretär, Seminarrektor, Generalsekretär der salvadorianischen Bischofskonferenz, Exekutivsekretär des Rates der Bischöfe von Mittelamerika und Panama, Weihbischof – zuständig unter anderem für Caritas, Ordensschwestern und Medienarbeit – in San Salvador.

Als Bischof des neugegründeten, von Baumwollpflanzern und Kaffee-Exporteuren beherrschten Bistums Santiago de Maria kümmerte er sich wenig um die Basisgemeinden, zieh sie der Einmischung in politische Angelegenheiten, ließ sich von Militärobristen beraten und fällte einsame Entscheidungen, gestützt auf seine berühmte Bibliothek mit theologischer Fachliteratur, die er zum Teil schon aus Rom mitgebracht hatte.

Gewiß, man hielt ihn allgemein für einen frommen, sensiblen, glaubwürdigen Seelsorger, aber die *Iglesia popular,* die Kirche des armen Volkes, fühlte sich von diesem Freund der schönen Liturgie und der korrekten Disziplin in ihren Kämpfen um Gerechtigkeit alleingelassen. Als Romeros Ernennung bekannt wurde, erörterte man in Kreisen sozial engagierter Priester ernsthaft die Frage, ob man mit diesem Mann gemeinsam Eucharistie feiern könne. Manche Pfarrer dachten daran, den Arbeitsplatz zu wechseln.

Und tatsächlich hatten die skeptischen Stimmen zunächst recht, die in dem neuen Oberhirten einen Vasall der Zentrale am Tiber sahen, einen Aufpasser, dem die Aufgabe zufiel, den jungen Priestern ihre sozialkritischen Flausen auszutreiben und Ordnung im Klerus zu schaffen. Seine Ernennung, so schien es, paßte genau in die Bestrebungen des Vatikans und des Militärregimes, wieder engere Beziehungen zu knüpfen. Romero selbst gab später im Gespräch mit kritischen Priestern seines Bistums unverblümt zu: „Ich hatte die Aufgabe, mit euch allen aufzuräumen!"

Doch Monseñor Romero standen so bittere, prägende Erfahrungen bevor, daß er nur wenige Monate nach seiner Ernennung zum Erzbischof ein anderer Mensch geworden war.

Massaker vor der Kirche

Noch vor seiner offiziellen Amtsübernahme wurden drei Priester aus Belgien und den USA, die in Basisgemeinden arbeiteten, gefoltert und aus dem Land gejagt. Romeros Amtsvorgänger, Luis Chávez, fand den zerstückelten Leichnam ihres Mitbruders Rafael Barahona vor seiner Tür. Wenige Tage später flüchteten Tausende von Menschen, die auf der *Plaza Libertad* gegen betrügerische Wahlmanipulationen protestieren wollten, vor der anrückenden Nationalgarde in die nächstgelegene Kirche. Die Soldaten veranstalteten ein blutiges Massaker unter denen, die nicht schnell genug geflohen waren, und versuchten die Leute in der Kirche mit Gas auszuräuchern. Der neue Erzbischof war nicht da; er holte gerade seine Sachen aus seinem bisherigen Bistum.

Als Romero zurückkam, hörte er in fassungslosem Schweigen, was geschehen war. Dann sagte er seinen Mitarbeitern ganz ruhig: „Jeder geht nach Hause und hilft den Menschen. Öffnet eure Türen allen, die sich in Gefahr glauben. Überprüft, ob sie wirklich verfolgt werden; wenn ja, dann nehmt sie hinein und versteckt sie ... Ich werde jeden Morgen im Versammlungsraum des Erzbistums sein. Alle, die Neuigkeiten haben oder Orientierungshilfen brauchen, sollen kommen."

Knapp zwei Wochen darauf fuhr der junge Jesuitenpater Rutilio Grande zusammen mit dem siebzigjährigen Bauern Manuel Solorzano und seinem fünfzehnjährigen Ministranten Nelson Lemus nach El Paisnal, um die Messe zu feiern und eine Protesterklärung der Bischöfe gegen die Ausweisung seiner Mitbrüder zu verlesen. Heckenschützen, von der Organisation der Großgrundbesitzer bezahlt und mit Polizei-MPs bewaffnet, durchsiebten das Auto mit Geschossen. Alle drei waren auf der Stelle tot.

„Es ist gefährlich, Christ zu sein in unserem Land", hatte Pater Rutilio kurz zuvor in einer unmißverständlichen Predigt festgestellt und die „Macht einer Minderheit" angeprangert, die den Armen zum Sklaven mache. Der „Christus mit einem Maulkorb vor dem Mund", der in einer Sänfte spazierengetragen werde, sei nicht der Christus des Evangeliums, und wenn Jesus heute zurückkehrte und von Chalatenango nach San Salvador hinunterzöge wie damals von Galiläa nach Jerusalem, „würde er festgenommen und in den Kerker geworfen. Sie würden ihn vor manches hohe Gericht bringen als Verfassungsbrecher, Subversiven ... Ohne Zweifel, meine Brüder, würden sie ihn wieder kreuzigen."

„Wehe euch, ihr Heuchler", hatte er den Plantagenbesitzern gesagt, die ihm dann die Mörder schickten, „die ihr euch lauthals Katholiken nennt, und innen seid ihr schmutzige Bosheit! Ihr seid Kains und kreuzigt den Herrn, welcher umhergeht mit dem Namen Manuel, dem Namen Luis, Chavela, mit dem Namen des einfachen Landarbeiters."

Monseñor Romero stand erschüttert vor den drei Leichen, die unter blutigen Leinenfetzen auf dem Kirchenboden von Pater Rutilios Pfarrei Aguilares lagen. Er begrub sie als Märtyrer hier im Gotteshaus, ohne auf die Genehmigung der Behörden zu warten. Den Staatspräsidenten setzte er davon in Kenntnis, daß er bis zur Aufklärung der Bluttat an keiner offiziellen Veranstaltung teilnehmen werde. Die Bischofskonferenz exkommunizierte die „geistigen und physischen Urheber" des Massakers und verhängte das Interdikt über El Salvador: Im ganzen Land – außer in der Kathedrale der Hauptstadt – wurde am folgenden Sonntag kein Gottesdienst gefeiert. Die Kirche, der man ihre Priester genommen hatte, zeigte schweigend ihre Trauer.

Die Beförderung zum Erzbischof der Hauptstadt war für Oscar Romero wie ein Fronterlebnis: Hier, wo die Auseinandersetzungen am heftigsten tobten, begriff er blitzschnell, daß in El Salvador eine Christenverfolgung im Gange war, eine Christenverfolgung neuer Art, wie sie längst für viele Länder Mittel- und Südamerikas charakteristisch geworden ist. Es sind nicht mehr heidnische Tyrannen oder Propagandisten fremder Religionen, die dem armen Christenvolk nachstellen, sondern seine eigenen reich und mächtig gewordenen Brüder. Innerhalb weniger Jahre wurden in El Salvador sieben Priester umgebracht und Hunderte von Laien im kirchlichen Dienst: Katecheten, Lehrer, Bauernführer, Gewerkschafter.

Der Priester Alfonso Navarro, 35 Jahre alt, fiel den Kugeln Maskierter zum Opfer, weil er auch nach einem Bombenanschlag auf sein Auto nicht aufgehört hatte, im „besseren" Viertel von San Salvador unbequeme Predigten zu halten. Der Pfarrer Neto Barrera, Mitglied der Befreiungsbewegung *Fuerzas Populares de Liberación,* fand angeblich bei einer Schießerei mit Nationalgardisten den Tod (die Gerichtsmediziner entdeckten Spuren von Folterungen an seinem Körper). Erzbischof Romero ließ sich trotzdem nicht davon abhalten, den „Guerilla-Priester" zu beerdigen:

Ob nicht auch seine Mutter beim Begräbnis an der Seite ihres Sohnes sein werde, ganz selbstverständlich, ohne nach den näheren Umständen zu fragen? „Dort ist auch mein Platz als Bischof!"

Romero war erst drei Monate im Amt, da überfiel das Militär mit Fallschirmspringern, Panzern und Maschinengewehren das Dorf Aguilares – die Pfarrei des ermordeten Rutilio Grande. Notleidende *Campesinos,* Landarbeiter, hatten ein brachliegendes Landstück besetzt und der Eigentümerin angeboten, Pacht dafür zu bezahlen. Doch bevor die Verhandlungen abgeschlossen waren, rückten die Soldaten an. Sie durchsuchten alle Wohnungen, verhafteten jeden, der eine Bibel besaß, zerfetzten Bilder von Pater Rutilio. Viele Menschen wurden verschleppt, die Priester ausgewiesen. Offiziell wurden sieben Tote gezählt.

Die Pfarrkirche machten die Uniformierten für einen Monat zu ihrem Hauptquartier. Der Tabernakel wurde zerschossen, die geweihten Hostien mit Stiefeln zertreten, der Sakristan vom Turm gestürzt und getötet, als er die Sturmglocke läuten wollte. „Es war die totale Entwürdigung der Eucharistie", notierte ein Mitarbeiter des Erzbischofs, „des Körpers Christi: Volk, Gemeinschaft, Priester und Brot – auf dem Weg zur Befreiung – zertrampelt und massakriert."

Romero, dem man den Zutritt zur Kirche verweigert hatte, als er die Hostien aus dem Tabernakel retten wollte, bezeichnete dieses Erlebnis später als seine „Bekehrung".

Cafeteria im Bischofspalais

In wenigen Monaten hatte der knapp sechzigjährige Priester, der bisher so still und vorsichtig erschienen war, einen radikalen Lernprozeß durchgemacht. Er erschien wie verwandelt. Statt in einsam durchwachten Nächten sorgfältig formulierte Anweisungen an seinen Klerus im trockenen kirchlichen Amtsstil zu entwerfen, suchte er jetzt überall das Gespräch.

Die Tür seines Büros ließ er grundsätzlich offen. Wenn er mit seinem Latein am Ende war, versammelte er alle Mitarbeiter in der großen Halle des protzigen, noch aus der Kolonialzeit stammenden Bischofspalais und fragte sie reihum nach ihrer Meinung. Und eines Tages funktionierte er diese Halle kurzerhand zu einer Cafeteria um.

Die „Bischofs-Cafeteria" wurde zur Informationsbörse der Hauptstadt, zum Treffpunkt für streikende Arbeiter, Bauern, Studenten, Professoren, politisch Verfolgte, durchreisende Bischöfe, ausländische Journalisten. Laienorganisationen zogen in den Bischofspalast ein, Romero selbst übersiedelte in ein Krebskrankenhaus am Stadtrand, wo er nachts mehr Ruhe hatte.

Nach der Sonntagsmesse verabschiedete er sich an der Tür der Kathedrale von den Gottesdienstbesuchern. Er fuhr an die Orte, wo Menschen umgebracht, Häuser zerstört worden waren, um die Leute zu trösten und Hilfe zu bringen. Einmal vertrieb die Nationalgarde die ganze Einwohnerschaft eines Dorfes, als der Erzbischof zu Besuch kommen wollte. Romero fand das Dorf von Soldaten umstellt und mußte sich nach Waffen durchsuchen lassen.

Und immer wieder weigerte er sich, Jugendgruppen, Arbeiterversammlungen, Pfarrgemeinden, Bildungsseminare, die er besuchte, mit wohlgesetzten Predigten zu langweilen. Stattdessen scharte er die Leute um sich, fragte sie nach ihren Erfahrungen, Sorgen und Wünschen und bat um ihren Rat. Er baute die katholische Radiostation *YSAX* und die diözesane Wochenzeitung *Orientación* aus, lieferte der Lokalzeitung jede Woche einen Beitrag und führte einen regelmäßigen „Dialog mit dem Volk" im Rundfunk. Ein Aufruf zum Miteinanderreden war auch sein erster Hirtenbrief – Thema: „Die Kirche lebt nicht für sich selbst."

Die Frage „Wozu ist die Kirche da?" stand auch über dem

Die Kirche auf dem amerikanischen Kontinent hat über den Menschen viel zu sagen. Vor allem wenn sie den Menschen in diesem traurigen Defilee ... vorüberziehen läßt: Gesichter von Bauern ohne Boden, von den Streitkräften und der Macht mit Füßen getreten und getötet. Gesichter von grundlos entlassenen Arbeitern, von Arbeitern, deren Lohn für die Bedürfnisse ihrer Familie nicht reicht. Gesichter von Alten, Gesichter von Benachteiligten, Gesichter von Slumbewohnern, Gesichter armer Kinder, die von Kindheit an die grausamen Wunden der sozialen Ungerechtigkeit verspüren.
Mit welchem Recht haben wir die Menschen in Menschen erster Klasse und Menschen zweiter Klasse eingeteilt, während es in der Theologie vom Menschen nur eine Klasse gibt: die der Söhne Gottes?

zweiten Hirtenwort ein paar Monate später. Romeros Antwort: Nachfolge Christi im Dienst an der Welt, festgemacht am Engagement für die Sache der Armen. Die Einheit der Kirche basiere auf geteiltem Leiden. „Es gibt keine Einheit in der Kirche, wenn wir die Realität, in der wir leben, ignorieren."

In der engsten Umgebung des Erzbischofs wurde dieser Lernprozeß damit erklärt, daß er immer stärker mit seinem Volk zusammengewachsen sei. Das lief freilich nicht über eine Einbahnstraße. Das salvadorianische Volk seinerseits wurde in jener Zeit zusehends aktiv, entwickelte Selbstbewußtsein und Kampfgeist.

„Weil du der Gerechte bist und den Unterdrückten verteidigst", sangen die Leute im Gloria ihrer *Misa popular salvadoreña,* „weil du uns wirklich liebst, wollen wir, dein ganzes Volk, heute unseren Mut und unsere Würde verkünden."

Währenddessen ging der Kampf gegen diese Kirche weiter, in der die an den Rand Gedrängten ihre Menschenwürde entdeckten. Ein Jugend- und Exerzitienhaus wurde in der Morgendämmerung von Nationalgarde, Polizei und Armee gestürmt. Pater Octavio Ortiz Luna (34) und vier Jugendliche zwischen 15 und 22 Jahren, die an einem „Einführungskurs in das Christentum" teilgenommen hatten und dort schliefen, starben im Kugelhagel.

Ein Terroristennest habe man ausgehoben, ließ die Regierung später erklären, immer im Bestreben, die Spaltung in der Kirche voranzutreiben. Man inszenierte Verleumdungskampagnen gegen engagierte Priester, schmuggelte Waffen in ihre Aktentaschen und stellte sie dann vor Gericht – als verkappte marxistische Terroristen.

Gott hört die Schreie seines Volkes

Niemand wird je erfahren, wie sehr der Erzbischof unter diesen Lügen gelitten hat, aber auch unter den guten Ratschlägen, die ihm besorgte Mitbrüder und fromme Bürger erteilten: die Kirche möge sich doch auf ihre geistlichen Aufgaben beschränken und das gefährliche Terrain der Politik verlassen. Und er, der Bischof, solle sich gefälligst nicht als Volkstribun gebärden, sondern als Hirte der Seelen.

Als ob er je darauf aus gewesen wäre, politische Theorien mit Bibelsprüchen zu verbrämen! Romero wurde zum Propheten seines Landes, weil er dem Wort Gottes gehorchte – nicht weil er es umdeuten wollte, das wäre bequemer gewesen. Er fand darin einen Gott, der die Schreie seines Volkes hört. Einen Gott, der will, daß die Menschen in Würde leben können. Romero: „Der Gott, zu dem wir uns bekennen, ist kein toter Gott; er ist ein lebendiger Gott, der den Schmerz von Gefolterten und Sterbenden mitempfindet, der mit uns fühlt, aktiv ist, arbeitet und die Geschichte lenkt."

Seine Botschaft, das versuchte er seinen naserümpfenden Kritikern immer wieder verzweifelt klarzumachen, sei keine andere als die des Evangeliums: die Nähe Gottes anzukündigen und die Sünde anzuklagen. Deutlicher als andere sah er allerdings die Konsequenzen dieser Nähe, ehrlicher als manche Mitbrüder gestand er sich ein, daß es auch soziale, politische Sünden gibt.

Die Quelle jeder gesellschaftlichen Sünde liege zwar im Herzen des einzelnen Menschen, sagte er in einer Fastenpredigt am Tag vor seinem Tod. Aber er ließ nie einen Zweifel daran, daß sich diese individuellen Sünden in El Salvador zu einem mörderischen und bekämpfenswerten System der sozialen Sünde addiert hätten, stets neue Gewalt zeugend.

„Ich bin ein Hirte", so gestand er einmal, „der zusammen mit seinem Volk begonnen hat, eine schöne und schwierige Wahrheit zu lernen. Unser christlicher Glaube verlangt, daß wir eintauchen in diese Welt." Die Kirche, von der er träumte, thronte nicht erhaben über den Wolken, unberührt von irdischen Konflikten und Wirrnissen. Sie war mittendrin in den Kämpfen und Umwälzungen als Sauerteig der Gesellschaft, sie fühlte sich von der Leidensgeschichte ihres Volkes herausgefordert, als hätte Gott mit menschlicher Stimme zu ihr gesprochen.

„Haben Sie keine Angst vor der Politik!" ermunterte er seine Mitchristen und erinnerte sie an die gewiß unverdächtige Mutter Jesu, die in ihrem *Magnificat* durchaus die politische Dimension des Glaubens erkannt habe: „‚Gott stürzt die Mächtigen von ihrem Thron', wenn ihretwegen das Volk nicht mehr in Ruhe leben kann!"

Christen seien jedoch nicht gerufen, blinde Gefolgsleute einer Partei oder Ideologie zu sein, sondern als „kreative und kühne Menschen" ihren Glauben authentisch zu leben. Christus allein besitze das Monopol der Wahrheit, deshalb müsse jeder Christ die politischen Ansichten und

Ziele der anderen respektieren, „weil sie Kinder Gottes sind und weil jeder unter ihnen begabter sein kann als ich". Romero sah es gar nicht gern, wenn sich christliche Gemeinden zu sehr mit politischen Gruppen identifizierten.

Denn über politische Ziele und Strategien konnte es verschiedene Meinungen geben. Eisern blieb der Erzbischof aber, wenn es um die Grundentscheidung ging, wo der Platz der Kirche sei: „Entweder dienen wir dem Leben der Salvadoreños oder wir sind an ihrem Tod mitschuldig."

Wenn er in den Nächten betend mit Gott allein war, wenn sie ihm ihre verstümmelten Toten in die Kathedrale brachten, wenn er geplünderte Gemeindehäuser und zerstörte Elendshütten besuchte, hörte er den armen Jesus aus Nazaret fragen: Erkennst du mich in meinen Brüdern? Kannst du ruhig Gottesdienst feiern, während ich nebenan aufs neue gekreuzigt werde? Komm, du bist Bischof, du mußt meine Botschaft weitersagen, und sie wird dich genauso ans Kreuz bringen wie mich ...

Und so verkündete er seine Befreiungstheologie den Christen aus den reichen Ländern, als sie ihm im Februar 1980 etwas verschämt die Ehrendoktorwürde der Universität Löwen verliehen: Die Verfolgung in seiner Heimat gelte dem armen Volk, das heute der Leib Christi in der Geschichte sei. „Es ist das wie Jesus ans Kreuz geschlagene Volk, das wie der Knecht Gottes verfolgte Volk. Es vervollständigt in seinem Leib das, was an der Passion Christi fehlt."

An der Seite der Armen sei deshalb der Platz der Kirche, in dieser „Welt ohne menschenwürdiges Antlitz", dem „Sakrament" des leidenden Christus, müsse sie Fleisch werden. Romero wußte sehr gut, daß die Kirche mit dieser Entscheidung auch das Schicksal der Armen wählte: Verfolgung und Tod. Es sollte sein eigenes Schicksal werden.

„Die Armen", für Monseñor Romero war das keine abstrakte Klasse. Die Armen hatten Gesichter, Namen, Fami-

Ich spreche ganz einfach als Hirte zu Ihnen, der mit seinem Volk die schöne und harte Wahrheit erfahren hat, daß der christliche Glaube uns nicht von der Welt trennt, sondern in sie einfügt, daß die Kirche kein schwer zugänglicher, von der „Stadt" getrennter Ort ist, sondern Nachfolgerin des Jesus, der in der Stadt lebte, arbeitete, kämpfte und starb.
Die Welt, der die Kirche dienen muß, ist für uns die Welt der Armen. Und von dieser Welt der Armen behaupten wir, daß sie der Schlüssel ist zum Verständnis des christlichen Glaubens, zum Handeln der Kirche und zum politischen Ausmaß dieses Glaubens und dieses kirchlichen Handelns.
Es ist die Geschichte Jesu, die wir bescheiden fortsetzen wollen.

lien, Wunden. Sie machten seine Predigten konkret. Romero pflegte nicht allgemein über die Zeitläufte zu klagen und verschwommen die Ungerechtigkeit der Gesellschaftsstrukturen zu bedauern. Von Monat zu Monat wurde seine Analyse klarer: „Der Grund unserer Übel ist die Oligarchie", stellte er in einem Interview mit *Prensa Latina* unmißverständlich fest, „ein kleiner Teil von El Salvador, der sich nicht um den Hunger der Menschen kümmern will. Weil sie ihre Profite haben wollen und sie vergrößern wollen, müssen sie das Volk unterdrücken."

Der Erzbischof prangerte den „Götzenkult des Reichtums" ebenso an wie die „Prostitution der Justiz", die gegenüber Verfassungsverletzungen „komplizenhaft" schweige und von den Sicherheitskräften verübte Morde straffrei lasse. Die „reiche Minderheit", wie er die Oligarchie der Großgrundbesitzer nannte, die „Herren eines Bodens, der allen Salvadorianern gehört", forderte er „in Brüderlichkeit" auf, sich zu bekehren und die notwendigen Zugeständnisse freiwillig zu machen: „Es ist besser, ihr streift euch die Ringe von den Fingern, bevor euch die Hand abgehackt wird!"

In einer Fastenpredigt wenige Wochen vor seiner Ermordung – der Diözesansender *YSAX* war gerade in die Luft gesprengt worden – machte er die Besitzenden für das Attentat verantwortlich: „Die Oligarchie befürchtet, die absolute Kontrolle über die Investitionen und den Export von Agrarprodukten und ihr Quasi-Monopol auf den Boden zu verlieren. Nun verteidigt sie ihre egoistischen Interessen nicht mit Vernunftgründen, nicht mit der Unterstützung durch das Volk, sondern mit dem einzigen, was sie besitzt: mit dem Geld, das ihr erlaubt, Waffen zu kaufen, Söldner zu bezahlen, die das Volk massakrieren und jede berechtigte Äußerung zugunsten der Gerechtigkeit und der Freiheit ersticken."

Der Erzbischof kritisierte aber auch die Volksorganisationen, wenn er den Eindruck hatte, daß sie fanatisch und unmenschlich wurden, einen arroganten Absolutheitsanspruch entwickelten und Gerechtigkeit mit Rache verwechselten. Gerade weil er ihren Einsatz bewunderte und nie den abfälligen Ausdruck „Linkskräfte" gebrauchte, sondern respektvoll von „Kräften des Volkes" sprach, reagierte er sehr sensibel auf politische Parolen, in denen er den altgewohnten Terror wiedererkannte; nur die handelnden Personen waren ausgewechselt.

„Wir schreien oft, wenn es uns an Begründungen fehlt", meinte er einmal nachdenklich während einer Predigt in der Kathedrale und wünschte sich mehr konstruktive Ideen, die Gelassenheit Christi statt „brüllender Demagogen". Romero: „Viele Schreie, viele Worte, um einen noch mehr umzubringen, aber nichts, was mir sagt, welches deine Vorstellung ist, welches deine Leitgedanken sind, um im Land das Gute aufzubauen."

„Laßt uns lernen, die politische Sprache zu sprechen und nicht nur die der Gewalt!" forderte er und warnte davor,

Gottes Reich mit Bomben, Entführungen und Mordanschlägen herbeizwingen zu wollen. Als der *Bloque Popular Revolucionario* Ministerien in San Salvador besetzte und 200 Geiseln nahm, machte sich Monseñor Romero zum Sprecher ihrer besorgten Familien und äußerte, Menschenrechte könne man so wohl nicht verteidigen.

Im Grunde sah der Erzbischof auch hier die verhängnisvolle Bevormundung des Volkes am Werk, die er im kirchlichen Binnenraum bekämpfte: Das Volk in seiner Gesamtheit sollte seine Entwicklung selbst in die Hand nehmen, vom Wohltatenempfänger zum „Akteur" seiner Befreiung werden. „Das Volk muß der Schöpfer seiner eigenen Gesellschaft sein", predigte er in der Kathedrale, „deshalb ist das, was ich hier mache, eine Herausforderung an die politische Kreativität des Volkes." Man möge doch nicht darauf warten, „was der Bischof am Sonntag sagt", sondern selber denken!

Wann ist der Aufstand legitim?

Also doch ein Erzbischof, der sich im Kampf um soziale Gerechtigkeit verlor und im Menschen wie Marx bloß das Ensemble gesellschaftlicher Verhältnisse sah? In der Tat, Romero hielt es für eine Illusion und sogar für die „größte Blasphemie", zu vergessen, daß das Leben mit Brot, Heim und Arbeit beginne.

Aber eine Befreiung, die sich in höheren Löhnen, niedrigeren Preisen und dem Auswechseln von Regierungsmannschaften erschöpfe, nannte er genauso entschieden ein „verstümmeltes Bruchstück" von Befreiung, weil sie nicht vom „Großen Befreier Christus" komme. Das Herz des Menschen wandle sich nicht allein schon durch bessere Strukturen, und diese notwendigen neuen Strukturen müßten von neuen Menschen belebt werden.

Christliche Liebe lehne den „ehrenvollen Kampf" nicht ab und demaskiere den „falschen Pazifismus", stellte er bei seiner Rede in der Universität Löwen klar. Aber Aufgabe der Christen sei es, menschliche Werte auch im Kampf zu bewahren. Furchtbar war ihm die „Mystik der Gewalt", die Überzeugung, daß die erforderlichen radikalen Veränderungen nur im blutigen Kampf zu bewerkstelligen seien, im Bruderkrieg der Salvadorianer gegeneinander. „Wie bösartig muß dieses System sein", rief er aus, als seine Kathedrale von Soldaten eingekreist war, „das den Armen gegen den Armen stellt, den Campesino in Militäruniform gegen den arbeitenden Campesino!"

Gewalt könne niemals ein christlicher Weg sein, da blieb er eisern bis zum frühen Tod. „Brüder Mörder, wir lieben euch", bot er beim Totengottesdienst für einen ermordeten Priester an. Alle Gewalt gehe aus den „sündhaften Strukturen" der sozialen Ungerechtigkeit hervor, aber ebenso unzweideutig lehnte er die terroristische Gegengewalt ab. Erst wenn ein diktatorisches Regime alle Kanäle zum vernünftigen Gespräch versperre, alle friedlichen Lösungen verhindere und die Menschenrechte mit Füßen trete, sei – nach der Entwicklungsenzyklika Papst Pauls VI. – das Recht zum Volksaufstand gegeben.

Eine solche Situation schien in El Salvador vorzuliegen, wenn auch der Putsch junger Offiziere am 15. Oktober 1979 für kurze Zeit Hoffnungen geweckt hatte. Das brutale Regime des Generals Carlos Humberto Romero – eines Namensvetters des Erzbischofs – wurde gestürzt und durch eine Junta ersetzt, der unter anderem der Rektor der Jesuitenuniversität, ein führender Sozialdemokrat und Vertreter der reformfreudigen *Juventud Militar* angehörten.

Auf das attraktive Reformprogramm der neuen Regierung – Versammlungsfreiheit, Verstaatlichung der Banken, Mindestlohn für die Ernten, Landreform – reagierte Erzbischof Romero abwartend: Der Putsch sei zwar legitim ge-

Der Weg zur Erlösung verläuft über das Kreuz und über Kalvaria, aber das Ziel der Christen liegt jenseits der Geschichte. Nicht um sich der Geschichte zu entfremden, sondern um ihr einen größeren, einen endgültigen Sinn zu geben.
Seit dem Tag, an dem Christus auferstanden ist, bleibt in dieser Geschichte eine Fackel der Ewigkeit entzündet. Seit dem Tag, da Christus in der Geschichte der Menschen auferstanden ist, haben die Menschen in ihrer Geschichte ein Motiv, das es noch nie gegeben hat und anderswo nie geben wird. Christus ist lebendig, und wer mit ihm arbeitet, wird ewig leben.

wesen, doch ob die Junta das Vertrauen des Volkes verdiene, werde sie erst durch Taten beweisen müssen. Ein Vierteljahr später trat ein Teil der Juntamitglieder zurück. Sie hatten sich gegen die eigentlichen Machthaber in Militär, Sicherheitskräften und Landbesitz nicht durchsetzen können. Terror von oben und verzweifelte Gegenwehr des Volkes nahmen in einem ungeahnten Ausmaß zu.

Diese Junta werde nicht mehr vom Volk getragen, erklärte der Erzbischof, sondern nur noch vom Militär und von fremden Mächten. Als bekannt wurde, die USA plane ihre Hilfe für die Junta zu verstärken, schrieb Romero dem amerikanischen Präsidenten Jimmy Carter im Februar 1980 einen ungeschminkten Brief:

Militärberater, Gasmasken und kugelsichere Westen für die Soldaten der Junta würden nur die Unterdrückung des Volkes verschärfen. Die Junta habe längst mehr Tote und Verwundete auf dem Gewissen als die Militärregimes der Vergangenheit. Die Volksorganisationen seien als einzige soziale Kraft zur Lösung der Krise fähig. Später bekam der Oberhirte von San Salvador Schützenhilfe durch die US-Bischöfe. Carter ließ sich natürlich in seinem Vertrauen auf die Junta nicht beirren.

Immer häufiger legte man dem Erzbischof jetzt die Leichen von Erschossenen und zu Tode Gefolterten vor die Füße, wenn er sonntags in der Kathedrale Eucharistie feierte. Und immer klarer wuchs Oscar Arnulfo Romero in seine Rolle hinein, *la voz de los sin voz* zu sein, Stimme derer, die keine Stimme hatten. Seine Predigten, informierend und motivierend, waren von unschätzbarem Wert für das Volk. Den zahlreichen Analphabeten ersetzten sie die Zeitung.

Romero predigte nicht selten eineinhalb Stunden und länger, aber die Menschen drängten sich vor den Toren der Kathedrale, um ihn zu hören, und über den Rundfunksender *YSAX* erreichte er, wie man festgestellt hat, im ganzen Land 73 Prozent der Landbewohner und 47 Prozent in den Städten. Die Stimme des Erzbischofs tönte an jedem Sonntagmorgen überall in El Salvador aus Wohnungen, Autos und Transistorradios.

Romero legte das Evangelium aus und sprach vom Reich Gottes, wie es jeder Priester tut. Aber er machte das nie, ohne einen Bogen zu der aktuellen Situation seines Landes zu schlagen. Er gab Nachrichten aus den Dörfern und Basisgemeinden bekannt, prangerte Menschenrechtsverletzungen und Terrorakte an, nannte die Verantwortlichen beim Namen, verlas lange Listen von Toten und Verschwundenen.

Diese Predigten beschämten, entlarvten, protestierten, forderten, klagten an. Romero formulierte Empörung und Freiheitssehnsucht des Volkes, in dem ihm der gekreuzigte Christus begegnete.

Solche Ansprachen hörten sich dann etwa so an: „In der Nähe von Tecnivillanvas hat man nach der Vertreibung der Angestellten durch das Militär die Leichen von vier Arbeitern gefunden, die bei dieser Aktion verhaftet worden waren. Beim Kilometerstein 38 an der Straße nach Suchito im Bezirk Montepeque sind 16 Bauern ums Leben gekommen.

Am gleichen Tag hat man in Tecnillantas zwei Studenten der Universität von Zentralamerika verhaftet, zwei Brüder: Mario Nelson und Miguel Alberto Rodriguez Velado. Der erste wurde nach vier Tagen illegalen Festhaltens den Gerichten übergeben, während sein verwundeter Bruder immer noch illegal festgehalten wird. Die Rechtshilfe leistet ihm Beistand." Romero meinte damit das *Socorro Juridico*, das Rechtshilfebüro der Erzdiözese, dessen Anwälte die Armen kostenlos vor Gericht vertraten.

Mit seinen furchtlosen Sonntagspredigten, die über *Radio Noticias del Continente* häufig in ganz Lateinamerika zu hören waren, zimmerte sich der arme Priester Romero sein eigenes Kreuz. Die Mächtigen im Lande mußten diesen Propheten zum Schweigen bringen.

Die Vereinigung der Landbesitzer, Exportkaufleute und Industriellen ließ Unmengen von verleumderischen Flugblättern gegen Romero drucken und finanzierte enorm teure Anzeigenkampagnen in den großen Zeitungen: Romero – 118 britische Unterhausabgeordnete hatten ihn gerade für den Friedensnobelpreis vorgeschlagen – sei ein korrupter „Psychopath", der die „ruhmreichen Streitkräfte" beleidige, ein Mann, der „seine Seele dem Teufel verkauft".

Die Unternehmer sammelten Geld für diese Aktionen und für eine eigene Anti-Romero-Zeitung mit dem Werbeslogan: „Gib uns, um den Bischof zu stoppen!" Beleidigende Briefe, telefonische Morddrohungen häuften sich. Romeros Wohnung wurde beschossen, eines Tages fand man einen Koffer mit 72 Dynamitstäben in der Kathedrale.

Es gab zwar Solidaritätsbriefe wie den von 30 lateinamerikanischen Bischöfen, aber viele Mitbrüder standen Romeros Engagement verständnislos, ja sogar feindlich gegenüber. Sein Hilfsbischof und einstiger Freund René Revelo putzte während der römischen Bischofssynode die Katecheten der heimischen Basisgemeinschaften vor der internationalen Presse als „Maoisten" herunter. Romeros Nachbarbischöfe schleuderten Zitate aus alten päpstlichen Lehrschreiben gegen die Volksorganisationen, die sie für atheistisch verseucht hielten.

Auf der lateinamerikanischen Bischofskonferenz von Puebla wurde Romero von seinen salvadorianischen Amtsbrüdern geschnitten. Als ein Brief mit der Bitte um Solidarität mit El Salvador herumging, weigerten sich viele Bischöfe zu unterschreiben.

An der römischen Kurie, die regelmäßig von einem salvadorianischen Kaffeebaron besucht und mit bösen Gerüchten gefüttert wurde, hatte der Erzbischof ebenfalls kaum Freunde. 1979 mußte er sich in einer allgemeinen Audienz mit Ellenbogengewalt zum Papst vordrängen, um ein Gespräch zu erbitten. Danach erzählte er enttäuscht: „Ich war dort völlig isoliert. Sie sahen mich alle an, als spräche ich Chinesisch."

Papst Johannes Paul II. konnte sich mit der Auffassung Romeros und seines Vorgängers Paul VI., revolutionäre Gewalt sei als letztes Mittel gegen eine „eindeutige und langdauernde" Gewaltherrschaft erlaubt, nicht anfreunden und ermahnte den Erzbischof wenige Wochen vor seinem Tod bei seinem letzten Rom-Besuch entsprechend.

Als Romero nach San Salvador zurückkehrte, trug man ihm erneut verstümmelte Leichen in die Kathedrale, die von den Sicherheitskräften auf die Müllhalden geworfen worden waren. Der Erzbischof brach in lautes Weinen aus und rief, nichts Wichtigeres gebe es für die Kirche als das Leben der Menschen und die Person der Armen, „die nicht nur menschliche, sondern göttliche Wesen sind, denn Jesus hat gesagt, alles, was man ihnen tue, sei ihm getan. Und all dieses vergossene Blut, alle diese Toten, das geht weit über jede Politik, das rührt an das Herz Gottes!"

Ich bin oft mit dem Tod bedroht worden. Ich muß Ihnen sagen, als Christ glaube ich nicht an den Tod ohne Auferstehung: Wenn sie mich töten, werde ich im Volk von El Salvador wieder auferstehen. Ich sage das ohne jeden Stolz, vielmehr mit der größten Demut.
Als Hirte bin ich durch Gottes Auftrag verpflichtet, mein Leben für die zu geben, die ich liebe, das sind alle Salvadorianer, auch jene, die darauf aus sind, mich umzubringen. Sollten die Drohungen sich erfüllen, dann will ich Gott schon jetzt mein Blut anbieten für die Erlösung und Auferstehung von El Salvador.
Mein Tod sei, wenn er von Gott angenommen wird, für die Befreiung meines Volkes, und er sei ein Zeugnis für die Hoffnung auf die Zukunft.
Ja, gebe Gott, daß diese Leute einsehen, wie sie ihre Zeit verschwenden: Ein Bischof mag sterben, doch die Kirche Gottes, das ist das Volk, wird niemals zugrunde gehen.

Aus einem Interview
zwei Wochen vor seinem Tod

Erzbischof auf der Schwarzen Liste

Am Passionssonntag, dem 23. März 1980, redete Oscar Romero deshalb noch einmal Klartext in der Kathedrale – so unmißverständlich, daß jeder wußte: Diesen Mann konnten die Herrschenden nicht am Leben lassen. Auf die zahlreichen Morddrohungen der letzten Jahre hatte er immer mit Gleichmut reagiert: „Ich werde mein Volk nicht verlassen", versprach er, „sondern mit ihm alle Risiken durchlaufen, die mein Amt erfordert." Er wisse, daß er auf der Schwarzen Liste stehe. Aber die Stimme der Gerechtigkeit könne man nicht umbringen. „Wenn sie mich töten, werde ich im Volk von El Salvador wieder auferstehen!"

In dieser Predigt zog er einen klaren Trennungsstrich gegenüber den frömmelnden Unterdrückern des Volkes und sprach ihnen ihr Christsein ab. Denn: „Auch wenn sie getauft sind, auch wenn sie zur Messe gehen, sind sie nicht mehr Gottes Volk, sobald sie sich weigern, die Forderungen des Evangeliums mit den konkreten Folgerungen anzunehmen, die unsere Seelsorge daraus zieht."

Und am Ende stand der offene Aufruf zur Befehlsverweigerung an Soldaten, Nationalgardisten und Polizisten! „Brüder, ihr gehört zu unserem Volk, ihr tötet eure eigenen Brüder unter den Bauern", rief der Erzbischof. „Es ist höchste Zeit, daß ihr euer Gewissen wiederentdeckt und ihm gehorcht statt sündhaften Befehlen." Denn kein Soldat sei verpflichtet, einem Befehl zu gehorchen, der „unmoralisch" und gegen das Gebot Gottes gerichtet sei.

„Im Namen Gottes", Romero legte seine ganze Leidenschaft in diese Worte, „im Namen Gottes und seines von langen Leiden gequälten Volkes, dessen Klagen tagtäglich im Himmel gehört werden, bitte ich, flehe ich, befehle ich: Im Namen Gottes, macht Schluß mit der Unterdrückung!"

Nun war das Maß voll. Am nächsten Tag, dem 24. März, wartete ein Scharfschütze auf den Erzbischof, als er in der Kapelle des Krebskrankenhauses, wo er wohnte, eine Totenmesse feierte. Es sollte sein eigenes Requiem werden.

„Es ist zwecklos, sich selbst zu lieben, sich vor den Gefahren des Lebens zu hüten", sagte er in seiner letzten Predigt. „Die Geschichte stellt die Menschen in diese Gefahren, und wer ihnen ausweichen will, verliert sein Leben. Wer sich dagegen aus Liebe zu Christus in den Dienst der anderen stellt, wird leben – wie das Weizenkorn, das stirbt, aber nur dem Schein nach. Stirbt es nicht, so bleibt es allein. Die Ernte setzt das Sterben voraus."

„Wir wissen, daß niemand für immer stirbt", fuhr er fort, „und daß diejenigen, die ihre Aufgabe mit tiefem Glauben, mit Hoffnung und Liebe erfüllt haben, die Krone erhalten werden. In diesem Sinn beten wir für Doña Sarita und für uns selbst –"

In diesem Augenblick peitschten Schüsse durch die Kirche. Dumdumgeschosse – eine heimtückische Munition, die im Körper explodiert und verheerende Wirkungen anrichtet – trafen Oscar Romero in den Kopf und ins Herz. Der Erzbischof sackte am Altar zusammen. Dicke Blutströme rannen ihm aus Mund und Ohren. Die Nonnen, die sich weinend um ihn bemühten, hörten ihn noch flüstern: „Möge Gott mit meinen Mördern Erbarmen haben!"

Oscar Arnulfo Romero starb nach wenigen Minuten auf dem Transport in die Poliklinik.

Sein Mörder und dessen Komplizen entkamen in der allgemeinen Panik unerkannt in einem roten Volkswagen. Die Spuren des Attentats führten in die Militärkasernen, und US-Geheimdienstler sind sich sicher, daß der einstige Geheimdienstchef und Kopf der Terrororganisation *ORDEN*, Roberto D'Aubuisson, höchstpersönlich den Mordbefehl gegeben hat. D'Aubuisson gewann 1982 mit seiner rechtsextremistischen Partei die von Einschüchterungen und absolutem Versammlungsverbot geprägten „Wahlen". Die Version, Linksextremisten hätten den vom Volk geliebten Erzbischof geopfert, um einen nationalen Aufstand heraufzubeschwören, hat wenig für sich. Doch anstatt das Attentat gründlich aufzuklären, durchsuchten die Behörden das Rechtshilfebüro des Erzbistums und beschlagnahmten die Archive mit den Angaben über Verschwundene und Getötete.

Zur Beisetzung des Erzbischofs am Palmsonntag fanden sich 80 000 Menschen auf dem Platz vor der Kathedrale ein, viele mit Palmzweigen in den Händen. „Monseñor Romero ist nicht gestorben", verkündete ein Spruchband über dem Portal seiner Bischofskirche, „er lebt im Herzen des Volkes." Ein weiteres Transparent verbot dem Apostolischen Nuntius und denjenigen salvadorianischen Bischöfen, die

Romero feindlich gesonnen waren, den Eintritt – sie waren ohnehin zuhause geblieben, um die explosive Stimmung nicht noch mehr anzuheizen.

Während der mexikanische Kardinal Ernesto Corripio Ahumada als persönlicher Vertreter des Papstes Romero als Märtyrer der Gerechtigkeit rühmte, detonierte eine Brandbombe auf dem überfüllten Platz. Bischöfe sagten später aus, sie sei aus dem zweiten Stock des Regierungsgebäudes geworfen worden. Hunderte Guerilleros zogen Revolver und Maschinenpistolen aus Handtaschen und Rucksäcken und feuerten zurück. Panik brach aus, die Trauergäste drängten in die Kathedrale, um dort Schutz zu suchen. Ständig explodierten Bomben, schreiende Menschen glitten in den Blutlachen aus und wurden niedergetrampelt.

Unter Lebensgefahr entfernten Priester die Stühle der Bischöfe und den Thron des Kardinals, um das Portal frei zu machen. Der Sarg mit Romeros Leiche wurde überrannt, sein Deckel sprang auf. In der Kathedrale drohten die Menschenmassen in Rauch und drückender Hitze zu ersticken. Die Bischöfe reichten ihre Mitren herum, damit man den Ohnmächtigen Luft zufächeln konnte. Während das Feuergefecht auf dem Platz andauerte – drei Stunden lang wurde geschossen –, versenkte man den Leichnam Romeros eiligst in der Krypta einer Seitenkapelle. Über San Salvador wurde der Belagerungszustand verhängt. Auf dem Platz zählte man danach 39 Tote und 200 Verwundete. Das Land versank im Bürgerkrieg.

Ungeminderter Terror und eine Massenflucht von Hunderttausenden haben El Salvador in den Jahren nach Romeros Ermordung immer mehr entvölkert. Die Kirchenführung ist auf einen vorsichtigen Vermittlerkurs gegangen und zeigt ein zwiespältiges Verhältnis zum toten Erzbischof. Johannes Paul II., der sich entsetzt über die „gotteslästerliche" Bluttat geäußert hatte, eilte bei seinem Besuch in El Salvador 1983 gegen den Widerstand der Regierung an

Romeros Grab und verlangte vor einer halben Million jubelnder Menschen, das Andenken des „eifrigen Hirten" immer zu respektieren. Als er aber andernorts, in Nicaragua, die Idee einer *Iglesia popular,* einer politisch aktiven Volkskirche, verurteilte, schrien ihm seine Zuhörer anklagend „Romero! Romero!" entgegen. Die „Volkskirche" war eine Lieblingsidee des Ermordeten gewesen.

Das arme Volk in den Dörfern und Bergen hat seinen Hirten längst heiliggesprochen. Sein brasilianischer Amtsbruder Pedro Casaldaliga, selbst ein mutiger Kämpfer gegen Unrecht und Unterdrückung, faßte in einem *Poema a Monseñor Romero* zusammen, was die kleinen Leute denken:

„Romero in der Blüte der heilen Hoffnung
des ganzen Kontinents,
Romero des lateinamerikanischen Osterfestes,
pobre pastor glorioso,
armer glorreicher Hirt,
ermordet wie Jesus für Dollars, für Devisen
auf Befehl des Imperiums.
Armer glorreicher Hirt,
von eigenen Tischgenossen und Brüdern verlassen.
Die Kurien konnten dich nicht verstehen,
keine gutgebaute Synagoge kann Christus verstehen.
Nur deine Armen begleiten dich in verzweifelter Zeit.
Die Armen lehrten dich das Evangelium lesen.
Wie ein Bruder, verwundet vom Tod so vieler Brüder,
konntest du weinen, verlassen am Ölberg,
konntest du Angst haben wie ein Mann im Kampf.
Aber du hast es verstanden,
deinem freien Wort den Klang einer Glocke zu geben.
San Romero de América, pastor y mártir nuestro,
heiliger Romero von Amerika, unser Hirte und Märtyrer,
niemand wird deine letzte Predigt
zum Schweigen bringen."

Frère Roger und die Gemeinschaft von Taizé

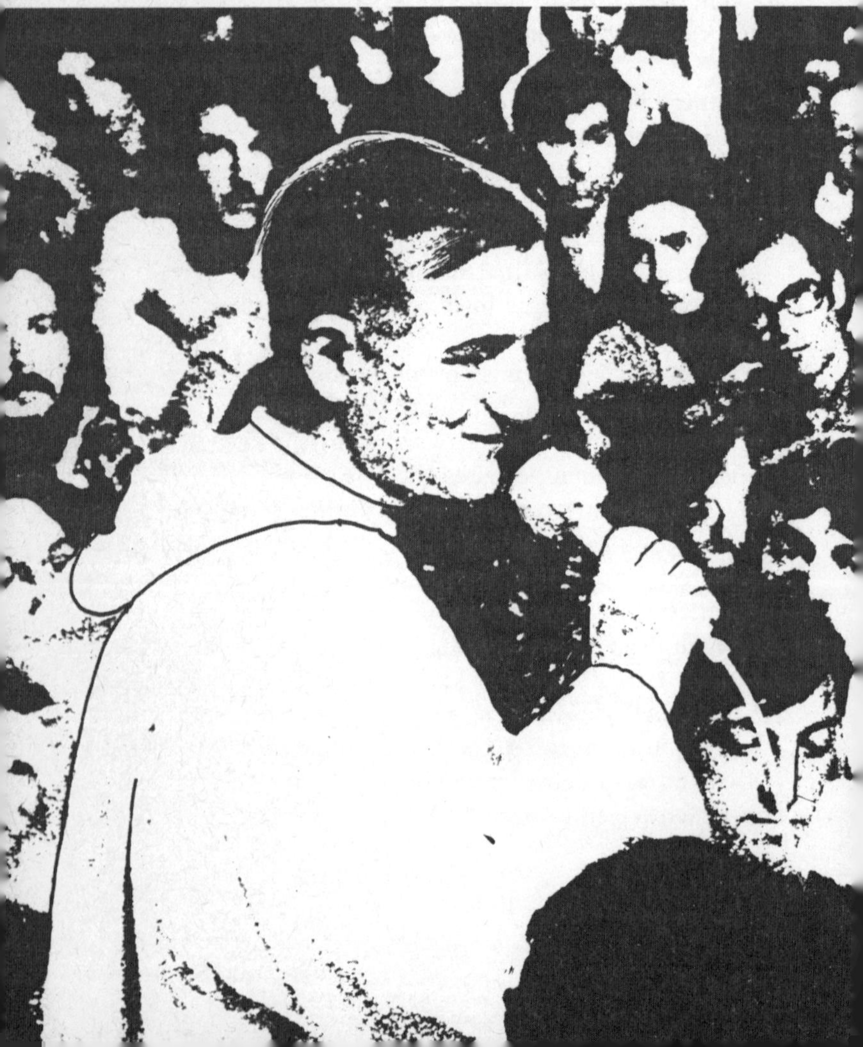

Die Bresche in der Kirchenmauer

„Der Herr Christus hat dich dazu berufen,
in der Kirche ein Zeichen
brüderlicher Liebe zu sein.
Er will, daß du mit deinen Brüdern
das Gleichnis des gemeinsamen Lebens
Wirklichkeit werden läßt."

Taizé ist immer für Überraschungen gut. Als zu Ostern 1971 mehr als 6500 junge Menschen aus vielen Ländern Europas nach dem kleinen Dorf in Südburgund pilgern, um mit der Mönchsgemeinschaft das Fest der Auferstehung zu feiern, freuen sie sich auf die erwartete ruhige Gebetsatmosphäre. Stattdessen finden sie die Versöhnungskirche von Staubwolken eingehüllt, krachend stürzen Mauern in sich zusammen, Bulldozer knattern über den Kirchplatz, und mittendrin eilen die Mönche geschäftig hin und her, Baupläne schwenkend und Kommandos in das Durcheinander rufend.

Weil sich abzeichnete, daß die Kirche den Besucherandrang dieses Jahres nie würde fassen können, hat die Gemeinschaft kurzerhand beschlossen, einen Teil der Fassade abzubrechen und ein riesiges Zelt anzubauen.

So einfach ist das, wenn man unter der Selbstbeschränkung angetreten ist, „ein ständiges Provisorium" sein zu wollen, um Gottes willen keine Institution mit sturen Regeln, sondern offen für die Herausforderungen eines jeden neuen Tages.

Das armselige Dörfchen Taizé besitzt keine Kunstschätze und auch nicht das, was man Freizeitwert nennt. Für Kurzurlauber, die mal raus wollen aus dem Alltagsstreß, ist Taizé die denkbar schlechteste Wahl. Die Verpflegung ist sehr schlicht, übernachten müssen die Besucher in mitgebrachten Schlafsäcken, in Baracken oder in Zelten, die bei den für Burgund charakteristischen Wolkenbrüchen fortzuschwimmen drohen. Taizé ist keine Attraktion, sondern eine Anforderung.

Und die Mönche haben kein Patentrezept für die Probleme der Welt, sie liefern kein detailliertes Aktionsprogramm. Taizé ist eine Bewegung ohne Statuten und Mitgliedsbuch. Die Mönche hören nur zu. Sie helfen ihren Besuchern, zu sich selbst zu kommen, sich untereinander auszutauschen. Taizé ist keine fromme Servicestation, sondern ein Ort, wo man selber etwas tun muß.

Trotzdem haben sich überall auf der Welt Menschen – besonders junge Menschen – in Taizé verliebt. Bis zu 20000 Leute kommen zu den Ostertreffen; vom Frühjahr bis zum Spätherbst werden jede Woche 1500 bis 2500 Gäste gezählt. Sie sitzen, hocken, knien auf dem einfachen Teppichboden der Versöhnungskirche, meditieren still, spielen Gitarre, beten in allen Sprachen, singen lutherische Choräle, lateinische Hymnen und die Seligpreisungen nach der Art der Ostkirchen. Dreimal am Tag sind die Besucher zum gemeinsamen Gebet der Brüder eingeladen.

Auf den Wiesen um die Versöhnungskirche stehen kleine Zelte als Orte der Stille, wo man in Ruhe lesen und nachdenken kann. Die Brüder teilen die unüberschaubare Masse ihrer Besucher in kleine Gruppen ein, die jeweils eine Woche zusammenleben. Es wird bewußt darauf geachtet, daß sich dieses Zusammenleben nicht in unfruchtbaren Standpunktdiskussionen erschöpft. Die Besucher sollen lernen, einander zuzuhören, fremde Erfahrungen und Probleme zu verarbeiten, miteinander zu teilen – Brot und Wohnraum, aber auch geistigen Besitz, weil der oft nicht minder eifersüchtig festgehalten wird.

Es sind ganz einfache Fragen, die sich diese kleinen Gastgemeinschaften stellen, zum Beispiel: „Was erwarte ich vom Leben?" „Was heißt das, Christus für die Menschen leben?" „Wie soll dieses Leben aussehen, wenn wir wieder daheim sind?" Einfache Fragen – und gleichzeitig unendlich kompliziert, weil sie jeden persönlich herausfordern und sich einer unverbindlichen, theoretischen Antwort entziehen.

Ein paarmal in der Woche, nach dem Abendgebet, setzt sich ein schmächtiger Mönch mit schütterem Haar und bäuerlichen, markanten Gesichtszügen zu den Leuten in die fast dunkle Kirche. Er bleibt stundenlang, manchmal bis um zwei Uhr nachts, um zuzuhören, Fragen zu beantworten, gemeinsam mit den Besuchern nachzudenken, schweigend zu beten.

Körper und Kopf leicht vorgebeugt, strahlt er Wachheit und Ruhe zugleich aus. Seine Antworten sind niemals fertig, er gibt Anstöße, die seine Zuhörer weiterspinnen, mit ihrem persönlichen Leben füllen sollen. Und wenn ihn ein junger Mensch direkt fragt: „Wer ist Christus für Sie, Bruder?", dann sitzt er erst mal eine Weile ganz still da, in sich hineinhorchend, nach einer Antwort suchend, die keine Schablone ist und nicht pathetisch klingt. Und dann beginnt er langsam, behutsam die Worte wählend, und sagt etwas ganz Einfaches:

„Für mich ist Christus der, von dem ich lebe, aber auch der, den ich mit euch zusammen suche."

Taizé zählt heute um die 80 Brüder, aber wenn man von der Mönchsgemeinschaft spricht, denkt man unwillkürlich an ihn: Frère Roger, der die Gemeinschaft gegründet und ihr die geistigen Konturen gegeben hat, ist ihr Motor, ihr Gesicht geblieben – ein Gesicht, in dem für die Welt am ehesten erkennbar wird, was Taizé bedeutet.

Ökumenische Kindheit

Roger Louis Schutz-Marsauche – er hatte immer eine Vorliebe für das Einfache und reduzierte seinen Doppelnamen schon früh auf die prägnante Kurzform Roger Schutz, um sich später bloß noch *Frère Roger,* Bruder Roger zu nennen – dieser Roger war eigentlich immer schon so, wie er sich die Kirche und die Welt wünscht: versöhnte Vielfalt. Unter seinen Vorfahren gibt es fast soviele Bauern wie Pfarrer. Geboren ist er 1915 in der Schweiz, in dem kleinen Dorf Provence bei Neuchâtel, als Sohn einer Französin aus Burgund. Sein Vater war reformierter Pfarrer, und als Roger noch ein

Junge war, sah er ihn in einer katholischen Dorfkirche beten: „Für mich war das ein Schock."

Für die meisten Christen war „Ökumene" in jenen Jahren noch ein nicht zu buchstabierendes Fremdwort. Doch Rogers Eltern zögerten nicht, den Gymnasiasten bei einer katholischen Witwe in Kost zu geben, weil die jeden Pfennig brauchen konnte. Später hat er sich bewundernd über die „keineswegs verknöcherte Frömmigkeit" dieser Familie geäußert, die kein Geld hatte und auf die Fürsorge Gottes vertraute.

Der Pastorensohn Roger war durchaus nicht automatisch ein frommer Junge. „Einige Jahre war ich ein Nichtglaubender", berichtet er von seiner Gymnasialzeit. „Trotzdem, ohne selbst glauben zu können, war ich immer mit Achtung erfüllt vor jenen, die es konnten – genau wie die jungen Menschen, die ich heute sehe."

Er wünschte sich natürlich – versöhnte Vielfalt! – einen Doppelberuf: Bauer und Schriftsteller wollte er werden. Die renommierte Zeitschrift *Nouvelle Revue Française* interessierte sich auch tatsächlich für seinen ersten Essay mit dem verheißungsvollen Titel *Entwicklung einer puritanischen Kindheit.* Aber weil man ihm zumuten wollte, den Schluß der Geschichte umzuschreiben, verzichtete er trotzig auf eine literarische Karriere und studierte in Lausanne und Straßburg reformierte Theologie.

Von Anfang an interessierte er sich brennend für die Geschichte des Mönchtums, führte lange Gespräche mit katholischen Ordensleuten und verbrachte viel Zeit in Klöstern. Zweifel hatte er immer noch. Aber Jesus Christus faszinierte ihn zunehmend: „seine Barmherzigkeit, seine Fähigkeit, zu lieben und zu verstehen". Man wählte ihn zum Leiter einer christlichen Studentenvereinigung, und er gründete bereits damals eine offene *Communauté,* eine Gemeinschaft für Studenten und Angehörige akademischer Berufe.

Du, Christus, forderst mich unablässig heraus und fragst mich: „Für wen hältst du mich?"
Du bist es, der mich liebt bis in das Leben, das ohne Ende ist. Du öffnest mir den Weg zum Wagnis.
Das Nein in mir verwandelst du Tag um Tag in ein Ja. Du willst von mir nicht nur ein paar Bruchstücke, sondern mein ganzes Dasein.
Und ich, warum habe ich so lange gezögert?
Du hast mich unablässig gesucht. Warum habe ich von neuem gezögert und mir Zeit erbeten, um mich um meine Angelegenheiten zu kümmern? Warum habe ich zurückgeschaut, nachdem ich die Hand an den Pflug gelegt hatte? Ohne es recht zu wissen, bin ich untauglich geworden, dir nachzufolgen.
Und doch, obwohl ich dich nicht gesehen habe, habe ich dich geliebt.

Wenn es so etwas wie ein „Bekehrungserlebnis" bei Roger Schutz gab, dann war es jener hereindämmernde Abend, als er sich – wie schon so oft – fragte: „Warum dieses gegenseitige Sichbekämpfen unter den Menschen und selbst unter den Christen? Gibt es auf unserer Erde einen Weg, der so weit führt, alles vom anderen zu verstehen?"

Blitzartig, so erzählt er, habe er an diesem Abend eine Antwort gefunden, auf die er sein Leben lang immer wieder zurückgreifen sollte: „Wenn es diesen Weg gibt, beginne bei dir selber und engagiere dich selbst; du selbst, um alles von jedem Menschen zu verstehen. An jenem Tag hatte ich die Gewißheit, daß dieser Entschluß endgültig sei und bis zum Tod gelten würde."

Es war freilich ein Entschluß, der nicht allein zu verwirklichen war. „Wir sind voneinander isoliert", klagte Roger in diesen Jahren, „das erzeugt Mutlosigkeit. Wie können wir mit unseren überspitzten individualistischen Traditionen brechen?"

Die Antwort war klar. Bereits während er seine Abschlußarbeit vorbereitete – mit dem für ihn typischen Thema „Das Mönchsideal bis Benedikt und seine Übereinstimmung mit dem Evangelium" –, begann er 1940 nach einem Haus zu suchen, um „zusammen mit anderen die wesentlichen Dimensionen des Christseins zu leben", als „bescheidenes Zeichen der Gemeinschaft".

Roger dachte von Anfang an nicht an eine friedliche Insel, sauber abgeschottet gegenüber der aufgewühlten Umwelt. Deshalb machte er sich im unbesetzten Teil Frankreichs auf die Suche, in einer vom Krieg verwüsteten Region. Zahllose Juden und politisch Verfolgte aus dem anderen Teil des Landes tauchten hier auf ihrer Flucht vor den Nazis für kurze Zeit unter, bevor sie in die neutrale Schweiz hinüberwechselten – um dort von den Behörden nicht selten an Deutschland ausgeliefert zu werden. Sollte man diesen Menschen nicht helfen können, die hungerten und alles verloren hatten?

In dem völlig heruntergekommenen, fast entvölkerten Dorf Taizé, wo bloß noch 50 Einwohner geblieben waren, entdeckte Roger Schutz ein wenig einladendes Schild: „Haus zu verkaufen!" Eine alte Frau, bei der er etwas zu essen fand, bat ihn: „Kaufen Sie es und bleiben Sie hier. Wir sind so allein!" Das überzeugte ihn. „Ich habe Taizé gewählt, weil die Frau arm war", erinnert er sich. „Christus spricht durch die Armen, und es ist gut, auf sie zu hören ... Die Berührung mit ihnen bewahrt den Glauben davor, unbestimmt und unwirklich zu werden."

Taizé liegt auf einem flachen Hügel nur wenige Kilometer von dem berühmten Kloster Cluny entfernt, von dem im 11. Jahrhundert die Reform der abendländischen Kirche ausging ... Als Roger nach Taizé kam, war die Gegend jedoch komplett entchristlicht. In der verfallenen Dorfkirche wurde vielleicht zweimal im Jahr die Messe gefeiert.

Das Haus kostete nicht einmal soviel wie ein Auto. Roger

begann sofort damit, das angrenzende Landstück zu bebauen, die einzige Kuh zu melken, eine winzige Kapelle einzurichten. Fast jede Stunde klopften Flüchtlinge an die Tür, manchmal hielt sich ein volles Dutzend von ihnen im Haus auf. Die Gestapo wurde aufmerksam. Im Herbst 1942 – inzwischen war die deutsche Wehrmacht auch in diesen Teil Frankreichs einmarschiert – besetzte die Gestapo das Haus und nahm alle Bewohner mit, als Roger gerade einem Flüchtling über die Schweizer Grenze half. Jemand aus dem Dorf hatte ihn denunziert.

Roger mußte in der Schweiz bleiben, in Genf, wo er mit drei Freunden eine gemeinsame Wohnung mietete und den Lebensstil der *Communauté* weiterführte, die er damals in Lausanne gegründet hatte. Das konkrete Bild der künftigen Brüdergemeinschaft begann zu reifen. Die vier experimentierten mit der ersten, sehr knapp gefaßten „Regel", die Roger in Taizé geschrieben hatte – noch unsicher, ob der Zusammenschluß von Dauer sein würde.

Während Roger Schutz mit einigen Schwierigkeiten seine Abschlußprüfung bestand und zum Pfarrer ordiniert wurde – die These seiner schon genannten Arbeit, daß eine evangelische Mönchsgemeinschaft möglich sei, widersprach aller Tradition der Reformierten –, führten die Freunde in Genf ein offenes Haus. Studenten, Arbeiter, Gewerkschafter gingen ein und aus, man diskutierte nächtelang über Gütergemeinschaft und Gesellschaftsreformen. Auf Wunsch der Arbeiter schrieben die vier eine Kurzfassung des Katechismus in einfacher Sprache. Später steuerte eine Gruppe von Metallarbeitern das Vorwort zu Rogers erstem Buch *Einführung in das Gemeinschaftsleben* bei.

1944, de Gaulle war als Befreier in Paris eingezogen, konnte Schutz mit seinen Freunden nach Taizé zurückkehren. Zum Ärger der Dorfbewohner kümmerten sie sich um die deutschen Kriegsgefangenen, die in einem Lager in der Nähe untergebracht waren, teilten ihre karge Nahrung mit ihnen, luden sie regelmäßig in ihr Haus ein. Sie konnten aber nicht verhindern, daß verbitterte Frauen, die ihre Männer in deutschen KZs verloren hatten, in das Lager eindrangen und einen jungen, schwerkranken Gefangenen – einen katholischen Priester – so mißhandelten, daß er starb. „Es waren die Jahre, in denen der Haß nichts als Haß zeugte", sagte Roger im Rückblick auf jene dunkle Zeit.

Die Freunde mieteten ein Haus dazu und richteten dort zwei Wohngruppen für 20 Kriegswaisen ein; Rogers Schwester Geneviève war eine der „Mütter". Die Brüder brachten später auch das Geld für ihre Ausbildung auf.

Gegen alle skeptischen Stimmen – „Wie wollt ihr es jemals schaffen, euren Lebensunterhalt in Taizé zu verdienen?" pflegte Rogers Vater aus seiner sicheren Beamtenposition heraus zu warnen – hielten die vier an ihrem Modell von Gemeinschaft fest. Sie bestellten ihren mageren Acker, beteten dreimal am Tag und empfingen die zahlreichen Gäste, die zu Besinnungszeiten oder aus Interesse an ihrem Experiment kamen: eine evangelische Brüdergemeinschaft, das war ein bißchen wie eine katholische Frau Pfarrer oder wie ein fußballspielender Papst. „Die Gastfreundschaft soll großzügig sein", hieß es einige Jahre später in der Regel von Taizé. „Wir wollen lernen, gastlich zu empfangen, und bereit sein, unsere freie Zeit hinzugeben." Denn es sei Christus selbst, den man da im Gast aufnehme.

Eine irrsinnige Hoffnung

Immer mehr wurde die kleine Communauté von Taizé in jenen Jahren zu dem, was sie heute ist: zu einem prophetischen Gleichnis von Kirche, zu einer brüderlichen Gemeinschaft, zeichenhaft, mitreißend, ausstrahlend, um den Auferstandenen geschart, ihm gehorchend, „ohne vor dem Letzten zurückzuschrecken, ohne leichtfertige Anpassung"

(Roger). Taizé hat seither einen enormen Wachstumsprozeß durchgemacht; die Grundstrukturen des Zusammenlebens sind gleichgeblieben.

„Wer sind wir eigentlich?" fragte Roger Jahre danach im Kreis der Brüder und formulierte zusammen mit ihnen eine Antwort, die er ganz am Anfang genauso hätte geben können und die auch heute noch unverändert gilt: „Eine Begegnung von Menschen, die einander nicht gewählt haben und nun den Versuch unternehmen, etwas vom Leben der christlichen Urgemeinde neu zu leben. Wer sind wir? Eine kleine, zerbrechliche Gemeinschaft, die an einer irrsinnigen Hoffnung hängt: der Hoffnung auf Aussöhnung aller Getauften und darüberhinaus aller Menschen untereinander ... Wir sind eine Ansammlung von Schwachheiten in Person, dabei aber eine Gemeinschaft, heimgesucht von einem anderen als wir selbst."

Damals erneuerten die Freunde ihr Versprechen, zusammenzuleben und Jesus nachzufolgen, von Jahr zu Jahr. „So hat jeder die Möglichkeit, seine Berufung von neuem zu prüfen", erläuterte Roger diese Praxis. „Keine endgültigen Gelübde! Jeder bleibt frei, die Communauté wieder zu verlassen, wenn Gott es fordert ..." Denn keine kirchliche Autorität habe das Recht, durch ein ewiges Gelübde den Heiligen Geist in seiner Freiheit beschneiden zu wollen. Das war beste protestantische Tradition und eine berechtigte Sorge.

Doch mehr und mehr setzte sich in der kleinen Gemeinschaft eine andere Einsicht durch: Konnte es Christus gegenüber ein bloß zeitgebundenes Engagement geben, ein Leben auf Probe sozusagen? Immer wieder tauchte in den Gesprächen der Freunde ein verliebtes Paar auf, das seine Entscheidung für eine Ehe bis zur endgültigen, durch nichts mehr zu trübenden Klarheit hinausschob ... Würden die beiden dann im Lauf eines kurzen Menschenlebens überhaupt je zusammenfinden? Wollte man immer nur auf die große Erleuchtung warten, meinte Roger einmal nachdenklich, „dann könnte es leicht geschehen, daß man schließlich nur mehr Reste anzubieten hat."

Ein solches Ja auf Dauer, so präzisierte Max Thurian, einer der Freunde, wahre die Freiheit Gottes – aber es erkenne seinen Ruf nicht mehr bloß im subjektiven Bewußtsein, „sondern durch den gewisseren Weg einer betenden Gemeinschaft". Und Roger zog wieder eine Parallele zur Ehe: In Augenblicken, in denen die Treue nicht mehr spontan lebendig sei und das Ja zur Last werde, könne es notwendig sein, sich vorübergehend der Gehorsamsbindung, dem „Gesetz", auszusetzen, „bis die Liebe von neuem aufbricht".

Am Osterfest 1949 legten die Brüder von Taizé – sieben waren es inzwischen geworden – ihre Profeß ab, die sie zu lebenslangem Engagement verpflichtete. Frère Roger, wie er von jetzt an hieß, betrachtet dieses Datum als die eigentliche Geburtsstunde der Communauté. Es war ein unerhörtes Ereignis für die Kirchen der Reformation, die das Mönchsleben jahrhundertelang abgelehnt hatten. „Möncherei" habe nichts mit Frömmigkeit zu tun, hatte der enttäuschte Mönch Luther kategorisch erklärt.

Frère Roger wollte den ersten Männerorden im protestantischen Bereich niemals als Provokation verstanden wissen, als den Versuch einer bloßen Restauration, der nur neue Barrieren zwischen den Kirchen auftürmen würde: Seine leidenschaftliche Suche habe ganz im Gegenteil einem „Gleichnis der Gemeinschaft" gegolten, „verkörpert im Leben einiger Männer; denn Worte werden erst glaubwürdig, wenn sie gelebt werden. Immer hatte ich nur einen Gedanken: unter den Teig der gespaltenen Kirchen ein Ferment der Gemeinschaft mengen".

Zunächst genügte den Brüdern eine Reihe von Zitaten aus den Evangelien als Richtschnur des täglichen Lebens – nach dem Muster der Ordensregel des heiligen Franziskus. Erst drei Jahre später entstand eine richtige Regel, „langsam

Willst du um der Liebe Christi willen dich ihm hingeben mit allem, was du bist?
Ich will es.
Willst du von nun an den Dienst für Gott tun in unserer Communauté, in Gemeinschaft mit deinen Brüdern?
Ich will es.
Willst du stets Christus in deinen Brüdern wiedererkennen und so über sie wachen in guten und schlechten Tagen, im Leiden und in der Freude?
Ich will es.
Zieh von nun an auf den Spuren Christi. Mach dir keine Sorge um den morgigen Tag.
Der Herr Christus – in seinem Erbarmen und in seiner Liebe zu dir – hat dich dazu berufen, in der Kirche ein Zeichen brüderlicher Liebe zu sein. Er will, daß du mit deinen Brüdern das Gleichnis des gemeinsamen Lebens Wirklichkeit werden läßt.

Aus den „Engagements"
bei der Profeß der Brüder

zur Frucht gereift" (Roger), ohne Zwang und Details, gedacht nicht als die große Idee eines religiösen Genies, sondern als Zusammenfassung der im Lauf der ersten Jahre gemeinsam gemachten Erfahrungen. Roger beschreibt sie einmal als Grundüberzeugung der Gemeinschaft, dazu bestimmt, „sie nicht mehr fortgesetzt zu diskutieren, sondern täglich neu mit ihr anzufangen".

Keineswegs, so heißt es am Schluß der Regel, soll sie die Brüder davon entbinden, ständig nach dem Plan Gottes zu suchen – „dann wäre sie besser nie geschrieben worden". Neue Erfahrungen werden der Regel als Aktualisierung hinzugefügt. Das ist überhaupt bezeichnend für Frère Roger, daß er die meisten seiner zahlreichen Schriften irgendwann einmal umschreibt, Überflüssiges streicht, neue Einsichten dazugibt.

„Du bist von nun an nicht mehr allein. Immer mußt du mit deinen Brüdern rechnen.“ Diese Sätze stehen ganz am Anfang der Regel. Die *vocation de Dieu,* die Berufung durch Gott, gilt nicht nur dem Einzelnen, sondern der ganzen Gemeinschaft – ein für Protestanten ziemlich neuer Gedanke. Auftrag der Brüder ist deshalb zuallererst das gemeinsame Zeugnis, *témoignage communautaire.*

„Bleib niemals auf der Stelle, zieh vorwärts mit deinen Brüdern“, fordert die Regel auf. „Sei unter den Menschen ein Zeichen der brüderlichen Liebe und der Freude.“ Ein Zeichen, ein Gleichnis! Die Brüder wollen nicht predigen, nicht missionieren mit dem Ziel, den Mitgliederstand der Kirchen zu mehren. Niemals möge man „im Namen der Kirchenräson jemand einfangen oder festhalten“, mahnt Frère Roger. Einfach dasein wollen die Brüder, als ein lebendiges Gleichnis. Roger: „Ohne daß wir wissen wie, übernimmt und verklärt Gott diese Welt, die nur so langsam glaubt, einfach durch die Präsenz von Christen.“

Erfüllt von einem solchen Geist, werde das gemeinsame Leben zum „Hefeteig“, zur „explosiven Kraft“; Roger gerät fast ins Schwärmen: „Es kann Berge von Gleichgültigkeit versetzen und den Menschen auf unersetzbare Weise die Gegenwart Christi vermitteln.“

Gemeinschaftsbewußtsein, Brüderlichkeit, Mitmenschlichkeit sind in der Regel von Taizé keine abgeschmackten Leerformeln. Der Text wird hier so konkret, daß man die dahinterstehenden schmerzlichen Erfahrungen spürt: „Bedenke, wenn du in gereiztem Ton redest, den Schmerz, den du damit Christus zufügst. Laß dich nicht durch Antipathien bestimmen ... Deine natürliche Neigung kann dich dazu verleiten, gleich zu Anfang ein Vorurteil zu haben, deinen Nächsten nach seinem schlechten Tag zu beurteilen, dich zu freuen über Fehler, die du an einem Bruder entdeckt hast ... Meide die kleinlichen Streitereien zwischen Brüdern; nichts entzweit so sehr wie die dauernden Diskussionen um alles und nichts ... Lehne es ab, Andeutungen über diesen oder jenen Bruder anzuhören. Sei Ferment der Einheit!"

Und hier, wo es um die Gemeinschaft geht, wird die Regel das einzige Mal richtig drakonisch: „Daher gibt es keine Entschuldigung, seine Brüder durch Zuspätkommen zu stören ... Achte den Zeitplan der Brüder und nimm dir nicht das Recht, sie durch deine Besuche zu stören."

Ohne daß es jemand beabsichtigt hätte, war aus dem losen Freundschaftsbund von Taizé der erste protestantische Männerorden geworden. Großes Kopfschütteln im eigenen reformierten Lager, Verunsicherung bei den Katholiken, als die Brüder nun auch noch die drei traditionellen Mönchsgelübde übernahmen. Auch das sei keine Absicht gewesen, keine bloße Nachahmung alter Vorbilder, betont Frère Roger, sondern Ergebnis eines gemeinsamen Lernprozesses: „Wir konnten nicht unserer Berufung treu bleiben, ohne uns total zur Gütergemeinschaft, zur Anerkennung einer Autorität und zum Zölibat zu verpflichten."

Es lohnt sich, genauer zu betrachten, wie die Brüder von Taizé diese drei „Engagements" mit Leben füllen. Begründet werden alle drei mit der Verfügbarkeit Christus gegenüber, die eine totale Hingabe verlangt.

Zum Beispiel die Gütergemeinschaft. Zitat aus der Regel: „Die Kühnheit, alles, was heute da ist, aufs beste zu nutzen, sich keinerlei Kapital zu sichern – ohne Furcht vor möglicher Armut –, gibt eine unberechenbare Kraft." Denn zuviel Besitz hemmt die Gemeinschaft, macht abhängig.

„Jede Art von Reserve bildet nach und nach ein bleiernes Gehäuse", hat Roger gesagt. Das gilt nicht nur für den Einzelnen, sondern auch für die Gemeinschaft. Die Brüder sind da sehr sensibel; sie kennen die üblen Beispiele aus der Ordensgeschichte: Steinreiche Klöster, die das private Armutsgelübde ihrer Insassen durch das Anhäufen von Gemeinschaftsbesitz zu unterlaufen wußten. Taizé dagegen will laut Frère Roger „einen einfachen Lebensstil bewahren und abwerfen, was von einer Fassade des Erfolgs übrigbleiben könnte".

Das heißt freilich nicht, daß die Communauté die Vorsorge für die Menschen vernachlässigt, für die sie Verpflichtungen übernommen hat, oder daß die Brüder bei ihren Mitchristen betteln gehen. Sie arbeiten als Setzer, Drucker, Grafiker, Buchillustratoren, Landwirte, Sozialarbeiter, Psychologen, Programmierer, Ärzte, um den Lebensunterhalt für die Gemeinschaft zu verdienen. Jeder nimmt sich aus der gemeinsamen Kasse, was er wirklich braucht. Überschüsse werden an Menschen gegeben, die in materieller Not leben. Spenden hat die Gemeinschaft von Anfang an abgelehnt.

Einfachheit des Lebensstils bedeutet in Taizé auch keineswegs freudlose Armut. „Trübsinn und Kargheit" entspreche bestimmt nicht den Seligpreisungen, meint Roger, dem die selbstgerechten „Fanatiker der Armut" Angst einjagen. Arm und einfach leben, das heißt für ihn schöner, intensiver leben, das Vorhandene miteinander teilen, auf das Anhäufen von Reserven verzichten: „Die heranwachsende Generation entfernt sich von uns Christen, die wir so gerne von der Sicherheit in Gott reden, dabei aber gleichzeitig auf so viele Sicherheiten in Gold und Silber angewiesen sind."

Der Verzicht auf den – mittlerweile recht ertragreichen – Landbesitz der Communauté war ein konkreter Schritt des Miteinanderteilens. Den ersten hatte die Gründung einer Molkereigenossenschaft durch einen der Brüder 1954 gebildet, die den Kleinbauern Unabhängigkeit von der weiterverarbeitenden Industrie und einen anständigen Preis garantierte; nach wenigen Jahren gehörten dieser Genossenschaft mehr als 1200 Bauernhöfe an.

1964 brachten die Brüder ihren Besitz an Boden, Vieh und Maschinen in eine gemeinsam mit fünf katholischen Bauernfamilien gegründete landwirtschaftliche Produktionsgenossenschaft ein. Der Communauté gehörte jetzt nur noch das Grundstück, auf dem ihr Haus steht. Felder, Vieh und Maschinen wurden zusammengelegt und gemeinsam bearbeitet, der Ertrag wird in gleiche Teile geteilt. Den Bauernfamilien ermöglichte dieser Schritt abwechselnd ein freies Wochenende und zum ersten Mal einen Jahresurlaub. Mit einer *Operation Hoffnung* unterstützte die Communauté außerdem eine Reihe landwirtschaftlicher Kooperativen in Lateinamerika.

Das zweite, am meisten auf Unverständnis stoßende „Engagement" der Brüder ist ihre Ehelosigkeit – in der Regel von Taizé begründet mit der größeren Verfügbarkeit, „um sein Leben hinzugeben für die, die man liebt". Tragendes Motiv für eine solche Lebensform kann laut Roger nie enttäuschte Liebe oder eine Abneigung gegenüber der Ehe sein, sondern nur die Treue zu Christus und die Bereitschaft, total für die anderen Menschen dasein zu wollen: „Das Wort ‚Ich liebe dich', das wir zu Christus sagen, legt uns nahe, unser Wollen mit einer Geste, einer Tat deutlich zu machen, sonst bleibt es leerer Buchstabe."

Mit ihrem dritten „Engagement" versprechen die Brüder bei der Profeß, die Entscheidungen anzunehmen, „die in der Communauté getroffen und durch den Prior zum Ausdruck gebracht werden". Man spricht in Taizé von keinem Gehorsamsgelübde im klassischen Sinn, aber darauf läuft es hinaus – im Interesse der Einheit der Gemeinschaft.

„Damit nicht ein Geist des gegenseitigen Sich-Überbietens gefördert wird", so steht es in der Regel, „hat der Prior vor seinem Herrn den Auftrag, die Entscheidung zu fällen, ohne daß er dabei an eine Mehrheit gebunden wäre." Denn wenn sich die Communauté auf Mehrheitsbeschlüsse einließe, so hieße das laut Roger, „daß sich der Wille des Herrn durch 51 Prozent der Stimmen zu erkennen geben müßte". Es käme zur Fraktionsbildung und zu einem Übergewicht der wortgewandten und selbstsicheren Brüder.

Der Prior, der sich selbst nur „Frère Roger" nennen läßt und von einem, der ihn gut kennt, einmal als „autoritär und liebenswürdig, eigensinnig und demütig" zugleich charakterisiert wurde, übt diese dienende Autorität gewiß auf eine ganz persönliche, unverwechselbare Weise aus. Nicht die Macht eines einzelnen soll dieses Amt garantieren, sondern die Solidarität der Brüder untereinander.

Der Prior, sagt Roger, soll „diejenigen sammeln und zusammenführen, die sich ständig trennen und gegeneinanderstehen". Und er betont, daß Entscheidungen im aufmerksamen Gespräch, im Gedankenaustausch während der Mahlzeiten, im jährlich stattfindenden „Bruderrat" fallen. Roger: „Ich habe niemals gewagt und würde es auch niemals wagen, zu einem meiner Brüder zu sagen: Tu dies oder das. Wir werden miteinander suchen, was zu tun ist."

Bloß keine Büros mehr!

Das gemeinsame Suchen nach dem richtigen Weg prägt die Communauté von Anfang an. In Taizé ist nichts fertig – die Regel, die Kirche, die Formen des Gottesdienstes, alles ein großes Provisorium, alles spontan, mit einem weiten Spielraum für individuelle Begabung und schöpferische Fantasie. Die eingangs erzählte Geschichte von der eingerissenen Kirchenmauer, um Platz für Gottesdienstbesucher zu schaffen, paßt genau ins Bild. *Dynamik des Vorläufigen* heißt ein programmatisches Buch von Frère Roger: Taizé nimmt sich selber nie so ernst, daß es zum Sklaven seiner eigenen Strukturen werden könnte.

Denn die größte Gefahr, meint der Prior, liege darin, sich selbst zu genügen und den Deckel über einem einmal entdeckten Schatz wieder zu schließen. Am Ende verwende man dann alle Kräfte darauf, den gewachsenen Strukturen Dauer zu verleihen, sich hinter schützende Mauern zurückzuziehen, den Gesichtskreis immer mehr zu verengen ... Nichts sei tödlicher für das strömende Leben als ein starres System.

Deshalb hat man in Taizé die Büros aufgelöst, als sie begannen, die eigene Arbeit als unentbehrlich zu verherrlichen. Deshalb vernichten die Brüder regelmäßig am Jahresende alle Statistiken und Dokumente, um sich nicht unnötig mit einem Archiv zu belasten und um nicht in Versuchung zu kommen, eines Tages die eigene Geschichte zu feiern ...

1951 verließen die ersten Brüder Taizé und gingen in die Bergbauregion von Montceau-les-Mines, 40 Kilometer von Taizé entfernt, um dort zu wohnen und in den Bergwerken zu arbeiten. Ihr Motiv ist der Regel zu entnehmen: „Wie die Jünger, ausgesandt zu je zwei und zwei, sind die ausgesandten Brüder Zeugen Christi. Sie sollen ein Zeichen seiner Gegenwart unter allen Menschen sein und Träger der Freude."

Weitere solcher Fraternitäten (natürlich wieder provisorischer Natur) entstanden später in den algerischen Elendsvierteln – eine Mutprobe mitten im Krieg gegen Frankreich! –, in einem schwarzen Getto von Chicago, als dort schwere Rassenunruhen tobten, in Rwanda, Großbritannien, Schweden, im brasilianischen Recife bei Erzbischof Câmara, in Bangladesh, wo es kaum Christen gibt, in engem Kontakt mit jungen Moslems, Buddhisten und Hindus.

Dahinter steckt wieder der Gedanke der „Präsenz" unter den Menschen, die wirksamer sei als alle bewußte Mission und es den Brüdern ermögliche, über alle Lippenbekenntnisse hinaus am Leben der Armen und Geplagten teilzunehmen – nicht immer zur Freude ihrer Gastgeber. In Montceau-les-Mines haben sie sich so engagiert am gewerkschaftlichen Kampf um die Rechte der Bergarbeiter beteiligt, daß schon bald alle Fabriktore in der Region für sie verschlossen blieben.

Daheim in Taizé waren währenddessen die ersten katholischen Brüder zur Communauté gestoßen; aus dem ersten protestantischen Orden wurde die erste ökumenische Brüdergemeinschaft der Kirchengeschichte. Freiwillige Helfer der *Aktion Sühnezeichen* bauten gemeinsam mit den Mönchen die Versöhnungskirche, weil das Dorfkirchlein längst zu klein geworden war für die Besucherströme aus allen Kontinenten.

Mehr als 200000 waren es schließlich jedes Jahr, und Taizé öffnete sich bereitwillig der „jungen Hoffnung", die Frère Roger in diesen Besuchern „über dem Horizont unseres gewalttätigen Heute" aufsteigen sah. Aus seiner leidenschaftlichen, ja parteiischen Liebe zur Jugend machte Roger – keine Vaterfigur, eher der Typ des verständnisvollen großen Bruders – nie ein Hehl. Er bewundert ihre Uneigennützigkeit, ihre „Scheu vor Privilegien", ihren Mut, das Evangelium „in sich protestieren zu lassen" und danach zu leben. Er nennt die jungen Menschen Propheten und traut ihnen zu, „das ganze Volk Gottes mitzuziehen".

Und eines Tages erfand Frère Roger das *Konzil der Jugend.* Die jeweils eine Woche dauernden Treffen schienen ihm zusehends unfruchtbar, eine bloße Insel fern vom alltäglichen Leben zu Hause: „Ich ahne", notierte er in seinem Tagebuch, „daß ein intensiver Austausch nötig wäre, der sich über die kommenden Jahre ständig erneuert."

Ein „inneres Abenteuer" sollte es werden, keine gutgeplante Riesenversammlung mit feurigen Reden und kühnen Resolutionen, sondern ein gemeinsames, beharrliches Suchen nach Möglichkeiten, die „Frohe Nachricht" in das eigene Leben zu übertragen, und nach anderen Menschen, die dasselbe probieren. Am Osterfest 1970, junge Leute aus 35 Ländern feierten trotz Regen, Sturm und Schnee die Auferstehung, die Mönche verteilten heiße Schokolade, und die Menschen tanzten um die Kirche, an diesem Osterfest wurde in Taizé das *Konzil der Jugend* mit der „Frohen Nachricht" angekündigt:

„Der auferstandene Christus kommt, um im Innersten des Menschen ein Fest lebendig werden zu lassen! Er bereitet uns einen Frühling der Kirche, einer Kirche, die über keine Machtmittel mehr verfügt, bereit, mit allen zu teilen, ein Ort sichtbarer Gemeinschaft für die ganze Menschheit. Er wird uns genügend Fantasie und Mut geben, einen Weg der Versöhnung zu bahnen. Er wird uns bereit machen, unser Leben hinzugeben, damit der Mensch nicht mehr Opfer des Menschen sei."

In den folgenden viereinhalb Jahren wurde das *Konzil der Jugend* überall in der Welt intensiv vorbereitet. Gruppen von Jugendlichen besuchten sich gegenseitig, bauten ein Netz von Kontakten auf. In allen Kontinenten entstanden kleine Zellen des Gebets und der gemeinsamen Erfahrung. In Brasilien, Kolumbien, Indien und anderen Ländern organisierten die Jugendlichen sogenannte „Horchposten", um auf die Stimme der Armen hören zu können. 100 000 Adressaten in 130 Ländern erhielten Fragen übermittelt, die zusammen mit den eingelaufenen Antworten später den Ablauf des *Konzils* bestimmten: „Welchen Lebensstil sollen jene haben, die sich nicht fürchten, Zeichen des Widerspruchs zu sein? Wie können wir mithelfen, der Kirche ein neues Gesicht zu geben?"

Am 30. August 1974 versammelten sich 40 000 junge Menschen schweigend in einer „Kirche" aus fünf bunten Zirkuszelten. Teilnehmer aus Bangladesh, Senegal, Philadelphia erzählten von Armut, Unterdrückung und Unmenschlichkeit in ihren Heimatländern. In mehreren Sprachen wurden die Seligpreisungen verkündet.

Die ganze Nacht über wachten Tausende in Taizé, vereint mit den Gefangenen und Verfolgten der ganzen Welt. Am Morgen las der junge Joseph Ndundu aus Zaire einen „Brief an das Volk Gottes" vor: „Kirche, was sagst du von deiner Zukunft?"

Der Inhalt: Vor der Realität einer Erde, die „für die Mehrzahl der Menschen nicht bewohnbar" sei, ausgebeutet von einer „unerträglich privilegierten Minderheit", beherrscht von Polizeiregimes, regiert vom Profit und von multinationalen Konzernen, könne das Volk Gottes der Frage nach dem Weg zur Befreiung nicht ausweichen. Der auferstandene Christus – in seiner Kirche lebendig und unter den Menschenbrüdern verborgen – bereite es darauf vor, ein „kontemplatives Volk" zu werden, nach Gott dürstend, und gleichzeitig ein Volk der Gemeinschaft, zusammen mit den ausgebeuteten Menschen um Gerechtigkeit kämpfend.

Die Wirkung dieses Signals war durchschlagend: Das *Konzil der Jugend* pflanzte sich in alle Kontinente fort. Wohngemeinschaften, offene Gruppen, Pressure groups für hilflose Minderheiten schossen aus dem Boden.

Junge Engländerinnen zum Beispiel lebten ein paar Monate in einem Elendsviertel von Nairobi und teilten ihr Essen mit den Nachbarn. Daheim in Großbritannien eroberten sie armen Mitbürgern mit Sitzstreiks Wohnungen in Häuserblocks, die geschäftstüchtige Spekulanten leer stehen ließen.

Ein Getto einsamer alter Menschen in Manhattan, ein Arbeiterviertel in Quebec, ein Lager chilenischer Flüchtlinge, Gefängnisse, Wohnsilos und Gastarbeiterfamilien in Wien – die Jugendlichen verwandelten alle diese tristen Stätten in „Orte der Hoffnung", wo das neue Gesicht des Volkes Gottes bereits sichtbar wird, wo kleine Gruppen von Christen damit beginnen, die Seligpreisungen zu leben.

Über die ganze Erde verstreut, könne dieses Volk Gottes in der Menschheitsfamilie ein Gleichnis des Miteinanderteilens setzen, hieß es im „Zweiten Brief an das Volk Gottes", der bei einem Jugendtreffen in der Pariser Kathedrale *Notre Dame* 1976 zum erstenmal vorgelesen wurde und bei einem mehrmonatigen Aufenthalt junger Leute mit Frère Roger in Kalkutta und Bangladesh geschrieben worden war. Roger brachte von diesem Aufenthalt ein kleines Kind mit

Kirche, was sagst du von deiner Zukunft?
Wirst du auf die Mittel der Macht und die Vorteile der Kompromisse mit der politischen und finanziellen Macht verzichten?
Wirst du die Privilegien aufgeben und dich weigern, Kapital anzulegen? Wirst du endlich die universelle Gemeinschaft werden, die mit allen ohne Unterschied teilt, endlich eine versöhnte Gemeinschaft, ein Ort der Gemeinschaft und der Freundschaft für die gesamte Menschheit?
Wirst du am konkreten Ort wie auf der ganzen Erde Samenkorn einer Gesellschaft ohne Klassen und Privilegierte werden, in der nicht mehr ein Volk über das andere herrscht noch ein einzelner Mensch über den anderen?
Wirst du das „Volk der Seligpreisungen" werden, ohne andere Sicherheit als Christus: ein armes Volk, das kontemplativ lebt und Frieden schafft, das Träger der Freude und eines befreienden Festes für die Menschen ist, auf die Gefahr hin, daß du verfolgt wirst um der Gerechtigkeit willen?
Da wir zu diesem Volk dazugehören, wissen wir, daß wir nichts Weitgehendes von anderen verlangen können, wenn wir nicht selbst alles für das Ganze riskieren.
Wir werden es wagen, uns gemeinsam und unwiderruflich zu engagieren ...

Konzil der Jugend,
Erster Brief an das Volk Gottes

nach Taizé, dessen Mutter bei der Geburt gestorben war und für das die Brüder sorgten.

Ein Jahr später ließen sich einige Brüder mit einer Gruppe Jugendlicher in Hongkong häuslich nieder, in einer baufälligen, von Ratten heimgesuchten Baracke, die auf Pfählen im chinesischen Meer stand. Dort, mitten unter den Ärmsten, schrieben sie den „Brief des Konzils der Jugend an alle Generationen": Die Zeit sei gekommen, die Orte des Miteinanderteilens zu vermehren und sich im Kampf um gerechte Gesellschaftsstrukturen und um eine Neuverteilung der Güter mitten in die Konfliktfelder zu begeben.

Am Weihnachtsabend 1982 eröffnete Frère Roger in Beirut, im von Kämpfen zwischen Christen und Moslems geschüttelten Libanon, einen weltweiten *Pilgerweg der Versöhnung.* Wenig später trafen sich 25000 junge Menschen aus allen Ländern in Rom, um in die Katakomben zu pilgern, zu den Quellen des Glaubens. In einem „Brief aus den Katakomben" drängten sie die Kirchen, „Erde der Versöhnung" zu werden: „Niemals mehr wirst du den zerstükkelten Christus am Straßenrand liegen lassen ... Das Evangelium ruft die Christen dazu auf, Glieder am Leib Christi und nicht Anhänger, Partisanen oder sogar Patrioten der eigenen Konfession zu sein ... Die sichtbare Versöhnung unter Christen duldet keinen Aufschub mehr."

„Taizé, der kleine Frühling ...!"

„Finde dich niemals ab mit dem Skandal der Spaltung unter den Christen, die alle so leicht die Nächstenliebe bekennen und doch getrennt bleiben", mit dieser Mahnung ist die ökumenische Ausrichtung der Communauté schon in ihrer Regel verankert. Die Mitchristen – an starre konfessionelle Fronten gewöhnt – zeigten sich oft genug verunsichert von dieser protestantischen Gemeinschaft, die nach Art katholischer und orthodoxer Mönche lebte, Katholiken und Anglikaner in ihre Reihen aufnahm und bereits 1948 vom zuständigen katholischen Bischof die Erlaubnis erwirkte, die kleine Dorfkirche von Taizé mitbenutzen zu dürfen.

Der Bischof war in seiner Entscheidung übrigens vom damaligen Pariser Nuntius Roncalli bestärkt worden. Als aus

Roncalli Papst Johannes XXIII. geworden war, empfing er die Brüder mehrmals zu angeregten Gesprächen und freute sich: „Ah! Taizé, der kleine Frühling ...!"

Das war für viele das Hauptproblem, wenn es um Taizé ging: Sind die jetzt katholisch oder evangelisch? Dabei übersah man, daß die Brüder weder irgendeine frühere Form von Kirche restaurieren noch eine neue Konfession gründen wollten. Die Katholiken, die in Taizé eintreten, bleiben Katholiken; die Protestanten, die Anglikaner geben nichts von der wertvollen Tradition ihrer konfessionellen Prägung auf. Aber die Art, wie sie zusammenleben und zu einem gemeinsamen Zeugnis finden, könnte ein Modell für die ganze gespaltene Christenheit sein.

Für Frère Roger steht hier die Glaubwürdigkeit des Volkes Gottes auf dem Spiel: „Dürfen die Christen von Liebe reden, solange sie nicht zu einer sichtbaren Gemeinschaft vereinigt sind?" Nur als versöhnte Gemeinschaft könne das Volk Gottes seine Aufgabe erfüllen, Sauerteig der Erde zu sein, Ferment des Friedens und des Vertrauens in einer von Gewalt und Krieg zerrissenen Welt.

Die bloße friedliche Koexistenz von mehr oder weniger isoliert nebeneinander lebenden Konfessionen genügt den Brüdern von Taizé nicht, weil ihr der „innere Schwung" (Roger) des Evangeliums fehlt, weil sie die sichtbare Einheit auf jenseitige Gefilde verschiebt und unfähig ist, den „Virus" der Selbstrechtfertigung, des Rückzugs auf sich selbst zu bekämpfen. Roger weiter: „Wir wollen den Ökumenismus nicht zu einer neuen Ideologie unter vielen, zu einem schönen Thema für Tagungen und Diskussionen machen, bei denen jeder jahrhundertelang seine eigenen Standpunkte rechtfertigt."

Nein, man kann die Einheit nicht „aus Verhandlungen oder rechtlichen Vereinbarungen herausködern", man muß sie zu leben beginnen, in mutigen Schritten, in kleinen Zellen wie Taizé. „Die Texte kommen nachher." Statt sich endlos im Kreis zu drehen und von der jeweils anderen Konfession die „Heimkehr" zu verlangen, muß man einsehen, daß die Trennung alle ärmer macht, alle an der Spaltung schuld sind und alle sich erneuern müssen. Dann wird der Weg frei sein für eine versöhnte Gemeinschaft, in der die Einheit sichtbar gelebt wird, ohne daß die einzelnen „geistlichen Familien", wie Frère Roger die Konfessionen gern nennt, ihre Eigenarten und Traditionen verleugnen müssen.

Geduldig, aber zäh haben die Brüder ihre Lebensweise – für viele eine sanfte Provokation – gegen allen Widerstand im eigenen „Haus" durchgekämpft: Bei den protestantischen Kirchen hielt sich lange die Befürchtung, auf dem Weg über Taizé wolle sich Rom klammheimlich im reformatorischen Lager einnisten. Die deutlichen Worte, mit denen der Prior etablierte, selbstgenügsame Haltungen im Protestantismus in Frage stellte, schienen solches Mißtrauen zu rechtfertigen.

Geduld und Zähigkeit waren aber auch nötig, um die Berührungsängste auf katholischer Seite zu überwinden. Mehrere Rombesuche in den fünfziger Jahren konnten das eisige Klima zwischen den Konfessionen nicht erwärmen. Das änderte sich erst, als Johannes XXIII. den Brüdern sein großes Herz öffnete und zwei von ihnen als Gäste des neugeschaffenen vatikanischen Einheitssekretariats an allen Sitzungen des Zweiten Vatikanischen Konzils teilnahmen.

Seither wird Frère Roger nicht müde, laut von einem „ökumenischen Hirtenamt" zu träumen, von einem erneuerten, dienenden Papstamt, das die Gemeinschaft unter den Kirchen vorantreiben und zeichenhaft für die Welt sein könnte – ein Grund mehr für die Mißtrauischen, Taizé wahlweise des Verrats an der Reformation oder der unverschämten Einmischung in innerkatholische Angelegenheiten zu verdächtigen.

Dabei stellt der Prior doch nur die Frage: „Wenn jede

Ortsgemeinde einen Hirten braucht, um die Gemeinschaft unter denen zu fördern, die stets dazu neigen, ihre eigenen Wege zu gehen, wie können wir auf eine sichtbare Gemeinschaft aller Christen auf der Erde hoffen, wenn es keinen Hirten für alle gibt? Nicht an der Spitze einer Pyramide, nicht als Haupt (das Haupt der Kirche ist Christus), sondern in der Mitte." Ein armer Bischof müsse das sein, einer, der jeder Generation die Quellen des Glaubens neu zugänglich machen, zum Kampf gegen die Ungerechtigkeit rufen und prophetische Einsichten verkünden könne.

Die Christenheit als Volk der Seligpreisungen, die Kirche als Signal der Freundschaft und Zeichen der Gemeinschaft für alle Menschen, nicht als „Ort geistlicher Öde" oder „graue Stätte weltlicher Anpassungsformen" ... In solchen fast lyrisch formulierten, aber in Taizé sehr konkret gelebten Zielvorstellungen wird deutlich, daß diese Gemeinschaft mit ihrem so reichen geistlichen Innenleben keineswegs um sich selber kreist. „Kampf und Kontemplation" heißt die Zauberformel ihrer Spiritualität, die junge Menschen so fasziniert.

Wer Christus in der Kontemplation – im Gebet, das die eigenen Abgründe bewohnbar macht, in der meditativen Schau nach innen – begegnet, wird nach der Erfahrung der Brüder zwangsläufig zum Engagement getrieben. Kampf und Kontemplation haben dieselbe Quelle: Christus, der die Liebe ist. Frère Roger: „Wenn du betest, geschieht es aus Liebe. Wenn du kämpfst, um dem Entrechteten sein Menschengesicht wiederzugeben, geschieht auch das aus Liebe."

Versöhnung ist nur durch Kampf zu haben, durch Kampf mit sich selbst. Und wenn die Zwiesprache der Christen mit Christus nicht eine mythische Gottheit zum Inhalt hat, die mit den Menschen nichts zu tun hat, so gehört der Nächste zu dieser Zwiesprache immer mit dazu. Das Glück freier Menschen, die in ihrem Innern eine Revolution erlebt haben, nennt Roger den „Motor" für einen Kampf, der allen Menschen gelte. Vom Fest des Auferstandenen gehe der Impuls zum Kampf aus, denn: „Wollten wir das Fest nur für uns haben, es würde sich selbst zerstören."

Also war es nur logisch, daß die Bergwerkskapitalisten von Montceau-les-Mines den Mönchen von Taizé die Tür wiesen. Ein kontemplatives Leben, wie sie es verstehen, hat gefährliche Auswirkungen auf die gesellschaftliche Wirklichkeit. „Liebe die Enterbten", verpflichtet sie ihre Regel, und Frère Roger weist den Christen beim Feldzug gegen das Elend einen Platz „mitten im heftigsten Kampf in den vordersten Reihen" zu.

„Eine Frage von Christus trifft uns bis ins Innerste", bezeugte der Prior bei der Eröffnung des *Konzils der Jugend:* „Hast du mich in dem Armen, der Hunger hatte, erkannt? Wo bist du gewesen, als ich selbst einer der Elendsten war? ... Du kannst keinen wirklichen Kampf im luftleeren Raum führen, mit Ideen, die nicht konkret werden. Zerbrich die Unterdrückung der Armen und Ausgebeuteten: Du wirst erstaunter Zeuge sein, wie Zeichen der Auferstehung schon jetzt auf der Erde entstehen. Teile deine Güter, um größere Gerechtigkeit zu erreichen. Mache niemand zu deinem Opfer. Bruder aller, Bruder für alle ohne Unterschied, lauf hin zu den Menschen, die mißachtet und ausgestoßen sind!"

Und als er aus den Slums und Sterbehäusern von Kalkutta zurückkam, machte er den Christen der reichen Welt in Zürich unmißverständlich klar: Wer nur „Gerechtigkeit! Gerechtigkeit!" schreit, ohne sie zu verwirklichen, stellt sich auf eine Stufe mit den Unterdrückern. Und bei ihrem eigenen Reichtum sollen sie anfangen, die Christen, wenn es um die Neuverteilung der Güter dieser Erde geht.

Was ist Taizé, dieser Zwerg unter den geistlichen Gemeinschaften der Christenheit, diese Handvoll Menschen, die keine großen Reformprogramme verkünden und Predigten nicht mögen, die einfach da sein wollen an den Brenn-

Wir feiern den auferstandenen Christus in der Eucharistie ... Auf unserem Marsch durch die Wüste auf eine Kirche zu, die mit allen teilt, gibt uns die Eucharistie den Mut, das Manna nicht für uns zu behalten, auf materiellen Rückhalt zu verzichten und nicht nur das Brot des Lebens, sondern auch die Güter der Erde zu teilen.
Wir feiern den auferstandenen Christus durch unsere Liebe zur Kirche. Es ist eine Liebe, die auf Erden ein Feuer entzündet. Die Kirche hat den Auftrag, ein unersetzliches Ferment der Brüderlichkeit, der Gemeinschaft und des Teilens für die ganze Menschheit zu werden.
Wir feiern den auferstandenen Christus im Menschen, unserem Bruder ... Wir sehen im Menschen das Antlitz Christi, vor allem, wenn dieses Antlitz durch Tränen und Leiden transparenter geworden ist. Deshalb werden wir soweit gehen, unser Leben hinzugeben, damit der Mensch nicht mehr Opfer des Menschen sei.

Text aus Taizé,
Ostern 1970

punkten des Elends? Nichts als ein armes Zeichen ist Taizé.

Ein winziges Stück Zukunft von Kirche, ohne Macht und Besitz, genauso arm wie der Rabbi aus Galiläa, auf den sich die Institutionen des Christentums ständig berufen und den sie immer wieder fliehen auf der Suche nach menschlichen Sicherheiten.

Arm wie Jesus Christus, der sich in jedem Menschen verbirgt und zu dem der Bruder Roger sagen kann, ohne zu heucheln: „Du weißt, wie arm und verwundbar wir manchmal sind. Wir danken dir für die menschliche Zerbrechlichkeit, denn sie führt uns auf den Weg des Vertrauens zu dir. Dir vertrauen, öffnet uns zum einzig Wesentlichen: Du lebst in uns."

Mutter Teresa von Kalkutta
und ihre „Missionaries of Charity"

Im Mülleimer lag ein sterbendes Kind

„Sie haben wie die Tiere gelebt.
Da sollen sie wenigstens
wie Menschen sterben!“

Kalkutta, eine Stadt wie ein Alptraum. Ein stinkendes Grab, eine aus allen Nähten platzende Hölle, wo Massen todgeweihter, ausgemergelter Menschen um ein paar Quadratmeter Lebensraum kämpfen. Die Behörden haben in der Neun-Millionen-Metropole 3000 Slums registriert.

Über den endlosen Elendsvierteln liegt dumpfer Fäulnisgeruch. Auf feuchten Lehmwegen lagern menschliche Wracks, ausgezehrt, krank, hungrig. Fliegen wimmeln in offenen Wunden.

Aus einem überquellenden Mülleimer dringt schwaches Wimmern. Eine junge Frau im weißen Sari horcht kurz auf, dann eilt sie zu dem Abfallhaufen und holt einen nackten Säugling aus dem Müll, ein Häufchen Haut und Knochen, das sie behutsam in ihrem Arm birgt.

Ein paar Meter weiter finden die weißgewandeten Helferinnen ein gespenstisches Gerippe, pergamentene Haut über einem spitz hervorstehenden Skelett, einen Menschenrest, in dem noch Leben zu sein scheint. Die Maden beginnen ihn bereits seiner Haut zu entblößen. Die Mädchen im Sari tragen den Greis in eine schattige Halle, füttern ihn, waschen den armseligen, verkoteten Körper. Eine alte Frau zieht ihm die Würmer aus den Wunden.

„Wie kannst du meinen Gestank ertragen?" flüstert der todkranke Mann mit schwacher Stimme, in fassungslosem Staunen.

„Das ist doch gar nichts gegen die Schmerzen, die du haben mußt", antwortet seine Pflegerin.

„Du bist nicht von hier", wundert sich der Alte. „Die Leute hier machen das nicht, was du tust." Sterbend versucht er zu lächeln: „Gepriesen seist du!"

„Nein", widerspricht die Frau im Sari und lächelt zurück. „Gepriesen seist *du,* weil du mit Christus leidest."

Die unscheinbare Frau am Sterbebett, die dem elenden Bündel Mensch wenigstens in der letzten Stunde seine

Würde zurückgegeben hat, ist Mutter Teresa, die Gründerin der *Missionaries of Charity,* der Missionsschwestern der Liebe. In Indien werde zwar viel von gigantischen Entwicklungsprogrammen geredet, meint sie. „Aber es geschieht wenig. Wir brauchen Leute, die die Ärmel aufkrempeln und sich nicht zu schade sind, sich in der Gosse die Finger schmutzig zu machen, Lumpen von schwärenden Wunden zu reißen, Sterbende von Kot, Urin und Ungeziefer zu säubern, Leprakranke zu füttern und die Leichen von weggeworfenen Säuglingen aus Müllkästen zu holen. Wer sich das zutraut, der ist bei mir immer willkommen!"

Nonne wollte sie nicht werden

In einem gutbürgerlichen Elternhaus kam Agnes Gonxha Bojaxhiu 1910 im damals türkischen, heute jugoslawischen Skopje zur Welt. Der Vater führte ein Architekturbüro und wurde Mitinhaber einer gutgehenden Baufirma. In Skopje begegneten sich zu dieser Zeit Kreuz und Halbmond, muslimische Minarette standen neben der Kirche vom Heiligen Erlöser.

Ihre Jugendfotos zeigen ein ausgesprochen hübsches Mädchen mit ein wenig träumerischen Augen. Sie besuchte die Höhere Schule – in ihrer Umwelt für Mädchen ungewöhnlich –, zeigte Begabung für Musik. An ein Leben im Kloster dachte sie damals noch nicht, obwohl sie sich brennend für die Arbeit der Missionare interessierte. Doch mit 18 Jahren entschied sich Agnes dann doch selbst für ein Leben in der Bengalenmission – nach Ansicht ihres Bruders Lazar ein ganz logischer Entschluß inmitten einer Familie, in der Armen und Ausgestoßenen immer geholfen worden war.

Agnes Bojaxhiu trat bei der Loreto-Kongregation ein, besser bekannt unter dem Namen *Englische Fräulein,* ein pädagogisch tätiger Orden, dessen Mitglieder nach der Jesuiten-Regel leben. Im Dubliner Mutterhaus wirkte sie sehr scheu und in sich gekehrt.

Das änderte sich bald darauf in der St. Mary's High School in Kalkutta, wo Schwester Teresa – so hieß sie jetzt – jahrelang Erdkunde unterrichtete und bis zur Schuldirektorin und Oberin aufstieg. Die 500 Schülerinnen kamen aus der schmalen bürgerlichen Oberschicht Kalkuttas, Kloster und Internat bildeten für bengalische Verhältnisse einen angenehmen Aufenthalt.

Indiens verschwindend kleine katholische Minderheit – 1,35 Prozent der Bevölkerung – ist immer noch von der kräftigen Finanzhilfe aus Europa und den USA geprägt. Christliche Schulen und Spitäler genießen zwar hohes Ansehen, aber die katholischen Eliteschulen nehmen in der Regel nur Kinder gutbetuchter Eltern auf. Bischofsresidenzen und Priesterseminare gleichen häufig Palästen – in einem Land, in dem jeder zweite nicht einmal über das Existenzminimum verfügt. Erst in den letzten Jahrzehnten wurde der Weg zu einer „armen Kirche" beschritten, begannen junge Priester in die Elendsviertel zu gehen, teilten Christenfamilien das Leben der weggeworfenen Ärmsten.

Auch Schwester Teresa kann nicht blind bleiben. Gleich hinter den Mauern der High School erstreckt sich ein riesiger Slum mit dem perversen Namen *Moti-Jhil,* Perlsee, und der Pestgeruch des Elends dringt in den Kollegbezirk. Schwester Teresa nimmt ein paar Schülerinnen mit und geht in die wenigen Krankenhäuser. Bewaffnet mit Jod und Verbandszeug, durchstreift sie den Slum, entdeckt die Armen, hilft, wo sie nur kann – und hat ein schlechtes Gewissen, wenn sie in ihr schön möbliertes Kloster zurückkehrt. Gott will mehr von ihr, das spürt sie immer deutlicher. Beten, Mitleid, ein paar Besuche – das genügt nicht mehr.

Am 10. September 1946, Teresa ist 36 Jahre alt, faßt sie während einer nächtlichen Eisenbahnfahrt den Entschluß, noch einmal „auszusteigen", der Entscheidung für die harte Existenz im Orden eine noch härtere hinzuzufügen.

„Ich mußte das Kloster verlassen und den Armen helfen, indem ich unter ihnen lebte. Ich hörte den Ruf, alles aufzugeben und Christus in die Slums zu folgen, um ihm unter den Ärmsten der Armen zu dienen. Ich wußte, es war sein Wille, und ich mußte ihm folgen."

Der Erzbischof von Kalkutta lehnte Teresas Gesuch, das Ordenshaus verlassen zu dürfen, zunächst ab. Eine Europäerin, so meinte er wohl, würde in den Slums gar nicht akzeptiert. Und es gab ja schon so verwirrend viele Frauenorden.

Teresa ließ jedoch nicht locker. Bescheiden, aber unbeirrt wiederholte sie ein Jahr später ihre Bitte, als Millionen Flüchtlinge aus dem neuentstandenen Pakistan nach Kalkutta strömten und die Stadt fast zum Bersten brachten. Papst Pius XII. hieß ihre Absicht gut, unter den Armen zu leben, „mit Gott als einzigem Beschützer und Führer". Teresa vertauschte die Ordenstracht der Loreto-Schwestern mit dem Sari der Armen Indiens, weiß mit blauer Borte, zwei Mark wert. Mutterseelenallein stand sie vor der Klostermauer, ohne Geld, ohne Wohnung, ohne Ausbildung als Krankenschwester oder Sozialarbeiterin, ohne detaillierte Pläne – aber mit dem sicheren Gefühl: „Gott geht mit mir. Das ist sein Werk."

Die finstere Wolke des Elends

In Patna macht sich Teresa bei den *American Medical Missionary Sisters* in Elementarkursen mit Hygiene und Krankenpflege vertraut. Dann mietet sie in Kalkutta, mitten im Slum, eine Hütte, sucht sich ein paar Kinder zusammen und bringt ihnen das Alphabet bei. Mit einem Stecken kratzt sie die Buchstaben in den Lehmboden. Stühle, Bänke, eine Tafel gibt es nicht. Sie zeigt den Kleinen, wie man sich wäscht, schenkt ihnen ein Stück Seife zur Belohnung, wenn sie aufmerksam sind. Sie geht betteln, um halbverhungerten Familien Essen bringen zu können. Sie pflegt Kranke, besucht die Spitäler.

Mehr als einmal droht die einsame Schwester zusammenzubrechen. Was ist ihr hilfloses Laufen von Not zu Not gegen das allgegenwärtige, geballte Elend, das wie eine finstere Todeswolke über ganz Kalkutta lastet und jede Hoffnung erdrückt?

„Heute lernte ich eine schwere Lektion", erinnert sie sich an eine dieser Verzweiflungsphasen. „Die Armut der Armen muß so schwer für sie sein. Als ich eine Unterkunft suchte, wanderte und wanderte ich, bis meine Arme und Beine schmerzten. Ich dachte, wie sehr sie an Seele und Leib Schmerzen erdulden mußten auf der Suche nach Heim, Nahrung und Geborgenheit. Dann kam die Geborgenheit Loretos wie eine Versuchung über mich ... Loreto zu verlassen, war für mich das größte Opfer, das Schwierigste, was ich je getan habe. Viel schwieriger, als meine Familie und meine Heimat zu verlassen, um in den Orden einzutreten. Loreto bedeutete für mich alles."

Vielleicht hätte Teresa trotz der ihr eigenen Verbissenheit nicht durchgehalten – wären da nicht die jungen Mädchen gewesen, die dachten wie sie, die sich ihr anschlossen und genauso zäh gegen die Not kämpften, die ihnen von jeder Straßenecke entgegenschrie. Die meisten waren ehemalige Schülerinnen Teresas aus der High School. Sie zogen den weißen Sari an, und 1950 wurde der neue Orden unter dem Namen *Carriers of Christ's Love in the Slums* gegründet: „Leute, die Christi Liebe in die Slums tragen". Bekannter geworden sind sie als *Missionaries of Charity,* als Missionarinnen der Liebe.

Teresas erste Gefährtinnen stammten aus dem indischen Bürgertum, inzwischen sind auch Europäerinnen, Amerikanerinnen, Afrikanerinnen dabei. Sie lernen grundsätzlich einen Beruf, manche studieren Medizin, einige Jura – alles, um den Armen besser helfen zu können.

Allen voran den Kleinsten, den Wehrlosen – den Kindern. Mutter Teresa ist vernarrt in Kinder. Sie nimmt ein Neugeborenes in den Arm, unendlich behutsam, und präsentiert es mit leuchtendem Gesicht, stolz, als sei sie seine Mutter: „Seht, es ist Leben in ihm!" Für Klagen über die Bevölkerungsexplosion in Indien fehlt ihr jedes Verständnis; Kinder sind doch „Gottes Leben", er hat die Welt reich genug erschaffen, um alle zu ernähren, „es kann nie genug von ihnen geben!"

Die *Missionaries of Charity* suchen auf den Straßen nach weggeworfenen Neugeborenen, die niemand will, nach Frühgeburten vor allem; sie finden sie auf Müllkippen, auf den Treppen öffentlicher Gebäude, vor den Türen kirchlicher Einrichtungen. Tausende haben sie schon gesundgepflegt in ihrem Säuglingsheim, Hunderte sind gestorben, weil sie von Anfang an nicht lebensfähig waren. Manchmal holen sie auch größere Kinder zu sich, nehmen einer überlasteten Witwe mit fünf, sechs Kindern eines oder zwei ab und geben ihnen eine solide Handwerksausbildung.

Inzwischen gibt es 28 Heime für 2000 ausgesetzte Säuglinge in Indien. Mutter Teresa hat einen internationalen Kinderhilfsfonds eingerichtet, der ihre Ausbildungsprogramme finanziert, und vermittelt – nicht unumstritten – Adoptionen auch außerhalb Indiens, um die Abtreibung zu bekämpfen. Sie wird nicht müde, das Lebensrecht der Ungeborenen zu verteidigen, die Gottes Leben in sich tragen.

Mutter Teresa: „Man tötet nicht nur Leben, sondern stellt sein eigenes Ich über Gott. Menschen entscheiden, wer leben und wer sterben soll. Sie wollen sich selbst zum allmächtigen Gott machen ... Mir scheint, daß man den Schrei jener Kinder hören kann, die ermordet wurden, bevor sie auf der Welt erschienen, einen Schrei, der vor dem Thron Gottes wiederholt wird!"

Wenn man ein Kind haben wolle, könne man es auch bekommen, sagt die Ordensfrau schlicht. „Wenn Sie es aber nicht haben möchten, töten Sie es nicht, geben Sie es mir!" Mutter Teresa spreche immer über Familienplanung, scherzen ihre Mitarbeiter, aber sie selbst praktiziere sie nicht, sie bekomme täglich mehr Kinder. Tatsächlich redet sie viel über natürliche Methoden der Empfängnisverhütung. Ihre – von der Bischofskonferenz unterstützten – Kampagnen, solche Methoden populär zu machen, sind so erfolgreich, daß das Bevölkerungswachstum in Kalkutta in einem einzigen Jahr um mehr als 30000 Geburten gesenkt worden ist, wie die Behörden im indischen Bundesstaat Gujaret lobend feststellten.

„Nicht für eine Million würde ich das tun!"

Man fragt sich, wo die unwahrscheinliche Energie dieser kleinwüchsigen, mageren, immer ein wenig gebeugt gehenden Frau herkommt. Sie spricht leise, ohne Pathos, kunstlos über das Beten, die Armen und den guten Gott, aber auch in Universitäten und Weltorganisationen ist ihr gebannte Aufmerksamkeit sicher. Sie ist alles andere als eine strahlende Erscheinung, und doch werden die Großen dieser Welt – man kann es im Fernsehen beobachten – still und verlegen, wenn sie ihr in das zerknitterte, gegerbte Gesicht mit den vielen Runzeln sehen, ein frappant gutes Gesicht mit durchdringenden Augen und ernsten Lippen.

Auch in der großen Öffentlichkeit, bei Preisverleihungen und Empfängen bleibt sie die einfache Frau im Sari, immer ein wenig verloren inmitten eines jubelnden Publikums, aber keineswegs schüchtern, selbstbewußt ohne eine Spur von Show. In schlichten Sandalen besteigt sie Rednertribünen, eine abgetragene Wollweste über dem weißen Sari.

Sie buhlt nicht um die Gunst der Prominenz, sie kann es sich leisten, unbequeme Wahrheiten auszusprechen wie 1982 bei der Solidaritätsveranstaltung des Bundeslandes Baden-Württemberg mit der Dritten Welt: In der Regierungsvilla nahm sie die bundesdeutsche Asylantenpolitik aufs Korn und forderte den christdemokratischen Ministerpräsidenten Späth unbefangen auf: „Öffnen Sie die Tür, und Gott wird Sie segnen!"

Ihre Gesprächspartner verblüfft sie durch Schlagfertigkeit. Einem amerikanischen Journalisten, der sie erschrokken beim Versorgen einer brandigen, stinkenden Wunde beobachtet und gesteht „Nicht für eine Million Dollar würde ich das tun!", erwidert sie lachend: „Ich auch nicht!" – Sie tut es für Gott.

Unbekümmert sammelt sie Preise und Ehrungen, nicht weil sie so versessen wäre auf Orden – an ihrem Sari hängt lediglich ein kleines Kreuz zur Erinnerung an das Leiden Christi, mit einer Sicherheitsnadel an der linken Schulter festgesteckt wie bei allen ihren Mitschwestern. Nein, sie kann das Geld für ihre Hilfswerke brauchen, das gibt sie auch listig-entwaffnend zu.

Den Internationalen John-F.-Kennedy-Preis für Menschlichkeit hat sie erhalten und den Friedenspreis Papst Johannes' XXIII., die Ceres-Medaille der Welternährungskonferenz und den englischen Templeton-Preis für Förderung der Religion, den *Magsasay Prize* der asiatischen Staaten für die „verdienstvollste Frau Asiens", die Ehrendoktorwürde der Universitäten Delhi, Philadelphia, Cambridge; die Katholische Universität Washington erfand extra für sie den Titel *Doktor der Humanität.*

Die Krönung aller Ehrungen stellte 1979 der Friedensnobelpreis dar. In Oslo begrüßte sie die Bevölkerung mit einem Fackelzug. Das traditionelle Festbankett im Hotel

Continental ließ Mutter Teresa absagen, die so eingesparten 12 000 Mark nahm sie (zusätzlich zu den 340 000 Mark, mit denen der Nobelpreis dotiert ist) nach Kalkutta mit, um jungen Familien von Leprakranken beim Hausbau helfen zu können. „Ich persönlich bin unwürdig", stellte sie klar. Der Preis bedeute lediglich eine Anerkennung der Menschenwürde der Armen.

Und dann hielt sie in der Aula der Universität Oslo dem Westen eine beschämende Strafpredigt: „Der größte Zerstörer des Friedens ist heute der Schrei des unschuldigen, ungeborenen Kindes ... Für mich sind die Nationen, die Abtreibung legalisiert haben, die ärmsten Länder. Sie fürchten die Kleinen, sie fürchten das ungeborene Kind."

Mutter Teresa bat ihre Zuhörer, nicht länger stumm zu bleiben, die Ungeborenen zu schützen, zu Hause in der Familie mit der Liebe zu beginnen, die Armen nicht links liegen zu lassen. „Denn wenn Sie den Armen den Rücken zuwenden, so wenden Sie ihn Christus zu. Er hat sich selbst zum Hungrigen gemacht, zum Nackten, zum Heimatlosen, so daß Sie und ich Gelegenheit haben, ihn zu lieben!"

„Wir sind einfache Instrumente, die kleine Dinge tun und wieder verschwinden", hat die bescheidene Ordensfrau einmal gesagt. Entsetzt lehnte sie es ab, ihre Mitarbeiterorganisation „Freunde Mutter Teresas" zu nennen – sie brauche eher Helfer als Verehrer. Und einen Kameramann, der sie fotografieren wollte, schickte sie zu ihren Mitarbeiterinnen weiter: „Machen Sie Fotos von denen da, das bin ich!"

Aber ihre ungekünstelte Schlichtheit paart sich mit einem Organisationstalent, um das sie mancher Konzernchef beneiden könnte. Ihr Gespür dafür, wo auf der Welt die Not am größten ist und wo sie ihre Schwestern am sinnvollsten einsetzen kann, ist schon Legende. Die gesamte Verwaltungsarbeit für ein ungemein effektives Hilfswerk mit 80 000 Mitarbeitern in 67 Ländern, 120 Schulen und Obdachlosenheimen allein in Indien schaffen zwei Schwestern mit einer altersschwachen Schreibmaschine.

Dahinter steckt ein einfaches Geheimnis, das dem neidvollen Manager freilich herzlich wenig nützen dürfte: ein fast schon naives Gottvertrauen, das die Schwestern vom Zwang zum ständigen Kalkulieren erlöst und für ihre unmittelbaren Aufgaben frei macht. „Ich denke nie über Geld nach", sagt sie lachend und zuckt die Schultern. „Es kommt stets. Der Herr schickt es uns. Wir tun sein Werk, er sorgt für die Mittel. Wenn er sie uns nicht gibt, dann bedeutet das, daß er das Werk nicht wünscht. Wozu sich da aufregen?"

Mutter Teresa hat eine Beziehung zu Gott wie ein Kind zu seinem Vater, und sie findet ihn nicht in philosophischen Weltmodellen oder mystischen Erlebnissen, sondern hautnah in jedem Menschen, der ihr über den Weg läuft. Das ist ihr ganzes Geheimnis. Ihre leidenschaftliche Liebe zu den Armen, Kraftlosen, Kaputtgemachten ist die Antwort auf eine Liebe, die sie selbst spürt und von der sie lebt. *Love as I loved you,* „Liebe, wie ich dich geliebt habe", steht am Fuß der Kreuze in den Kapellen ihrer Obdachlosenhäuser.

„Wir sind Missionare", erklärt sie, „um Gottes Liebe in die Welt von heute zu bringen ... Das geschieht, weil Jesus es gesagt hat. Und er kann uns nicht betrügen. Er hat sehr klar gesagt: ‚Ihr habt es mir getan; und ich war hungrig, und ihr habt mich gespeist.'"

Sozialarbeiterinnen, Krankenschwestern, Lehrerinnen sind die *Missionaries* nicht, sondern eine religiöse Gemeinschaft, das betont sie immer wieder. „Wenn wir den Armen dienen, dann dienen wir Jesus. Ich diene Jesus, 24 Stunden am Tag. Was immer ich tue, es wird für ihn getan, und er gibt mir die Kraft dazu. Ihn liebe ich, wenn ich die Armen liebe, und durch ihn liebe ich die Armen."

Ein bißchen Mildtätigkeit nützt denen wenig, die beim

Seid freundlich und barmherzig. Laßt keinen zu euch kommen, der nicht besser und glücklicher wieder geht. Seid ein lebendiges Zeichen der Güte Gottes: Güte in eurem Gesicht, Güte in euren Augen, Güte in eurem Lächeln, Güte in eurem herzlichem Gruß. In den Slums sind wir das Licht der Güte Gottes für die Armen. Den Kindern, den Armen, allen, die leiden und einsam sind, gebt immer ein glückliches Lächeln.
Schenkt ihnen nicht nur eure Fürsorge, gebt ihnen auch euer Herz.

An ihre Mitschwestern

gesellschaftlichen Verteilungskampf um Jobs, Geld und Lebensraum auf der Strecke geblieben sind. Die schlimmste Krankheit, sagt Mutter Teresa, sei nicht der Hunger und nicht die Tbc, sondern das Gefühl, unerwünscht zu sein. Deshalb versucht sie die Menschen in Dreck und Elend nicht zu bemitleiden, sondern zu achten. Sie entdeckt ihre Würde unter der Kruste der Armseligkeit, und sie zeigt ihnen, woran sie mit allen Fasern ihres leidenschaftlichen Herzens glaubt: Gott hat jeden einzelnen Menschen unendlich lieb.

Auf bloße Predigten hin wird das allerdings kein Armer glauben. Und deshalb läßt Mutter Teresa auch nie einen Zweifel daran, daß die Liebe ein hartes Geschäft ist. „Wir müssen geben, bis es weh tut. Wahre Liebe muß weh tun!" Denn auch Gott hat es weh getan, die Menschen zu lieben: Er gab seinen Sohn in den Tod.

Einmal kam eine Gruppe von Geschäftsleuten zu ihr, um das Ergebnis einer Sammlung zu überreichen, die man bei einem Bankett veranstaltet hatte. Mutter Teresa sah sie ein wenig skeptisch an, dann sagte sie zögernd: „Ich hoffe, Sie geben nicht nur aus dem Überfluß heraus. Sie müssen etwas geben, das Sie etwas kostet. Es sollte ein Opfer für Sie sein, Sie sollten deswegen auf etwas Liebgewordenes verzichten müssen. Dann hat Ihre Gabe auch vor Gott einen Wert. Dann werden Sie wirklich zum Bruder jener Armen, denen es am Allerdringlichsten fehlt."

Die Maßstäbe für eine solche Liebe, die etwas kostet, könnten die mildtätigen Satten bei denen finden, die selbst bittere Not leiden und von deren Größe Mutter Teresa nicht müde wird zu erzählen.

Ein freundlicher Herr, so schilderte sie bei der Verleihung des Friedensnobelpreises einem exklusiven Publikum, habe sie einmal auf eine Hindufamilie mit acht Kindern aufmerksam gemacht, die seit vielen Tagen nichts zu essen hatte. „Ich nahm genug Reis für eine Mahlzeit und brachte ihn dorthin. Ihre Augen glänzten vor Hunger. Zu meiner Überraschung nahm die Mutter den Reis, teilte ihn in zwei Hälften und ging hinaus. Als sie zurückkam, fragte ich sie, was sie getan habe. Sie antwortete: ‚Sie sind auch hungrig.'"

Nicht daß sie den Nachbarn – einer Moslemfamilie übrigens – etwas abgab, erstaunte Mutter Teresa dabei am meisten, sondern daß sie in ihrem eigenen Hunger um die Not der anderen wußte. Teresas bohrende Frage: „Wissen *wir*, daß unser Nachbar unsere Liebe braucht? Wissen wir es?"

Das Sterbehaus der Göttin Kali

Außerhalb Indiens begann man eigentlich erst dann von Teresa und ihren Schwestern zu sprechen, als ihr Engagement für die Sterbenden bekannt wurde. Unterernährte Kinder aufzupäppeln, armen Leuten Reis und Brot zu bringen, das schien vielen nichts Besonderes zu sein, aber in einem hoffnungslos übervölkerten Land Heime für Menschen zu bauen, die ohnehin dem Tod geweiht waren und nur noch Stunden oder Tage zu leben hatten ...? Nirgends sonst prallte Teresas unbedingte Wertschätzung für jedes noch so armselige Menschenleben so schmerzhaft mit bürgerlichen Wertmaßstäben zusammen wie hier.

Michael Gomes, der Teresa ihr erstes bescheidenes Quartier in Kalkutta vermietet hat, berichtet über den Ursprung dieser Sterbehäuser: Eines Tages fand man in unmittelbarer Nähe des Campbell-Krankenhauses einen Sterbenden auf der Straße. Mutter Teresa versuchte vergeblich, den Todkranken im Hospital unterzubringen. Als sie mit einem Medikament aus der Apotheke zurückkam, lag der Mann tot auf der Straße.

Teresa reagierte bestürzt und wütend: „Sie pflegen ihren Hund und ihre Katze besser als ihre Menschenbrüder. Ihr Lieblingstier würden sie niemals so sterben lassen!" Sie beschwerte sich auf dem Polizeikommissariat, und dann begann sie sich zu überlegen, was sie selbst gegen diese Zustände unternehmen konnte. Denn der Tote am Wegrand war ja kein Einzelfall. Jeden Morgen karrte man auf den Straßen von Kalkutta die Leichen zusammen, ein alltäglicher Reinigungsvorgang wie bei uns die Müllabfuhr.

Monatelang suchte die hartnäckige Ordensfrau bei den Behörden, in Krankenhäusern und Pflegeanstalten nach Räumen für die Todkranken und Sterbenden – vergeblich. Bis sie eines Tages ein Beamter des städtischen Gesundheitsdienstes zum Tempel der Göttin Kali führte, wo ein ausgedienter *dormashalah,* eine Herberge für Hindu-Pilger, leerstand. Die Schwestern brauchten 24 Stunden, um das verwahrloste Gebäude herzurichten und ihre „Patienten" dort auf einfachen Feldbetten unterzubringen.

In Kalkutta herrschte keineswegs eitel Freude über die Aktivitäten der *Mataji,* der „Mutter", wie Teresa zärtlich von den Armen genannt wird. Die 400 Priester der Tempelanlage sahen die Zweckentfremdung der altehrwürdigen Pilgerherberge mit gemischten Gefühlen. Gerüchte wollten wissen, die Ausländerin hole die alten Hindus nur in ihr

Sterbehaus, um sie zu bekehren – eine Zwecklüge, weil die *Missionaries* von Anfang an das Predigen den Priestern überlassen hatten und fremden Religionen mit Respekt begegneten.

Ein Polizeikommissar kreuzte im Sterbehaus auf, um die Ausweisung der Schwestern in die Wege zu leiten. Betroffen sah er zu, wie Teresa die Wunden eines Mannes versorgte, die von Maden wimmelten. Den Denunzianten sagte er später: „Ich werde diese Frau erst dann von hier wegbringen, wenn eure Mütter und Schwestern herkommen und ihre Arbeit tun!"

Ein Priester des Kali-Heiligtums kam ebenfalls mit Mißtrauen und ging mit dem Bekenntnis: „30 Jahre lang diene ich jetzt schon der Göttin Kali in ihrem Tempel. Heute habe ich die Heilige Mutter in Menschengestalt gesehen!" Es dauerte nicht lange, und die Schwestern hatten in den Hindu-Priestern Freunde und Mitarbeiter gewonnen.

Innerhalb von 25 Jahren holten die *Missionaries* allein in Kalkutta 36000 Menschen von der Straße in ihre Häuser. Mehr als 16000 starben – liebevoll gepflegt und umsorgt von den Schwestern. Ein paar Stunden oder Tage menschliche Zuwendung, Wärme, ein Lächeln nach einem oft genug trost- und freudlosen Leben – für Teresa ist das keine sinnlose Mühe: „Sie haben wie die Tiere gelebt. Da sollen sie wenigstens wie Menschen sterben!"

Am Ende ihres Lebens sollen die von den Straßen des Elends Aufgelesenen erfahren, daß sie Menschen sind, daß sie zählen, daß sie von den Frauen im Sari erwünscht und von Gott geliebt sind. „Wir helfen den Armen, in Frieden mit Gott zu sterben", sagt Teresa ganz schlicht – das genügt.

Die Schwestern sammeln die Sterbenden mit Rikschas und Lastwagen ein, oder die städtischen Ambulanzen bringen die Patienten, die kein Krankenhaus mehr aufnehmen will, zu den mittlerweile über 30 Sterbehäusern in Indien. Auch von denen, die das Haus dank der guten Pflege lebend verlassen können, werden nur wenige richtig gesund und bekommen, wenn sie Glück haben, eine Arbeit vermittelt. Die übrigen versuchen die Schwestern in Heimen unterzubringen.

Jeder einzelne dieser Elenden, so scheint es, ist Mutter Teresa mehr wert als die ganze Welt. Als ihr Papst Paul VI. 1964 bei seinem Indien-Besuch seine Luxus-Limousine schenkte – einen weißen Lincoln, den er selbst von amerikanischen Katholiken bekommen hatte und nie benutzte, er zog einen Jeep vor –, fehlte die Ordensfrau unter dem Publikum.

Sie war bei einem sterbenden alten Mann namens Onil. Sie hielt seine mageren Hände und sprach ihm Mut zu. Und bevor Onil hinüberging in ein Land ohne Schmerzen, sagte er leise: „Gelebt habe ich wie ein Tier auf der Straße, aber nun kann ich wie ein Engel sterben …"

„Keiner von unseren Leuten ist in Angst oder Verzweiflung gestorben", stellt Mutter Teresa fest.

Aussatz ist keine Strafe

Den weißen Lincoln des Papstes hat die geschickte Organisatorin („Ich denke nie über Geld nach, es kommt stets") für das Fünffache seines Wertes verlost. Mit dem Geld baute sie *Shanti Nagar,* die Stadt des Friedens, bei Kalkutta – ein Rehabilitationszentrum für Aussätzige, von denen es drei Millionen in Indien gibt. Die *Missionaries of Charity* betreuen heute 35000. Sie werden behandelt und erhalten eine Berufsausbildung, damit sie nicht mehr betteln müssen.

Viele Geheilte arbeiten als Pfleger oder Ausbilder in Shanti Nagar mit. Mobile Ambulanzen – umgebaute Krankenwagen, die Mutter Teresa gespendet bekommen hat – fahren durch die Slums, bringen Medikamente und Beratung. Besonders wichtig ist die Aufklärungsarbeit. Die Menschen müssen lernen, daß Lepra keine Sündenstrafe und bei rechtzeitiger Behandlung heilbar ist.

Es kommt immer wieder vor, daß sich die Schwestern bei der Arbeit mit den schwer Leprösen anstecken und selbst behandelt werden müssen. Die Nonnen, die davon betroffen sind, betrachten das als Glück. Sie sind stolz darauf, die Not ihrer Kranken bis in den körperlichen Schmerz hinein teilen zu dürfen.

Denn Teresas Schwestern, das vergißt man so leicht, sind nicht bloß auf Besuch im Elend dieser Welt, sie wollen es teilen. Im verdreckten Todeskandidaten am Straßenrand, im Leprösen mit seinen verfaulenden Gliedern, im Krebskranken, dessen Körper bloß noch eine offene Wunde ist, finden sie Christus, die Mitte ihres Lebens. Das ist für sie keine schöne Phrase, sondern kraftvolle Wirklichkeit, anders könnten sie ihr Dasein mitten in der Hölle nicht aushalten. Vor allem könnten sie nicht dabei lächeln und vor Güte strahlen.

„Wenn ihr Striemen und Wunden der Armen behandelt, dürft ihr nie vergessen, daß es die Wunden Christi sind", schärft Teresa ihren Novizinnen ein. Deshalb fügen sich Gottesdienst und sozialer Einsatz für diese Aktivistinnen des Evangeliums so nahtlos zusammen.

Ihr Arbeitstag beginnt mit der Eucharistiefeier, und wenn sie auf den Straßen die Todkranken einsammeln und an den Feldbetten der Sterbenden stehen, wissen sie, daß ihr Morgengottesdienst weitergeht – nur in anderer Form: „In der heiligen Kommunion haben wir Christus in der Gestalt von Brot", erläutert Mutter Teresa. „In unserer Arbeit finden wir ihn in der Gestalt von Fleisch und Blut. Es ist derselbe Christus. ‚Ich war hungrig, ich war nackt, ich war krank, ich war obdachlos.'"

„Es ist derselbe Christus", Teresa verkündet diese Gleichsetzung mit einem heiligen Ernst. Der Satz ist der Schlüssel zum Leben der Schwestern, die Garantie dafür, daß es ih-

Wenn wir Jesus in der Gestalt des Brotes sehen können, können wir ihn auch in den geschundenen Leibern der Armen sehen ... Wir setzen das unmittelbar in die Praxis um. Man braucht die Armen, um ihn zu berühren. Man findet Kraft und Nahrung in der Eucharistie, und wenn man gestärkt ist, will man diese Kraft nutzen, sie ausgeben. Darum sieht man die Schwestern rennen; sie gehen niemals. Man nennt uns „die rennende Kongregation"!
Wir alle sehnen uns nach der ewigen Seligkeit mit Gott, doch es liegt in unserer Kraft, schon jetzt diese Seligkeit zu erfahren – in eben diesem Augenblick mit Gott glücklich zu sein.
Jetzt mit ihm glücklich sein, heißt: lieben, wie er liebt; helfen, wie er hilft; geben, wie er gibt; dienen, wie er dient; retten, wie er rettet; vierundzwanzig Stunden des Tages bei ihm sein, ihn in seiner jämmerlichen Verkleidung berühren.

nen wirklich um den anderen geht, nicht um die eigene Befriedigung, die der guten Tat folgt, und nicht um das eigene schlechte Gewissen, das besänftigt werden muß.

Teresas Hauptquartier befindet sich auch heute noch in Kalkutta, in der *Lower Circular Road.* Hier werden die Einsätze der Schwestern geplant, die Einrichtung neuer Häuser, Sofortmaßnahmen bei Hungersnöten und einfache Ausbildungsprogramme für die Jugend der Slums. Den ausgehungerten Jungen in Kalkutta hat Mutter Teresa zum Beispiel beigebracht, Kleinmöbel zu bauen und auf dem Markt zu verkaufen. Von Bürokratie, Krisenstäben und zeitraubenden Geschäftsgängen merkt man bei alldem nichts.

Ein paar Monate, nachdem Mutter Teresa ihr Werk in den Slums begonnen hatte, stand ein zierliches, hübsches Bengalimädchen vor der Tür: Subhasini Das, eine ehemalige Schülerin aus St. Mary's High School.

Ein Jahr später gingen bereits 26 Schwestern mit ihr zu

den Elenden, für die der Name „Arme" noch viel zu gut schien: „Nicht die Armen, sondern die Allerärmsten" seien ihre Gemeinschaft, hatte Teresa gesagt. „Es sind die, die nicht in die Kirche gehen, weil sie nicht zerlumpt gehen können. Es sind die, die nichts essen, weil sie nicht mehr die Kraft dazu haben. Es sind die, die auf der Straße umfallen und wissen, daß sie da sterben und daß die Lebenden vorbeigehen, ohne einen Blick auf sie zu werfen. Es sind die, die nicht weinen, weil sie keine Tränen mehr haben."

Drei Saris und ein Strohsack

1950, zwei Jahre nach dem Beginn in Kalkutta, bestätigte Papst Pius XII. die neue Kongregation der *Missionaries of Charity* – eine für die römische Praxis ungewöhnlich rasche Anerkennung. Jede Woche kamen jetzt neue Kandidatinnen zu Mutter Teresa; die Nachwuchskrise der Orden ging an dieser recht altmodischen Gemeinschaft mit ihrem spartanischen Lebensstil spurlos vorbei.

Jede Schwester besitzt drei Saris – einen trägt sie, während der andere gewaschen wird und der dritte trocknet –, ein Paar Sandalen, eine Waschschüssel, ein Kreuz und einen Strohsack. Das ist alles. Aber es schreckt die nicht ab, die mit Mutter Teresa arbeiten wollen und begriffen haben, worum es ihr geht.

Am erstaunlichsten wirkt auf alle Besucher die Freude, die diese unter unbeschreiblichen Bedingungen hart schuftenden Schwestern ausstrahlen. Es ist nicht die für manche christlichen Gemeinschaften typische aufgesetzte, ein wenig infantile Fröhlichkeit. Die *Missionaries* leben das, was ihre Gründerin so ausgedrückt hat: „Wahre Heiligkeit besteht darin, Gottes Willen lächelnd zu tun." Es macht sie glücklich, daß sie helfen können. Ihr Lachen gehört nicht zum Service, es ist echt.

Ich kann Ihnen nichts geben, ich habe nichts zu geben, aber das möchte ich von Ihnen, daß wir uns umsehen, und wenn wir in unserer eigenen Familie Arme sehen, daß wir zu Hause anfangen zu lieben, bis es weh tut.
In London ging ich eines Tages mit unseren Schwestern aus, und wir trafen einen Jugendlichen auf der Straße. Ich sagte zu ihm: „Du solltest nicht hier sein, Du solltest bei deinen Eltern sein!" Er antwortete: „Ach, meine Mutter mag mich nicht, weil ich lange Haare habe. Jedesmal, wenn ich nach Hause kam, hat sie mich hinausgeworfen." Wir gingen weiter. Als wir zurückkamen, fanden wir ihn. Er hatte eine Überdosis Drogen genommen. Wir brachten ihn ins Krankenhaus.
Ich mußte einen Augenblick darüber nachdenken, daß seine Mutter vielleicht sehr eifrig dabei war, dies und jenes für die Hungernden in Indien zu sammeln und zu tun – aber sie hatte keine Zeit, keine Liebe, sie machte sich keine Sorge, sie wollte ihr eigenes Kind nicht.
So etwas verletzt das Heilige Herz Jesu am meisten.

Drei Jahre dauert für die Kandidatinnen die Wartezeit bis zu den Ordensgelübden, die bei den *Missionaries* durch ein besonderes Versprechen erweitert werden, ausschließlich den Ärmsten der Armen zu dienen. Zur Vorbereitung gehören geistliche Einübung, praktische Ausbildung zum Beispiel in Krankenpflege; wenn es nötig ist, auch ergänzende Allgemeinbildung.

2000 Schwestern in 75 Ländern der Erde versuchen heute, so zu leben wie Mutter Teresa, die einmal Agnes Gonxha Bojaxhiu hieß. Fast 500 Krankenstationen, Waisenhäuser, Aussätzigenzentren und Schulen haben sie gebaut; allein in Kalkutta bringen sie 4000 Kindern die Grundbegriffe der Bildung bei. Seit 1965, als eine Niederlassung in Caracas (Venezuela) gegründet wurde, haben sich die Schwestern auch in Übersee ausgebreitet, in Australien,

Neuguinea, Äthiopien, im Jemen, in Peru, Mexiko, Guatemala, Jordanien, Italien. Denn „es gibt keinen Ort auf der Welt", sagt Mutter Teresa, „der frei wäre von Armut und Ungerechtigkeit".

Es sind primitive Hütten, einfache Lehmhäuser, wie sie zum Bild der Slums überall auf der Welt gehören. Als ihnen wohlmeinende Freunde in Venezuela ein nettes Häuschen mit Kühlschrank, Bad und hübschen Möbeln hinstellten, räumten die Schwestern die Möbel wieder heraus, machten die Gebäude zum Haus der Sterbenden und zogen in selbstgebaute Hütten um.

In Manila auf den Philippinen, wo es keine kostenlose Krankenhausbehandlung gibt, haben die *Missionaries* eine Ambulanz eingerichtet und kochen den unterernährten Kindern Mahlzeiten mit Fleisch, Gemüse und Obst. In der Umgebung von Port-au-Prince (Haiti) betreuen sie mehrere Ausgabestellen für Arzneimittel und unterhalten eine Schule für die Slum-Jugend. In Rotterdam haben sie ein baufälliges Haus mitten in der Stadt gemietet, gehen geistig behinderten alten Menschen zur Hand, beherbergen Mischlinge, die wegen ihrer dunklen Hautfarbe ausgestoßen sind. In einer Essener Trabantenstadt, einem sozialen Brennpunkt mit vielen gefährdeten Jugendlichen, entstand die erste deutsche Niederlassung. Und in Los Angeles arbeiten die *Missionsbrüder der Nächstenliebe* unter den Straßenbanden.

Die Brüder. Die gibt's inzwischen auch als Pendant zu den Schwestern, 300 Mann stark in mehreren Ländern. Vor allem um Alkoholiker und Nervenkranke kümmern sie sich. Und dann gehören noch 80000 *Mitarbeiter Mutter Teresas* zur Gemeinschaft: Freundeskreise, die Nachbarschaftshilfe organisieren, einsame Menschen im Pflegeheim besuchen, Babykleidung für die indischen Säuglinge nähen – und Geld für Teresas Aktionen sammeln.

„Unsere Schatzkammer" nennt Mutter Teresa eine letzte

Gruppe von Helfern, die sie sehr schätzt: die Kranken. Sie „adoptieren" eine Schwester oder einen Bruder und opfern ihre Schmerzen für diese Schwester oder diesen Bruder. Und die Schwester oder der Bruder opfern ihre Arbeit für den Kranken. Mutter Teresa bekennt von ihrem eigenen „zweiten Ich", einer Dame in Belgien: „Jedesmal, wenn ich etwas besonders Schwieriges zu tun habe, ist sie es, die hinter mir steht und mir Kraft und Mut gibt."

Ist das nicht, alles in allem, eine recht naive Methode, die Welt zu verändern? Gewiß, die Schwestern schuften sich kaputt, geben das Letzte an Arbeitskraft, aber lohnt sich die Mühe? An ein paar ausgewählten Plätzchen wird die Welt heller – aber was ist mit der Dunkelheit anderswo?

Und, schlimmer noch, leisten die freundlichen Nonnen nicht denen einen gefährlichen Dienst, die am sozialen Elend schuld sind? Können die Ausbeuter und Provinzpolitiker jetzt nicht noch ruhiger schlafen als vorher, weit davon entfernt, die ungerechten Verhältnisse zu ändern?

Kurieren Teresa und ihre Helfer nicht bloß mit einem immensen Aufwand von Kraft und Menschenliebe an Symptomen herum, statt die Ursachen der Not bewußt zu machen? Wäre es nicht wichtiger, todbringende Strukturen, mörderische Machtverhältnisse, die ungleiche Verteilung der Güter zu bekämpfen, statt Sterbenden die Hände zu halten?

Das alles mag richtig sein. Ob aber jene, die den Weg aus der Not so genau kennen, auch fähig wären, einen von Teresas stinkenden, von Würmern zerfressenen Patienten anzufassen und so das gestörte Verhältnis zwischen Menschen zu verändern? Glaubwürdig nach Gerechtigkeit schreien kann nur, wer selber zupackt. Den sozialen Ausgleich fordern kann nur, wer selbst zu teilen beginnt. Gefragt sind nicht flammende Appelle, sondern die schlichte Probe aufs Exempel, und Mutter Teresa zeigt uns, wie die aussehen muß.

Nur wer das Elend teilt, kann die Elenden befreien. „Wie könnte ich den Armen ins Gesicht sehen", fragt Mutter Teresa, „wie könnte ich ihnen sagen, ich liebe und verstehe euch, wenn ich nicht wie sie lebe?"

Der australische Geschäftsmann, der die Slums von Kalkutta sah und Teresa einen Scheck mit einer sehr hohen Summe gab und dann meinte, er sei nicht mit sich zufrieden, er habe ja nichts von sich hergegeben, hat etwas davon begriffen. Täglich kam er in das Haus der Sterbenden, rasierte die alten Männer, die bereits zu schwach waren, es selbst zu tun, und unterhielt sich mit ihnen.

„Worum es uns geht, ist der einzelne", sagt Teresa klipp und klar. „Um die Person lieben zu können, müssen wir in enge Berührung mit ihr kommen. Wenn wir warten, bis wir die großen Zahlen bekommen, werden wir uns in den Zahlen verlieren und diese Liebe und Achtung für die Person niemals zeigen können." Sie ist davon überzeugt: Jesus wäre auch nur für einen einzigen Menschen gestorben.

Teresa hat sich nie eingebildet, die Slums von Kalkutta einfach ausrotten zu können. Ist das, was die *Missionaries* tun, dann nicht bloß ein Tropfen im Ozean des unermeßlichen Elends?

Durchaus – „aber wenn wir diesen Tropfen nicht in den Ozean des Leidens fallen ließen", sagt sie in ihrer entwaffnenden Logik, „würde dem Ozean eben dieser eine Tropfen fehlen." Ja, wenn jeder einen Tropfen in den Ozean fallen ließe, wäre die Armut in der Welt besiegbar.

„Mich interessieren die Gesellschaftsstrukturen nicht", gibt sie zu und akzeptiert sofort, daß ein anderer sich von Gott vielleicht gerade dazu gerufen fühlt, diese Strukturen zu verändern. Aber sie – sie hat „keine Zeit, über große Programme nachzudenken". Ihre Aufgabe ist es, dem einzelnen Menschen zu helfen.

Wobei sie sich durchaus darüber im klaren ist, daß die Sache mit den Strukturen auch wichtig bleibt: „Für uns braucht dieser einzelne jetzt eine Unterkunft. Ich glaube, daß unsere Aufgabe darin erfüllt wird. Und indem wir unseren Teil tun, werden viele Menschen angeregt, sich um den anderen Teil zu kümmern: die Lage der Menschen zu bessern und ihnen zu helfen und die Armut und den Hunger und die Nacktheit zu beseitigen."

„Mach uns würdig, Herr, unseren Mitmenschen in der ganzen Welt zu dienen, die in Armut und Hunger leben und sterben."

Dieses Gebet im Geist des heiligen Franziskus sprechen die Schwestern und Brüder der Nächstenliebe und ihre Mitarbeiter überall in der Welt jeden Tag.

„Gib ihnen durch unsere Hände heute ihr tägliches Brot,
durch unsere verstehende Liebe Frieden und Freude.
Herr, mach mich zu einem Boten deines Friedens,
daß ich dort, wo Haß ist, Liebe bringe;
wo Unrecht herrscht, den Geist des Verzeihens;
wo Uneinigkeit ist, Einigkeit;
wo Irrtum herrscht, Wahrheit;
wo Zweifel ist, Vertrauen;
wo Verzweiflung ist, Hoffnung;
wo Schatten sind, Licht;
wo Traurigkeit ist, Freude.
Herr, gewähre, daß ich suche,
eher zu trösten als getröstet zu werden;
zu verstehen als verstanden zu werden;
zu lieben als geliebt zu werden;
denn durch Selbstvergessen findet man;
durch Verzeihen erlangt man Verzeihung;
durch Sterben erwacht man zum ewigen Leben."

Der Freiheitstraum der schwarzen Sklaven

Martin Luther King,
Baptistenpfarrer

„Werft uns ins Gefängnis,
wir werden euch trotzdem lieben!
Werft Bomben in unsere Häuser,
bedroht unsere Kinder,
wir werden euch trotzdem lieben."

Selma in Alabama, ein Sonntagnachmittag im März 1965: Eine schwerbewaffnete Polizeitruppe erwartet 500 Männer, Frauen und Kinder – die meisten davon Neger –, die für das Wahlrecht der schwarzen Bevölkerung demonstrieren wollen. Mit Tricks und unverhohlenem Terror versucht man in Alabama die Schwarzen daran zu hindern, ihre gesetzlichen Rechte wahrzunehmen und sich in die Wählerlisten eintragen zu lassen. Jetzt gehen ein paar besonders Mutige auf die Straße – obwohl Gouverneur Wallace die Kundgebung verboten hat.

Sie weichen auch nicht, als die Polizei den Zug stoppt und die Demonstranten zur Umkehr auffordert. Sie knien betend nieder, als 60 Polizisten mit Knüppeln und Tränengasgranaten über sie herfallen. Sie beten immer noch, als Sheriff Clark seine berittene Polizei auf die wehrlose Menge hetzt.

„Macht sie fertig, die gottverdammten Nigger!" brüllt der Sheriff, und die Reiter schlagen mit schweren Peitschen auf die Demonstranten los. Ihre Pferde trampeln über hilflos am Boden liegende alte Leute hinweg, die Flüchtenden werden mit elektrischen Viehstäben weitergetrieben.

„Marschier doch, Nigger", schreit ein Polizeibeamter einen Jungen an und schwingt die Peitsche, „du wolltest doch marschieren, jetzt helf ich dir dabei!"

Fanatische Weiße feuern die prügelnde Truppe vom Straßenrand aus an: „Macht sie fertig, die Nigger! Bringt sie um!" 65 unbewaffnete Menschen werden bei der brutalen Polizeiaktion verletzt.

Die aufgeklärteren Teile der amerikanischen Nation empören sich über diesen Ausbruch primitiver Gewalt. Aber er liegt genau auf der Linie einer Weltanschauung, die in den USA eine lange Geschichte hat: einer Weltanschauung, die aus der Hautfarbe eines Menschen sein Verdammungsurteil herleitet. Nichts ist kennzeichnender dafür als die naive Logik, mit der manche weiße Amerikaner auch noch im 20. Jahrhundert die Minderwertigkeit des Negers beweisen wollen:

„Alle Menschen sind nach dem Bild Gottes geschaffen. Jeder weiß, daß Gott kein Neger ist. Und deshalb ist der Neger kein Mensch."

Die Früchte dieser Denkart läßt die nüchterne Statistik erkennen: 1982 war jeder zweite farbige Jugendliche in den USA arbeitslos. Das Einkommen der Neger liegt immer noch weit unter dem der Weißen, ein Großteil lebt in elenden Wohnungen, Arbeit finden sie oft nur in untergeordneten, unterbezahlten Tätigkeiten, ihr Anteil an den College-Studenten ist verschwindend klein. In den schwarzen Gettos geht das Wort um: „Kein Weißer kann jemals verstehen, was es heißt, Neger zu sein!"

Ungefähr zu der Zeit des blutigen Sonntags von Selma wurden – ebenfalls in den Südstaaten – drei junge Neger bei einem Autounfall schwer verletzt. Der weiße Fahrer des herbeigerufenen Krankenwagens kehrte wieder um, als er sah, daß es sich um Schwarze handelte. Auch der diensthabende Arzt im nächstgelegenen Krankenhaus, wohin ein hilfsbereiter Autofahrer die Unfallopfer gebracht hatte, erklärte: „Hier werden keine Nigger aufgenommen!" Als die drei endlich ein „farbiges" Krankenhaus 50 Meilen entfernt erreichten, konnte ihnen niemand mehr helfen.

All dies geschah und geschieht in einer Nation, die sich weltweit als Hüterin von Freiheit und Demokratie präsentiert und als Heimstatt unterdrückter Minderheiten aus allen Ländern gegründet wurde. Alle Menschen seien von Natur aus frei und gleich, verkündete die amerikanische Unabhängigkeitserklärung 1776.

Ein junger Baptistenpfarrer hat diesen skandalösen Widerspruch vor aller Welt bloßgestellt: Martin Luther King.

Mrs. Parks sagt Nein

Es begann damit, daß der 26jährige Pastorensohn, Harvard-Student und Doktor der Theologie wie der Philosophie an die Dexter Avenue Baptist Church in Montgomery, der Hauptstadt des Staates Alabama, berufen wurde. Er sollte hier eine der größten Negergemeinden der Stadt übernehmen. Das war im Jahr 1954.

Der junge Pastor begab sich auf ein heißes Pflaster. Alabama war seit jeher eine Bastion der Rassentrennung gewesen. Von den 30000 wahlberechtigten Schwarzen im Kreis Montgomery waren 1954 wenig mehr als 2000 registriert. Die Entscheidung des Obersten Bundesgerichtes über die Aufhebung der Rassenschranken in den Schulen wurde ignoriert. Weiße und Neger durften nicht zusammen im Taxi fahren. In den Bussen waren die Sitze für Weiße und Neger streng voneinander getrennt. Wenn die Plätze für die Weißen nicht ausreichten, mußten ihnen die schwarzen Fahrgäste Platz machen, andernfalls drohte ihnen die Verhaftung.

Ein paar Monate nach Pastor Kings Ankunft in Montgomery wurde die fünfzehnjährige Schülerin Claudette Colvin aus dem Bus gezerrt, mit Handschellen gefesselt und ins Gefängnis gebracht, weil sie sich geweigert hatte, einem weißen Fahrgast ihren Sitz abzutreten. Einen anderen Neger zwang der Busfahrer mit gezogener Pistole zum Aussteigen, weil er kein passendes Kleingeld hatte.

Die Schwarzen in Montgomery hatten sich mit diesen Zuständen abgefunden und verhielten sich passiv. Aber unter der Oberfläche eines trügerischen Friedens brodelte es. Martin Luther King nannte das später „eine Art negativen Frieden, bei dem der Neger meist seine untergeordnete Stellung einfach hinnahm. Aber das ist kein wirklicher Frieden. Nicht dann ist Frieden, wenn man nichts von Spannungen spürt, sondern wenn Gerechtigkeit herrscht."

Die Situation änderte sich mit einem Schlag am 1. Dezember 1955. An diesem Tag bestieg die farbige Näherin Rosa Parks, eine ruhige, beliebte Frau mittleren Alters, auf dem Heimweg von ihrer Arbeit den Cleveland-Avenue-Bus. Müde vom stundenlangen Stehen und Laufen setzte sie sich auf einen der für Neger bestimmten Plätze. Als jedoch noch weiße Fahrgäste zustiegen, forderte sie der Busfahrer auf, Platz zu machen und zu stehen. Mrs. Parks weigerte sich und wurde verhaftet.

Was keiner für möglich gehalten hatte, geschah: Die Neger Montgomerys begannen sich zum ersten Mal zu wehren. Sie schlossen sich zusammen und starteten eine Gegenaktion, die das Busunternehmen an den Rand des wirtschaftlichen Ruins brachte. Führend daran beteiligt war der bis dahin recht unbekannte King – der eigentlich Arzt oder Anwalt werden wollte, dann aber wie sein Vater den Pastorenberuf ergriff, weil „die Kirche in der Negergesellschaft ein strategischer Punkt für soziale Aktionen ist".

Als von verschiedenen Gemeindemitgliedern – vor allem Frauen – vorgeschlagen worden war, mit einem Boykott der Busse gegen die Willkürmaßnahme zu protestieren, hatte Pastor King sofort seine Mitarbeit angeboten. Am Abend des 2. Dezember versammelten sich die Negergeistlichen und andere einflußreiche Personen in der Dexter Avenue Baptist Church. Der Busboykott wurde beschlossen.

Inzwischen wußte schon die ganze Stadt von Mrs. Parks' Verhaftung. Die Negergeistlichen riefen ihre Gläubigen von den Kanzeln auf, die Busse zunächst einen Tag lang, am 5. Dezember, zu boykottieren. Alle Neger-Taxigesellschaften der Stadt erklärten sich bereit, die schwarzen Bürger an diesem Tag zum üblichen Buspreis von 10 Cent zu befördern. Am selben Abend sollte eine Massenversammlung stattfinden, um das weitere Vorgehen zu besprechen.

Vielleicht die Hälfte der Neger, so hatten die Organisatoren geschätzt, würden sich an der Boykottaktion beteiligen.

Doch am Morgen des 5. Dezember geschah ein Wunder: Leere Busse fuhren durch die schwarzen Viertel von Montgomery, stundenlang leere Busse. Die Neger gingen zu Fuß – manche zwölf Meilen –, benutzten Taxis oder fuhren per Anhalter. Man sah Männer auf Maultieren zur Arbeit reiten. An den Haltestellen begrüßten die Kinder die leeren Busse mit lautem Geschrei und sangen vergnügt: „Heut will keiner fahren! Heut will keiner fahren!" Eine alte Dame legte ihren Weg erschöpft, aber begeistert zu Fuß zurück und antwortete auf mitleidige Fragen: „Früher war meine Seele müde und meine Füße ausgeruht; heute sind meine Füße müde, aber meine Seele ist ausgeruht."

Trotzdem blieb Pastor King skeptisch, wenn er über das Durchhaltevermögen seiner schwarzen Mitbürger und die Stärke ihres Engagements nachdachte. Als er aber am Abend dieses Tages zu seiner Kirche kam, in der die Massenversammlung stattfinden sollte, schöpfte er wieder Mut. Im weiten Umkreis waren die Straßenzüge von Menschen verstopft, die keinen Einlaß mehr gefunden hatten. Seit dreieinhalb Stunden war die Kirche zum Bersten gefüllt. Um sich auf seine mitreißende Predigt vorzubereiten, hatte King ganze 20 Minuten Zeit gehabt:

„Wir sind heute abend hier, um denen, die uns solange mißhandelt haben, zu sagen, daß wir es satt haben. Wir sind müde, ausgestoßen und gedemütigt zu werden ... Viele Jahre lang haben wir eine erstaunliche Geduld gezeigt. Wir haben bei unseren weißen Brüdern manchmal das Gefühl erweckt, als gefiele uns die Art, wie sie uns behandelten. Aber heute abend sind wir hierher gekommen, um uns frei machen zu lassen von der Geduld, die uns mit etwas Geringerem als Freiheit und Gerechtigkeit zufrieden sein läßt."

Bereits in dieser entscheidenden Ansprache, die immer wieder von Beifall unterbrochen wurde, warb King für den gewaltlosen Widerstand im Geist der Bergpredigt: „Wir wollen überzeugen und nicht Zwang ausüben", schärfte er seinen Zuhörern ein. „Unser Handeln muß von den höchsten Grundsätzen unseres christlichen Glaubens diktiert sein. Die Liebe muß unser Tun bestimmen. Über die Jahrhunderte hinweg sollen die Worte Jesu heute in unserem Herzen ein Echo finden: ‚Liebt eure Feinde, segnet, die euch fluchen, bittet für die, die euch beleidigen und verfolgen.' Tun wir das nicht, so wird unser Protest wie ein sinnloses Drama auf der Bühne der Weltgeschichte enden, und die Erinnerung daran wird in das häßliche Gewand der Schande gehüllt sein."

Trotz aller Mißhandlungen nicht bitter werden und niemals hassen – darum bat Martin Luther King seine schwarzen Brüder an diesem Abend. „Wenn ihr mutig und doch mit Würde und in der Liebe Christi kämpft, werden einmal die Geschichtsschreiber späterer Generationen sagen: ‚Da hat einmal ein großes Volk gelebt, ein schwarzes Volk, das den Menschen der zivilisierten Welt ein neues Bewußtsein, ein neues Gefühl für Würde eingeimpft hat.' Das ist unser Auftrag und unsere große Verantwortung."

Kings Freund und Amtsbruder Ralph Abernathy verlas eine – von der Versammlung begeistert angenommene – Resolution: Die Neger sollten nicht wieder in den Bussen fahren, bis von den Busunternehmern 1. höfliche Behandlung zugesichert, 2. auch farbige Fahrer eingesetzt würden und 3. die Fahrgäste sich in der Reihenfolge ihres Kommens setzen dürften – die Neger von hinten nach vorn, die Weißen von vorn nach hinten, wie man diplomatisch hinzufügte. Ein Bürgerausschuß, die *Montgomery Improvement Association,* begann den Protest auf lange Sicht zu organisieren; zum Präsidenten wurde Martin Luther King gewählt.

Von ihm stammte der Vorschlag, die Taxis mit einem Privatauto-Pool zu entlasten. Auf der nächsten Massenversammlung erklärten sich mehr als 150 Autofahrer bereit, ihre schwarzen Mitbürger an ihre Arbeitsplätze und wieder nach Hause zu bringen – ein vorausschauender Entschluß, wie sich zeigte. Denn als der Polizeikommissar irgendwo eine Verordnung über einen Mindestfahrpreis in Taxis fand und den Taxidienst zu 10 Cent untersagte, sprangen sofort die freiwilligen Helfer des Auto-Pools ein. Mit Hilfe eines ausgeklügelten Systems von Haltestellen löste der Bürgerausschuß alle Transportprobleme.

Wochen- und monatelang hielten die Schwarzen eisern an ihrem Boykott fest. Ein Pool-Fahrer stoppte eines Tages neben einer alten Frau, die offensichtlich nicht besonders gut zu Fuß war. „Steig ein, Großmutter", ermunterte er sie, „du brauchst nicht zu laufen!" Sie lehnte das Angebot fröhlich ab: „Ich laufe nicht für mich, ich laufe für meine Kinder und Kindeskinder." Aus der ganzen Welt kamen anerkennende Briefe und Spenden.

Die Busgesellschaft von Montgomery zeigte sich jedoch unnachgiebig. Man glaubte, die Neger würden nicht lange durchhalten und ihre Geschlossenheit bald verlieren.

Slums statt Milch und Honig

Ein Pfarrer, der Proteste organisierte, war manchen redlichen Christenmenschen ein Dorn im Auge. Zeit seines Lebens mußte sich King mit der Anschauung auseinandersetzen, die Kirche solle sich um das Jenseits kümmern und mit irdischen Sorgen gar nicht erst abgeben.

Geduldig versuchte er solche frommen Berührungsängste zu zerstreuen: „Alles, was ich in Sachen Bürgerrechte tue, sehe ich als Teil meines Dienstes als Pastor an. Denn ich bin der Ansicht, daß das Evangelium dem ganzen Menschen dient. Es genügt nicht, sich um die Seele des Menschen zu kümmern, man muß sich um den Körper und die Umweltbedingungen kümmern, die die Seele verletzen."

Falsch sei es sicher nicht, über die „langen weißen Gewänder" im Himmelreich zu predigen, sagte King einmal in der blumigen und keineswegs humorlosen Sprache, die in den Negergottesdiensten des amerikanischen Südens zu Hause ist.

Dieses Symbol habe schon seine Berechtigung, „aber letztlich wollen die Menschen Kleider und Schuhe hier unten auf der Erde tragen. Es ist nicht falsch, über Straßen zu reden, in denen Milch und Honig fließt, aber Gott hat uns befohlen, uns um die Slums hier unten zu sorgen und um seine Kinder, die nicht einmal drei ausreichende Mahlzeiten pro Tag erhalten. Es ist nicht falsch, über das neue Jerusalem zu reden, aber eines Tages muß ein Prediger Gottes über das neue New York, das neue Atlanta, das neue Los Angeles, das neue Philadelphia und das neue Memphis in Tennessee reden! Das ist unsere Aufgabe."

Eine Religion, die nur noch an das himmlische Land denke und das soziale Elend hier unten übersehe, werde schnell zu einer „Religion der Nichtstuer", abgeschnitten vom Strom menschlichen Lebens. Am Ende stehe eine völlig bedeutungslose Kirche, in der sich die Menschen nur noch versammelten, um sich fromme Redensarten anzuhören. Eine brave, angepaßte Kirche, die „gewissermaßen als Schlußlicht hinter anderen Organisationen der Bürger hermarschiert, statt den Menschen auf dem Weg zu höheren Ebenen der Gerechtigkeit voranzuleuchten".

„Wir sind Schausteller geworden", sagte er mit bitterer Selbstkritik, „die den Wünschen und Launen der Menschen gerecht werden wollen. Wir halten erquickliche Predigten und vermeiden es, irgend etwas von der Kanzel herab zu sagen, was die ehrbaren Ansichten unserer ehrbaren Gemeindeglieder erschüttern könnte."

Eine Kirche, die hinter ihren bunten Fenstern zu Rassismus und sozialer Ungerechtigkeit schweige, entziehe sich damit nicht bloß irgendwelchen zweitrangigen Pflichten.

Christus hat wohl gesagt, der Mensch lebe nicht vom Brot allein, aber damit wollte er nicht sagen, daß der Mensch ohne Brot leben könne. Als Christen dürfen wir nicht nur an himmlische Wohnungen denken, wir müssen auch an die Elendsviertel und Gettos denken, in denen die menschliche Seele verkrüppelt. Nicht nur an das himmlische Land dürfen wir denken, in dem Milch und Honig fließt, sondern auch an die Millionen Menschen, die Abend für Abend hungrig schlafen gehen.

„Auf diesem Gebiet hat sie Christus im Stich gelassen", stellte Pastor King klipp und klar fest.

Gehört doch das ehrliche Streben nach sozialer Gerechtigkeit zu der christlichen Grundüberzeugung, daß Gott unser Vater ist und alle Menschen Schwestern und Brüder sind. King: „Kein linientreuer Kommunist hat die Anteilnahme an den Unterdrückten je so klar ausgesprochen wie Jesus, als er sagte: ‚Der Geist des Herrn ist bei mir, denn er hat mich gesalbt, den Armen das Evangelium zu verkündigen; er hat mich gesandt, den Gefangenen zu predigen, daß sie frei sein sollen, und den Blinden, daß sie sehend werden, und den Zerschlagenen, daß sie frei und ledig sein sollen, zu verkündigen das Gnadenjahr des Herrn.'" Rassistische Vorurteile verleugneten die Einheit in Christus.

Martin Luther King gebrauchte die geläufigen frommen Bilder und theologischen Redewendungen ausgesprochen sparsam. Aber seine nüchternen Handlungsanweisungen für den politischen Kampf, seine Appelle an Bürgersinn und Zivilcourage entpuppten sich oft genug als getreue Übersetzung des Evangeliums. „Was würde Jesus, käme er heute wieder, den Bürgern in Alabama sagen?" stand als unausgesprochene Frage hinter all seinen Kanzelworten und Vorträgen.

Voll in der Frohbotschaft wurzelte die tragende Idee der mit dem Namen King verbundenen Protestbewegung: Liebe und Gewaltlosigkeit. Leidenschaftlich für die vorenthaltenen Rechte kämpfen, aber sich nie zu Verschlagenheit, Haß oder Gewalt hinreißen lassen – das war sein ganzes Programm.

Am Ende des gewaltlosen Widerstandes ersehnte er als große Vision nicht den Sieg der Neger über die Weißen, sondern das friedliche, von Vernunft und Gleichberechtigung bestimmte Zusammenleben beider Rassen. Damit ging der Christ King über den Hindu Gandhi hinaus, von dem er viel gelernt hatte, dessen Ziel – die Niederlage Englands im Kampf gegen die indische Unabhängigkeitsbewegung – er aber niemals voll akzeptieren konnte.

In der Gedankenwelt Kings ist gewaltloser Widerstand die praktische Seite der Liebe. Der Gegner soll nicht vernichtet, sondern zum Nachdenken gebracht werden. Das Ziel sind Aussöhnung und Freundschaft.

„Tut mit uns, was ihr wollt, wir werden euch trotzdem lieben", schrieb er den weißen Rassisten ausgerechnet aus einer Gefängniszelle in Georgia. „Werft uns ins Gefängnis, wir werden euch trotzdem lieben! Werft Bomben in unsere Häuser, bedroht unsere Kinder, wir werden euch trotzdem lieben. Schickt eure Gewaltverbrecher um Mitternacht in unsere Wohnungen, damit sie uns schlagen und halbtot liegen lassen, wir werden euch trotzdem lieben. Und seid sicher, daß wir euch mit unserer Leidenskraft überwinden werden! Eines Tages werden wir die Freiheit gewinnen. Aber sie wird nicht nur für uns selbst errungen werden. Wir werden so lange an euer Herz und eure Seele appellieren, bis wir auch euch gewonnen haben. Und dann wird unser Sieg ein doppelter Sieg sein."

Wie dieser Brief aus dem Gefängnis zeigt, war der sanfte Rebell Martin Luther King alles andere als ein verrückter Masochist, der sich gern quälen läßt und dafür auch noch „Danke" sagt. Die Leute, die seinen Namen in „Martin Loser King" (Verlierer King) verhunzten, verwechselten Gewaltlosigkeit mit Schwäche und Leidensbereitschaft mit einer demütigen Dulderpose.

Die Tapferkeit zum Frieden verlange ungleich mehr Mut als die Tapferkeit zum Krieg, erklärte King ruhig seinen Kritikern. Und in der Tat, der gewaltlose Widerständler muß oft genug zäher, wacher, aktiver auf dem Posten sein als sein Kampfgenosse, der sich auf Waffen verläßt. Wer zum Gewaltverzicht fähig ist, muß ganz schön stark sein.

Wasserwerfer gegen Kinder

Welche unwahrscheinliche Kraft in einer solchen Haltung steckt, wurde spätestens 1965 bei den großen Demonstrationen von Birmingham deutlich. Unbeirrt marschierte eine Gruppe Neger, geführt von ihrem Geistlichen, von der New Pilgrim Baptist Church auf eine Polizeibarrikade zu. Kurz zuvor hatte der Kommissar für öffentliche Sicherheit, Eugene Connor, Polizeihunde auf demonstrierende Kinder gehetzt und fast tausend Minderjährige verhaften lassen. Doch auch jetzt weigerte sich die kleine Schar, ihren Protest gegen die Rassentrennung in Schulen, Gaststätten und Waschräumen zu beenden – in einer Stadt, deren Bevölkerung zu 40 Prozent aus Schwarzen bestand.

Betend knieten die Demonstranten auf der Straße vor den kampfbereiten Polizistenreihen nieder. Der Kommissar befahl dem Geistlichen ein letztes Mal, kehrtzumachen – umsonst. Singend bewegten sich die unbewaffneten Neger auf die Schlachtformation der Polizei zu.

Auch ihre Kinder hatten gesungen, als sie von den Wasserwerfern zu Boden geschleudert, von den Hunden gebissen und in die Gefangenentransporter geworfen worden waren. „Über meinem Kopf seh ich Freiheit in der Luft" hatten sie gesungen und „We shall overcome", „Wir werden überwinden".

„Dreht das Wasser an!" riefen die Demonstranten und kamen dem Polizeigürtel immer näher, gelassen voranschreitend wie eine Prozession. „Laßt die Hunde los! Wir kehren nicht um. Vergib ihnen, Herr!"

Eugene Connor verlor die Nerven. Er brüllte: „Verdammt, dreht die Wasserwerfer auf!"

Aber er mußte entgeistert feststellen, daß seine Männer links und rechts vor der betenden, singenden Menge zurückwichen. Unbehelligt – zum ersten Mal seit langem – zogen die Neger weiter. An diesem Tag wurde vielen skeptischen Beobachtern klar, daß moralischer Druck eine stärkere Waffe sein kann als Schlagstöcke und Gewehre.

„Gewaltlosigkeit ist Macht", darauf beharrte King, „aber sie ist der richtige und gute Gebrauch der Macht." Denn sie rette beide: den Unterdrückten und den Unterdrücker. King predigte die Liebe, weil er in ihr die einzige Kraft sah, den Haß zu besiegen, die Beziehungen zwischen Menschen heil zu machen, Feinde in Freunde zu verwandeln. Haß zerstört die Persönlichkeit, das hatte er von Psychologen gelernt. Die Liebe dagegen sei eine aufbauende, schöpferische Kraft, das einzige Mittel, Neid, Eifersucht, Bitterkeit und die Furcht vor fremder Überlegenheit zu überwinden.

Unbewaffnete Liebe also als die einzige Möglichkeit, die tödliche Kettenreaktion von Haß und wieder Haß, von Gewalt und Gegengewalt zu durchbrechen. Unbewaffnete Liebe als Methode radikaler Veränderung, die sich nicht darauf beschränkt, Herren und Knechte einfach auszutauschen, sondern die dahintersteckenden falschen Selbstverständlichkeiten in Frage stellt: Muß es das überhaupt geben, Herren und Knechte, die Zweiteilung der Gesellschaft in jene, die bestimmen, und die anderen, die zu gehorchen haben?

„Durch Gewalt kann man den Lügner ermorden", wußte King, „aber man kann weder die Lüge ermorden noch die Wahrheit aufrichten. Durch Gewalt kann man den Hasser

Wir können nicht mit der Feindesliebe beginnen, wenn wir nicht begreifen, daß wir denen immer wieder vergeben müssen, die uns beleidigen und verfolgen. Wenn wir vergeben, so bedeutet das nicht, daß wir so tun, als wäre nichts geschehen, oder daß wir eine böse Tat nicht mehr beim Namen nennen. Vielmehr bedeutet es, daß eine böse Tat nicht mehr als Barriere die Verbindung stört.
Zweitens müssen wir erkennen, daß die böse Tat eines Menschen niemals sein ganzes Wesen ausdrückt. Jeder von uns ist irgendwie gespalten. In unserem Inneren tobt ein ständiger Bürgerkrieg. Haben wir das erst entdeckt, so hassen wir unseren Feind nicht mehr so leicht. Wir erkennen, daß sein Haß der Furcht entspringt, dem Stolz, der Unwissenheit, dem Vorurteil und dem Mißverständnis. Aber wir wissen, daß zugleich auch Gottes Bild seinem Wesen unauslöschlich eingeprägt ist. Dann lieben wir unsere Feinde, weil wir begreifen, daß sie nicht völlig schlecht sind und daß sie nicht außerhalb der vergebenden Liebe Gottes stehen.
Drittens dürfen wir nicht versuchen, unseren Feind zu bezwingen und zu demütigen. Vielmehr müssen wir danach trachten, seine Freundschaft und sein Verständnis zu gewinnen. Jedes Wort, jede Handlung muß zur Verständigung mit dem Feind beitragen und jene großen Reserven guten Willens freilegen, die von den undurchdringlichen Mauern des Hasses aufgestaut wurden.

Geschrieben im Gefängnis von Georgia

ermorden – aber man tötet den Haß nicht. Gewalt verstärkt nur den Haß. Das ist der Lauf der Dinge. Gewalt mit Gewalt zu vergelten, vermehrt die Gewalt und macht eine Nacht, die schon sternenlos ist, noch dunkler."

Nicht, daß er den Gewaltparolen der *Black-Power*-Bewegung verständnislos gegenübergestanden wäre – dieser Verzweiflung einer geschundenen Rasse, deren Ohnmachtsgefühle in Haß und Bürgerkriegsstrategien mündeten. Aber es machte ihn unendlich traurig, daß die militanten Neger das schlechte Rezept der weißen Rassisten einfach übernahmen, um mit gleicher Münze zurückzuzahlen. Was sollte da je anders werden? In den Gesichtern von zu vielen Sheriffs und Richtern in Mississippi und Alabama habe er den Haß gesehen, um seinen schwarzen Brüdern raten zu können, auf diese elende Stufe herabzusinken.

Ein sentimentales Gefühl war das sicher nicht, was Martin Luther King seinen Mitchristen da zumutete. Manche Menschen könne man wirklich kaum liebhaben, gab er in einem Brief aus dem Gefängnis zu. „Wie könnten wir einen Menschen gern mögen, der unsere Häuser und unsere Kinder mit Bomben bedroht? Das ist unmöglich." Die von Jesus geforderte Liebe beinhalte statt dessen Verständnis und schöpferischen, vergebenden guten Willen für alle Menschen.

„Leiden kann den Gegner umwandeln und ihm die Ohren öffnen, die sonst der Stimme der Vernunft verschlossen sind", so hatte schon Gandhi die erzieherische Kraft der Gewaltlosigkeit formuliert. Maßnahmen wie der Busboykott von Montgomery und der Verzicht auf Zurückschlagen sollten die weißen Rassisten beschämen und bloßstellen, aber nicht verbittern. Wenn man an Liebe und Gewaltlosigkeit festhielt, wollte man ihnen zeigen, daß ihre Furcht vor der schwarzen Rache unberechtigt war.

Ein Christ wie Martin Luther King konnte sagen: „Da der Charakter des weißen Menschen durch die Rassentrennung sehr entstellt ist und seine Seele sehr gelitten hat, braucht er die Liebe des Negers. Der Neger muß den Weißen lieben, damit dessen Spannungen, Unsicherheiten und Ängste beseitigt werden."

In der Tat, nur ein Christ konnte diesen utopisch erscheinenden Weg gehen, heraus aus dem jahrtausendealten

Kreislauf von Schlagen und Geschlagenwerden. Das konnte nur einer tun, der sich entschlossen hatte, die Brüder zu lieben wie sein Herr – und wie er das Kreuz zu riskieren.

„Vor 2000 Jahren", so schrieb King wenige Wochen vor seinem Tod, „sagte eine Stimme aus Betlehem, daß alle Menschen gleich sind. Sie sagte, Recht werde triumphieren. Jesus von Nazareth schrieb keine Bücher, er besaß kein Eigentum, das ihm Einfluß verlieh. Er hatte keine Freunde an den Höfen der Mächtigen. Aber er änderte den Kurs der Menschheit mit den Armen und Verachteten allein."

Liebe hieß für Martin Luther King der Weg aus den elenden Gettos, und Glaube hieß die Kraft, diesen Weg zu gehen. Der Geist des Herrn, so stellte der Pastor King nicht ohne Stolz fest, habe den „trockenen Knochen" seines Volkes wieder Fleisch und Stärke gegeben.

Liebe selbst für die Bombenleger

Die ersten Verhandlungen zwischen Stadtrat und Busgesellschaften von Montgomery auf der einen und den Organisatoren des Boykotts auf der anderen Seite mußten ergebnislos abgebrochen werden, weil sich die weißen Gesprächspartner hartnäckig weigerten, die diskriminierenden Gesetze zu ändern. Mit ihren Versuchen, die Negerführer gegeneinander auszuspielen, hatten sie allerdings ebensowenig Erfolg wie mit den geschickt verbreiteten Gerüchten, die Sprecher der Schwarzen bereicherten sich am Boykott. Nun gingen die gereizten Stadtväter zu einer Politik der harten Hand über.

Die Polizei verhaftete zahlreiche Farbige wegen der geringsten Verkehrsübertretungen. Negern, die zu Fuß gingen, drohte man mit einer Verhaftung wegen „Landstreicherei" und „Herumlungerns". Der freiwillige Auto-Pool war nahe daran, zusammenzubrechen. Martin Luther King wurde zum ersten Mal verhaftet – weil er angeblich 30 statt 25 Meilen in der Stunde gefahren war.

Nach seiner Entlassung aus der Strafanstalt erhielt er wochenlang Drohbriefe und unverschämte Telefonanrufe, bis zu vierzig am Tag. Am 30. Januar 1956 explodierte eine Bombe auf der Veranda seines Hauses. King befand sich zu diesem Zeitpunkt auf einer Massenversammlung in der First Baptist Church, seine Frau und sein Baby blieben glücklicherweise unverletzt. Hunderte von Farbigen versammelten sich in drohender Haltung vor dem Haus. Aber selbst nach einem solchen Schock sprach King von der Liebe.

„Nun laßt uns nicht den Kopf verlieren", forderte er die Menge auf. „Wir können dieses Problem nicht durch Wiedervergeltung lösen. Wir müssen der Gewalt durch Gewaltlosigkeit begegnen ... Wir müssen unsere weißen Brüder lieben, gleichgültig, was sie uns antun." Und dann in einer ersten Todesahnung, die er von diesem Abend an nie mehr ganz verlieren sollte: „Denkt daran, selbst wenn ich den Kampf nicht weiterführen könnte, so würde doch die Bewegung weitergehen, weil Gott mit ihr ist!"

Inzwischen war ein Rechtsanwalt aus Montgomery auf ein altes Gesetz gestoßen, das die Verhinderung eines rechtmäßigen Geschäfts durch zwei oder drei Personen – wenn sie dazu keinen Rechtsgrund hätten – unter Strafe stellte. Das Schwurgericht von Montgomery, dem 17 Weiße und ein Neger angehörten, erklärte daraufhin den Boykott für rechtswidrig. Mehr als hundert Schwarze, unter ihnen Martin Luther King, wurden verhaftet.

Und wieder geschah ein Wunder: Die Farbigen rissen sich förmlich darum, verhaftet zu werden. „Niemand schien Angst gehabt zu haben", erinnert sich King rückblikkend. „Niemand hatte versucht, sich der Verhaftung zu entziehen. Viele Neger waren unaufgefordert zum Büro des Bezirksrichters gegangen, um nachzusehen, ob ihre Namen auf der Liste standen, und waren enttäuscht gewesen, wenn es nicht der Fall war. Ein einstmals von Angst geplagtes Volk war völlig verwandelt. Die früher vor dem Gesetz gezittert hatten, waren jetzt stolz, daß sie für die Sache der Freiheit verhaftet wurden."

Lächelnd verließ King, zu 500 Dollar Strafe verurteilt, den Gerichtssaal. „Ich wußte, daß ich ein überführter Verbrecher war, aber ich war stolz auf mein Verbrechen. Mein Verbrechen war, daß ich mich mit meinem Volk zu einem gewaltlosen Protest gegen die Ungerechtigkeit verbunden hatte. Mein Verbrechen war, daß ich meinem Volk ein Gefühl der Würde und Selbstachtung einzuflößen suchte." In den nächsten Jahren sollte King insgesamt noch etwa dreißigmal verhaftet werden.

Die vielschichtige Persönlichkeit dieses Mannes entzieht sich der vorschnellen Einordnung in unsere liebgewordenen Schubladen: „Negerpastor", „Volksführer", „Bürgerrechtsaktivist", „Stratege des gewaltlosen Widerstandes" – King war das alles und doch nie nur eine Symbolfigur. Den *Man on the go* nannte man ihn, als er in einem einzigen Jahr 750000 Meilen zurückgelegt und 250 Reden gehalten hatte.

Aber wer ihn aus der Nähe kennenlernte, entdeckte einen eher scheuen, ernsten, fast melancholischen Menschen, selbstkritisch bis zur Selbstquälerei, sensibel, unter dem Haß und Unverständnis seiner Gegner bitter leidend. Als Halbwüchsiger versuchte er zweimal, sich das Leben zu nehmen.

Der strahlende Redner King war fotoscheu und fühlte sich in großen Menschenansammlungen nicht besonders wohl. Höflich, gewandt im Auftreten, stets ausgezeichnet gekleidet, war er doch immer auf eine gewisse Distanz bedacht, sogar Freunden gegenüber. Die Leute hingen an seinen Lippen, weil er glaubwürdig sprach und lebte – nicht weil er sich ideal zum Volkstribun geeignet hätte.

Die Fähigkeit, diese so unterschiedlichen Seiten seiner Persönlichkeit zu einer gewinnenden Einheit zu bündeln, bezog Martin Luther King aus einem glühenden Glauben. In ihm steckte die Kraft, seine Ängste zu überwinden und seine zunächst gar nicht so populären Ideen in der politischen Arena zu verwirklichen. Der glänzende Theologe, Ehrendoktor etlicher Universitäten, las das Evangelium nicht, um sich abgeklärt aus den Widrigkeiten der Welt zurückzuziehen. Die Bibel war ihm eine empörende Lektüre!

Da reichte ein Gott den Menschen die Hand, der sich als Befreier der Unterdrückten und Verteidiger der Armen offenbarte – warum ergriff man diese rettende Hand nicht in Alabama und Georgia und Mississippi, warum oft nicht einmal in den Kirchengemeinden?

Da predigte der Messias aus dem besetzten, geknechteten Galiläa, mit der Macht der Herren sei es vorbei, und alle Menschen seien Brüder des einen Vaters – warum nahm man diese Botschaft nicht ernst, warum sperrte man die schwarzen Brüder aus den weißen Kirchen und die Negerkinder aus dem weißen Religionsunterricht?

Martin Luther King wurde nicht zum Kämpfer für die Bürgerrechte der Unterdrückten, weil er ein Aufrührer und Extremist war (das warfen ihm einige verschreckte Amtsbrüder vor, als er in Birmingham im Gefängnis saß). Martin Luther King wurde zum Kämpfer, weil er gehorsam war. Weil er die Vision von der neuen, brüderlichen Welt, die er in der Bibel fand, als Gewissensfrage an sich selbst vernahm.

„Gott hat aus Washington gesprochen!"

In Montgomery machten sich die Anhänger der Rassentrennung indessen daran, den freiwilligen Auto-Pool zu zerschlagen. Die Haftpflichtversicherung kündigte sämtliche

War nicht Jesus ein Extremist der Liebe? „Liebt eure Feinde; segnet, die euch fluchen; tut Gutes denen, die euch hassen." War nicht Amos ein Prophet der Gerechtigkeit? „Es soll aber das Recht offenbart werden wie Wasser und die Gerechtigkeit wie ein starker Strom." ... War nicht Martin Luther ein Extremist? „Hier stehe ich, ich kann nicht anders, Gott helfe mir."
Es geht also nicht darum, *ob* wir Extremisten sind, sondern *was* für Extremisten wir sind. Sind wir Extremisten des Hasses oder der Liebe? Sind wir Extremisten, welche die Ungerechtigkeit aufrechterhalten wollen, oder sind wir Extremisten der Gerechtigkeit?
In jenem dramatischen Geschehen auf Golgatha wurden drei Männer gekreuzigt. Vergessen wir nicht, daß alle drei wegen des gleichen Vergehens ans Kreuz geschlagen wurden: Sie waren Extremisten. Zwei von ihnen waren Extremisten der Verderbtheit und daher tief unter ihre Mitmenschen gesunken. Einer aber, Jesus Christus, war ein Extremist der Liebe, der Wahrheit und der Güte und hatte sich dadurch weit über seine Mitmenschen erhoben.

Verträge mit den Fahrern. Der Bürgermeister erreichte ein gerichtliches Verbot des Auto-Pools.

Doch am selben Tag kam die Nachricht, das – von den Negerführern mobilisierte – Oberste Bundesgericht der Vereinigten Staaten habe die Rassentrennungsgesetze in den Bussen für verfassungswidrig erklärt.

„Gott, der Allmächtige, hat aus Washington gesprochen!" rief ein Neger glücklich aus. Auf Massenversammlungen und in Gottesdiensten wurde die Entscheidung des Bundesgerichts mit unbeschreiblichem Jubel gefeiert.

Kings Freund, Pastor Ralph Abernathy, erzählte seinen Zuhörern, ein weißer Reporter habe am lauten Beifall der Kirchenbesucher Anstoß genommen: „Ist das nicht etwas sonderbar, daß die Leute die Schriftlesung auf diese Weise unterbrechen?"

„Ja, das ist es!" habe er ihm geantwortet. „Ebenso sonderbar ist es, daß ein Volk in Schnee und Regen zu Fuß geht, wenn ihm leere Busse zur Verfügung stehen. Ebenso sonderbar ist es, daß ein Volk für die betet, die es verfolgen; und ebenso sonderbar ist es, daß die Neger der Südstaaten sich erheben und dem weißen Mann ins Gesicht sehen wie ihresgleichen."

Nach der überraschenden Entscheidung der Washingtoner Richter erreichte der Terror der Rassenfanatiker einen letzten Höhepunkt. Haus und Kirche von Pastor Abernathy, drei weitere Baptistenkirchen und die Wohnung eines Mitarbeiters wurden bombardiert. Bomben detonierten auch an einer Negertankstelle und im Haus eines alten farbigen Krankenpflegers. King selbst entging gerade noch einem Feuerüberfall und mehreren Bombenanschlägen auf sein Haus. Wider Erwarten wurden einige weiße Attentäter verhaftet. Die Beweise waren erdrückend, alle Verhafteten hatten umfassende Geständnisse abgelegt. Trotzdem wurden sie vom Geschworenengericht freigesprochen.

Die Stadtkommissare bekämpften das Urteil aus Washington als „furchtbaren Schlag gegen die Gewohnheiten unserer Bürger". Man werde nicht einen Finger breit nachgeben, so wurde erklärt, sondern „wie ein Fels gegen die soziale Gleichberechtigung stehen, gegen Mischehe und Vermischung der Rassen, wie es Gott in der Schöpfungsordnung vorgesehen hat."

Unbeirrt bereiteten die Negerführer währenddessen die Farbigen auf die Fahrt in den integrierten Bussen vor, forderten sie zu Höflichkeit und Ruhe auf. Nicht als Sieg über die Weißen sollten sie das Urteil werten, sondern als Sieg der Gerechtigkeit und Demokratie. Ihr diszipliniertes Verhalten hatte Erfolg: Der Terror endete wenige Wochen später.

Die schwarzen Bürger von Montgomery hatten – nach 381 Tagen Boykott – einen ersten Erfolg errungen. Vom Sieg über die Rassentrennung waren sie nach dem Bus-Boykott genauso weit entfernt wie die Farbigen überall in den USA. Die Aufhebung der Rassentrennung in den Schulen von Montgomery wurde hartnäckig sabotiert. Neue Gesetze wurden erlassen, die den Farbigen den Besuch von „weißen" Parks und Zoos verwehrten.

Der Kampf war noch lange nicht zu Ende, darüber war sich King natürlich klar: „Die Integration ist kein üppiges Mahl", mahnte er, „das die Bundesregierung oder der Weiße freiwillig auf einer silbernen Platte präsentiert, während der Neger nur den Appetit mitzubringen braucht."

Aus dem schwarzen Bürgerkomitee von Montgomery erwuchs eine Bewegung, die den ganzen amerikanischen Süden erfassen sollte: die *Southern Christian Leadership Conference.* Überall in den Städten kämpften die gewaltlosen schwarzen Christen – unterstützt von immer mehr Weißen – um die Bürgerrechte und den ungehinderten Zugang zu Schulen, Kultureinrichtungen und Gaststätten. „Wir müssen und werden frei sein", verlangte Martin Luther King 1958 in einer großen Rede am Geburtstag des „Sklavenbefreiers" Abraham Lincoln. „Wir wollen Freiheit – jetzt! Wir wollen nicht über weitere 150 Jahre die Freiheit teelöffelweise eingeflößt bekommen!"

Im selben Jahr wurde Pastor King zum ersten Mal von Präsident Eisenhower empfangen – während der Geheimdienst CIA sein Telefon und seine Bankverbindungen überwachte, ohne die erhofften Honoraranweisungen aus dem kommunistischen Ostblock zu entdecken. Das Bundeskriminalamt FBI forderte den lästigen Bürgerrechtler in einem – lange nach seinem Tod gefundenen – Brief zum Selbstmord auf: „Sie sind fertig", hieß es da, „und das wissen Sie; Sie haben einen Ausweg, und den kennen Sie."

Doch King hatte noch zuviel vor, um dem freundlichen

Rat der Staatsschützer Folge leisten zu können. Bei der weißen Jugend, in Kreisen der Intellektuellen und bei den Kirchen fand er zunehmend Bundesgenossen. Präsident Kennedy und sein Bruder Robert, der damals Justizminister war, schienen den schwarzen Bürgerrechtlern wohlgesonnen zu sein. Doch als sie die Vorlage eines entsprechenden Gesetzpaketes im Kongreß hinausschoben, organisierte Martin Luther King 1963 das berühmt gewordene *Birmingham Movement,* wochenlange Demonstrationen in der reichsten Industriestadt Alabamas.

Von den ersten Sit-ins in Restaurants bis zu den Protestzügen der Kinder, von denen schon die Rede war, wurden fast jeden Tag Leute verhaftet. Als schließlich 3500 Menschen alle verfügbaren Gefängniszellen und städtischen Gebäude in Birmingham und Umgebung füllten und 4000 Demonstranten unbeirrt weitermarschierten, als sei nichts geschehen, als sich für jeden verhafteten Schwarzen ein paar neue in die Kundgebungen einreihten, da wußte die weiße Führung, daß sie verloren hatte.

Fünf Wochen nach Beginn des Protestes unterschrieben Kommunalpolitiker und Geschäftsleute ein Abkommen, das die Forderungen der Schwarzen erfüllte: Aufhebung der Rassentrennung in den Geschäften, verbesserte Einstellungsbedingungen für Neger, regelmäßige Gespräche zwischen Handelskammer und schwarzen Führern.

Die von Präsident Kennedy wenig später im Kongreß eingebrachte fortschrittliche Bürgerrechtsvorlage wäre ohne den Lernprozeß von Birmingham kaum möglich gewesen. Um die Gesetzesvorlage – Verbot der Rassentrennung in allen öffentlichen Einrichtungen – zu unterstützen, brach eine Viertelmillion Farbiger und Weißer zu einem Sternmarsch nach Washington auf. Eine unübersehbare Menge, die anständige Wohnungen, gerechten Lohn und Integration in den Schulen forderte. „Now!", „Jetzt!", stand auf ihren Transparenten.

Der Fernsehsatellit „Telstar" übertrug das beispiellose Ereignis nach Europa. Millionen Menschen waren so Zeugen, als sich die Teilnehmer des Sternmarsches am Washington-Monument sammelten und gemeinsam das letzte Stück ihres Weges zum Lincoln-Denkmal zogen, als 250000 Demonstranten die Spirituals der Negersklaven anstimmten, als Martin Luther King schließlich am Fuß des Lincoln-Denkmals seine Vision von einer guten Zukunft in den Himmel rief:

„Ich habe einen Traum, daß eines Tages auf den roten Hügeln von Georgia die Söhne früherer Sklaven und die Söhne einstiger Sklavenhalter miteinander am Tisch der Brüderlichkeit sitzen werden.

Ich habe einen Traum, daß meine vier kleinen Kinder eines Tages in einer Nation leben werden, in der man sie nicht nach ihrer Hautfarbe, sondern nach ihrem Charakter beurteilen wird ...

Laßt die Freiheit erschallen von den mächtigen Bergen New Yorks, laßt die Freiheit erschallen von den hohen Alleghenies in Pennsylvania. Laßt die Freiheit erschallen von den schneebedeckten Rocky Mountains in Colorado!"

Präsident Johnson brachte die Gesetze nach der Ermordung Kennedys im Kongreß durch. Tatsächlich änderte sich wenig. Manche Artikel wurden nicht korrekt angewendet, andere schlicht ignoriert. Genauso war es mit den 1965 verkündeten Wahlrechtsgesetzen, die das Wahlrecht der Schwarzen in rassistischen Gebieten durch bundesstaatliche Beobachter garantieren sollten. Wo mächtige negerfeindliche Senatoren residierten, gab es einfach keine Beobachter. Im selben Jahr richtete die Polizei das eingangs geschilderte Blutbad in Selma an, schlugen – wieder in Selma – weiße Fanatiker dem weißen Geistlichen James Reeb mit einer Holzlatte den Schädel ein, weil er in einem Negerrestaurant zu Abend gegessen hatte.

Während die Aktionen der gewaltlosen Christen überall

in der Welt Anerkennung fanden und Martin Luther King 1964 den Friedensnobelpreis erhielt, verloren im eigenen Land weiße Bürgerrechtler zusehends die Lust am zäh sich dahinschleppenden Kampf, begannen viele Neger zu resignieren oder sich militanten Bewegungen zuzuwenden, äußerte sich auch King selbst pessimistischer, kritischer. Als er sich öffentlich gegen Johnsons Vietnam-Politik wandte und die Schwarzen zum militärischen Boykott aufforderte, wandten sich die weißen Freunde in Scharen von ihm ab.

Seine messerscharfe Analyse der unheilvollen Verflechtung von Rassenhaß, Kapitalismus, Klassengesellschaft im Innern und imperialistischen Eroberungsgelüsten nach außen entlarvte die schmutzige Lüge von der in Vietnam verteidigten Freiheit und traf die glühenden Anhänger von Amerikas heiliger Sendung bis ins Mark. King konnte in diesem Krieg nur den hellen Wahnsinn sehen: Brachten die „Befreier" den Vietnamesen doch bloß Bomben, Bitterkeit und Tod. Verhinderte das teure militärische Abenteuer im Dschungel doch den Kampf gegen die Armut in den USA selbst. Wurden doch doppelt soviel Neger wie Weiße in die grüne Hölle geschickt! Die weißen Liberalen hielten sich die Ohren zu und schimpften den Pastor einen Kommunisten.

Armenbegräbnis mit dem Maultierkarren

Zu diesem Zeitpunkt gaben viele keinen Pfifferling mehr für Kings Leben. Es hatte ja bereits mehrere Bombenattentate und Feuerüberfälle auf ihn gegeben. 1958 war King nur knapp dem Tod entgangen, als eine geistige verwirrte Negerin mit einem Brieföffner auf ihn eingestochen hatte.

In Memphis im Bundesstaat Tennessee, wo gerade 1300 schwarze Müllarbeiter gegen die ungerechte Behandlung

Wir kriechen noch immer im Tempo einer Postkutsche auf das Recht zu, eine Tasse Kaffee in einer Imbißstube trinken zu dürfen. Für jene, die nie den Stachel der Rassentrennung gefühlt haben, ist es sehr leicht, „Wartet!" zu sagen.
Aber wenn Sie erlebt haben, wie der brutale Mob Ihre Mutter, Ihren Vater lyncht und Ihre Geschwister ertränkt; wenn Sie haßerfüllte Polizisten gesehen haben, die Ihre schwarzen Brüder und Schwestern beschimpfen, mit Füßen treten, mißhandeln und sogar töten; wenn Ihnen plötzlich die Zunge nicht mehr gehorcht und Sie zu stammeln anfangen beim Versuch, Ihrer sechsjährigen Tochter zu erklären, warum sie nicht in den öffentlichen Vergnügungspark gehen darf, für den gerade im Fernsehen Reklame gemacht wurde, und wenn ihr dann die Tränen in die Augen treten, weil sie erfahren muß, daß *Funtown* für Negerkinder versperrt ist; wenn Sie sich fast jeden Tag gedemütigt sehen durch die provozierenden Schilder „Für Weiße" und „Für Schwarze"; wenn Ihr Vorname „Nigger" lautet, und wenn Sie von der Tatsache, daß Sie ein Neger sind, am Tage gehetzt und in der Nacht geängstigt werden ... dann werden Sie es besser verstehen, warum wir es so schwierig finden, länger zu warten.

durch den Bürgermeister streikten, ereilte ihn am 4. April 1968 endgültig sein Schicksal: Auf dem Balkon seines Hotelzimmers wurde der 39jährige Baptistenpfarrer von einem jungen Weißen erschossen. Der Mörder hatte an einem gegenüberliegenden Fenster drei Stunden lang mit seinem Zielfernrohr-Gewehr gewartet. King starb nach der Einlieferung ins Krankenhaus.

Die Kugel traf ihn nicht unvorbereitet. Er hatte stets mit der Möglichkeit eines gewaltsamen Todes gerechnet.

„Einmal besaß ich einen Revolver", erzählte er. „Ich weiß überhaupt nicht, warum ich ihn gekauft hatte. Dann, eines

Nachts, setzte ich mich mit Coretta", seiner Frau, „nieder, und wir sprachen darüber. Ich sagte, daß ich als Führer einer gewaltlosen Bewegung kein Recht hätte, einen Revolver zu besitzen – da warf ich ihn weg. Nicht die Länge des Lebens zählt, sondern seine Qualität."

Am Abend vor seiner Ermordung hielt er in Memphis eine Ansprache, die seine Todesahnung ebenso spüren ließ wie seine gläubige Hoffnung:

„Ich verließ Atlanta heute morgen, wir waren eine Gruppe von sechs. Als der Flug begann, sagte der Pilot über den Lautsprecher: ‚Wir bedauern die Verspätung, aber wir haben Dr. Martin Luther King an Bord. Um sicher zu gehen, daß alles Gepäck kontrolliert und alles an Bord in Ordnung war, mußten wir alles sorgfältig prüfen. Das Flugzeug wurde die ganze Nacht bewacht.' Dann kamen wir nach Memphis, und einige Leute sprachen von den Drohungen, die im Umlauf waren – was mir von einigen unserer kranken weißen Brüder zustoßen könnte.

Nun, ich weiß nicht, was jetzt geschehen wird. Wir haben hier einige Schwierigkeiten. Aber das macht mir jetzt wirklich nichts mehr aus. Denn ich bin auf dem Gipfel des Berges gewesen. Ich mache mir keine Sorgen. Wie jeder andere möchte ich gern lange leben. Ein langes Leben hat seinen Wert. Aber darum bin ich jetzt nicht besorgt. Ich möchte nur Gottes Willen tun.

Er hat mir erlaubt, auf den Gipfel des Berges zu steigen. Ich habe hinübergesehen. Ich habe das Gelobte Land gesehen! Vielleicht komme ich nicht mit euch zusammen dorthin. Aber ich erhoffe mir heute abend von unserem Herrn, daß wir als ein Volk in das Gelobte Land kommen. Und deshalb bin ich glücklich heute abend. Ich mache mir keine Sorgen um irgend etwas. Ich fürchte keinen Menschen. Denn meine Augen haben die Herrlichkeit des Herrn gesehen. Ehre sei Gott in der Höhe."

Kings Sarg wurde auf einem flachen Bauernkarren, den

ein Maultiergespann zog, zum Friedhof gefahren, es war das traditionelle Begräbnis der armen Südstaatler.

Die Hintergründe des Attentats konnten nie ganz geklärt werden. Kings Mörder James Earl Ray wurde zu 99 Jahren Haft verurteilt und widerrief sein Geständnis später; er sei zu der Tat angestiftet worden. Jahre danach wurde er in der Bibliothek der Strafanstalt Brushy Mountain unter mysteriösen Umständen niedergestochen.

„Wenn er sich schuldig bekennt", sagte Kings Witwe über den Attentäter, „muß ich wohl annehmen, daß er es war, der auf meinen Mann schoß. Aber es waren viele Finger am Drücker. Es war eine Verschwörung von Rassenhaß und Ungerechtigkeit. Das ganze System in unserem Land war sein wirklicher Mörder."

Aber Coretta King wußte auch, daß die Botschaft ihres Mannes nicht mit allen Gewehrkugeln der Welt zum Schweigen zu bringen war.

„Wir werden ihn nicht suchen müssen", ermunterte die tapfere Frau wenige Wochen nach seinem Tod die gemeinsamen Freunde. „Hört ihn in den Protesten der Armen – ob schwarz oder weiß. Seht ihn überall dort, wo stolze, tapfere Menschen sich gewaltlos gegen soziales Unrecht wehren. Erkennt seine Stimme im ständig wachsenden Chor von Menschen, die sich einsetzen."

Ein paar Monate zuvor hatte ihr Mann bei einer Predigt in der Ebenezer Baptist Church über seinen eigenen Tod sinniert. Er wünsche keine lange Beerdigung und keine großen Gedenkreden. Nur das solle irgend jemand erwähnen, wenn es einmal soweit sei:

„Martin Luther King versuchte, die Menschen zu lieben."

Die fromme Radikale

Die Journalistin Dorothy Day
und ihre „Catholic Workers"

*„Der Himmel ist ein Gastmahl,
und so ist das Leben,
selbst wenn wir
nur eine Brotkruste haben,
aber mit anderen vereint sind.“*

Noch als alte Dame war sie das schwarze Schaf des amerikanischen Katholizismus. Leute mit vaterländischem Pflichtgefühl beschlich ein Unbehagen, wenn sie zur Verweigerung von Militärsteuern aufrief und die Politik der atomaren Hochrüstung als absolut unvereinbar mit dem Evangelium entlarvte. Während einer Demonstration gegen den Vietnamkrieg wanderte sie ins Gefängnis – zum sechsten Mal in ihrem Leben.

Mit 65 Jahren, in einem Alter, in dem andere in Pension gehen, fuhr die Day nach Kuba – damals der Inbegriff kommunistischer Bedrohung für die Amerikaner –, um sich selbst ein Bild zu machen und nach Übereinstimmungen zwischen den Früchten der sozialistischen Revolution dort drüben und den eigenen christlichen Idealen zu suchen. Und dann wagte sie auch noch leise Sympathien für Fidel Castro zu äußern, der immerhin ein Katholik sei und manche sozialen Verbesserungen erreicht habe ... So machte man sich bei den amerikanischen Traditionschristen unbeliebt.

Mit dem New Yorker Kardinal Spellman geriet Dorothy Day aneinander, als ihre katholische Arbeiterbewegung die Totengräber vom Kalvarienbergfriedhof beim Streik um mehr Lohn unterstützte. Spellman bekämpfte diese unerhörte Aktion wütend als „kommunistisch unterwandert", wie das in solchen Fällen immer geschieht, und die Zeitungen zitierten ihn, er sei „stolz und glücklich, ein Streikbrecher zu sein".

Aber dieselbe Dorothy Day vertrat hartnäckig die Überzeugung, soziales Elend, Erniedrigung, Angst und Krieg ließen sich nicht mit „materiellen" Mitteln und gesellschaftlichen Reformen bekämpfen, sondern nur mit – Heiligkeit.

„Viel zu wenig hat man betont, daß alle berufen sind", schrieb sie. „Wir haben gegen die Kraft der Hoffnung gesündigt ... Wo sind unsere Heiligen, um die Massen zu Gott zu rufen?" Die Menschen, für die sie 83 erfüllte Jahre lang kämpfte und schrie, protestierte und Widerstand leistete, genügten ihr letztlich nicht; sie sehnte sich nach den „ewig tragenden" Armen Gottes und nach einer Liebe, die absolut war und grenzenlos.

„Einen Menschen, der es gewagt hat, das Evangelium Christi, unseres Herrn, wortgetreu zu leben", nannte sie Kardinal Cushing von Boston – auch ein Kardinal! –, und eine Zeitschrift urteilte im etwas marktschreierischen Stil, der Balkenüberschriften auszeichnet: „Das Evangelium fing Feuer in dieser Frau und löste eine Explosion der Liebe aus."

Blumen-Puppen und Wutausbrüche

In Bath Beach, Brooklyn, kam sie 1897 zur Welt. Ihr Vater, ein Journalist aus Tennessee, der an einem Abenteuerroman schrieb und seine Artikel über den Rennsport mit Zitaten aus Shakespeare und der Bibel zu schmücken pflegte, haßte – ein Südstaatler vom alten Schlag – radikale Anschauungen und „fremde Elementè". Die Mutter schaffte es mit erfinderischer Geschicklichkeit, den Kindern ein gemütliches Zuhause zu geben, obwohl der Abenteuerroman nie gedruckt wurde und selten nennenswerte Geldsummen, um so öfter aber ungeduldige Gläubiger im Haus waren.

Dorothy war ein ganz normales kleines Mädchen, verspielt und ungebärdig. Sie bastelte sich fantastische Puppen aus Lilien und Rosen, beobachtete interessiert die Löcher der Wühlratten und schlug und trat mit wüsten Schimpfkanonaden nach ihren Brüdern, wenn ihr etwas nicht paßte.

Als Kind konnte sie stundenlang in der Bibel lesen, entwickelte nach ihrem eigenen Urteil eine „unausstehliche, selbstgefällige Frömmigkeit" und gleichzeitig eine tiefsitzende Angst vor einem wenig sympathischen, herrschsüchtigen, straflüsternen Gott: „Wenn ich eingeschlafen war, wurde Gott in meinen Ohren zu einem großen Getöse, das lauter und lauter wurde und immer näher kam, bis ich, vor Angst in Schweiß gebadet, verzweifelt nach meiner Mutter schrie." Mit ihr konnte sie jedoch kaum über ihre Ängste sprechen, weil Religion in der Familie kein Thema war. Gott gab es, sicher, und es war nicht recht, Gurken aus dem Nachbarsgarten zu klauen. Aber die Eltern gingen nicht in die Kirche und ließen ihre Kinder auch nicht taufen.

„Ich glaubte", wird Dorothy Day später Bilanz ziehen, „wußte aber nicht, an was ich glaubte."

Als ihr ein Mädchen aus ihrer Straße endlose Geschichten von den Heiligen erzählt, als sie eine Nachbarin ganz selbstverständlich beten sieht, bekommen ihre religiösen Vorstellungen ein fröhlicheres Gesicht. Die Familie lebte jetzt in Chicago, zeitweise in recht ärmlichen Verhältnissen, und die Mutter schickte Dorothy nach überreifen Bananen, weil die bloß zehn Cents im Dutzend kosteten.

Nun begann sich die junge Dame, die von der politischen Lage am Vorabend des Ersten Weltkriegs bisher kaum Notiz genommen hatte, für die soziale Wirklichkeit zu interessieren. Sie verschlang die Elendsschilderungen von Jack London sowie die anarchistischen Theorien Kropotkins und schrieb in der Schule einen Aufsatz über die russischen Revolutionäre. Der Zustand der Welt war ihr zum Problem geworden: Gott wollte doch, daß die Menschen glücklich sein sollten – warum ließ man dann die Armen so allein? Na ja, die frommen Kirchenbesucher hatten offenbar genug Geld und brauchten sich über solche Dinge nicht den Kopf zu zerbrechen.

Mit einem von Zeitungsverlegern ausgesetzten Stipendium konnte die begabte Sechzehnjährige ihr Studium an der Universität Illinois beginnen, wo sie sogleich in die Sozialistische Partei eintrat. Ein Professor, der Religion als „Krücke" für die Schwachen abtat, imponierte ihr ungeheuer. Sie gewöhnte sich an, mit Wonne zu fluchen, und verachtete die Christen unter ihren Mitstudenten. Sie waren ihr zu wenig kämpferisch. Die scheinbar mit soviel Sanftmut und Harmonie verbundene Religion schien ihr nicht zur rauhen gesellschaftlichen Wirklichkeit zu passen. „Ich fühlte sogar, daß ich sie wie ein Rauschgift meiden müsse ..."

In ihrer Umgebung nahm sie erwerbsunfähige Männer ohne Arme und Beine wahr, Blinde, Schwindsüchtige, von der Industrie ihrer Lebenskraft beraubte Arbeiter, verschuldete Farmer, Mütter mit rachitischen Kindern, eine lange Prozession verzweifelter Menschen ... Wo waren denn die Heiligen, die diese Gesellschaftsordnung zu verändern suchten? Flohen die Christen nicht vor den Schreien der Unglücklichen in eine verlogene Himmelsseligkeit?

Die Marxisten aber setzten sich ein für die Unterdrückten. Zu ihnen wollte Dorothy gehören, nicht zur satten Bourgeoisie.

Mit der hatte ihr Lebensstil auch wenig gemein. Das Stipendium war knapp bemessen, sie wusch und bügelte und nahm Jobs als Babysitterin an, um nicht hungern zu müssen. Ihr Zimmer in einem baufälligen Haus war bitter kalt, und sogar im Bett fror sie. Gegen Zeilenhonorar schrieb Dorothy Artikel für die Lokalzeitung – die regelmäßig in den Papierkorb flogen, wenn sie zu sozialkritisch waren.

Die große Frage, die sie beschäftigte, hieß: Warum wurde allenthalben soviel getan, um nachträglich Wunden zu verpflastern? Warum bemühte man sich nicht darum, sie gar nicht erst zu schlagen?

Nach zwei Jahren hatte Dorothy genug vom College und akademischen Problemen. Sie ging mit ihrer Familie nach New York; als sie der Vater rauszuschmeißen drohte – beleidigt, weil seine Tochter arbeiten ging –, nahm sie sich ein Zimmer im jüdischen Eastside-Viertel und wurde Journalistin. Da ihr Vater alle seine Kollegen bei den

„bürgerlichen" Zeitungen vor dem aufmüpfigen Nachwuchs gewarnt hatte, blieb ihr nur der sozialistische *Call* („Der Ruf").

Sie schrieb über Protestkundgebungen, brutale Polizeieinsätze, Streikmeetings, Friedensaktivitäten, die den Kriegseintritt Amerikas verhindern sollten. Sie interviewte den aus Europa verbannten legendären Revolutionär Trotzki, der ihr den Untergang der Ausbeuterklasse und den Aufstieg der Mittelschicht prophezeite und den Sozialisten vorwarf, sie hätten den Weltkrieg nicht aufhalten können. Ihre Haltung war parteilich, ihr Stil las sich teils leidenschaftlich, teils ironisch, immer lebendig.

Sie machte ermutigende Erfahrungen in dieser Zeit; auch wenn die Streikenden oft Don Quichotte glichen, wie er gegen Windmühlenflügel anrannte, sah sie doch ein langsames Vorrücken trotz zahlloser Fehlschläge, sah sie Rechte für die Arbeiter, die den Fabrikherren Stück für Stück abgetrotzt wurden.

Aber es war noch soviel zu tun: Nicht einmal jeder zehnte amerikanische Arbeiter war gewerkschaftlich organisiert. Zehnstundentag und gerechte Löhne gab es nur in einzelnen besonders fortschrittlichen Regionen. Tausende von obdachlosen Familien hausten in New York zusammengepfercht in den städtischen „Logierhäusern", wie diese armseligen Notunterkünfte hochtrabend hießen. Wohnungen, Spielplätze, Kinderkliniken, Schulen mußten gebaut werden.

„Wir Reporter", erinnert sie sich, „arbeiteten von zwölf Uhr mittags bis zwölf Uhr Mitternacht, berichteten über Versammlungen und Streiks, gingen mit den Streikposten und in die Slums, um Informationen über Hunger und Tod zu sammeln. Unsere Funktion als Journalisten schien die zu sein, eine einzige ungeheure Anklage gegen das gegenwärtige System aufzubauen und durch eine tägliche Aufzählung von Greueln eine kumulative Wirkung zu erzeugen, welche die Arbeiter zwingen würde, sich zu einer Revolution zu erheben."

Nach dem Sturz des russischen Zaren 1917 erwarteten die Day und ihre Freunde ebenso ungeduldig wie optimistisch die Verbrüderung der Massen und die Ablösung der herrschenden Klasse in den USA. Mit der Aussicht auf die „Diktatur des Proletariats" hat Dorothy freilich, so scheint es, wenig anfangen können. Sie hing eher anarchistischen Vorstellungen nach, vermißte Schönheit und Transzendenz am russischen Kommunismus, interessierte sich nur sehr am Rande für marxistische Theorie. „Wir jungen Leute", bekennt sie, „wußten damals nichts von all diesen Dingen ... Wir waren arrogant und des Studiums überdrüssig. Wir fühlten uns von der Welle des Erfolgs in Rußland mitgetragen."

Auch ihr Anarchismus scheint übrigens eine nicht ganz klar faßbare Sehnsucht gewesen zu sein. Aus ihren Äußerungen geht nur hervor, wie sehr ihr der moderne Wohlfahrts- und Versorgungsstaat – sie nennt ihn „Sklavenstaat" – und seine geballte Machtausübung zuwider waren. Sie setzt statt dessen auf Selbstverwaltung und Selbsthilfe, auf das Eigentum aller an den Produktionsmitteln mit der daraus folgenden Verantwortlichkeit, auf eine Vielzahl dezentralisierter, selbständiger Körperschaften. Der ausufernden Industrialisierung, der die – damals in Amerika ständig steigende – Arbeitslosigkeit zu verdanken sei, soll man durch eine Neuentdeckung des Landlebens mit Farmkommunitäten begegnen. Wie das alles konkret zu bewerkstelligen ist, darüber sagt sie wenig.

Trotzki und Mrs. Astors Butler

Trotz ihrer ständigen Beschäftigung mit Menschen fühlte sich Dorothy in der Siebenmillionenstadt New York manchmal schrecklich einsam. Sie spürte, wie sie sich in den rasch wechselnden Tagesaktualitäten zerfaserte: „Man verliert jegliche Perspektive, wird von den vielen Ereignissen in der Welt mitgerissen, schreibt Berichte und hat überhaupt keine Zeit zum Denken und Überlegen. Einen Tag hört man Trotzki zu und interviewt am nächsten den Butler von Mrs. Astor." Die zahllosen politischen Gruppen und Zirkel verwirrten sie eher, als sie anzuziehen.

Die radikalen Sozialisten und Anarchisten, so schreibt sie, „waren doktrinär und fremdartig, saßen in den Kaffeestuben auf der Eastside und führten bei ungezählten Tassen Tee endlose dialektische Gespräche." Dafür bewunderte sie die erfinderischen Mütter in den elenden Mietshäusern der Eastside um so mehr: Um ihren Kindern Sonne und frische Luft zu verschaffen, ließen sie die Babies den ganzen Tag im Kinderwagen draußen im Freien und bekämpften den Gestank ihrer feuchten Wohnungen „mit den Wohlgerüchen ihres Backens und Bratens. Sie waren wirkliche Kochkünstlerinnen und kauften immer die besten und allerfrischesten Lebensmittel."

Wohler fühlte sie sich, als sie zu den liberalen *New Masses* hinübergewechselt war, zu deren Mitarbeitern namhafte Schriftsteller und Grafiker gehörten. Jetzt fand sie schnell Anschluß an die Bohème-Szene im New Yorker Künstlerviertel *Greenwich Village.* Manchmal nahmen die jungen Leute Obdachlose von den Parkbänken mit nach Hause und ließen sie in den freien Betten schlafen, während sie die ganze Nacht lang über Gott und die Welt diskutierten.

Damals erfuhr sie aber auch zum ersten Mal, was es heißt, diese herrliche Unabhängigkeit mit einer Gefängniszelle zu vertauschen. In Washington demonstrierte sie gemeinsam mit einer Frauengruppe gegen die Verhaftung und brutale Behandlung von Frauenrechtlerinnen, die zu einem Streik aufgerufen hatten. Sie schloß sich an, ohne groß zu wissen, worum es ging, einfach weil etwas zu tun war. Die Polizei nahm erneut 35 Demonstrantinnen fest, unter ihnen Dorothy. Vergeblich trat sie den bulligen Beamten, der sie zum Polizeiwagen schleppte, gegen das Schienbein und biß ihn in die Hand.

Die Demonstration brachte Dorothy 30 Tage Haft und eines ihrer deprimierendsten Erlebnisse ein. Noch fünfmal sollte sie später wegen ihres Eintretens für die Bürgerrechte ins Gefängnis wandern, aber jetzt war das alles noch neu und beängstigend für sie: die Zellengitter zum Korridor, die an einen Zoo erinnerten, die wochenlange Untätigkeit, das brutale Vorgehen der Wärter.

Schon nach wenigen Tagen fühlte sich die Gefangene völlig zerstört, von Dunkelheit und Trostlosigkeit umgeben. „Niemals würde diese Wunde verheilen, niemals würde ich vergessen können, welchen Tiefstand der Mensch in der Behandlung seiner Mitmenschen erreichen konnte … Die Würde des Menschen war nur eine Redensart und eine Lüge.“

Immerhin erreichten die Frauen mit einem Hungerstreik, daß die Isolierung und Sonderbehandlung „politischer“ Häftlinge gelockert wurden.

„Ich glaubte, wußte aber nicht, an was ich glaubte“ – das galt eigentlich noch immer. Dorothy hatte die auf der Uni zur Schau getragene hochfahrende Abgrenzung allen religiösen Bedürfnissen gegenüber längst hinter sich gelassen. Wieder zurück von Washington, fand sie nach „durchgemachten“ Nächten oft in die Frühmesse. Sie kniete irgendwo ganz hinten in der Kirche, „ohne zu wissen, was am Altar vorging, aber erwärmt und getröstet von den Lichtern und der Stille“.

Sie kann sich das später nur mit einem „blinden Instinkt" erklären, dem sie freilich in einem Akt der Willensanstrengung folgte. Der Mensch habe einfach ein Bedürfnis nach Verehrung, nach Anbetung. „Wir gestehen uns nicht gern ein, daß Menschen uns nicht genügen."

Dorothy sollte noch lange relativ ziellos herumtreiben, zerrissen zwischen dem Wunsch, nach ihren eigenen Gesetzen zu leben, und der Sehnsucht nach einem Gegenüber, das ganz rein und gut war, das ihre Liebe absolut verdiente und grenzenlos erwiderte. Sie erlebte in dieser Zeit keine überzeugenden, attraktiven Christen. Aber irgendwie gehörte sie schon dem, für den sie sich einige Jahre später bewußt entscheiden sollte. Was damals zwischen Gott und ihr vorging, umschrieb sie gern mit einem Wort von Blaise Pascal: „Du würdest ihn nicht suchen, wenn du ihn nicht schon gefunden hättest."

Mittlerweile schrieb sie für verschiedene Zeitungen – die *New Masses* waren verboten worden – und führte ein unstetes Leben in der Gesellschaft von Theaterbegeisterten und Anarchisten. Zunehmend selbstkritisch und sensibel ihren eigenen Motiven gegenüber, entdeckte sie eine gehörige Portion Eigenliebe und Geltungssucht hinter ihrem Engagement für die Armen ... Es schien allmählich Zeitverschwendung, bloß herumzusitzen und zu schreiben, zumal ihr Journalismus weitgehend zur Schreibtischarbeit geworden war: „... was tue ich jetzt schon anderes als Bücher besprechen, Manuskripte redigieren und mit einem Roman zu einem sozialen Thema herumspielen?"

1918, im letzten Kriegsjahr, sattelte sie auf Krankenpflegerin um. Sie arbeitete in einem Krankenhaus, auf der Station für alte Damen mit Hüft- und Beinbrüchen, später auf der „Internen" und auf der Männerstation. Dorothy machte ihre Arbeit gut und mit Freude, vermißte aber die journalistische Betätigung so sehr, daß sie das Krankenhaus nach einem Jahr wieder verließ. In Chicago wurde sie Gerichtsreporterin, jobbte in einem Restaurant und stand für Kunststudenten Modell.

Es war ein chaotisches Leben, das von Zimmer zu Zimmer, von Job zu Job führte. Zwischendurch heiratete sie einen Mann mit guten radikal-liberalen Ideen und verließ ihn wieder. Sie sympathisierte mit den sozialistischen *Industrial Workers of the World* und wurde in deren Haus verhaftet, als die Behörden dort ein vermeintliches Bordell aushoben – was natürlich nicht stimmte. Sie ging nach New Orleans, schrieb eine ansehnliche autobiographische Novelle, die später verfilmt wurde, und lernte die große Liebe ihres Lebens kennen: einen ruhigen, wortkargen Mann namens Forster, der an der Ungerechtigkeit der Welt litt und über politischen Durchblick verfügte wie kaum ein anderer ihrer Freunde. Er war jedoch viel zu eigenbrötlerisch, um sich irgendwo wirkungsvoll zu engagieren.

Forster und Dorothy lebten in einem kleinen Häuschen am Strand von Staten Island (New York), machten ewig lange Spaziergänge bei Wind und Wetter, gingen auf Fischfang, führten uferlose Diskussionen mit radikalen Literaten und künstlerisch angehauchten Bohemiens – und stritten sich über Religion und Glauben, für Forster ein rotes Tuch.

Eifersüchtig auf Christus

Während Dorothy Christus immer näher kam, in menschlicher Solidarität und Liebe die Menschenfreundlichkeit Gottes und in der Schönheit der sie umgebenden Natur den Schöpfer zu ahnen begann, konnte der nüchterne, stolze Materialist Forster in solchen Sehnsüchten bloß naive Hirngespinste erblicken. Scharfsinnig erkannte Dorothy, daß er, der so wacker gegen bürgerliche Bindungen und Ehezwänge focht, schlicht eifersüchtig war.

Sie fühlte sich von Christus geliebt, „und wie alle Frauen, die lieben, wollte ich mit meiner Liebe vereint werden". Forster witterte Konkurrenz; er gab sich nicht damit zufrieden, daß das auf einer anderen Ebene lag. Als Dorothy ein Kind von Forster bekam und es unbedingt taufen lassen mochte („ich wollte nicht, daß es wie ich jahrelang im Dunkel herumtappen würde, in Zweifel und Ungewißheit"), kündigte sich der unvermeidliche Bruch an.

Sie versuchte ihn hinauszuschieben, solange es ging, voller Angst vor dem Verlust des Geliebten und der gemeinsamen Freunde. Kam nicht ein erfülltes Familienleben dem Himmel auf Erden nahe? Mit einem Menschen zu schlafen, den man liebte – nannte das nicht die Bibel ein Gleichnis für die selige Vereinigung mit Gott?

Aber hatte Gott seine Schöpfung jetzt nicht mit der Geburt ihrer Tochter gekrönt? Ihre Freude verlangte stürmisch nach Dank und Anbetung – und zwar in der Gemeinschaft der Glaubenden. Dorothy: „Gerade meine Erfahrung als Radikale und meine ganze politische Vergangenheit führten mich dazu, mich mit anderen, mit den Massen vereinigen zu wollen, um Gott zu lieben und zu lobpreisen." Die Kirche schien lebendig, sie hatte die Jahrhunderte überdauert. Obwohl sie oft genug Ärgernis an ihrer Gleichgültigkeit gegenüber der sozialen Unterdrückung und an ihren „geschäftstüchtigen" Priestern nahm, entdeckte sie in ihr den fortlebenden Christus – gekreuzigt in eben jenem Ärgernis.

Als sie beim Spaziergang am Strand einer Nonne begegnete, faßte sie sich ein Herz und fragte sie, wo sie ihr Kind taufen lassen könne ... Die Nonne, eine sehr konservative, energische Frau, brachte ihr einen Katechismus, deckte sie mit erbaulichen Zeitschriften und Heiligengeschichten ein und fragte mit nervtötender Beharrlichkeit, wann Dorothy denn nun katholisch werden wolle.

Bald kam sie dreimal in der Woche zum Katechismusunterricht, schimpfte wie ein Rohrspatz, wenn ihre Schülerin die Antworten nicht auswendig hersagen konnte, und mißbilligte das ungespülte Geschirr in der Küche ... Dorothy liebte Schwester Aloysia.

Als ihre Tochter Tamar getauft wurde, ließ sich Forster ein paar Tage lang nicht sehen, und als die 30jährige Dorothy selber die Taufe empfing – „entschlossen und kühl", immer noch ein bißchen skeptisch, der eigenen Kraft mißtrauend –, verließ sie ihn in bitterem Schmerz. „Es dauerte Jahre", bekannte sie später, „bis ich aufwachte, ohne die verzweifelte Sehnsucht nach einem Gesicht zu spüren, das sich über mich beugte, nach einem Arm, der mich umfing."

Dorothy hatte den Mann verloren, den sie liebte – was hatte sie gewonnen? War sie nicht ihrer eigenen Klasse und den Ausgebeuteten untreu geworden, übergelaufen zu einer Kirche, die den Reichen gehörte? Jahre eines verbissenen Kampfes um die eigene Existenz und die ihres Kindes lagen vor ihr, und der Glaube deckte ihre problematische Lage keineswegs mit barmherzigem Trost zu.

Ihre Aufzeichnungen verraten, daß religiöse Hochstimmungen selten waren und Glaube für sie mehr mit zäh bewahrter Treue zu tun hatte als mit beschwingten Glücksgefühlen.

Es waren die Jahre der großen wirtschaftlichen Depression in Amerika. Hunderttausende verloren Arbeit und Wohnung. 1933 wurden 13 Millionen Arbeitslose in den USA gezählt. „Jeden Tag gab es Vertreibungen", berichtete die Day. „Menschen verloren ihren Besitz, weil sie die Miete nicht zahlen konnten. Am Morgen kam der Sheriff, und mit seinen Helfern beförderte er alle Möbel, die noch nicht verkauft waren, auf den Gehsteig. Manchmal saßen Leute auf den zusammengebrochenen Sesseln und bettelten ..."

In dieser Situation genügte es einfach nicht, an einem Roman zu schreiben, der von der sozialen Revolution und vom Glauben und natürlich von hochinteressanten Helden

Wir beten um Liebe. Wir finden sie, und sie kommt in seltsamen Formen und auf seltsamen Wegen, und wir sind in Gefahr, sie stolz vorübergehen zu lassen oder nur uns selbst zu finden, nach Phantomen greifend.
Für die Torheit der Liebe gibt es kein Ende. Hätten wir uns lieber nicht angemaßt, nach Liebe zu suchen! Gott mag uns beim Wort nehmen. Wir werden nicht wissen, was mit uns geschieht. Wenn wir es wüßten, würden wir uns nicht sträuben.
Wir werfen unsere eigenen verkehrten Wünsche auf die Waagschale, und es gibt seltsame Ergebnisse bei dieser Suche nach Liebe ... Wir alle sind eine perverse und halsstarrige Generation. Oh, wenn uns Gott nur überwältigen würde, dann lägen wir ruhig da und wüßten, daß darunter ewig tragende Arme sind.

handeln sollte. Für den katholischen *Commonweal* stürzte sie sich wieder ins Kampfgetümmel der Tagespolitik – als Berichterstatterin beim „Hungermarsch" Arbeitsloser aus allen Teilen des Landes nach Washington.

Der Marsch wurde für sie zum Schlüsselerlebnis. Die Leute forderten Arbeitsplätze, Sozialgesetze, Arbeitslosenversicherung und Unterstützung für ihre hungernden Frauen und Kinder. In Washington erwarteten sie Polizeieinheiten mit Maschinengewehren; die meisten Zeitungen hatten kommunistisch gesteuerte Unruhen prophezeit, die dann allerdings ausblieben.

„Aber wo waren die Katholiken", fragte die Day bitter, „die sich an die Spitze der Scharen von Männern und Frauen stellen würden, um die aktuellen Werke der Barmherzigkeit zu üben ...?"

„Wie mußte unser Heiland diese Männer lieben", dachte sie, als sie die zerlumpten Kolonnen mit ihren Transparenten durch die Hauptstadt marschieren sah. „Sie waren seine Freunde, seine Genossen und seinem Herzen wer weiß wie nahe in ihrem Streben nach Gerechtigkeit." Ja, die Demonstranten schienen Jesus zu gleichen, der die Wucherer aus dem Tempel gejagt und nicht gewußt hatte, wo er sein Haupt hinlegen sollte ...

Aber die Christen und ihre Kirchen hielten sich fern, und Dorothy begriff, daß sie Aktivitäten nicht bloß von anderen erwarten durfte. Sie mußte selbst einen Weg finden, Solidarität mit den Opfern des kapitalistischen Wirtschaftssystems nicht nur zu predigen, sondern zu praktizieren.

Eine Zeitung für einen Cent

Die Begegnung mit Peter Maurin kam da wie gerufen. Maurin, gebürtiger Franzose, bildete eine originelle Mischung aus Bauer, Landstreicher und Philosoph, sprühte vor Leben und Ideen und hatte beschlossen, daß die gelernte Journalistin Day seine Gedanken unter die Leute bringen sollte. Eines Tages tauchte er in ihrer Wohnung auf, die Taschen voller Papiere, und begann, sie zu „missionieren", wie er es nannte.

Nicht lange danach, am 1. Mai 1933 – als 50000 Menschen über den New Yorker Union Square zogen, Arbeit und Brot fordernd, während drüben in Deutschland die Nazis zum Sturm auf die Gewerkschaftshäuser rüsteten –, erschien die erste Nummer des *Catholic Worker,* des „Katholischen Arbeiters". Die Zeitung kostete einen Cent, damit sie sich jeder leisten konnte. Sie enthielt Streikberichte, Analysen zur Arbeitslosigkeit, leicht lesbare Features und natürlich ein halbes Dutzend von Peter Maurins Botschaften über eine Gesellschaft, „in der es leichter für die Menschen ist, gut zu sein".

In ihrer Autobiographie erweckt die Day einen Eindruck von Arbeitsteilung, als ob Peter die Ideen geliefert und sie bloß die journalistische Umsetzung geleistet hätte. Eine bescheidene Fiktion, die der Wirklichkeit kaum entsprechen dürfte. Ihre später unter dem Titel *On Pilgrimage* („Auf Pilgerschaft") gesammelten Artikel stellen ein prägnantes, überzeugendes Handbuch sozialer Arbeit dar. Der „Vierstundentag" zum Beispiel (vier Stunden Arbeit, vier Stunden Studium und Gespräch für jeden Menschen, erreichbar durch eine sinnvolle Verteilung von Produktion und Konsum) war eine eigenwillige Lieblingsidee Maurins. In der Ablehnung allgegenwärtiger staatlicher Reglementierung aber traf er sich voll mit Dorothy Day, die auch als Christin kämpferische Anarchistin geblieben war.

Der *Catholic Worker* schlug mit seinem Mut und seiner einfachen Sprache wie eine Bombe ein. Von der Startnummer waren 2500 Stück gedruckt worden, am Jahresende verkaufte man bereits 100000 Exemplare, und 1936 war die Auflage auf 150000 geklettert. Engagierte junge Leute brachten das Blatt überall im Land an den Mann, ließen es in der Straßenbahn und im Wartezimmer liegen.

Die Zeitung informierte über Kinderarbeit in den Fabriken, Farmerstreiks und Billiglöhne für Neger, schilderte die miesen Arbeitsbedingungen von Restaurant-Angestellten und ging gegen den sich ausbreitenden Antisemitismus an. Heute erscheint *The Catholic Worker* im fünften Jahrzehnt und kostet noch immer einen Cent.

Mitarbeiterstab und Vertriebsorganisation wuchsen an. Bald war *Catholic Worker* nicht mehr nur der Name einer Zeitung, sondern einer ausgedehnten Bewegung, die als Hilfsorganisation für hungernde Arbeitslose begann und zum Zusammenschluß der katholischen Arbeiter der ganzen Vereinigten Staaten wurde.

Besucher kamen in die Redaktion und blieben, hilfsbedürftige Menschen suchten ein Obdach für ein paar Tage. Man mietete kurzerhand ein altes Haus mit zwei Dutzend Zimmern und dazu einen verkommenen Laden, der bisher als Kurzwarenhandlung geführt worden war, aber in Wirklichkeit einen illegalen Alkoholausschank darstellte. Das erste *Worker House* der Gastfreundschaft war entstanden, Essen und Schutz für eine Handvoll in Not geratener Menschen – ein Tropfen nur auf den heißen Stein, aber eine Möglichkeit, praktisch etwas zu tun und nicht nur zu protestieren.

Dorothy Day umschrieb das Motiv für diese Arbeit so: „Jedes Haus sollte eine Wohnung Christi sein ... Es nützt nichts, die Leute zu einer Agentur zu schicken, zu der Stadt oder zum Staat oder zur Caritas. Du selbst mußt die Werke der Gnade tun." Und Gott könne man nur lieben, wenn man einander liebe. „Wir erkannten ihn, als er das Brot brach, und wir lernen einander kennen, wenn wir zusammen Brot brechen und nicht länger allein sind. Der Himmel ist ein Gastmahl, und so ist das Leben, selbst wenn wir nur eine Brotkruste haben, aber mit anderen vereint sind."

Begeisterte Jugendliche kamen, um zu schrubben, zu streichen, zu säubern. Das Haus war so armselig wie die meisten seiner Nachfolger, mit vorsintflutlichen Kohleöfen und Klosetts auf dem Hinterhof. Die *Workers* gründeten Suppenküchen, sammelten Möbel und Kleidung, suchten nach leerstehenden Wohnungen.

Als immer mehr Studenten zum *Worker*-Team stießen, als Diskussionen und Konferenzen veranstaltet wurden und dabei viel über Gesellschaftsordnung und Arbeitsbedingungen und Faschismus geredet wurde, begann die Stadtverwaltung mißtrauisch zu werden. Bürgerliche Katholiken waren dem Projekt von Anfang an skeptisch gegenübergestanden – ging es den *Workers* doch nicht nur um Spenden, sondern um die Eigentumsrechte der Arbeiter und um eine Änderung der gesellschaftlichen Machtverteilung. Das konnte man zwar auch in den päpstlichen Sozialenzykliken lesen, aber hier wurde es praktiziert, und das erschien gefährlich.

Aus einem angemieteten Haus in Harlem flogen die *Workers* heraus, weil sein Besitzer – ein Angehöriger der Bürgerwehr – an ihren pazifistischen Neigungen Anstoß nahm. Und als kurz vorher bei einem der zahlreichen Negeraufstände im Getto eine Horde Farbiger plündernd und randalierend durch Harlem zog und alle Fenster in der Nachbarschaft einwarf, verschonte man ausgerechnet das Haus der *Workers* mit der Begründung, das seien „anständige Leute". Wenn das kein Beweis für ihre kommunistische Unterwanderung war ...?

„Christus war ein Arbeiter"

Für die Day und viele ihrer Mitstreiter stellte die katholische Arbeiterbewegung keinen trickreichen Schachzug dar, die Proletarier in die Kirche zurückzuholen. Sie fühlten sich den Besitzlosen und Unterdrückten einfach nahe, „weil wir spürten, daß sie Gott am nächsten standen" (Dorothy Day). Und bei manchen spielte wohl auch das schlechte Gewissen der Privilegierten mit, die eine Schule hatten besuchen dürfen, einen Job hatten und sich fragten, warum die andern so benachteiligt und unglücklich waren und es einem selber so gut ging.

Christus sei ein Arbeiter gewesen, betont die Day, in einem Stall und nicht als König geboren, in einer Schreinerwerkstatt großgeworden, vertraut mit Wanderarbeitern, ein Freund von Fischern und kleinen Bootseigentümern, gestorben zwischen zwei Dieben. Hierhin gehörten die Christen, was sonst? „Er hatte uns ein Beispiel gesetzt, und so waren es die Armen und Elenden, die wir zu erreichen suchten."

Deshalb führte, was Dorothy und ihre Freunde taten, über bloß sozialpolitische, innerweltliche Zielsetzungen hinaus. „Ich will eine Heilige werden", gab sie unbekümmert zu, „wenn ich auch weiß, daß ich nur eine kleine sein kann." Dahinter steckte beileibe nicht die Sehnsucht nach einem kirchlichen Heldenpodest, sondern das Bewußtsein, daß das Evangelium unbedingt ernst zu nehmen war und das eigene Leben radikal verändern mußte.

So wie sie versuchten und versuchen alle *Catholic Workers* zu leben, was sie verkünden. Dorothy Days Leitspruch „Der ganze Weg zum Himmel ist Himmel" (Katharina von Siena) hat seine Gültigkeit behalten. Auch heute noch putzen und kochen die Journalisten, die am *Catholic Worker* arbeiten, für die rund 40 bedürftigen Leute, die im *Worker House* leben, werden die zu Besuch kommenden Studenten zum Betteln geschickt, auch wenn sie bloß diskutieren wollen.

In der Praxis ist dieser „Weg zum Himmel" eine sehr holprige Straße, mühsam und desillusionierend. „Das Königreich der Himmel hört sich wundervoll an", weiß Dorothy, „aber es muß mit Gewalt erobert werden. Man gibt sein Leben auf, um es zu gewinnen ... Die Leute kommen, um uns bei ‚unserer wundervollen Arbeit' zu helfen. Ja, das alles klingt wirklich wundervoll, aber das Leben selbst ist eine schwierige, anstrengende, unbequeme Angelegenheit."

Die *Workers* leben nicht selten von der Hand in den Mund, oft haben sie gerade 100 Dollar auf der Bank, und dann passieren immer wieder einmal solche traurigen Geschichten wie mit der obdachlosen Familie, die nach einer Woche spurlos verschwand und alle Möbel mitnahm.

Auch die von Peter Maurin forcierten „agrarischen Kommunen" – der Versuch, das Leben aus den Städten auf das Land herauszuverlagern, in Kibbuz-ähnlichen Gemeinschaften, die sich selbst versorgen können – erwiesen sich als nicht besonders lebensfähig. Die *Workers* bauten mit Feuereifer Farmhäuser aus gebrauchten Ziegeln und Balken, gruben Brunnen und beschafften Kleinvieh. Aber oft wanderten die Leute bald wieder ab, oder man war auf staat-

Um mich herum sehe ich Sünde, Leid und unaussprechliches Elend. Auf allen Seiten gibt es Not, Materialismus, Erniedrigung, Häßlichkeit ... Überall auf der Welt Heimatlosigkeit, Neid, Angst, Krieg und Kriegsgefahr. Wir leben in einer furchtbaren Zeit.
Es ist hoffnungslos zu denken, man könnte diesen Schrecken durch andere Mittel als durch Heiligkeit bekämpfen. Zu glauben, ihn allein durch materielle Mittel, durch Erleichterungen, durch Veränderungen der sozialen Ordnung zu überwinden – all das ist total hoffnungslos.
Liebe gegen Haß. Leiden gegen Gewalt. Was sind 2000 Jahre in der Weltgeschichte? Wir haben gerade erst angefangen zu lieben. Wir haben gerade erst angefangen, Christus zu erkennen, Ihn in anderen um uns herum zu sehen.

liche Unterstützung angewiesen – ein unerträglicher Gedanke für die Anarchisten Day und Maurin.

Die Welt, davon waren sie felsenfest überzeugt, werde durch Liebe verändert, nicht durch Regierungsprogramme. Diese Liebe mußte allerdings konkrete Formen annehmen, wenn es um konkrete Probleme ging.

Daß die *Workers* 1936 Seite an Seite mit Kommunisten vor dem deutschen Konsulat gegen die Judenverfolgung im Deutschen Reich protestierten; daß sie den Seeleuten halfen, die für die Bildung einer nationalen Seemannsgewerkschaft streikten; daß sie ihre Leser zum Boykott von Geschäften brachten, welche Hungerlöhne zahlten oder ihre Angestellten über die gesetzliche Arbeitszeit hinaus zu schuften zwangen, gehörte für die Day zu den Werken der Barmherzigkeit – aber vielen verbürgerten Christen paßte diese handfeste Art von Apostolat nicht.

Eine von katholischen Nonnen geleitete Schule hatte jeden Monat 3000 Exemplare vom *Catholic Worker* bezogen und die Schülerinnen begeistert zur Protestkundgebung gegen die Religionsverfolgung in Mexiko geschickt. Als die Mädchen – vom *Worker* angespornt – nun aber auch für höhere Löhne und menschliche Arbeitsbedingungen in den Fabriken auf die Straße gehen wollten und ihre Eltern baten, keine Produkte der *National Biscuit Company* mehr zu kaufen, teilte die Schulleitung höflich mit, man müsse in Zukunft leider auf die 3000 Zeitungen verzichten.

Als Dorothy Day im Pittsburgher Stahlrevier Versammlungen hielt und den dortigen Bischof besuchte, sagte ihr dieser mit prophetischem Weitblick: „Sie haben meinen Segen, in alle Pfarrgemeinden meiner Diözese zu gehen – aber die Hälfte der Priester wird Sie hinauswerfen."

Es war ein seltsames Phänomen: Während einige Bischöfe und Äbte gern die Büros der *Workers* aufsuchten und stolz von den Aktivitäten der sozial engagierten Laien in ihren Bistümern berichteten, mißtrauten große Teile des sogenannten einfachen Klerus diesen undurchsichtigen Glaubensbrüdern, die redeten wie Kommunisten und sich mit zerlumptem Gesindel abgaben.

Da half es auch nichts, daß Dorothy speziell für die Arbeiter wunderbare Exerzitien über die Evangelien anbot – „wir glaubten die Evangelien zum ersten Mal zu hören", erzählte ein Teilnehmer hingerissen – und eine der Farmkommunen in ein Exerzitienhaus zum Beten und Studieren umwandelte.

Die Day reiste durch halb Amerika, 40 Jahre lang, sie redete in Schulen und Pfarrgemeinden, besuchte Streikende, half den enteigneten und vertriebenen Landpächtern in Kansas – Versicherungsgesellschaften hatten dort riesige Landstriche aufgekauft –, informierte sich über die Probleme der Arbeiter in den Automobilfabriken Kaliforniens, sah entsetzt die Auswirkungen des Rassismus in den Südstaaten – in den *Worker Houses* hatte es noch nie Rassentrennung gegeben.

Aber zeit ihres Lebens hütete sie sich, in solcher „Reisediplomatie“, im bloßen Sammeln von Informationen aufzugehen und zur Sozialtouristin zu werden. Denn: „Es genügt nicht, herumzureisen und betrübende Eindrücke zu gewinnen. Nicht einmal den Organisatoren beizustehen, wegzugeben, was man hat, um die Not zu lindern, sich für sein ganzes Leben freiwillige Armut zu geloben, damit man alles mit seinen Mitbrüdern teilen kann, ist genug. Man muß mit ihnen leben und auch ihre Leiden mit ihnen teilen. Man muß sein Privatleben aufgeben und alle intellektuellen wie spirituellen Annehmlichkeiten zugleich mit den leiblichen.“

Das hat sie getan, konsequent und beständig, ohne viele Worte darüber zu verlieren. Besucher berichten, wie alle möglichen Leute immer wieder in ihr Zimmer kamen, sich dort für eine Weile einquartierten, Sachen mitnahmen oder liegen ließen. Eine Privatsphäre brauchte sie anscheinend nicht, ihre Tochter war inzwischen erwachsen, und freiwillige Armut war ihr selbstverständlich – zuviel Besitz mache das Leben nur kaputt.

„Wir haben wirklich mit den Armen und Arbeitern gelebt“, konnte sie sagen, „und kennen sie nicht nur von Begegnungen auf den Straßen oder von Massenversammlungen, sondern aus jahrelangem Zusammenleben in den Slums, in Mietskasernen und unseren Gästehäusern ... mit Garnelenverkäufern, Fischern, Werftarbeitern und Seeleuten.“

So war es in allen *Worker Houses,* die jetzt wie Pilze aus dem Boden schossen, in Boston, Milwaukee, Detroit, Chicago, San Francisco, sogar in England. 30 waren es bereits, als der Zweite Weltkrieg begann. Und aus einem Studienklub, den die *Workers* als Folge des schon erwähnten Seemannsstreiks gründeten, entstand der *Verband katholischer Gewerkschafter* – der später allerdings eigene Wege ging.

Als der Zweite Weltkrieg vorüber war und die atomare Bedrohung immer beklemmender wurde, rückte der Pazifismus an die erste Stelle im Themenkatalog des *Catholic Worker,* der bereits während des Krieges um Verständnis für Dienst- und Steuerverweigerer geworben hatte. Die *Workers* störten Luftschutzübungen, riefen zum Steuerboykott auf, organisierten Fastenaktionen für den Frieden und stellten den Krieg als Mittel der Politik radikal in Frage.

Das heißt, nicht alle *Workers* folgten Dorothy in ihrer absoluten Kriegsgegnerschaft. Das Personal in den „Häusern der Gastfreundschaft" ging zurück, und beim Nachwuchs der Bewegung fand sie immer weniger Resonanz mit ihrer Haltung, vor allem als sie auch nach dem japanischen Angriff auf die amerikanische Flotte bei Pearl Harbor an ihrem Standpunkt festhielt: „Wir sind Pazifisten. Unser Manifest ist die Bergpredigt."

Denn jeder Krieg sei ein Verbrechen an den Ärmsten, und spätestens das Grauen moderner Kriegführung müsse dazu herausfordern, die vergessene pazifistische Tradition bei den Christen wieder auszugraben. Bei der Geschlechtsmoral lasse sich die Kirche schließlich auch auf keinen Kompromiß ein, warum dann in der Frage des Krieges? „Andernfalls werden wir zu einer untermenschlichen Bestialität herabsinken und uns ganz bestimmt weit vom Geist Christi entfernen."

In dieser Zeit, als Senator Joseph McCarthy einen Senatsausschuß zur „Untersuchung unamerikanischer Umtriebe" mit inquisitorischen Methoden leitete und im ganzen Land zur Jagd auf mögliche Kommunisten geblasen wurde, gerieten die *Workers* mit ihren radikalen Ideen und die in Ruhe und Ordnung verliebten Traditionskatholiken zunehmend aneinander. Nach dem Streit mit Kardinal Spellman über die streikenden Totengräber seufzte Dorothy, „der schrecklichste aller Kriege" sei wohl der zwischen Klerus und Laien.

1951 wollte die Erzdiözese New York den „Anarchisten" gerichtlich ihren Zeitungstitel *The Catholic Worker* verbieten lassen – ein Vorhaben, das nur durch den entschlossenen Widerstand der ganzen Bewegung verhindert wurde, und vielleicht auch durch Dorothy Days dezenten Hinweis, die Vereinigung der Kriegsveteranen dürfe sich doch auch „katholisch" nennen …

74jährig fuhr sie noch nach Moskau, fand es dort recht interessant, ohne sich mit dem realen russischen Sozialismus anfreunden zu können, und bekundete bei einer Autorenkonferenz frech ihre Hochschätzung für den Systemkritiker Solschenizyn.

Zum 80. Geburtstag kam ein Gruß vom Papst. Dorothy Day führte in diesen letzten Jahren ein ruhiges Leben in New York. Sie wurde ein Mensch der Anbetung, mochte sich aber nicht durch ein Abdrängen auf den frommen Sektor kaltstellen lassen.

Sie kämpfte weiter gegen die Konsummentalität, die der Kapitalismus braucht, beschäftigte sich mit den Hippies – die sie für ein Produkt der Überflußgesellschaft hielt – und versuchte den jungen Leuten Mut zu machen, mit der oft so verständnislosen Kirche zu leben. Ihre eigene Arbeiterbewegung sei doch ein Beispiel für die Freiheit, die in der Kirche möglich sei!

Am 29. November 1980, 83 Jahre alt, starb Dorothy Day. Beim Requiem, so berichtete *Newsweek*, „gab es keine Tränen, nur Hallelujas für ihr langes und leuchtendes Leben".

Theologie aus der Todeszelle

Dietrich Bonhoeffer,
als Verschwörer
gegen Hitler gehängt,
dachte über den Glauben
in einer scheinbar von Gott
verlassenen Welt nach

„Und wir können nicht redlich sein,
ohne zu erkennen,
daß wir in der Welt leben müssen –
‚etsi deus non daretur',
als ob es Gott nicht gäbe ...
Vor und mit Gott
leben wir ohne Gott."

Am 5. April 1943, zwei Monate nach der Katastrophe von Stalingrad, wird ein politischer Häftling in das Militärgefängnis Berlin-Tegel eingeliefert. Zwölf Tage lang öffnet sich seine Zelle nur zum Essenempfang und zum Ausleeren des Kübels mit der Notdurft. Das Personal hat Anweisung, kein Wort mit dem Gefangenen zu sprechen. Den Grund für seine Verhaftung erfährt er erst ein halbes Jahr später. Man nimmt ihm alle persönlichen Sachen weg, sogar seine Bibel, weil darin Sägen oder Rasiermesser versteckt sein könnten.

Seife oder frische Wäsche gibt es nicht. In der ersten Nacht seiner Isolierhaft kann er kaum schlafen, weil ein Mithäftling in der Nachbarzelle stundenlang laut weint, ohne daß sich jemand um ihn kümmert. In der Zelle ist es kalt, aber die auf der Pritsche liegende Decke stinkt so bestialisch, daß er es nicht fertigbringt, sich damit zuzudekken.

Am nächsten Morgen wirft man dem Gefangenen durch die Türluke ein Stück Brot auf den Zellenboden; der Kaffee besteht zu einem Viertel aus Kaffeesatz. Von draußen ist das Brüllen der Wärter zu hören.

Nach einigen Tagen notiert der Häftling auf einem Zettel, wie ihm zumute ist: „Selbstmord, nicht aus Schuldbewußtsein, sondern weil ich im Grunde schon tot bin, Schlußstrich, Fazit."

Aber der Häftling, der Pastor und heimliche Verschwörer Dietrich Bonhoeffer, stirbt nicht. Er wird in einen anderen Trakt des Gefängnisses verlegt, bekommt Hafterleichterungen, als man entdeckt, daß seine Familie mit dem Kommandanten aller Berliner Militärhaftanstalten verwandt ist. Er darf Bücher und Schreibpapier empfangen und alle zehn Tage einen Brief abschicken.

Anderthalb Jahre lebt Dietrich Bonhoeffer in dieser winzigen Zelle, zwei mal drei Meter groß, ausgestattet mit Pritsche, Schemel, Wandbrett und Eimer. Licht kommt nur durch eine kleine Fensterluke und abends von einer schlechten Glühbirne, die nach Lust und Laune der Wärter angeschaltet wird.

Doch was der Häftling Bonhoeffer in diesen anderthalb Jahren auf seine Zettel kritzelt und entweder mit den genehmigten – und zensierten – Briefen dreimal pro Monat an seine Familie schickt oder auf verschlungenen Wegen aus seiner Zelle schmuggelt, geht in die Theologiegeschichte des 20. Jahrhunderts ein.

Zwischen Hoffnung und Todesangst, ungewiß über sein Schicksal, redet Bonhoeffer mit einem Gott, der seine Menschen scheinbar verlassen hat. Diese Gespräche in den einsamen Tagen und Nächten von Tegel bilden die Situation eines gottfernen Zeitalters ab und werden zur Wegweisung für die Christen, die ihren Glauben auf dem schmalen Grat zwischen Treue und Verzweiflung zu leben versuchen. Ohne anderen Halt als jenen gekreuzigten Gott, der ihnen nur in der Ohnmacht des Karfreitags nahe ist …

„Christus als Gemeinde existierend"

„Die Gemeinde also vermag die Schuld zu tragen, die keines ihrer Glieder tragen kann, sie kann mehr tragen als alle ihre Glieder zusammen. Sie muß als solche eine geistliche Realität sein, die über alle Einzelnen hinausgreift. Nicht alle Einzelnen, sondern sie als Ganzheit ist in Christus, ist der ‚Leib Christi'; sie ist ‚Christus als Gemeinde existierend' … sie ist der gegenwärtige Christus selbst, und darum ist ‚in Christus sein' und ‚in der Gemeinde sein' dasselbe; darum trägt die Schuld der Einzelnen, die auf die Gemeinde gelegt ist, Christus selbst."

Diese Sätze stehen in der Doktorarbeit, die Dietrich Bonhoeffer als Neunzehnjähriger begann und zwei Jahre später, 1927, mit der Bewertung *summa cum laude* abschloß. Ihr

Titel: „*Sanctorum Communio*", Gemeinschaft der Heiligen, „eine dogmatische Untersuchung zur Soziologie der Kirche". Für Bonhoeffer selbst, aber auch für eine ganze Theologengeneration markiert so ein Thema die Wende von eher abstrakten Fragestellungen hin zur Beschäftigung mit der konkreten Gestalt des Glaubens. Gegen alles Abschieben Gottes in höhere Sphären der Transzendenz setzte der junge Pastorenanwärter seine Nähe unter den Menschen und die Bindung des Glaubens an eine geschichtliche, sich entwickelnde, unvollkommene Kirche, in der man stets „mit Mitläufern rechnen" müsse und die dennoch das „Reich Christi" bilde.

Der einundzwanzigjährige Doktor der Theologie paßt in die Familie Bonhoeffer, die auf den ersten Blick wie eine geballte geistige Potenz anmutet: Der Vater, Karl Bonhoeffer, einer der angesehensten Professoren in der noch jungen deutschen Psychiatrie. Urgroßvater und Großvater mütterlicherseits bekannte Theologieprofessoren. Die Mutter besaß – damals eine Seltenheit – das Examen als Lehrerin und unterrichtete ihre Kinder so gut, daß sie etliche Schulklassen überspringen konnten; daher Dietrichs frühe Universitätskarriere. Sein Bruder, der Physikprofessor Karl-Friedrich Bonhoeffer, wurde durch seine Forschungen zur Chemie des Wasserstoffs international bekannt.

1906 in Breslau geboren, kam Dietrich wenige Jahre später nach Berlin, wo sein Vater den Lehrstuhl für Psychiatrie und Neurologie erhalten hatte. In der für alle geistigen Strömungen der Zeit, für Politik, Kunst und Musik aufgeschlossenen Familie war der Mief des wilhelminischen Bürgertums längst durch weitherzige Toleranz abgelöst. Die Geschwister lasen den sozialdemokratischen *Vorwärts,* und es machte starken Eindruck auf Dietrich, als sich seine resolute Großmutter 1933 nicht am Boykott jüdischer Geschäfte beteiligte, sondern sich trotzig an den SA-Wachtposten vorbei in die Läden schob.

Deshalb blieb Dietrichs Mitgliedschaft in der liberal-konservativen Studentenverbindung „Igel" (die sich bei Arbeitseinsätzen während der Ferien auch sozial betätigte) ebenso Episode wie seine Teilnahme an einer Übung der „Schwarzen Reichswehr" – die Leute waren ihm zu „reaktionär".

Zur protestantischen Kirche unterhielt die Familie Bonhoeffer übrigens trotz der Theologen in der Verwandtschaft ein recht kühles Verhältnis. Man ging nicht in die Kirche und schickte auch die Kinder nicht zum Gottesdienst. Zu Hause freilich wurde das Tischgebet gepflegt, und die Mutter erzählte den Kindern Geschichten aus der Bibel.

Von der „Volkskirche" mit ihren frommen Predigten und Zirkeln scheint man sich mit der Arroganz des aufgeklärten Intellektuellen ferngehalten zu haben: „Wozu die fatale Unerbaulichkeit einer äußeren Versammlung, in der man Gefahr läuft, einem bornierten Prediger gegenüber und geistlosen Gesichtern zur Seite zu sitzen?" fragt Dietrich provokant in derselben Dissertationsschrift, in der er diese so wenig erbauliche Versammlung als „Heiligtum Gottes" entdeckt.

Vielleicht steckt in Dietrichs früher Entscheidung, Theologie zu studieren, auch ein Stück Rebellion gegen die Familie (die seinen Entschluß ohne große Auseinandersetzungen respektierte) und der Versuch, in Abgrenzung von seinen stark naturwissenschaftlich interessierten älteren Brüdern einen eigenständigen Weg zu gehen.

Seinen Mitstudenten in Tübingen und Berlin ist er als außerordentlich heller, kritischer Kopf, aber auch als temperamentvoller, zu Späßen aufgelegter Kumpel in Erinnerung. Schwankend zwischen Kanzel und Katheder, erwarb er sich praktische Erfahrungen in der Arbeit mit Kindergruppen in Berlin und als Vikar in Barcelona, wo er vor allem mit deutschen Kaufleuten zu tun hatte.

Die akademische Welt betrat er dann wieder als Assistent an der Berliner Universität; er habilitierte sich mit einem komplizierten philosophischen Thema – das er jedoch wieder ganz bewußt auf die Wirklichkeit der Kirche bezog – und begann sich für die bis dahin eher verachtete Tagespolitik zu interessieren. Später schämte er sich seines anfänglichen Desinteresses an solchen Lebensfragen: das sei damals „eigentlich frivol" gewesen, gesteht er in einem Brief.

Als ihn seine Vorgesetzten als Stipendiaten an das *Union Theological Seminary* nach New York schickten, erlebte er bestürzt die Auswirkungen des Rassismus im schwarzen Getto Harlem, begeisterte sich für die pazifistischen Strömungen unter Amerikas Christen und stellte die althergebrachte Trennung zwischen Glaube und Politik zunehmend in Frage. Zurückgekehrt an die Berliner Uni, wo er jetzt als Privatdozent Vorlesungen hielt und Seminare leitete, suchte er seine Studenten zu überzeugen, daß der Krieg zu ächten sei – eine unerhörte Botschaft zu einer Zeit, als sich die Nazis immer mehr auch an den Hochschulen breitmachten.

So nebenher war der 25jährige außerdem Studentenpfarrer, Hilfsprediger und Vertreter Deutschlands auf der Konferenz des *Weltbundes für Freundschaftsarbeit der Kirchen* in Cambridge 1931; das war eine der ersten Organisationen der beginnenden ökumenischen Bewegung, und sie machte Bonhoeffer zum Sekretär für ökumenische Jugendarbeit in Mittel- und Nordeuropa.

Gegen die Konferenz von Cambridge hatten nationalistisch angehauchte Theologieprofessoren daheim in Deutschland wütende Artikel geschrieben. „Solange die Anderen eine für unser Volk mörderische Politik gegen uns treiben", hieß es da, sei eine christliche Verständigung unmöglich. Bonhoeffer ärgerte sich über solchen „Unsinn", ohne sich in seiner Arbeit irre machen zu lassen. Er reiste von Tagung zu Tagung durch halb Europa und war bald bekannt für seine Abneigung gegen griffige Resolutionen, denen keine gründliche theologische Arbeit vorausging. Ohne eine solche neue Theologie gebe es nämlich keine Änderung des kirchlichen Selbstverständnisses, sondern allenfalls eine rein zweckbestimmte Organisation.

Ausgerechnet Bonhoeffer, der Professorensohn aus dem Großbürgertum, bekam zu dieser Zeit auch noch eine Konfirmandenklasse in Berlin-Wedding aufgehalst, dem Proletarierbezirk, wo man Thälmann statt Hitler und Hindenburg wählte. Aber es war eine der schönsten Aufgaben, die Bonhoeffer jemals zu übernehmen hatte: Er erzählte den aggressiven Jungen, die ihn brüllend begrüßten und mit Dreck bewarfen, Geschichten aus Harlem und der Bibel, lernte mit ihnen Englisch, machte Ausflüge, kaufte ihnen Stoff für den Konfirmationsanzug, ließ ungerührt Uni-Seminare für seine Gruppenstunden ausfallen und mietete sich bei einem Bäckermeister im Wedding ein Zimmer. Glücklich machte es ihn, daß die an proletarische Organisationen gewöhnten Jugendlichen seinen Traum von einer Gemeindekirche genau verstanden – viel besser als die individualistisch erzogenen Bürgerkinder.

Da wunderte sich Hindenburg

Am Abend des 30. Januar 1933 kam Bonhoeffers Schwager und kommentierte Hitlers Machtergreifung vom selben Tag mit den Worten: „Das bedeutet Krieg!" Die ganze Familie stimmte vorbehaltlos zu.

Anders als viele seiner Kollegen aus der Pfarrer- und Theologenzunft, die auf Hitlers fromme Schwüre hereinfielen und die Anfänge des braunen Terrors als notwendiges Übel zur Abwehr des Bolschewismus verharmlosten, wußte Dietrich Bonhoeffer von Anfang an, was er von den Nazis zu erwarten hatte: das Ende aller bürgerlichen Freiheiten in Deutschland und einen erbarmungslosen Kirchenkampf – es sei denn, die Kirche würde sich gleichschalten lassen und eine ungestörte Kultausübung mit dem Verzicht auf ihr prophetisches Wort erkaufen.

Genau das aber durfte nicht sein. Jetzt sei nicht die Stunde zu feiern, sondern zu protestieren, hatte er bereits am Reformationsfest 1932 bei einem akademischen Gottesdienst erklärt. Der greise Reichspräsident von Hindenburg saß unter den Zuhörern und wunderte sich, wie dieser Grünschnabel von Studentenpfarrer da den altehrwürdigen Reformationstag zum „Protest Gottes gegen uns" umfunktionierte: „Laßt dem toten Luther endlich seine Ruhe und hört das Evangelium ... Gott wird uns am Jüngsten Tage gewiß nicht fragen: Habt ihr repräsentative Reformationsfeste gefeiert?, sondern: Habt ihr mein Wort gehört und bewahrt?"

Und ganze zwei Tage nach der Machtergreifung, in der ersten und letzten Rundfunkrede seines Lebens (verfängliches Thema: „Der Führer und der Einzelne in der jungen Generation"), warnte er unmißverständlich vor einem „sich selbst vergottenden" Führer-Amt: Der echte Führer müsse fähig sein, die unreifen, sich nicht stark genug fühlenden Menschen, die sich ihm anvertrauten, über seine Person hinweg zur Anerkennung der „Autorität der Ordnungen" und vor allem zur eigenen Verantwortlichkeit zu führen, statt sich selbst zum „Abgott" zu machen. Jeder wußte, wie das zu verstehen war, und die entsetzten Verantwortlichen der „Berliner Funkstunde" schalteten diesem Aufrührer kurzerhand das Mikrofon ab.

Beim Semesterschlußgottesdienst wenige Wochen später mußte man ihn freilich zu Ende reden lassen, als er alle menschliche Selbstvergötterung vom einzigen Herrn der Geschichte „gerichtet, verurteilt, durchgestrichen" sah: „Wir haben in der Kirche nur *einen* Altar ... Wir haben keine Nebenaltäre für Menschenverehrung!"

Als Bonhoeffer dann im April 1933 vor einem Kreis von Pfarrern die ersten Zwangsmaßnahmen gegen jüdische Mitbürger kritisierte, kündigten ihm bereits etliche Kollegen die Gemeinschaft auf und verließen unter Protest die Versammlung. Hatte er es doch eindeutig als für Christen unmöglich bezeichnet, eine bestimmte Rasse aus der Kirche auszusperren (es ging um die getauften Juden), und es auch noch gewagt, seine „selbst immer wieder ihrem Herrn untreue Kirche" vor Überheblichkeit gegenüber dem jüdischen Volk zu warnen!

Bonhoeffers Auseinandersetzung mit dem staatlich abgesegneten Antisemitismus zeigt deutlich, wie schwer es diesem durch und durch staatstreuen, in der Obrigkeitsgläubigkeit deutscher Protestanten verwurzelten Pfarrer gefallen sein muß, mit einer solchen Tradition zu brechen und eine Autorität in Frage zu stellen, die für ihn nie nur eine rein menschliche gewesen war. Bonhoeffer 1932: „Die Gestalt, in der das Reich Gottes sich als Wunder bezeugt, nennen wir die *Kirche;* die Gestalt, in der das Reich Gottes sich als Ordnung bezeugt, nennen wir den *Staat.*"

Und gerade dieses mit göttlicher Weihe ausgestattete Gebilde erwies sich nun plötzlich als Brennpunkt eines gigantischen Systems von Rechtsbeugung, Verlogenheit und Menschenverachtung. Bonhoeffer mußte die Grenzen des Staates und die Funktion einer „den Opfern jeder Gesellschaftsordnung in unbedingter Weise verpflichteten" Kirche entdecken: nicht den Staat zu ersetzen („die Geschichte wird nicht von der Kirche gemacht, sondern vom Staat"), aber ihn kritisch daraufhin zu prüfen, ob er Recht und Ordnung schaffe, wie es seine Aufgabe sei. Und wenn er in dieser seiner Funktion versage, Menschen rechtlos mache, dann könne es für die Kirche geboten sein, auch einmal „mittelbar politisch" zu handeln, „nicht nur die Opfer unter dem Rad zu verbinden, sondern dem Rad selbst in die Speichen zu fallen".

Vor dieser Entscheidung sollten Bonhoeffer und seine Freunde sehr bald stehen. Während die völlig auf Nazi-Kurs marschierenden „Deutschen Christen" die Verfassung für eine neue einheitliche „Reichskirche" vorbereiteten, nach dem Führerprinzip organisiert und „artgemäß", während Hitler einen willfährigen Wehrkreispfarrer zu seinem „Reichsbischof" wählen ließ, sprach Bonhoeffer auf Protestversammlungen und schlug vor, die Pfarrer sollten in einen Beerdigungsstreik treten.

Im Juli 1933 siegten die „Deutschen Christen" bei den Kirchenwahlen. Jetzt gehe der Kampf um „Germanismus oder Christentum", schrieb Bonhoeffer an seine Großmutter, „und je bälder der Konflikt offen zutage tritt, desto besser. Die Verschleierung ist am allergefährlichsten."

Im September erfand die Preußische Generalsynode den Arierparagraphen: Menschen jüdischer Abstammung oder mit Jüdinnen verheiratete durften in der evangelischen Kirche kein geistliches Amt mehr übernehmen.

Einer solchen Kirche gegenüber gebe es nur noch *einen* Dienst der Wahrheit, nämlich den Austritt, erklärte Bonhoeffer in Flugblättern, die er selbst an Bäume und Laternenpfähle heftete, und beteiligte sich an der Gründung von Pastor Niemöllers „Pfarrernotbund". Später entstand daraus die „Bekennende Kirche", jener organisierte Teil des deutschen Protestantismus, der bis zuletzt Widerstand gegen die Gleichschaltung leistete und die verfolgten Pfarrer unterstützte.

In Preußen hatten Staatskommissare in SA-Uniform die Leitung der Kirchenprovinzen übernommen. Bonhoeffer gab seine Lehrtätigkeit auf und wurde für eineinhalb Jahre Pfarrer deutscher Gemeinden in London. War das eine Flucht vor der Verantwortung, vor der Gestapo, die ihn bereits verhört hatte? „Man ist zu nah, um nicht an allem teilnehmen zu wollen, und zu weit, um wirklich aktiv mitzumachen", schrieb er traurig nach Hause. Doch da hatte er bereits eine neue wichtige Aufgabe gefunden: In den *Ökumenischen Rat für praktisches Christentum* gewählt, warb er im Weltprotestantismus um Unterstützung für die Bekennende Kirche seiner Heimat und für die Anerkennung sogenannter „Notkirchenregierungen".

Denn seit bei einer Großkundgebung der „Deutschen Christen" im Berliner Sportpalast in Anwesenheit schweigender Bischöfe und zufriedener Minister die Befreiung vom Alten Testament mit seiner „jüdischen Lohnmoral" und seinen „Viehhändler- und Zuhältergeschichten" proklamiert worden war, regte sich in den evangelischen Gemeinden zunehmend Widerstand gegen die nazistische Verfremdung des Evangeliums. Auf der „Barmer Bekenntnissynode" im Mai 1934 lehnten es Abgeordnete aus allen deutschen Landeskirchen einmütig ab, die Gestalt ihrer Botschaft „dem Wechsel der jeweils herrschenden weltanschaulichen und politischen Überzeugungen" zu überlassen.

Leider kam es nicht zu dem dauerhaften Schulterschluß zwischen Bekennender Kirche und Ökumene, den Bonhoeffer ersehnte; die Zeit war noch nicht reif für ein so selbstverständliches Überschreiten konfessioneller Grenzen, und der kirchliche Widerstand in Deutschland driftete bald in unterschiedliche Strömungen auseinander. Aber es gab doch Leuchtpunkte wie die eindeutige Solidaritätserklärung der ökumenischen Konferenz von Fanö (Dänemark) vom August 1934.

Dort hatte Bonhoeffer in einer weitsichtigen Friedensrede, ein halbes Jahrzehnt vor Ausbruch des Zweiten Weltkriegs, die Einsichten der heutigen Bewegung „Ohne Rüstung leben" vorweggenommen: Die scheinheilige Frage der Schlange „Sollte Gott das wirklich gesagt haben?" sei der Todfeind des Friedens. „Sollte Gott nicht die menschliche Natur besser gekannt haben und wissen, daß Kriege in dieser Welt kommen müssen wie Naturgesetze? ... Sollte Gott nicht doch gesagt haben, wir sollten wohl für den Frieden arbeiten, aber zur Sicherung sollten wir doch Tanks und

Wenn wir um das Kommen des Reiches beten, so können wir es nur als solche, die ganz auf der Erde sind. Um das Reich beten, das kann der nicht, der sich seinem und der anderen Elend entreißt, der in der Losgelöstheit und Einsamkeit der frommen Stunden dem „Nur-Selig" lebt – es mag Stunden der Kirche geben, in denen sie auch das tragen kann; wir können es nicht. Die Stunde, in der die Kirche heute um das Reich betet, zwingt sie ganz hinein auf Gedeih und Verderb in die Genossenschaft der Erden- und Weltkinder, sie verschwört sie der Treue zur Erde, zum Elend, zum Hunger, zum Sterben. Sie macht sie solidarisch ganz und gar mit dem Bösen und mit der Schuld des Bruders. Die Stunde, in der wir heute um Gottes Reich beten, ist die Stunde des tiefsten Zusammenstehens mit der Welt, eine Stunde mit zusammengebissenen Zähnen und zitternder Faust ...
Nicht daß Gott in meiner Seele einkehre, sondern daß Gott unter uns sein Reich schaffe, das ist unser heutiges Gebet.

Giftgase bereitstellen? Und dann das scheinbar Ernsteste: Sollte Gott gesagt haben, du sollst dein Volk nicht schützen?"

Nein, Friede werde nicht durch politische Vertragssysteme gemacht oder durch Wirtschaftsbeziehungen oder gar durch „allseitige friedliche Aufrüstung", weil hier überall Friede mit Sicherheit verwechselt werde. Bonhoeffer: „Es gibt keinen Weg zum Frieden auf dem Weg der Sicherheit. Denn Friede muß gewagt werden ... Sicherheiten fordern heißt Mißtrauen haben, und dieses Mißtrauen gebiert wiederum Krieg!"

1935 kehrte Dietrich Bonhoeffer nach Deutschland zurück, um die Leitung eines Predigerseminars in Finkenwalde bei Stettin zu übernehmen. Diese Ausbildungsstätten für Theologen, die ihr Uni-Studium hinter sich hatten und sich auf den praktischen Dienst in den Gemeinden vorbereiteten, waren zu Instrumenten der Bekennenden Kirche geworden und arbeiteten in einer gerade noch geduldeten Illegalität. Zwei Jahre später schloß die Gestapo das Seminar; der erfinderische Bonhoeffer führte die Ausbildung in einem „Sammelvikariat" weiter. Das heißt, zuverlässige Gemeindepfarrer in der Umgebung übernahmen die Kandidaten als Vikare, und der Unterricht wurde regelmäßig in leerstehenden Pfarrhäusern fortgesetzt.

Es war ein Zusammenleben, dem Bonhoeffer eine im damaligen Protestantismus ungewöhnliche Gestalt gab: Andachten in der Tischrunde, täglich eine halbe Stunde stille Schriftmeditation, sogar die persönliche Beichte wurde erneuert, weil man vor dem Bruder nicht zu heucheln brauche und in der Gemeinschaft nicht mehr mit seiner Schuld allein sei.

Dieser Versuch, ein Studienzentrum zum „Bruderhaus" zu machen, sollte nicht nur der Vereinzelung der künftigen Gemeindepfarrer entgegensteuern, sondern auch die Widerstandskraft gegen die Bedrohung durch die Nazis stärken: „Eine Verkündigung, die aus praktischer, gelebter und erfahrener Bruderschaft kommt, wird sachlicher und unerschrockener sein können und weniger in der Gefahr der Versandung stehen."

Deshalb sind auch Bonhoeffers damals entstandene, weit verbreitete Bücher *Nachfolge* und *Gemeinsames Leben* weit mehr als eine Ermunterung zur brüderlichen Existenz, mehr auch als eine Kritik an unglaubwürdigen Lebensformen von Christen, vor allem von Pfarrern. Ihre gesellschaftliche Brisanz liegt in der Aufforderung, die im Evangelium so genannte „bessere Gerechtigkeit" zu verwirklichen und sich einer vom Bösen bestimmten Politik zu verweigern: Kirche als Zentrum gewaltlosen Widerstandes, mit der Bergpredigt als der „einzigen Kraftquelle, die den ganzen Zauber und Spuk in die Luft sprengen kann".

Redet man also von Jesus Christus als Gott, so darf man nicht von ihm als dem Repräsentanten einer Gottesidee sprechen, welcher die Eigenschaften der Allwissenheit und Allmacht besitzt – dieses abstrakte göttliche Wesen gibt es nicht! –, sondern man muß von seiner Schwachheit, von Krippe und Kreuz sprechen; und dieser Mensch ist kein abstrakter Gott.
Mit diesem Erniedrigten geht die Kirche ihren eigenen Weg der Erniedrigung. Sie kann keine sichtbare Beglaubigung ihres Weges erstreben, während er in allen Stadien auf sie verzichtet. Sie darf als erniedrigte Kirche aber auch nicht in eitler Selbstgefälligkeit auf sich blicken, als sei ihre Niedrigkeit sichtbarer Beweis dafür, daß Christus ihr gegenwärtig ist ... Er ist der Feind der Stolzen, ob sie den Purpurmantel umlegen oder die Märtyrerkrone aufsetzen.

„Nur wer für die Juden schreit ..."

Unter bestimmten Voraussetzungen, so hatte Bonhoeffer schon 1933 geschrieben, könnte es für die Kirche notwendig werden, „nicht nur die Opfer unter dem Rad zu verbinden, sondern dem Rad selbst in die Speichen zu fallen". Aber während der Terror im eigenen Land immer schlimmer wütete und mit dem Überfall auf Polen auch Hitlers Eroberungspläne Wirklichkeit wurden, schien die Bekennende Kirche in der „inneren Emigration" zu verharren.

Man traf sich in den kleinen Zirkeln der Unzufriedenen, wehrte Angriffe auf die Freiheit der Gemeinden ab, so gut es ging, und bemühte sich im übrigen, möglichst wenig aufzufallen. Bonhoeffer war enttäuscht. Anpassung an die Realitäten, Angst um die noch verbliebenen Rechte und Besitztümer begann nun auch hier, wo er sich zu Hause gefühlt hatte, den Gehorsam gegenüber dem Evangelium zu verdrängen.

Als am 9. November 1938, in der „Reichskristallnacht", überall in Deutschland die Synagogen brannten, jüdische Geschäfte geplündert wurden und jüdische Mitbürger verschwanden, zog er in seiner Bibel einen dicken Strich unter die Zeile des 74. Psalms „Sie verbrennen alle Häuser Gottes im Lande" und setzte ein großes Rufzeichen neben den nächsten Vers: „Unsere Zeichen sehen wir nicht, und kein Prophet predigt mehr, und keiner ist bei uns, der weiß, wie lange."

Die Bekennende Kirche schwieg zu den Pogromen, wie sie auch zu den Kriegsvorbereitungen geschwiegen hatte. Und die offizielle Deutsche Evangelische Kirche versicherte per Erklärung in ihrem Gesetzblatt, der Nationalsozialismus führe Luthers Werk nach der weltanschaulich-politischen Seite fort und verhelfe dadurch zu einem „wahren Verständnis des christlichen Glaubens", der im „unüberbrückbaren religiösen Gegensatz zum Judentum" stehe ...

Dietrich Bonhoeffer schämte sich für seine Brüder. Mit den Juden vertreibe man Christus aus dem Abendland, warnte er, denn Jesus Christus sei Jude gewesen. Unauslöschlich hat sich seinen Schülern sein erregter Ausruf eingeprägt: „Nur wer für die Juden schreit, darf auch gregorianisch singen!" Womit er meinte, eine Christenheit, die zur Verfolgung und Entrechtung eines ganzen Volkes schweige, habe das Recht verwirkt, Gott mit schönen Hymnen zu loben.

Es ging um die Menschen, nicht um die Wahrung kirchlicher Bastionen – das erkannte dieser Pionier einer „Kirche für andere" immer deutlicher: „Die Kirche ist nur Kirche, wenn sie für andere da ist." Eine nur für ihre Selbsterhaltung kämpfende Kirche, selbstzweckhaft auf das eigene Schicksal fixiert, sei nicht mehr fähig, Träger des erlösenden und versöhnenden Wortes für die Welt zu sein.

Dann bleibe ihr nur noch das Schuldbekenntnis, das Bonhoeffer in diesen Jahren auf erschütternde Weise formulierte: Die Kirche sei schuldig geworden am Leben der schwächsten und wehrlosesten Brüder Jesu Christi. „Sie war stumm, wo sie hätte schreien müssen, weil das Blut der Unschuldigen zum Himmel schrie."

Während eines mehrwöchigen Aufenthalts in den USA stand Bonhoeffer wieder einmal vor der Frage, ob er fliehen, emigrieren, die scheinbar rettungslos verlorene Heimatfront verlassen sollte. Aber brauchte Deutschland nicht gerade in dieser Situation anständige Menschen? „Die letzte verantwortliche Frage", schrieb er, „ist nicht, wie ich mich heroisch aus der Affäre ziehe, sondern wie eine kommende Generation weiterleben soll."

Bonhoeffer kehrte nach Deutschland zurück, wurde Visitator der Bekennenden Kirche in den ostpreußischen Gemeinden und erhielt nach einer Razzia der Gestapo – man hatte ihn mit Studenten bei einer verbotenen Bibelstunde erwischt – Rede- und Schreibverbot wegen „volkszersetzender Tätigkeit".

Mit Reden und Schreiben wollte sich der 34jährige zu diesem Zeitpunkt jedoch ohnehin nicht mehr zufriedengeben. Nach den erfolgreichen Blitzkriegen gegen Polen und Frankreich schien Hitlers Position unanfechtbar. Die anfänglichen oppositionellen Regungen in der Wehrmacht waren erlahmt. Massenweise wurden Juden in die Gettos und Vernichtungslager deportiert. Es war höchste Zeit, „dem Rad in die Speichen zu fallen". Und Dietrich Bonhoeffer, der Gelehrtentyp mit dem nüchternen Verstand, intellektuell, feinsinnig, enorm belesen, ein Kulturmensch preußischer Prägung – dieses fast schon klassische Exemplar eines deutschen Theologen begann das schwierige Handwerk eines politischen Verschwörers zu erlernen.

Durch seinen Schwager Hans von Dohnanyi, der im Oberkommando der Wehrmacht tätig war, bekam Bonhoeffer Kontakt zu der Widerstandsbewegung um den Chef der Abwehr, Admiral Wilhelm Canaris. Seine rege Reisetätigkeit und seine guten ökumenischen Kontakte im europäischen Rahmen machte man sich dort gern zunutze. Bonhoeffer, der jetzt vor allem als theologischer Gutachter für die Bekennende Kirche arbeitete, erhielt einen Nebenjob als Zivilist bei der Abwehr.

Offiziell hatte er bei seinen Auslandsreisen Informationen für den deutschen Geheimdienst zu sammeln. Eigentlicher Zweck dieser Reisen war es jedoch, die Freunde im Ausland über die Aktivitäten des Widerstandes zu unterrichten und von ihnen Nachrichten mitzubringen. Es ging um die Planung von Deutschlands Zukunft für den Fall eines erfolgreichen Umsturzes und um die Erkundung der Ziele, welche die Alliierten mit einer solchen Wende verbanden. Bonhoeffer steuerte seine Gedanken über eine Neuordnung der Kirchenleitung bei. Für den „Tag X" entwarf er eine Kanzelabkündigung. Er half Canaris, eine Gruppe Juden in die neutrale Schweiz zu bringen, und bestärkte die Kirche im besetzten Norwegen in ihrem Widerstand.

Erfolglos blieb sein Versuch, die englische Regierung von einem bevorstehenden Staatsstreich in Deutschland zu informieren und um die Tolerierung einer neuen Staatsführung zu bitten. Churchill hatte den Russen gerade erst versprochen, mit keiner deutschen Regierung zu verhandeln, die nicht klar auf alle Angriffsabsichten verzichte – da erschien das Angebot aus den Widerstandskreisen zu vage; wußte man denn, wer sich wirklich dahinter verbarg?

Am 13. März 1943 hatten Wehrmachtsoffiziere ein Päckchen mit Zeitbomben in Hitlers Flugzeug geschmuggelt. Doch die Zündung versagte, das Flugzeug stürzte nicht ab. Obwohl der Attentatsversuch unentdeckt blieb, waren Bonhoeffer und seine Freunde in den folgenden Wochen ständig auf dem Sprung: Sie wußten, daß ihre Telefone abgehört wurden.

Das Reichssicherheitshauptamt, das um seine Kompetenzen fürchtete, beobachtete die Schritte der militärischen Abwehr genau, in der Hoffnung, den Rivalen etwas anhängen zu können. Bonhoeffers unmittelbarer Vorgesetzter in der Abwehr stolperte über ein Devisenvergehen. Im Zug dieser Ermittlungen wurde am 5. April 1943 – eigentlich mehr zufällig – auch Dietrich Bonhoeffer verhaftet.

„Selbstmord, Schlußstrich, Fazit!"

Die Isolierhaft in der winzigen Tegeler Zelle setzte dem sonst so gelassenen Mann schwer zu. In der ersten Zeit wußte er nicht, was aus den Freunden geworden war und wieweit die Ermittlungsbehörden über die Aktivitäten der Gruppe informiert waren. Er fürchtete, unter der Folter seine Mitstreiter zu verraten. Von „grauenhaften Eindrükken" schrieb er, die ihn oft bis in die Nacht verfolgten. „Selbstmord", kritzelte er verzweifelt auf einen Zettel, „nicht aus Schuldbewußtsein, sondern weil ich im Grunde schon tot bin, Schlußstrich, Fazit."

Der Häftling Bonhoeffer brauchte Monate, um den nüchternen Realismus von früher wiederzufinden: Alles, nur keine Resignation, nur keine Flucht vor der Verantwortung, eine bessere Gesellschaft für die künftigen Generationen aufzubauen. „Mag sein, daß der Jüngste Tag morgen anbricht, dann wollen wir gern die Arbeit für eine bessere Zukunft aus der Hand legen, vorher aber nicht."

Wie er jetzt erfuhr, war der Gestapo gar nicht klar, daß sie ein Verschwörernest ausgehoben hatte. Die Konspiration konnte mehr als ein Jahr lang weitergehen, bis zum fehlgeschlagenen Attentat auf Hitler am 20. Juli 1944. Bonhoeffer begann wieder auf einen politischen Umsturz und sogar auf seine Freilassung zu hoffen. Denn die in verschiedenen Gefängnissen einsitzenden Freunde verstanden es, ihre eigentliche Widerstandstätigkeit gut zu tarnen und ihre Aussagen mit einem raffinierten Verständigungssystem aufeinander abzustimmen.

Als die strenge Isolierhaft gelockert wurde, brachten Verwandte und Bekannte Bücher in die Zelle, in denen alle zehn Seiten – von hinten beginnend – ein einzelner Buchstabe fast unmerklich mit einem Bleistiftpunkt versehen war. Auf diese Weise ließen sich exakte Botschaften ins Gefängnis und nach draußen schmuggeln.

Bonhoeffer half seinen Mithäftlingen, indem er ihnen juristische Beratung oder günstige psychiatrische Gutachten seines Vaters vermittelte, betete mit ihnen und verfaßte ein sehr kritisches Gutachten über die unzureichenden Schutzvorrichtungen bei Luftangriffen. Er begann wieder zu studieren und schmuggelte theologische Aufzeichnungen aus der Zelle, die später, unter dem Titel *Widerstand und Ergebung* veröffentlicht, die Theologie des 20. Jahrhunderts entscheidend beeinflußten.

Aber Haft blieb Haft, zwei bittere Jahre lang. Am schwersten fiel ihm die Trennung von Maria von Wedemeyer, einer gescheiten, lebenslustigen, hübschen Achtzehnjährigen, mit der er sich wenige Monate vor der Verhaftung verlobt hatte. „Nun sind wir fast ein Jahr verlobt und haben uns noch nie eine Stunde allein gesehen", vertraute er einem Freund an. „Ist das nicht ein Wahnsinn ..."

Für die Ermittlungsbehörden war der Pastor bloß eine Randfigur. Sie klagten ihn lediglich der „Wehrkraftzersetzung" an, weil er sich mit Hilfe der Abwehr der Einberufung zum Militär entzogen habe. Für seine Auslandsreisen interessierte man sich nicht besonders, und der Prozeß wurde immer wieder aufgeschoben.

Da kam der 20. Juli 1944 mit dem gescheiterten Anschlag auf Adolf Hitler. Plötzlich flog der ganze Verschwörerring auf. Überall wurden Mitwisser verhaftet, 190 Hinrichtungen in der nächsten Zeit vollzogen. Bonhoeffers Schwager Dohnanyi kam ins KZ Sachsenhausen, sein Bruder Klaus wurde zum Tod verurteilt. In einem Panzerschrank tauchten Akten der Abwehr auf, die Bonhoeffers Rolle im Widerstand entlarvten. Hitler ordnete weitere Untersuchungen an. Im Oktober 1944 wurde der Häftling in das Münchner Kellergefängnis des Reichssicherheitshauptamtes verlegt.

Jetzt gab es keine Verbindungen, keine Hoffnung mehr. Bonhoeffer wartete auf den Tod, mit dem er sich nun ausgesöhnt hatte. Mithäftlinge berichten von der unerschütterlichen Ruhe, die er im Luftschutzbunker zeigte, als eine Bombe das Dach getroffen hatte und der ganze Raum unter ohrenbetäubendem Lärm hin und her schwankte. Er verzog keine Miene. In diesem finsteren Gefängnis entstanden am letzten Silvestertag seines Lebens, 1944, die berühmten Verse von dem Licht, das in der Nacht scheint:

„Von guten Mächten wunderbar geborgen,
erwarten wir getrost, was kommen mag.
Gott ist mit uns am Abend und am Morgen
und ganz gewiß an jedem neuen Tag."

Im Februar 1945 brachte man ihn in das KZ Buchenwald in Thüringen, in eine feuchte, unterirdische Zelle für „prominente" Häftlinge außerhalb des Lagers. Anfang April, als die amerikanischen Truppen bereits an der Werra standen, wurden diese Gefangenen mit einem Holztransport in den Bayerischen Wald geschafft und dort scheinbar ziellos von Ort zu Ort verladen, bis aus dem Führerhauptquartier der Befehl kam, die Gruppe um Canaris zu liquidieren.

Während der Krieg verloren und alles bereits in Auflösung begriffen war, wollte Hitler seine letzte Rache haben.

Bonhoeffer wurde zur Hinrichtung abgeholt, als er gerade in einem Schulzimmer eine Andacht mit den Häftlingen hielt. Seine letzten Worte, an die sich Augenzeugen erinnern, waren: „Das ist das Ende – für mich der Beginn des Lebens." Am frühen Morgen des 9. April 1945 starb er im oberpfälzischen KZ Flossenbürg, an einem langen Nagel an der Wand aufgehängt, mutig und gefaßt, wie der Lagerarzt berichtet. Sein Leichnam wurde verbrannt.

Fast vier Jahrzehnte nach Bonhoeffers Hinrichtung, an Ostern 1983, loderten erneut Flammen im Flossenbürger Krematorium auf: Neo-Nazis steckten die dort niedergelegten Kränze in Brand, beschmierten die Eingangssäulen des Krematoriums mit meterhohen Hakenkreuzen und sprühten an die Mauer der Gedächtniskapelle die Parole: „Hinweg mit der Gedenkstätte für Volksfeinde – Juda verrecke!"

Dietrich Bonhoeffers Tod am Verbrechergalgen und was dazu geführt hat – das ist nicht bloß Geschichte, vorbei und vergessen. Das ist noch lange nicht ausgestanden.

Nur der Teufel hört zu

Was von Bonhoeffers Theologie die Zeit überdauert hat, entstand nicht am antiken Schreibtischmobiliar einer gepflegten Professorenwohnung, sondern in einer zwei mal drei Meter großen Einzelzelle des Gefängnisses Berlin-Tegel, zwischen Essensausgabe und Hofrundgang, Verhören und Bombenalarmen. Es ist eine Theologie aus dem Dunkel, ein in der Nacht gewachsener Glaube, ein trotzig-vertrauensvolles Gespräch mit einem sich verhüllenden Gott, während scheinbar nur der Teufel zuhört und der Tod vor der Zellentür lauert.

Bonhoeffer schrieb sein theologisches Vermächtnis als Antwort auf eine Zeit, in der alles auf dem Kopf stand, die Gerechten ins Gefängnis geworfen wurden, Lüge, Haß und Mord jede Zeitungszeile, jede Litfaßsäule beherrschten – eine Zeit, in der Gott tatsächlich tot zu sein schien.

Aber wer sieht nicht, daß darin zugleich die Antwort auf unsere Situation steckt, auf ein Zeitalter, das man das

„nachchristliche" nennt? Das Schweigen Gottes ist zur beklemmenden Erfahrung der meisten Christen geworden. Zu glauben, scheint riskant und schwer, ja manchmal unmöglich – und wir vergessen ganz, daß es Glauben ohne Risiko nicht gibt.

Bonhoeffers bleibende Anziehungskraft liegt wohl darin, daß er den Glauben in einer solchen Grenzsituation gelebt hat. Gelebt – nicht bloß gepredigt. Was er schreibt und vorträgt, steht immer in engem Zusammenhang mit seiner Biographie. Die mageren 50 Briefseiten, in denen er sein theologisches Vermächtnis aus der Gefängniszelle geschmuggelt hat, enthalten radikale Aussagen, die atemberaubende letzte Konsequenz aus der Erfahrung des schweigenden Gottes. Aber angelegt ist diese Gedankenwelt bereits beim frühen Bonhoeffer.

Den dogmatischen Grundbegriffen (Vergebung, Rechtfertigung, Hoffnung, Glaube) gab er nämlich schon damals, in seinen ersten wissenschaftlichen Arbeiten, einen betont sozialen Inhalt. Bonhoeffers Gott ist nie eine bloß metaphysische Größe gewesen, ein abstraktes Prinzip irgendwo über der Welt, sondern ein personales Wesen, den Menschen nahe voller Liebe und Mitleid.

Jesus, so der 27jährige Universitätsdozent Bonhoeffer 1933 in seiner Christologie-Vorlesung, habe sich nicht durch großartige Wunder nach Art eines antiken Magiers als Gott präsentieren wollen, an den man einfach glauben müsse. Stattdessen komme er in der Gestalt der Ärgerlichkeit, der Erniedrigung, auf die Menschen zu, als *Christus pro nobis,* Christus für uns.

Von daher führt ein gerader Weg zu den Briefen aus Tegel, die Jesus als den „Menschen für andere" verkünden, christliche Existenz als „Teilhaben an der Mitmenschlichkeit Jesu" bestimmen, den Umgang mit den Menschen zur Begegnung mit Gott werden lassen und von einem „diesseitigen" Christentum sprechen.

Während er am Anfang aber alles in der Kirche konzentriert („Kirche ist realer Leib Christi auf Erden") und in Gefahr steht, einen Abgrund zwischen der Gemeinde der Erlösten und der gottfernen Welt zu konstruieren, sieht er Christus später immer mehr auch in der vermeintlich heillosen Welt am Werk: Nicht bloß die Kirche, die ganze Welt gehört Christus. Dafür hat ihm nicht zuletzt der Schock der Judenverfolgung die Augen geöffnet: Was war das für eine Kirche, die bloß für die eigenen Gemeindemitglieder den Mund aufmachte und zur Jagd auf die Menschen „draußen" schwieg?

Weltlichkeit des Glaubens – das ist eines der Schlagworte, die man heute in der Theologiegeschichte sofort mit Bonhoeffer verbindet. So neu war dieser Gedanke freilich nicht; auch der große Karl Barth, zu dem Bonhoeffer zunächst ein begeistertes und dann ein respektvoll-kritisches Verhältnis pflegte, hatte einige Jahre zuvor schon eine „weltliche Sachlichkeit" in der Frömmigkeit der Bibel gefunden und einen Gott, der „nicht Jenseits ... neben einem Diesseits" sein wolle.

Bonhoeffer hat diese Einsichten weiter ausgesponnen und zunehmend radikalisiert. Statt Jenseits und Diesseits gegeneinander auszuspielen und der heillosen Welt ein seliges Reich der Erlösten gegenüberzustellen, wehrt er sich dagegen, auf Kosten der Erde „christlich" sein zu wollen: Mit solchem „Hinterweltlertum" lasse sich ja so trefflich trösten und predigen. „Man springt immer dort, wo das Leben peinlich und zudringlich zu werden beginnt, mit kühnem Abstoß in die Luft und schwingt sich erleichtert und unbekümmert in sogenannte ewige Gefilde. Man überspringt die Gegenwart, man verachtet die Erde, man ist besser als sie, man hat ja neben den zeitlichen Niederlagen noch ewige Siege, die so leicht errungen werden."

Nein, an das Reich Gottes glauben könne nur, „wer die Erde und Gott in einem liebt". Denn: „Christus ist für die

Ich glaube, wir sollen Gott in unserem Leben und in dem, was er uns an Gutem gibt, so lieben und solches Vertrauen zu ihm fassen, daß wir, wenn die Zeit kommt und da ist – aber wirklich erst dann! – auch mit Liebe, Vertrauen und Freude zu ihm gehen. Aber – um es deutlicher zu sagen – daß ein Mensch in den Armen seiner Frau sich nach dem Jenseits sehnen soll, das ist milde gesagt eine Geschmacklosigkeit und jedenfalls nicht Gottes Wille.
Man soll Gott in dem finden und lieben, was er uns gerade gibt; wenn es Gott gefällt, uns ein überwältigendes irdisches Glück genießen zu lassen, dann soll man nicht frömmer sein als Gott und ... durch übermütige Gedanken und Herausforderungen und durch eine wildgewordene religiöse Fantasie, die an dem, was Gott gibt, nie genug haben kann, dieses Glück wurmstichig werden lassen.

Welt gestorben, und nur mitten in der Welt ist Christus Christus." Bonhoeffer unterscheidet durchaus zwischen dem ewigen, endgültigen Reich Gottes und der Welt, in der uns zu leben aufgegeben ist, zwischen dem „Letzten" und „Vorletzten".

Aber gerade um des Letzten willen, so führt Bonhoeffer in seiner in den Jahren vor der Verhaftung entstandenen, Fragment gebliebenen *Ethik* lang und breit aus, nehme der Glaube das Vorletzte ernst. Erst der kommende Herr werde die Erfüllung des Menschseins bringen, gewiß, aber nur wer das Vorletzte achte, könne ihm den Weg bereiten. Wer nur mit einem Bein auf der Erde stehe, werde wohl auch nur mit einem Fuß in den Himmel kommen, schreibt er an seine Verlobte.

Das heißt, diese Welt ist das Erdreich, in dem christlicher Glaube wachsen und leben soll – nicht bloß eine verachtete Vorstufe künftiger Herrlichkeit. Nachfolge wird in der

Welt geleistet, Christentum bedeutet nicht Erlösung aus den Sorgen, Ängsten und Sehnsüchten dieser Erde, sondern verlangt eben dieses irdische Leben auszukosten – mit seinen Freuden und seinen Katastrophen.

Christsein ist dann kein Sonderstatus, kein Aufschwung in eine fast schon überirdische Existenz als Büßer oder Heiliger, mit Hilfe ganz spezieller Methoden – Christsein heißt einfach Menschsein. „Nicht einen Menschentypus, sondern den Menschen schafft Gott in uns. Nicht der religiöse Akt macht den Christen, sondern das Teilnehmen am Leiden Gottes im weltlichen Leben."

Früher einmal habe er ein Heiliger werden wollen, gesteht der Häftling Bonhoeffer nachdenklich in einem Brief aus seiner Zelle. „Später erfuhr ich und erfahre es bis zur Stunde, daß man erst in der vollen Diesseitigkeit des Lebens glauben lernt." Erst wenn man völlig darauf verzichte, aus sich etwas zu machen, einen bekehrten Sünder, einen Kirchenmann, einen Gerechten, erst wenn man in der Fülle der Fragen und Aufgaben, Erfolge und Mißerfolge, Erfahrungen und Ratlosigkeiten zu leben wage, „dann wirft man sich Gott ganz in die Arme, dann nimmt man nicht mehr die eigenen Leiden, sondern das Leiden Gottes in der Welt ernst ... und so wird man ein Mensch, ein Christ."

Kein Hintertürchen für den „Lückenbüßer-Gott"

Voraussetzung dieser *Weltlichkeit* und *Diesseitigkeit* des Glaubens, von der Dietrich Bonhoeffer so oft spricht, ist die Anerkennung der *mündigen Welt.* Von Bonhoeffer ermutigt, löst die Theologie damit eine Grundforderung der Aufklärung ein: den „Ausgang des Menschen aus seiner selbstverschuldeten Unmündigkeit" (Kant). Der

Mensch faßt Mut, sich seines eigenen Verstandes zu bedienen, seine Probleme allein zu lösen – selbstbewußter Mittelpunkt der Welt, nicht mehr zitternder Sklave höherer Mächte.

Doch wo bleibt da Gott? Wird er nicht mit dieser Inbesitznahme der Welt durch den Menschen unweigerlich an den Rand gedrängt, immer weiter und weiter, bis er aus dem Universum kippt und diese Welt tatsächlich gott-los ist? Oder kann Christus auch der Herr und das Zentrum einer mündig gewordenen Welt sein?

Besorgte Christen pflegen in dieser Situation ihre Zuflucht zu allerlei Rückzugsgefechten und Hintertürchen zu nehmen, um Gott noch ein kleines Stück Macht über diese Welt zu erhalten, die ganz gut ohne ihn auszukommen scheint. Die beliebteste Methode ist die, nach Notsituationen, Konflikten, offenen Fragen zu suchen, wo Menschen nur schwer Antwort und Trost geben können und der alte Gott als *deus ex machina* aus der Versenkung auftauchen kann.

Unversehens ist dieser Gott bloß noch zuständig für Leid und Schuld und Tod, ein trauriger, reichlich unheimlicher Zeitgenosse, abgedrängt in die Randzonen menschlichen Daseins, an die man nicht so gern denkt. Ein Gott der Verzweifelten, Gescheiterten, Hilflosen.

Bonhoeffer lehnt alle diese Versuche, Gott zum „Lückenbüßer“ für *noch* fehlende menschliche Fähigkeiten, zur „Arbeitshypothese“ für *noch* ungelöste Probleme zu machen und ihn so über „Notausgänge“ in die Welt hineinzuschmuggeln, kategorisch ab. Das ist nicht der Gott der Bibel und nicht der Jesus des Evangeliums – der den Menschen keinesfalls zunächst einmal Sünden und Probleme eingeredet hat, um sich dann als Retter anbieten zu können. Bonhoeffer nennt es mit beißendem Spott eine „pfäffische“ Unart, „jenes Hinter-den-Sünden-der-Menschheit-Herschnüffeln, um sie einzufangen“. Man meine wohl, das Wesen des Menschen bestehe in seinen intimsten Hintergründen, „und ausgerechnet in diesen menschlichen Heimlichkeiten soll nun Gott seine Domäne haben!"

Ihm geht es darum, „daß man Gott nicht noch an irgendeiner allerletzten heimlichen Stelle hineinschmuggelt, sondern daß man die Mündigkeit der Welt und des Menschen einfach anerkennt, daß man den Menschen in seiner Weltlichkeit nicht ‚madig macht', sondern ihn an seiner stärksten Stelle mit Gott konfrontiert, daß man auf alle pfäffischen Kniffe verzichtet und nicht in Psychotherapie oder Existenzphilosophie einen Wegbereiter Gottes sieht." Gott hat solche „Zudringlichkeiten" nicht nötig, er verbündet sich nicht mit dem „Mißtrauen der Ängstlichen", sondern ist einfach da.

Und zwar keineswegs bloß an den Grenzen des Menschen; dort solle man ruhig schweigen und unlösbare Fragen ungelöst lassen. Bonhoeffer: „Gott ist auch hier kein Lückenbüßer; nicht erst an den Grenzen unserer Möglichkeiten, sondern mitten im Leben muß Gott erkannt werden; im Leben und nicht erst im Sterben, in Gesundheit und Kraft und nicht erst im Leiden, im Handeln und nicht erst in der Sünde will Gott erkannt werden."

Bonhoeffer akzeptiert die mündige Welt also ohne Einschränkung, weil er fest davon überzeugt ist, daß sie den Absichten Gottes selbst entspricht. Er teilt jedoch nicht den Optimismus der Aufklärer; er hat im Gefängnis schmerzlich erfahren müssen, in welches Dunkel der Verzicht auf den Lückenbüßer-Gott führen kann. Das ist vielleicht der größte Schock für einen glaubenden Menschen: in der tiefsten Verzweiflung keinen rettenden Gott mehr zu finden, in einer Welt leben zu müssen, die Gott scheinbar verlassen hat.

Aber genau dieser Gott – das ist Bonhoeffers entscheidende theologische Leistung – ist seinen Menschen treu und nah geblieben. In seinem Gefängnisbrief vom 16. Juli

1944 gibt es eine Stelle, die immer wieder zitiert wird: „Und wir können nicht redlich sein, ohne zu erkennen, daß wir in der Welt leben müssen – *‚etsi deus non daretur'*", als ob es Gott nicht gäbe.

„Und eben dies erkennen wir – vor Gott! Gott selbst zwingt uns zu dieser Erkenntnis. So führt uns unser Mündigwerden zu einer wahrhaftigen Erkenntnis unserer Lage vor Gott. Gott gibt uns zu wissen, daß wir leben müssen als solche, die mit dem Leben ohne Gott fertig werden. Der Gott, der mit uns ist, ist der Gott, der uns verläßt (Markus 15,34)! Der Gott, der uns in der Welt leben läßt ohne die Arbeitshypothese Gott, ist der Gott, vor dem wir dauernd stehen. *Vor und mit Gott leben wir ohne Gott.* Gott läßt sich aus der Welt herausdrängen ans Kreuz, Gott ist ohnmächtig und schwach in der Welt und gerade und nur so ist er bei uns und hilft uns."

Das ist der Gipfelpunkt dieser Theologie eines Todgeweihten: Gott ist – in Christus – in der Welt da, aber als Leidender. Die Erfahrung des Karfreitags nimmt hier Gestalt an, und mit dem Hinweis auf das Markus-Evangelium zitiert Bonhoeffer als seinen Kronzeugen den sterbenden Christus, der am Kreuz nur noch in den verfinsterten Himmel hinauf schreien konnte: „Mein Gott, warum hast du mich verlassen!"

Gott selbst leidet mit seiner Welt mit, ein leidender, ohnmächtiger, dienender Christus bildet ihr Zentrum. Gott ist keine Supermacht, er gibt sich hin – und verwandelt damit die Not. Das ist die Kraft, die vom Kreuz ausgeht.

Aus dem Inferno von Auschwitz ist eine Begebenheit überliefert, die wie eine Illustration dieser Gedanken wirkt: Dort im KZ wurde ein Junge als „Hochverräter" gehängt, weil er Untergrundnachrichten von Baracke zu Baracke geschmuggelt hatte. Seiner Hinrichtung mußten alle Blockinsassen zusehen, und einer rief anklagend: „Wo ist jetzt Gott?"

Da wies ein anderer mit der Hand auf die Leiche des Jungen und sagte:

„Dort hängt er!"

Darin liegt der himmelweite Unterschied von christlichem Glauben und Religion. Religion im üblichen Sinn, so Bonhoeffer in der Nachfolge Karl Barths, sei dazu da, dem Menschen das Leben erträglicher zu machen, ihm Sicherheit und Schutz zu garantieren, sie weise ihn in Notsituationen an den schon genannten *deus ex machina,* mächtig und hilfreich. Dagegen: „Die Bibel weist den Menschen an die Ohnmacht und das Leiden Gottes; nur der leidende Gott kann helfen. Insofern kann man sagen, daß die beschriebene Entwicklung zur Mündigkeit der Welt, durch die mit einer falschen Gottesvorstellung aufgeräumt wird, den Blick freimacht für den Gott der Bibel, der durch seine Ohnmacht in der Welt Macht und Raum gewinnt."

Alle diese Gedankengänge sind Fragmente, in den Briefen bunt eingestreut in Schilderungen vom Gefängnisalltag und anteilnehmende private Fragen, Erinnerungen, philosophische Anmerkungen, Hinweise auf Lektüre und Radiosendungen. Um so erstaunlicher, wie geschlossen dieses Gebäude bereits wirkt, das manchmal wohl recht hastig, unterbrochen von Bombenalarmen, überschattet von der ständigen Ungewißheit über das künftige Schicksal, niedergeschrieben werden mußte. Tastend, noch nicht immer völlig ausgegoren, noch nicht zum System fixiert, zeichnet Dietrich Bonhoeffer ein neues Bild vom Glauben in einer trostlosen Welt, redlich, realistisch, ein zäher Kampf um einen Gott, der so weit weg scheint.

Keinen Augenblick verliert sich der Häftling in Illusionen, eine bestechend nüchterne Zeitanalyse prägt alle diese Zeugnisse. „Wir gehen einer völlig religionslosen Zeit entgegen", stellt er am 30. April 1944 fest; „die Menschen können einfach, so wie sie nun einmal sind, nicht mehr religiös sein." Wenn sich eines Tages herausstellen sollte, daß die

1900 Jahre hindurch angenommene religiöse Natur des Menschen bloß eine geschichtlich bedingte und vergängliche Ausdrucksform gewesen ist – was bedeutet das dann für das Christentum?

„Wie kann Christus der Herr auch der Religionslosen werden? Gibt es religionslose Christen? Wenn die Religion nur ein Gewand des Christentums ist – und auch dieses Gewand hat zu verschiedenen Zeiten sehr verschieden ausgesehen –, was ist dann ein religionsloses Christentum? ... Wie sprechen wir von Gott – ohne Religion, d. h. eben ohne die zeitbedingten Voraussetzungen der Metaphysik, der Innerlichkeit etc. etc.? ... Christus ist dann nicht mehr Gegenstand der Religion, sondern etwas ganz anderes, wirklich Herr der Welt. Aber was heißt das? Was bedeutet in der Religionslosigkeit der Kultus und das Gebet?"

Um eine *nichtreligiöse Interpretation* des Glaubens geht es also – ein letzter Zentralbegriff der Bonhoeffer'schen Theologie. Keine Religion mehr als Flucht aus der Verantwortung zum allmächtigen Helfer, der auf alle Probleme und Nöte eine Antwort weiß. Kein Gott mehr als Lückenfüller, kein Christus mehr als Medizin für die Krankheiten dieser Welt, die wir selbst kurieren sollen. Kein Glaube mehr als Besitz von Auserwählten, die irdischen Machtverhältnisse stabilisierend.

Gott ist für den Häftling Bonhoeffer nicht jemand, den man „hat" und festhalten kann. Seine Liebe verdient man sich nicht, man bekommt sie geschenkt.

„Einen Gott, den es gibt, gibt es nicht", hat er schon 1930 geschrieben, sich stets davor hütend, Gott zu einer faßbaren, experimentell beweisbaren Figur zu machen und ihm damit seine Größe, seine Wärme, sein Leben zu nehmen. Es ist derselbe Respekt vor dem Mysterium Gott, wie wir ihn bei den Juden finden, für deren Menschenrechte er als ihr Christenbruder gekämpft hat und mit denen er im KZ gestorben ist.

Was wird das für eine Kirche sein, von der Dietrich Bonhoeffer träumt? Er will sie ja keineswegs abschaffen, sondern radikal erneuern. Bonhoeffer hat nur sehr fragmentarische Andeutungen darüber gemacht. Es wird eine Kirche sein, die für andere da ist, die an der Seite der Benachteiligten am Gemeinschaftsleben teilnimmt, nicht herrschend, sondern helfend und dienend. Eine Kirche, die nicht bloß predigt, sondern ein Vorbild lebt, arm, ohne Eigentum, mit Pastoren, die einen weltlichen Beruf ausüben oder von freiwilligen Gaben existieren.

Wenn die altgewohnten Worte kraftlos werden und verstummen, wird das Christsein nur mehr im Beten und im verantwortlichen Handeln bestehen. Das wird die Gestalt der Kirche umschmelzen: „Es ist nicht unsere Sache, den Tag vorauszusagen – aber der Tag wird kommen –, an dem wieder Menschen berufen werden, das Wort Gottes so auszusprechen, daß sich die Welt darunter verändert und erneuert. Es wird eine neue Sprache sein, vielleicht ganz unreligiös, aber befreiend und erlösend, wie die Sprache Jesu, daß sich die Menschen über sie entsetzen und doch von ihrer Gewalt überwunden werden, die Sprache einer neuen Gerechtigkeit und Wahrheit, die Sprache, die den Frieden Gottes mit den Menschen und das Nahen seines Reiches verkündigt."

In Deutschland, dessen andere, menschliche Seite er in einer Zeit der nationalen Schande sichtbar gemacht hat, wollte man diese Botschaft nicht immer gern hören. Während er im angloamerikanischen Raum begeistert gelesen und diskutiert, freilich auch kräftig mißverstanden und von der „Gott-ist-tot-Theologie" zu Unrecht vereinnahmt wurde, während man ihn in den sozialistischen Ländern als „Propheten einer neuen Christenheit" feierte (und dabei ebenfalls etliche Seiten seiner Persönlichkeit und Gedankenwelt unterschlug), hatten die Deutschen ihre liebe Not mit dem Widerstandskämpfer im Pastorenrock.

Wenn ein betrunkener Autofahrer den Berliner Kurfürstendamm herunterrase, hatte Bonhoeffer einmal zu erklären versucht, sei es nicht die vordringliche Aufgabe des Pfarrers, die Opfer des Wahnsinnigen zu beerdigen und ihre Angehörigen zu trösten. Wichtiger sei es, dem Betrunkenen das Steuerrad zu entreißen.

Gut und schön, aber ein Pfarrer, der sich Hochverrätern anschloß und allen Ernstes die Beseitigung des Tyrannen vorbereitete? Ein Pfarrer als potentieller Mörder? Das konnten viele Deutsche nicht verkraften – vor allem natürlich jene, die damals in der braunen Diktatur keinen Finger für die Verfolgten krumm gemacht und feige geschwiegen hatten. Man könne den Anschlag vom 20. Juli 1944 „niemals gutheißen, in welcher Absicht er auch ausgeführt sein mag", versicherte Bonhoeffers Berlin-Brandenburgische Kirche in einer Kanzelabkündigung genau ein Jahr später, als Hitlers Imperium bereits in Trümmer gesunken war.

Und noch 1953, als im KZ Flossenbürg eine Gedenktafel für Bonhoeffer enthüllt werden sollte, weigerte sich der evangelisch-lutherische Landesbischof, an der Feier teilzunehmen. Bonhoeffer sei schließlich kein christlicher, sondern bloß ein politischer Märtyrer gewesen.

Ob Gott, der die Mächtigen vom Thron stürzt und den Schrei der Gequälten hört, wohl auch so feine Unterscheidungen machen wird am Tag des Gerichts?

Angelo Giuseppe Roncalli
öffnete als Papst Johannes XXIII.
die Fenster der Kirche
für die neue Zeit

Der Papst, dem keiner etwas zugetraut hatte

„Übel beklagen, macht traurig.
Doch wissen wir,
daß Klagen allein Übel nicht beseitigen …
Die Güte muß verkündet werden!“

„Ein Dicker!" rief die vornehme Dame auf dem Petersplatz voll Entsetzen und drohte in Ohnmacht zu fallen. Auf der Loggia des Petersdomes war der neugewählte Papst erschienen – zu Fuß, ohne den bis dahin üblichen prunkvollen Tragsessel, eine untersetzte Gestalt mit einem gutmütigen Bauerngesicht.

Daß er nicht besonders fotogen war, wußte Angelo Roncalli selbst: „O Gott, dieser Mann wird eine Katastrophe im Fernsehen", seufzte er ein paar Tage nach der Papstwahl, als er seine ausgeprägte Nase im Spiegel betrachtete. Die Römer waren damals, 1958, zunächst ebenfalls skeptisch. Ein 77jähriger auf dem Thron Petri, was sollte daraus schon werden. Bald fiel das geringschätzige Wort vom *papa di passagio,* vom „Übergangspapst".

Ein solcher Papst war Johannes XXIII. tatsächlich – aber auf eine überraschende Weise. Der Brüsseler Kardinal Leon Suenens urteilte später: „Aus der Sicht der Geschichte wird es ohne Zweifel erlaubt sein zu sagen, daß er für die Kirche ein neues Zeitalter eröffnete und daß er für den Übergang vom 20. zum 21. Jahrhundert die Grenzpfähle absteckte."

In den nur viereinhalb Jahren seiner Regierungszeit gewann die katholische Kirche ein menschlicheres, einladenderes Gesicht, öffnete sie ihre Tore weit für die Fragen und Nöte der Menschen „draußen". Jahrhundertelang war diese Kirche wie ein starrer Felsblock erschienen, unbeweglich, in sich ruhend, abgekapselt in einer Mischung aus Selbstzufriedenheit und Angst. Der Roncalli-Papst hatte eine ganz andere Lebenseinstellung:

„Die Welt bewegt sich", hielt er einmal fest. „Es ist notwendig, mit jugendlichem und vertrauensvollem Herzen den richtigen Zugang zu ihr zu finden und nicht die Zeit mit Gegenüberstellungen zu verschwenden. Ich ziehe es vor, mit dem, der geht, Schritt zu halten, statt mich abzusondern und es zuzulassen, daß man an mir vorbeigeht."

Nicht mißtrauische Abgrenzung war seine Devise, sondern der Optimismus, der sich öffnen und auf einen Dialog einlassen kann. Während einer Audienz vertraute er seinen Zuhörern an, was er sich von der Kirche wünschte: „Nicht auf überkommenen Bahnen auszuruhen, stets nach neuen Kontakten zu suchen und immerzu auf der Höhe zu sein für die legitimen Forderungen der Zeit, in welcher zu leben wir berufen sind, damit Christus auf jede Weise verkündet und erkannt werde."

Das sagte ein Mann, der sich anschickte, das achte Jahrzehnt seines Lebens zu vollenden.

Kuchen gab's nur zu Weihnachten

Begonnen hatte dieses einfache, geradlinige Leben am 25. November 1881 in einem armseligen Bauernhaus des lombardischen Dörfchens Sotto il Monte. Die Roncallis – eine Großfamilie von 34 Leuten – besaßen vier Hektar Land und vier Kühe. Der Boden war hart und steinig, zu essen gab es Suppe und Polenta; Kuchen und eine Flasche Wein nur zu Weihnachten.

In die Schule marschierte der kleine Angelo täglich sechs Kilometer hin und sechs Kilometer zurück durch die Berge – barfuß, um die kostbaren Lederschuhe zu schonen. Angelo ging gern in die Schule, zur Verwunderung mancher seiner Kameraden und auch seines Bruders Zaverio; der fand den Weg ins Schulzimmer nur, wenn es regnete. „Daher ist es wohl auch gekommen", befand Zaverio, „daß er Papst wurde und ich ein Analphabet geblieben bin."

Später, in Rom, wird sich Angelo Roncalli erinnern: „Wir waren sehr arm, aber jeder war arm, und so merkten wir nicht, daß uns etwas fehlte."

Der Bauernsohn, der stets bedürfnislos lebte und als Diplomat des Vatikans so nebenher für seine unverheirateten Schwestern, ein paar mittellose Seminaristen und ein Waisenhaus sorgte, hat seine einfache Herkunft nie vergessen. Als er Nuntius in Paris war, so erzählte er seinem Bruder Zaverio, fiel ihm bei einem Empfang im feudalen Élysée-Palast plötzlich seine Mutter ein:

„Es war gerade so, als könnte ich sie sehen, wie sie aus irgendeiner Ecke hervorkommt und in aller Einfachheit sagt: ‚Madonna! Wo in aller Welt ist mein Angelo denn da hingeraten?‘ “

Seine Mutter! Sie wollte ihren Jungen nicht ganz ohne Geld auf die Reise ins Priesterseminar nach Bergamo schikken. Einen ganzen Tag lang lief sie von einem Nachbarn zum andern und brachte zwei Lire, ungefähr 50 Pfennig nach damaliger Währung, zusammen. Eine lächerliche Summe, die sie Angelo weinend auf den Tisch legte.

Bergamo: die Stadt Donizettis und der commedia dell' arte, geprägt von der Renaissance, ein kleines Städtchen, aber keineswegs verschlafen. Bergamo, in dessen Fabriken elende Arbeitsbedingungen herrschten, galt damals als Zentrum des sozialen Katholizismus in Italien. Roncallis erste Stelle als Sekretär des engagierten Bischofs Radini-Tedeschi – eine elegante, stattliche Figur, aus adeliger Familie, vital, sprühend von neuen Ideen – hinterließ prägende Spuren. Er half dem Bischof bei der Einrichtung eines Büros für Auswanderungswillige, einer *Liga der Arbeiterinnen* und einer Hilfsorganisation für Schwangere, der *Casa di Maternità.*

„Unser hervorragender Don Roncalli hat sogar versucht, die Telefonistinnen zu organisieren", lästerte man damals in Bergamo über ihn. „Wenn er sich doch endlich mit einer Gewerkschaft der Mesner zufrieden gäbe!"

Nach Rom gingen geharnischte Beschwerdebriefe über den Bischofssekretär, der sich beim Bürgertum verdächtig gemacht hatte. Das geschah, als die Hüttenarbeiter im nahegelegenen Ranica für eine Verringerung ihrer Arbeitszeit – zehneinhalb Stunden pro Tag – und eine geringfügige Lohnerhöhung streikten. Ohne Lohnfortzahlung natürlich, immer den drohenden Rausschmiß vor Augen. Der Bischof und sein Sekretär gehörten zu den wenigen, die Volksküchen und Hilfsgelder organisierten. So konnten die Streikenden 50 Tage durchhalten – bis die Gründung einer Metallarbeitergewerkschaft genehmigt wurde.

Papst Pius X. weigerte sich, die „Aufrührer" zur Rechenschaft zu ziehen: „Wir können Euch für das, was Ihr zu tun für klug erachtet habt, nicht tadeln", schrieb er nach Bergamo, „da Ihr mit dem Ort, den betroffenen Personen und den Umständen bestens vertraut seid." Und sein Nachfolger Benedikt XV. war ein guter Freund des Bischofs und deckte seine unbequemen Aktivitäten.

Nach Radini-Tedeschis Tod übertrug Papst Benedikt dem vierzigjährigen Roncalli, der mittlerweile eines der ersten italienischen Studentenheime gegründet hatte und geistlicher Berater des Frauenverbandes der Katholischen Aktion war, die Modernisierung und Internationalisierung des Missionswerkes *Propaganda Fide.* Das war eine verantwortungsvolle Aufgabe, die ihn durch alle europäischen Länder führte.

Das Päpstliche Missionswerk, eine französische Gründung, von Franzosen geleitet und im Ersten Weltkrieg dementsprechend isoliert, sollte auf eine breitere Grundlage gestellt, in Rom zentralisiert und von Repräsentanten der Weltkirche verwaltet werden. Die verdienstvollen Männer der ersten Stunde von der Notwendigkeit einer solchen tiefgreifenden Umorganisation zu überzeugen, verlangte viel Fingerspitzengefühl.

Der Bauernsohn Roncalli wäre so gern einfacher Landpfarrer gewesen oder Professor für Kirchengeschichte, die ihn brennend interessierte. Nur ein paar Monate hatte er einen Lehrstuhl an der Lateran-Universität inne, einer stark traditionsverhafteten Hochschule, wo der unvorsichtige Provinzler mit seiner aufgeschlossenen Haltung zwangsläufig unangenehm auffallen mußte.

Sein erstes Lehrsemester war noch nicht zu Ende, da wurde er schon wieder abberufen. Im Heiligen Offizium – der einstigen römischen Inquisition, Vorgänger der heutigen Kongregation für die Glaubenslehre – registrierte man aufmerksam Roncallis verständnisvolle Äußerungen über Mischehen und seine Freundschaft mit dem aufklärerischen Kirchenhistoriker Ernesto Buonaiuti, die er auch nach dessen Exkommunizierung nicht aufgab.

1958, als Papst zum obersten Chef des Heiligen Offiziums geworden, entdeckte er in seiner Personalakte eine sorgsam archivierte Postkarte, die ihm Buonaiuti vor Jahrzehnten geschrieben hatte, und den warnenden Vermerk „Angelo Roncalli, des Modernismus verdächtig".

Der Balkan war eine harte Schule

Für die Kirche sollte es freilich ein Segen werden, daß Roncalli in Rom Schiffbruch erlitt und sich in den kommenden Jahrzehnten auf entlegene diplomatische Posten verbannt sah. Es war eine harte Schule, wie maßgeschneidert für den späteren Papst der innerkirchlichen Erneuerung: Die Durchsetzungskraft seiner charismatischen Persönlichkeit, kluge Diplomatie und Respekt vor anderen Meinungen und Erfahrungen verbanden sich immer mehr zu jener Einheit, die das Geheimnis seiner Persönlichkeit ausmachte.

Als ihm die Kardinäle fast vierzig Jahre später die Schuhe des Fischers anzogen, brachte Johannes XXIII. die Erfahrung eines reichen Lebens mit. „Die Vorsehung", so formulierte er selbst die Bilanz seiner Zeit als vatikanischer Diplomat, „hat mich mit Menschen anderer Religionen und Ideologien zusammengeführt, hat mich mit den akuten, drohenden sozialen Problemen in Berührung gebracht und mir die Ruhe und das Gleichgewicht für ihre Erforschung und Würdigung bewahrt. Unbeschadet der Unerschütterlichkeit des Glaubensbekenntnisses und der Moral habe ich mich immer mehr um das Einigende als um das Trennende und Gegensätzliche gekümmert."

Dazu hatte er zunächst, ab 1925, in Bulgarien Gelegenheit, wo er als erster Gesandter Roms seit tausend Jahren den beziehungsreichen Beinamen erhielt „der Monsignore, dessen Lebenseinstellung ist: Laßt uns Verständnis füreinander haben!" Mit einem klapprigen Auto oder auch auf dem Rücken eines altersschwachen Gauls reiste der frischgebackene Erzbischof kreuz und quer durch das Land, gab den Hirten und Bauern in den winzigen katholischen Gemeindeinseln inmitten einer orthodoxen Umgebung das Bewußtsein, von Rom nicht vergessen zu sein, warb bei ihren skeptischen Führern um Vertrauen.

Kurze Zeit später sandte Papst Pius XI. den geschickten, sympathischen Mann mit der außergewöhnlichen Ausstrahlung nach Istanbul – als Apostolischen Delegaten für Griechenland und die Türkei. Keine leichte Mission in zwei so gegensätzlichen Ländern: die Türkei in einem krisenhaften Umwälzungsprozeß begriffen, der den – als Staatsreligion abgeschafften – Islam genauso in Mitleidenschaft zog wie die als westlicher Stützpunkt verdächtigte christliche Minderheit; Griechenland im Übergang von einer kurzlebigen Republik zur autoritären Monarchie, die katholischen Gemeinden streng kontrolliert und unterdrückt.

In zäher Anstrengung gelang es dem Italiener, in beiden Ländern Barrieren des Mißtrauens abzubauen und den Katholiken Luft zum Atmen zu verschaffen. Er vermittelte in politischen Krisen und richtete nach Mussolinis Einmarsch in Griechenland einen Hilfsfonds ein. Er erreichte die Lokkerung der englischen Seeblockade, um die Einfuhr von Lebensmitteln für die hungernde Bevölkerung zu ermöglichen. Durch die Ausstellung formaler Taufscheine half er mit, 200 000 Juden vor der nazistischen Ausrottungspolitik zu retten.

Weniger bekannt ist die große Enttäuschung, mit der sich der sonst so bescheidene, gehorsame und selbstkritische Priester damals über sein Verhältnis zu Rom äußerte. Die Zentrale am Tiber berücksichtigte seine Ideen und sachkundigen Vorschläge kaum -- liefen sie doch darauf hinaus, die katholische Kirche des Balkans ein wenig mehr auf eigene Füße zu stellen und die kurze Leine Roms zu lokkern, etwa durch die Ernennung eines einheimischen Bischofs.

„Das ist eine Form, mich kaltzustellen und zu demütigen, die ich nicht erwartet hätte und die mich sehr schmerzt", vertraute er in Istanbul seinem Tagebuch an. Und in einem Brief an seine Schwestern in Sotto il Monte machte er kein Hehl aus seiner Gefühlslage: „Ich muß Euch sagen, daß ich froh war, Rom wieder verlassen zu können, wo mir der Anblick von soviel kleinlichen Intrigen auf die Nerven ging. Jeder bastelt geschäftig an seiner eigenen Karriere. Ach, wie traurig wird das Leben eines Priesters, wenn man sich mehr um die eigene Bequemlichkeit sorgt als um die Ehre Gottes und das Kommen seines Reiches!"

Im Vatikan hatte man den lästigen einstigen Bischofssekretär aus dem Arbeiterstädtchen Bergamo im Lauf zweier langer Jahrzehnte anscheinend vergessen. Doch 1944, kurz vor Kriegsende, versetzte Pius XII. den 63jährigen plötzlich, von einem Tag auf den anderen, als Nuntius an die wichtigste Schaltstelle der päpstlichen Diplomatie: nach Paris. An der Kurie schätzte man Roncalli nach wie vor nicht besonders, denn auf seine Bemerkung, er wundere sich über die Beförderung, erhielt er von einem hochgestellten Prälaten die brüske Antwort: „Darüber wundern wir uns alle. Das hat der da ganz allein gemacht!" Die wegwerfende Handbewegung galt dem Arbeitszimmer von Papst Pius XII.

In Frankreich waren die Beziehungen zwischen dem Staat und der kirchlichen Hierarchie, der man ihre teilweise zu guten Kontakte zur deutschen Besatzungsmacht nicht verzieh, auf einem Tiefpunkt angelangt. General de Gaulle verlangte vom Vatikan, 30 Bischöfe auszuwechseln. Mit viel Geschick und seinen enormen menschlichen Gaben gelang es dem unbekannten, bei den Franzosen nicht vorbelasteten Nuntius Roncalli, dieses Verhältnis auf eine neue Basis zu stellen. Am Ende wurden nur drei Bischöfe ersetzt, der alte Erzbischof Saliège von Toulouse, der sich noch auf der Krankenbahre in seine Kathedrale hatte tragen lassen, um gegen die Judendeportation zu predigen, erhielt die Kardinalswürde, und die Nation empfand Stolz und Freude.

In Rom konnte der Nuntius Roncalli eine vorläufige Duldung der kritisch beargwöhnten „Arbeiterpriester" erreichen – die er später als Papst allerdings verbot, wegen der Gefahr, „dem Einfluß des Milieus zu erliegen". Zu Roncallis guten Freunden zählte in Paris der sozialistische Staatspräsident Vincent Auriol. 1951 wurde der Nuntius außerdem zum ersten ständigen Beobachter des Vatikans bei der UNESCO berufen, die ihren Sitz in Paris hat.

Als der 72jährige 1953 Patriarch von Venedig wurde, vermochte er sich endlich wieder der unmittelbaren Seelsorgsarbeit zu widmen. Und das tat er mit Feuereifer, in den öffentlichen Verkehrsmitteln, wo er gern mit den Fahrgästen plauderte, bei seinen Pfarreibesuchen und in seinem Palais; zu ihm konnte jeder kommen, ohne Voranmeldung und protokollarische Formalitäten. „Kommt, setzt euch zu mir", ermunterte er die Leute im *vaporetto,* dem öffentlichen Bootsbus. „Ihr zahlt dasselbe Fahrgeld wie ich. Kommt, wir wollen uns ein wenig unterhalten."

Als er um Weihnachten in der Zeitung las, daß die Gattin eines Führungsmitglieds der Katholischen Aktion Venedigs gestorben war, rief er spontan den Witwer an und schlug vor: „Das ist Ihr erstes Weihnachtsfest mit einem leeren Platz am Tisch. Wollen Sie nicht mit Ihren Kindern zu mir zum Weihnachtsessen kommen?"

An meinen armen Brunnen kommen Menschen aller Art. Meine Aufgabe ist es, allen Wasser zu reichen.
Im Umgang mit den Menschen müssen wir uns anstrengen, dem Geist, mit dem Christus sie behandelt, näherzukommen und in ihn einzudringen. Und sicher würde Jesus ihnen gegenüber nachsichtiger sein als wir.
Überall, wo Rom ist, müssen sie mütterliche Güte finden.
Geduld und Ruhe, das sind zwei schöne Eigenschaften. Immer beschäftigt zu sein und nicht unter der Eile zu leiden, das ist ein Stück Himmel auf Erden. Außer dem Willen Gottes gibt es nichts Interessantes für mich.
Stellvertreter Christi? Ich, armer Sohn des Battista und der Marianna Roncalli – sicher zwei gute, aber so bescheidene und demütige Christen –, verdiene diesen Titel nicht.
Hervorgegangen aus der Armut und den kleinen Verhältnissen von Sotto il Monte, habe ich versucht, mich niemals davon loszulösen.
Arm, aber als Kind ehrenwerter und bescheidener Leute geboren, freut es mich besonders, in Armut zu sterben.

Geistliches Tagebuch

Ein selbstsicherer Papstkandidat

Der Kardinal von Venedig gehört traditionsgemäß zu den *papabili,* den möglichen Papstkandidaten. Giuseppe Sarto, der spätere Papst Pius X., war Patriarch in Venedig gewesen, und in der unmittelbaren Vergangenheit auch Albino Luciani, als Johannes Paul I. der „Papst der 33 Tage". Aber nicht nur aus diesem Grund ging der Kardinal Roncalli recht selbstsicher ins Konklave, als 1958 Papst Pius XII. gestorben war. Er konnte sich als Kompromißkandidat zwischen den beharrenden Kräften der Kurie und den für einen

Kurswechsel an der Spitze eintretenden Bischöfen der großen Weltstädte durchaus realistische Wahlchancen ausrechnen.

Daß er das tatsächlich getan hat, paßt nicht recht in das geläufige Bild vom schlichten Bauernsohn Angelo. Seinem Heimatbischof schrieb er zum Beispiel am Tag vor dem Konklavebeginn recht unverblümt: „Im Grunde ist es unwesentlich, ob der neue Papst aus der Provinz Bergamo kommt oder nicht." Er solle ihm seinen Neffen, Don Battista, schicken, wenn er höre, daß die Entscheidung der Kardinäle auf ihn gefallen sei ...

Roncalli hat sicher vor allem die Unterstützung der einflußreichen französischen Kardinäle bekommen, denen er aus seiner Pariser Zeit in bester Erinnerung war. Gewählt worden ist er zwar erst im elften oder zwölften Wahlgang. Aber die Kardinäle konnten im Kandidaten Roncalli wohl kaum eine bloße Notlösung erblicken, einen naiven, leicht lenkbaren alten Mann. Er wird ihnen nicht vorenthalten haben, daß er sich eine veränderte Linie im Vatikan wünschte – wie er es dem Rektor des Priesterseminars von Venedig nach dem Tod von Pius XII. bekannt hatte:

„Wir müssen für seinen Nachfolger beten, wer immer es sei, daß er uns nicht eine Lösung bringt, die nur Fortdauer bedeutet, sondern einen Fortschritt, welcher der ewigen Jugend der Kirche entspricht!"

Roncalli wußte genau, was er wollte, und vom ersten Tag seiner Amtszeit an verwirklichte er in all seinen Handlungen und Äußerungen, waren sie auch noch so spontan, ein ganz klares Programm: Öffnung der Kirche für die Anfragen der sogenannten „Welt", kooperativer Führungsstil in der Kirchenleitung, Vermenschlichung des Petrusamtes. Das steckte hinter seiner unkomplizierten, menschenfreundlichen Umgangsart, mit der er eine wahre Revolution im Apostolischen Palast einleitete und Stoff für unzählige Anekdoten bot.

Der Roncalli-Papst wirkte in seiner neuen vatikanischen Umgebung manchmal wie ein Landpfarrer, der sich verlaufen hat. Unbekümmert und ohne Begleitung spazierte er durch den Kirchenstaat, unterhielt sich zwanglos mit Arbeitern und Gärtnern, schaffte die vorgeschriebenen drei Kniebeugen in den Privataudienzen ab, lud sich Gäste zum Mittagessen ein und verbot dem erschrockenen Chefredakteur des „Osservatore Romano", die bis dahin gebräuchlichen Ehrentitel des Papstes zu gebrauchen. „Der erleuchtete Heilige Vater", „der Erwählte mit seinen erhabenen Lippen" – so wollte der nüchterne Angelo Roncalli nicht heißen.

Unangemeldet steckte er den Kopf in die Schreinerwerkstatt des Vatikans, ließ Wein für die Handwerker kommen und freute sich, als sie auf die Gesundheit ihres neuen Chefs tranken. Aber bei freundlichen Gesten ließ er es nicht bewenden. Johannes fragte die Gärtner und Arbeiter nach ihren Gehältern und Familien und fand die vom Vatikan gezahlten Löhne grausam niedrig. Die Gehälter wurden heraufgesetzt, und zwar so, daß die am wenigsten Verdienenden und die Kinderreichen den größten Zuschlag bekamen.

„Alles Firlefanz und Kinkerlitzchen", seufzte er über die geschraubten Danktelegramme, die von der Apostolischen Kanzlei als Antwort auf die Glückwünsche zu seiner Wahl entworfen worden waren. „Streicht doch diese überflüssigen Schnörkel weg. Seid einfacher, seid herzlicher!"

„Versucht es wenigstens", fügte er ein wenig resigniert hinzu.

Mit den roten Samtpantoffeln, die bei seinen Vorgängern üblich gewesen waren, wußte der Roncalli-Papst wenig anzufangen. Eine seiner ersten Amtshandlungen war der Auftrag an einen Schuhmacher, ihm ein Paar stabiler Straßenschuhe zu machen, die dann eben rot gefärbt wurden, um der ehrwürdigen Tradition Genüge zu tun.

Daß ihn die Leute auf dem goldenen Thronsessel, der *Sedia gestatoria,* sehen wollten, machte ihn ziemlich unglücklich. „Hier oben ist es windig", seufzte er hoch über den Köpfen der Menge. Und ganz privat gestand er noch einen weiteren Grund für seine Abneigung gegen den pompösen Tragstuhl: Die Natur habe ihn nun mal zu dick geschaffen, und er fürchte immer, daß man ihn zu Boden fallen lasse.

„Vereinfache das Komplizierte und kompliziere nicht das Einfache", war seine Devise, und in seinem Tagebuch ermahnte er sich selbst immer wieder: „Angelo, nimm dich nicht zu wichtig!"

Roncallis einfache, niemals vorbereitete Ansprachen an den Straßenecken, wenn er die römischen Pfarreien besuchte, seine herzlichen Besuche in Krankenhäusern und im Gefängnis hatten mehr Wirkung als Grundsatzreden und Enzykliken. Die Welt erlebte ein menschliches, hautnah erfahrbares Petrusamt, ausgefüllt von einer gütigen, frommen Vaterfigur. „Ich bin Josef, euer Bruder", so nannte er sich selbst mit einem alten biblischen Begriff, und als *parocco del mondo,* als Pfarrer der Welt, ging er in die Kirchengeschichte ein.

Wenn er jemand in Rom besuchen wollte, ließ er seinen Chauffeur heimlich den Wagen holen, damit die Vatikanbeamten keine Polizeieskorte anfordern und Straßensperrungen veranlassen konnten. Der Pförtner eines Priester-Altenheimes auf dem Monte Mario staunte nicht schlecht, als plötzlich der Papst an der Tür klingelte.

Am ersten Weihnachtsfest seiner Amtszeit erschien er nach der Christmette unangemeldet im römischen Kinderkrankenhaus *Bambino Gesù,* von den kleinen Patienten begeistert empfangen: „Hallo, Papst, komm her!" Lange blieb er am Bett eines Jungen sitzen, der das Augenlicht verloren hatte. „Wir sind alle manchmal blind, mein Junge", sagte er zu ihm. „Vielleicht wird dir geschenkt, daß du mehr sehen kannst als die anderen."

Tags darauf besuchte er die 1200 Häftlinge des römischen Gefängnisses *Regina Coeli.* Der Heilige Vater lüftete das Käppchen und begrüßte sie mit den Worten: „Ihr konntet nicht zu mir kommen, also bin ich bei euch." Auch die Zellen der Mörder und Sexualtäter, die zum Besuch des Papstes verschlossen geblieben waren, mußte man ihm öffnen: „Was soll denn das? Alle sind sie Kinder Gottes."

Seit diesem Weihnachtsfest sprachen die Römer nur mehr vom *Papa Roncalli.*

„Weshalb machen wir kein Konzil?"

Am Beispiel dieses gütigen Seelsorgers im Vatikan wird noch lange jeder gemessen werden, der den Stuhl Petri besteigt, um seine Brüder im Glauben zu stärken und in der Hoffnung.

Manchmal erschien er naiv, unbedacht, etwa damals, als er im Gespräch mit ein paar Kardinälen plötzlich mit der Idee herausplatzte:

„Weshalb machen wir eigentlich kein Konzil?"

Und dann, als jemand einwandte, so etwas sei unmöglich bis zum Jahr 1963 zu organisieren – an diesen Zeitpunkt hatte Johannes zunächst gedacht –, antwortete der Papst lakonisch:

„Gut, dann machen wir es eben 1962!"

Doch Johannes hing keinen unrealistischen Träumereien nach. Er verfolgte seinen Konzilsplan hartnäckig und erfolgreich. Erst die Hälfte der Kardinäle hatte sich zu seiner Idee geäußert, da bildete er bereits eine Vorbereitungskommission, die aus aller Welt Probleme, Sorgen, Anregungen und Themenvorschläge in 2000 Aktenordnern sammelte. In die Konzilsdebatten griff er höchst selten, aber entschlossen ein. Er ließ die fast 3000 Bischöfe frei ihre Meinungen und Erfahrungen austauschen, zeigte Respekt vor anderen Überzeugungen, treu seinem Motto: „Wir sind doch keine Mönche, die im Chor singen!"

Zweifel an seinen Erwartungen konnten dennoch nicht aufkommen. Auf die Frage, was er sich vom Konzil erhoffe, öffnete er das Fenster seines Arbeitszimmers weit und sagte: „Daß es frische Luft hereinläßt!"

Bei der Eröffnungssitzung am 11. Oktober 1962 wies Johannes der Versammlung einen Weg, den auch die meisten Sprecher der Weltkirche wünschten: Selbstfindung und Erneuerung der Kirche in einer gewandelten Welt, mutige Antworten auf die Herausforderungen der modernen Zeit und Annäherung der getrennten Konfessionen. Die Hauptaufgabe des Konzils liege darin, „das heilige Überlieferungsgut der christlichen Lehre mit wirksameren Methoden zu bewahren und zu erklären".

„Doch es ist nicht unsere Aufgabe", fuhr er fort, „diesen kostbaren Schatz nur zu bewahren, als ob wir uns einzig für das interessierten, was alt ist, sondern wir wollen jetzt freudig und furchtlos an das Werk gehen, das unsere Zeit erfordert, und den Weg fortsetzen, den die Kirche seit zwanzig Jahrhunderten zurückgelegt hat ... Ja, diese sichere und beständige Lehre, der gläubig zu gehorchen ist, muß so erforscht und ausgelegt werden, wie unsere Zeit es verlangt."

Sicher gebe es falsche Lehren und gefährliche Meinungen, und die Kirche habe sie immer verurteilt, sagte der Papst beruhigend den Ängstlichen in den eigenen Reihen. „Heute dagegen möchte die Braut Christi lieber das Heilmittel der Barmherzigkeit anwenden als die Waffe der Strenge erheben. Sie glaubt, es sei den heutigen Notwendigkeiten angemessener, die Kraft ihrer Lehre ausgiebig zu erklären, als zu verurteilen."

Als Johannes XXIII. am 3. Juni des folgenden Jahres starb, war erst eine Sitzungsperiode des Konzils vorüber. Aber die Bischofsversammlung hatte genau den Weg eingeschlagen, auf den sie „Johannes der Gute" geführt hatte.

Etwas anderes ist der Schatz des überlieferten Glaubens oder die Wahrheiten, die in der zu verehrenden Lehre enthalten sind, und etwas anderes ist die Art und Weise, wie sie verkündet werden, freilich im gleichen Sinn und derselben Bedeutung. Hierauf ist viel Aufmerksamkeit zu verwenden, und wenn es not tut, muß geduldig daran gearbeitet werden; das heißt, alle Gründe müssen erwogen werden, um die Fragen zu klären – wie es einem Lehramt entspricht, dessen Wesen vorwiegend pastoral ist.

Rede zur Konzilseröffnung

Hier wurden tatsächlich Mauern eingerissen, Türen geöffnet, Leitlinien abgesteckt, von denen man auch in den Jahren danach nicht mehr abweichen konnte, trotz Schwierigkeiten und kräftiger Gegenströmungen.

Die Anerkennung anderer christlicher Gemeinschaften als Kirchen, das Bekenntnis zur Religionsfreiheit, die neue Hochachtung anderen Religionen gegenüber, die Betonung der Mitverantwortung der Bischöfe in der Kirchenleitung, die Anerkennung eigenständiger Laienaktivitäten, die Solidarität mit den Sehnsüchten und Problemen der Zeit – all das ist heute selbstverständlich, klingt fast banal und mußte damals in Rom doch erst unter harten Kämpfen durchgesetzt werden.

Von Anfang an hatte die Verständigung zwischen den Konfessionen zu den Zielen der Bischofsversammlung gehört. Wenn die Aufgabe der Neubelebung vollendet sei, versprach Papst Johannes in einer Rede vor den Diözesanvorständen der Katholischen Aktion Italiens, „dann werden Wir die Kirche in all ihrem Glanz, ohne Makel und Runzeln, präsentieren, und Wir werden allen anderen, die von uns getrennt sind, Orthodoxen, Protestanten und so weiter, sagen: Seht, Brüder, das ist die Kirche Christi! Wir haben uns bemüht, ihr treu zu sein, und den Herrn um die Gnade gebeten, daß sie immer so bleibe, wie er sie gewollt hat. Kommt, kommt, der Weg ist offen für die Begegnung und für die Rückkehr; kommt, um Euren Platz einzunehmen oder ihn zurückzuerhalten, der für eine große Zahl von Euch der Platz Eurer Väter ist!"

Eine Rückkehr also in das gemeinsame Vaterhaus, in ein gereinigtes und frisch herausgeputztes zwar, aber eben doch in das römisch-katholische Vaterhaus. Anders konnte sich Johannes XXIII. das Endprodukt ökumenischer Annäherung nicht vorstellen. Die heutigen Modelle einer „konziliaren Einheit" oder einer „versöhnten Verschiedenheit" waren ihm fremd. Trotzdem hat er die ökumenische Bewegung, die unter seinem Vorgänger noch sehr distanziert betrachtet worden war, im Vatikan sozusagen salonfähig gemacht.

Sein brüderlicher Umgangston mit den Konzilsbeobachtern aus den anderen christlichen Kirchen hat Maßstäbe gesetzt: In einer sprechenden Geste steuerte er bei der Audienz nicht seinen Thron an, sondern nahm in ihrer Mitte Platz. Als erster Papst seit Jahrhunderten empfing er orthodoxe Kirchenführer in Rom, Repräsentanten des Protestantismus und den anglikanischen Erzbischof Fisher von Canterbury. Vorrangig war dabei für ihn immer die Suche nach Gemeinsamkeiten, wie schon in seinen diplomatischen Missionen. Beim Aufrechnen alter Schuld wollte er sich nicht aufhalten.

„Wir wollen keine Gerichtsverhandlung aufziehen", stellte er einmal in seiner Vorliebe für prägnante, drastische Formulierungen klar, „und wir werden nicht danach suchen, wer recht und wer unrecht hatte. Wir sagen vielmehr ganz einfach: Versammeln wir uns, und hören wir mit den Streitigkeiten auf!"

Eine protestantische Zeitschrift aus Frankreich urteilte später, Johannes XXIII. sei der erste Papst gewesen, der wirklich gehört habe, was die Reformation sagen wollte. Die Traditionalisten in seiner Kirche werfen ihm das heute noch vor. In Marcel Lefèbvres Priesterseminaren hängen die Bilder von Pius XII., als sei die Zeit stehengeblieben. Mit Papst Johannes begann für die Bewegung um Lefèbvre die Relativierung der Wahrheit, die gefährliche Verwischung der Grenzen. Und Kardinal Siri von Genua – er spielte bei den beiden Papstwahlen des Jahres 1978 als Kandidat des beharrenden Lagers eine Rolle – soll gesagt haben, die Kirche werde fünfzig Jahre brauchen, um sich von den Irrwegen dieses Mannes zu erholen.

Gründlicher kann man den zutiefst konservativen Roncalli-Papst nicht verkennen. Einen Papst, der die Priester mehr als einmal deutlich zum Gehorsam aufrief, bei sozialen Veränderungen „behutsames Vorgehen" empfahl und bei einer Audienz unzweideutig erklärte:

„Im Alltagsleben kann man häufig vernehmen: Die Kirche könnte nachsichtiger sein, sie könnte einige kleinere Zugeständnisse akzeptieren ... Dies niemals! Der Papst kann gütig und geduldig sein, soviel man will, doch angesichts der betrüblichen Realität und angesichts unannehmbarer Unterlassungen wird seine Haltung, was es auch koste, fest, klar und unabänderlich sein aus Gehorsam und Respekt vor der Wahrheit."

Im Jahr der Konzilseröffnung unterschrieb er über dem Petrusgrab, in Anwesenheit sämtlicher römischer Kleriker, feierlich die Konstitution *Veterum sapientia,* die heute niemand mehr kennt und in der das Latein als Unterrichtssprache für alle katholischen Fakultäten festgeschrieben werden sollte. Im Haushalt seines Bischofs in Bergamo sei niemals über Frauen gesprochen worden, erinnert er sich, „als ob es keine Frauen auf der Welt gäbe" – und er ist auch noch stolz darauf.

Auch das war Johannes, der Reformpapst, der sich nicht so einfach in die progressive Schublade einordnen läßt –

ebensowenig wie der Patriarch Roncalli von Venedig, der dem Parteitag der Nenni-Sozialisten eine freundliche, heftig umstrittene Grußadresse sandte und gleichzeitig seinem Klerus die Anschaffung von Fernsehgeräten verbot – weil schlechte Programme wertvolle Zeit kosteten. Der traditionsbewußte, konservative Priester Angelo Roncalli wurde nicht deshalb zum Kirchenerneuerer, weil er plötzlich eine radikale Kehrtwendung vollzogen hätte, sondern weil er seiner Zeit immer schon optimistisch, offen gegenüberstand – nicht ängstlich und mißtrauisch.

„Wer glaubt, zittert nicht", das war seine Überzeugung. Roncallis Kontaktfreudigkeit, seine gewinnende Fähigkeit zum Dialog war keine billige Anbiederei, sondern entsprang einem felsenfesten Glauben, der ihm Mut machte, offen und herzlich auf Andersdenkende zuzugehen. Deshalb gilt seine Ermunterung auch heute noch, nach Jahrzehnten: Statt Verurteilungen auszusprechen, müsse man der Welt ein attraktives Vorbild liefern.

Johannes: „Übel beklagen, macht traurig. Doch wissen wir, daß Klagen allein Übel nicht beseitigen ... Die Güte muß verkündet werden!"

Wider die Unglückspropheten

Am deutlichsten klang seine Lebenseinstellung vielleicht in der schon zitierten Rede zur Eröffnung des Konzils durch. Damals sagte der Papst voll feiner Ironie:

„In der täglichen Ausübung Unseres apostolischen Hirtenamtes geschieht es bisweilen, daß Stimmen solcher Personen unser Ohr betrüben, die zwar von religiösem Eifer brennen, aber nicht genügend Sinn für die rechte Beurteilung der Dinge, noch ein kluges Urteil walten lassen. Sie meinen nämlich, in den heutigen Verhältnissen der menschlichen Gesellschaft nur Untergang und Unheil zu erkennen. Sie reden unablässig davon, daß unsere Zeit im Vergleich zur Vergangenheit dauernd zum Schlechteren abgeglitten sei. Sie benehmen sich so, als hätten sie nichts aus der Geschichte gelernt, die eine Lehrmeisterin des Lebens ist, und als sei in den Zeiten früherer Konzilien, was die christliche Lehre, die Sitten und die Freiheit der Kirche betrifft, alles sauber und recht zugegangen.

Wir aber sind völlig anderer Meinung als diese Unglückspropheten, die immer das Unheil voraussehen, als ob die Welt vor dem Untergang stünde. In der gegenwärtigen Entwicklung der menschlichen Ereignisse, durch welche die Menschheit in eine neue Ordnung einzutreten scheint, muß man viel eher einen verborgenen Plan der göttlichen Vorsehung anerkennen. Dieser verfolgt mit dem Ablauf der Zeiten, durch die Werke der Menschen und meistens über ihre Erwartungen hinaus sein eigenes Ziel ..."

Wieviel könnte man heute – nicht nur in Rom – von einer solchen Haltung lernen! Angst vor den neuen Wegen und einer unsicheren Zukunft hat sich breitgemacht, hat viele bewogen, die Grenzen nach außen wieder deutlicher zu ziehen, neue Methoden der Seelsorge stärker zu kontrollieren und auf die lückenlose Übereinstimmung mit der Tradition zu pochen. Tradition war auch für Papst Johannes ein Schatz. Allerdings wollte er ihn nicht vergraben, sondern für die Gegenwart fruchtbar machen. Das war seine Art der Revolution: alte Zöpfe über Bord zu werfen, um das Wesentliche zu bewahren.

Die Menschen verstanden, was er wollte, überall in der Welt und über die Grenzen seiner eigenen Konfession hinaus. Als Johannes XXIII. am Pfingstmontag 1963 nach 83stündigem Todeskampf in die Ewigkeit ging, harrte eine weinende Menge Tag und Nacht auf dem Petersplatz aus, trafen aus allen Ländern der Erde Telegramme mit herzlichen Worten ein, von Buddhisten, Juden, Atheisten.

Die offenen Türen sind geblieben. Geblieben ist seine Ermunterung, die sozialen Probleme anzupacken und den Armen der Industrie-Metropolen und der Dritten Welt mehr zu geben als mitleidsvolle Reden. Roncallis Sozialenzyklika *Mater et Magistra* zählt die innerbetriebliche Mitbestimmung und die Beteiligung der Arbeiter am Unternehmensbesitz zu den Erfordernissen der Gerechtigkeit. Neu ist der weltweite Blickwinkel dieser Lehre, die eine aktive Solidarität der Industrienationen mit den Ländern des Elends fordert, eine an politische Einflußnahme geknüpfte Wirtschaftshilfe als „neue Form von Kolonialherrschaft" ablehnt und die Christenheit auffordert, als „Kirche der Armen" ihren Beitrag zur internationalen Verständigung zu leisten.

Geblieben ist sein leidenschaftlicher Protest gegen Hochrüstung und Krieg. „Zu viele Soldatenfriedhöfe bedecken die Erde", hatte er schon in seiner ersten Enzyklika gewarnt. Als der damalige deutsche Bundeskanzler Konrad Adenauer 1960 den Vatikan besuchte und sich vom Papst ein paar wohlwollende Worte zur Wiederaufrüstung der Bundesrepublik erhoffte (Adenauer: „Ich glaube, daß Gott dem deutschen Volk in diesen Zeiten der Not die besondere Aufgabe anvertraut hat, der Wächter des Westens gegenüber den mächtigen Einflüssen des Ostens zu sein"), überging Johannes diesen wenig taktvollen Wink mit vielsagendem Schweigen.

Aber Jahre später lobte er bei einem Empfang für die Bischöfe Polens die polnischen Bemühungen um die Unantastbarkeit der Grenzen – sehr zum Ärger Adenauers, dessen Regierung die Oder-Neisse-Linie zwischen Polen und Deutschland niemals anerkannte. „Die Welt ist vergiftet von einem ungesunden Nationalismus", steht bereits beim Kriegsausbruch 1939 in seinem Tagebuch zu lesen.

Im Oktober 1962, das Konzil hatte gerade begonnen, trug Papst Johannes mit einem auf der ganzen Welt beachteten Friedensappell zur Entschärfung der „Kuba-Krise" bei: Die

Sowjets hatten Raketenbasen auf Kuba zu errichten begonnen, Amerika reagierte auf diese direkte Bedrohung mit einer Blockade für sowjetische Schiffe, die Raketenmaterial nach Kuba beförderten. Die Situation glich einem Pulverfaß, an dem die Lunte bereits brannte. US-Präsident Kennedy und der Kreml-Chef Chruschtschow wußten von der Initiative und begrüßten sie als moralische Hilfe für ihre Verhandlungen.

Der Papst sprach französisch. „Mit der Hand auf dem Herzen", so bat Johannes die Spitzenpolitiker der Supermächte im Rundfunk, „mögen sie den Angstschrei hören, der aus allen Teilen der Welt, von den unschuldigen Kindern bis zu den Alten, von den einzelnen bis zu den Gemeinschaften, zum Himmel aufsteigt: Friede, Friede!"

Drei Tage darauf ordnete Chruschtschow den Abbau der Raketenbasen an.

Wahrscheinlich würde Angelo Roncalli in der starken Friedensbewegung unserer Tage eine Antwort auf den Ruf Gottes sehen, eine Bestätigung seiner Friedensenzyklika *Pacem in Terris,* die er wenige Wochen vor seinem Tod unterschrieb. Ein erschütterndes Testament, das einen dauerhaften Frieden von einer gerechten Weltordnung abhängig macht, auf gegenseitiges Vertrauen und aufrichtige Verträge setzt.

Papst Johannes in dieser Enzyklika: „Daher fordern Gerechtigkeit, gesunde Vernunft und der Sinn für die menschliche Würde, daß das allgemeine Wettrüsten aufhört; daß ferner die Waffen, die in verschiedenen Staaten bereits zur Verfügung stehen, auf beiden Seiten und gleichzeitig reduziert werden; daß die Atomwaffen verboten werden und schließlich von allen eine wirksame gegenseitige Abrüstungskontrolle vereinbart wird."

„Utopische Träume", höhnte die „New York Times" bereits damals vor vielen Jahren.

Häftling Nummer 16 670

Der Priester Maksymilian Kolbe
ging in Auschwitz
für einen Familienvater
in den Tod

„Das Leben entflieht schnell.
Nicht eine Sekunde kehrt zurück.
Bemühen wir uns,
möglichst viele
Beweise der Liebe zu geben."

Oświecim, Auschwitz – das ist die Hölle auf Erden. Oświecim, wie es polnisch hieß, Auschwitz, wie es die Deutschen nannten – das ist die perfekt organisierte Vernichtung von Menschenwürde und Menschenleben. Aber sogar in diesem beispiellosen Inferno aus Folter, Tod und Grausamkeit gibt es Menschen, die in ihrer Brutalität ihre abgebrühte Umgebung erschrecken. Das „Bulldoggengesicht" ist so ein Mensch. So nennen die Häftlinge den Lagerführer Fritsch.

An einem drückend schwülen Augusttag des Jahres 1941 hat er die 800 Gefangenen von Block 14 auf dem Appellplatz antreten lassen. Einem Häftling von Block 14 war beim Ernteeinsatz die Flucht geglückt. Dafür müssen seine Blockkameraden jetzt schon seit acht Stunden unter der prallen Sonne strammstehen – ohne Frühstück, ohne Mittagessen, ohne Wasser. Einen Kübel mit Suppe haben ihnen die Aufseher gezeigt und dann langsam in eine Abwasserrinne ausgeschüttet. Wer ohnmächtig umfällt, wird verprügelt und in eine Ecke des Appellplatzes geworfen.

Am Abend dieses furchtbaren Tages erscheint endlich der Lagerführer Fritsch und bringt eine Botschaft, die einem Todesurteil gleichkommt: Der Flüchtige ist nicht gefunden worden. Dafür sollen zehn seiner Blockkameraden sterben. Fritsch schreitet von Reihe zu Reihe, quälend langsam, finsteren Blickes wie ein Rachegott, und sucht sich seine Todeskandidaten. Als die Wahl auf den polnischen Sergeanten Franciszek Gajowniczek fällt, der aus einem Kriegsgefangenenlager geflohen ist, stößt der mitten in die Totenstille hinein einen fürchterlichen Schrei aus, weint um seine Frau und die beiden Kinder, die er nie mehr wiedersehen wird.

Da schiebt sich eine ausgemergelte Gestalt durch die Reihen der Häftlinge, tritt vor den Lagerführer hin und beginnt in leisen, eindringlichen Worten mit ihm zu verhandeln. Es ist ein so unerhörter Vorgang, daß die mit

Maschinengewehren bewaffneten Wachen zu schießen vergessen. Der Dialog, der jetzt folgt, wird in die Kirchengeschichte eingehen:

„Ich möchte anstelle eines dieser Menschen sterben", sagt der Sträfling mit der Nummer 16670 zum „Bulldoggengesicht". Der Lagerführer kann nur fassungslos fragen: „Was will das Polenschwein?"

„Ich bin katholischer Priester. Ich möchte für den da sterben", wiederholt der Häftling und deutet auf Gajowniczek. Und auf die Frage „Warum?" kommt eine schlichte, ganz unheroische Begründung – die einzige, die den an der Arbeitskraft seiner Sklaven interessierten SS-Mann überzeugen kann –: „Ich bin alt und allein, und er hat Frau und Kinder."

„Er ist ein Pfaffe!" sagt der Lagerführer höhnisch zu seinem Adjutanten. Und dann, militärisch knapp, ein wenig belustigt: „Akzeptiert!"

Für die Augenzeugen ist es heute noch ein Rätsel, daß sich der Kommandant auf eine solche Verhandlung mit einem „Polenschwein", einer Sträflingsnummer, einem „Pfaffen" noch dazu, eingelassen und sein Angebot angenommen hat. Genausogut hätte er beide zum Henker schicken können. Sergeant Gajowniczek erhält an diesem Tag sein Leben neu geschenkt. Der für ihn in den Tod geht, heißt Raimund Kolbe, Franziskanerpater, mit dem Ordensnamen Maksymilian. Er ist 47 Jahre alt, als er sich freiwillig auf die Todesliste setzen läßt.

„Es war wie eine Entladung der Atmosphäre, ein Blitzschlag", erinnert sich Kolbes Mitgefangener Nicet Wlodarski an diesen Tag, „es rief einen großen Schock im ganzen Lager hervor." Und die Überlebenden von Auschwitz sind sich einig, daß nur dieses einzige Mal ein Gefangener sein Leben für einen anderen gab. Sein stellvertretendes Sterben, das sich ganz selbstverständlich vollzog, ganz ohne Heldenpose, hat Maksymilian Kolbe längst vor der endgültigen kirchlichen Bestätigung am 10. Oktober 1982 einen Platz im Heiligenhimmel des polnischen Volkes gesichert. Das Sterben im Todesbunker und die Verbrennung zu Asche im Krematorium waren der Endpunkt, auf den ein von radikalem Glauben bestimmtes Leben zulief.

Eine Freundin im Himmel

Deshalb sollten uns Kolbes letzte Tage in Auschwitz nicht den Blick auf die Jahre vorher verstellen, sein bewundernswürdiges Sterben nicht sein ganzes Leben zudecken, das reich war und kompliziert und widersprüchlich.

Da ist auf der einen Seite der asketische Franziskaner, ein etwas steifer Mensch, ohne Ader für Musik und Kunst. Bedingungslos hat er sich der Gottesmutter verschrieben wie ein spanischer Ritter des Mittelalters seiner Herrin. Von ihr redet er mehr als von Christus. Für seine Gemeinschaft soll die Parole gelten: „Wir sind das Eigentum der Unbefleckten, ihre Sache. Sie hat alle Rechte über uns. Wir sind ihre Ritter." Seine Marienfrömmigkeit ist überschwenglich, naiv, einseitig, wenig biblisch.

Vielleicht fand Maksymilian bei der himmlischen Jungfrau jene Zärtlichkeit, die er im strengen Erziehungsklima der Arbeiterfamilie Kolbe vergeblich gesucht hatte. Da lag es nahe, zu einem überirdischen Idealbild von Mutter zu fliehen, das ihm große Schwester, mächtige Schützerin und milde Freundin in einem war und dazu noch die Frau ersetzte, auf die der Ordensmann verzichtet hatte, unerbittlich in ihren Forderungen und zugleich tröstend, behütend, Hilfe gewährend.

Kolbes Pläne muten oft an wie die weltfremde Schwärmerei eines verträumten Schuljungen. In Rom will er zum Großmeister der – kirchenfeindlich eingestellten – Freimaurerloge gehen, um ihn zu bekehren. Die Statue der Unbefleckten Jungfrau werde eines Tages auf der höchsten Zinne des Kreml stehen, prophezeit er.

Das ist die eine Seite. Aber derselbe Maksymilian Kolbe erweist sich als genialer Organisator und gewiefter Geschäftsmann. Zu einer Zeit, als die Massenmedien den meisten Kirchenleuten noch fremd, unheimlich, bedrohlich erscheinen, stampft er gegen alle Widerstände das größte katholische Presse-Imperium Polens aus dem Boden. Die ersten Nummern der von ihm gegründeten Zeitschrift *Rycerz Niepokalenej* („Ritter der Unbefleckten") schreibt er ganz allein, das Geld für den Druck erbettelt er sich an den Haustüren.

Als eine alte Druckerpresse angeschafft werden kann, stehen Pater Kolbe und seine beiden Mitarbeiter Tag und Nacht an der Maschine: 60 000mal müssen sie das Antriebsrad drehen, um die 16 Seiten in einer Auflage von 5000 Stück zu produzieren. Doch 15 Jahre später werden eine Million Exemplare vom „Ritter" vertrieben. Eine lateinische Ausgabe gelangt bis nach Brasilien und Afrika. Pater Kolbe gründet eine Tageszeitung, ein Blatt für Kinder und eine eigene Radiostation.

Schon als Seminarist hat er mit seinem auffallenden Talent für Technik und Physik Konstruktionspläne für interplanetarische Flugkörper und Mondraketen entworfen. Als er später, im ersten Priesterjahr, seine Experimente fortsetzen will und von kosmischen Flügen träumt, wehrt der Franziskaner-Provinzial, der nur das Wort „Rakete" hört, entsetzt und ironisch zugleich ab: „Es wäre schade, auch nur einen Pater umzubringen, weil wir doch so wenige sind."

Ein vielschichtiger Charakter also, ein Mensch mit Widersprüchen und Dissonanzen. Kein Heiliger aus dem Märchenbuch – und deshalb viel farbiger und interessanter.

Seine Mutter erzählt, dem kleinen Raimund sei die Madonna erschienen und habe ihm die Märtyrerkrone versprochen. Er selbst hat nie darüber geredet. Sicher verbürgt ist zwar, daß sich Raimund von seinem wenigen Geld für fünf Kopeken eine Gipsfigur der Madonna gekauft und ständig mit sich herumgetragen hat. Genauso sicher verbürgt ist aber auch, daß er ein temperamentvolles, mutwilliges Kind war und daß seine Mutter oft besorgt rief: „Mundek, Mundek, was soll bloß aus dir werden?"

Daß ein Franziskaner und Priester aus ihm wurde, hat letztlich sie durchgesetzt, sie, die Mutter, und ein hilfsbereiter Apotheker. Denn die Eltern Kolbe waren zu arm, um allen ihren drei Söhnen – zwei Geschwister waren früh gestorben – eine gute Schulbildung zukommen zu lassen. Der Vater, ein gelernter Weber, schuftete zehn Stunden pro Tag in einer Baumwollfabrik in der Gegend von Lodz. In diesem Industriezentrum mit damals schon weit über 300 000 Einwohnern herrschten die Lebensbedingungen des beginnenden Kapitalismus: Ausbeutung der Arbeitskraft bis zum Letzten, geringe Löhne, unsichere Arbeitsplätze, Rechtlosigkeit und fehlende Zusammenschlüsse der Arbeiter. Die Mutter betrieb einen kleinen Kramladen und leistete Hebammendienste.

Doch zurück zu Raimund: Dem Apotheker Kotowski gefiel der aufgeweckte Schlingel so gut, daß er ihn in Privatstunden auf die Handelsschule vorbereitete. 1905, mit elf Jahren, trat Raimund in das Ordensseminar der Franziskaner-Minoriten in Lwow (Lemberg) ein. Dort interessierte er sich allerdings erheblich mehr für Mathematik und Physik als für Theologie. Er zweifelte immer stärker an seiner Eignung für den Ordensberuf und wollte knapp vor Beginn des Noviziats die Franziskaner verlassen, als seine Mutter mit der Nachricht kam, die Eltern würden selbst in den Dritten Orden – die franziskanische Laiengemeinschaft – eintreten. Das warf Raimunds Pläne um.

Intelligent und überkorrekt, von schweren Skrupeln und Zweifeln geplagt, begann Raimund sein Ordensleben als

Bruder Maksymilian. Später wählte er sich einen zweiten Ordensnamen dazu; es war – wie könnte es auch anders sein – der Name Maria. Sein Zellengenosse im Noviziat erinnert sich, daß ihn Maksymilian ständig fragte, ob diese oder jene Handlung nicht am Ende eine Sünde sei. Erst später wurde der junge Ordensmann sicherer in seinem Verhalten und fähig, andere Menschen zu führen.

„Die fromme Marmelade kommt!"

Voller Angst vor den angeblich so leichtlebigen Frauen der Weltstadt am Tiber, wechselte der Student von Krakau nach Rom. Dort erwarb er bereits mit 21 Jahren den Doktorgrad in Philosophie und wenig später den in Theologie noch dazu. Doch seine Mitbrüder hielten anfangs keine großen Stücke von dem sanften, in sich gekehrten, ein wenig farblosen Maksymilian. Geringschätzig nannten sie ihn „die fromme Marmelade".

In seinen Träumen sah er sich freilich ganz anders: Wenn er schon nicht Soldat werden konnte – wie er es eine Zeitlang vorgehabt hatte –, dann wollte er wenigstens mit geistigen Waffen für seine Herrin, die Unbefleckte, kämpfen. Heidenmissionar und Märtyrer wollte er werden und alle Sünder bekehren, nicht bloß ein paar, nein, alle, überall und möglichst sofort. Sein Programm hieß: „Jedes Herz, das auf der Erde schlägt und schlagen wird, muß für die Unbefleckte Jungfrau gewonnen werden. Und das möglichst schnell."

Auch später denkt er noch in diesen Bahnen. Seine ganzen Aktivitäten versteht er als Eroberungsfeldzug für seine „Mamusia" (Mütterchen), wie er die Madonna zärtlich nennt. Die Geschichte seiner Presseobjekte ist ihm gleichbedeutend mit dem Kampf zwischen Freimaurerei und Gottesmutter, „immer wieder neue Attacken, Gegenattacken,

Die Aufgabe ... ist ganz einfach: Sich einarbeiten, sich mühen, um dann von den Eigenen für nicht mehr und nicht weniger als ein Verrückter angesehen zu sein und abgearbeitet für die Immaculata zu sterben. Und weil wir nicht zweimal, sondern nur einmal auf dieser Welt leben, muß man, was mit den beiden obigen Ausdrükken gemeint ist, in geiziger Weise intensivieren, um seine Liebe zur Immaculata möglichst gut zu beweisen. Ist das nicht ein schönes Lebensideal?
Kampf, ja Kampf, um die ganze Welt zu erobern, die Herzen aller und im besonderen jedes einzelnen, vom eigenen angefangen. Unsere Macht und Stärke liegt in der Erkenntnis der eigenen Dummheit, Schwäche, Not und in unserem grenzenlosen Vertrauen in die Güte und Macht der Immaculata. Die Natur mag sich zwar sträuben und sehnsüchtigen Herzens auf eine ruhigere, bequemere Lebensweise unter schon festen Bedingungen schauen. Aber gerade darin liegt ja das Opfer: höher hinausgehen, als uns die leibliche Natur ziehen will.
Also Mut, lieber Bruder! Komm her, fahre zu uns, um vor Hunger zu sterben, vor Überarbeitung, vor Demütigung und Leiden für die Immaculata ...

Befürchtungen ... Siege." In seiner ständig wiederkehrenden Parole – „Für die Unbefleckte Jungfrau will ich Seele für Seele gewinnen, eine Niederlassung um die andere" – wird zweierlei sichtbar: einmal die nicht ungefährliche Einseitigkeit seiner Theologie, die ausschließliche Ausrichtung aller Aktivitäten auf Maria. Sie scheint bei Kolbe den ganzen Himmel auszufüllen; der Begegnung mit Christus ist sie so verpflichtend vorangestellt, daß die Gestalt Christi hinter ihr zu verblassen droht. Zum andern spürt man aber auch die ungeheure Produktivität, die in dieser totalen Auslieferung an die Gottesmutter steckt.

Ein Dienstverhältnis wird da geboren, in dem der Jünger

der Madonna unbedingte Treue gelobt und dafür eine das menschliche Maß übersteigende Kraft empfängt. Wie ein Hymnendichter umschreibt Maksymilian Maria die Art des Einsatzes, den er der Gottesmutter zum Geschenk machen will; im Verlauf von Exerzitien hat er das niedergeschrieben, in klangvollem Italienisch, und er war damals ganze 20 Jahre alt: *umile, amoroso, operoso, illimitato, fiducioso, illimitamente l'abbandono nell'Immaculata* – demütige, liebende, aktive, unbegrenzte, unbegrenzt vertrauende Hingabe an die Unbefleckte Jungfrau.

„Mögen wir in ihr verschwinden", wünscht sich der Mystiker in Pater Kolbe. „Möge sie selbst bestehen bleiben und wir selbst als ein Teilchen von ihr …"

Vollends fragwürdig wird diese Theologie, wenn sie dem gerechten, strafenden Gott – in sich schon eine preußische Karikatur mit einem gestrengen Richter und Schlachtenlenker im Himmel – eine „Mittlerin aller Gnaden", eine Personifizierung seiner Barmherzigkeit gegenüberstellt.

Mit solchen kühnen Gedankenflügen mag Maksymilian Kolbe den vatikanischen Gutachtern beim Heiligsprechungsprozeß manch harte Nuß zu knacken gegeben haben. Entscheidend wird für das römische Verfahren dann wohl gewesen sein, daß der Pater vielleicht zuwenig von den zentralen Inhalten des Evangeliums geredet und geschrieben, daß er es dafür aber um so entschlossener gelebt hat. Gestorben ist er jedenfalls wie Christus, sein Leben für andere gebend.

Für seine Mitbrüder war Maksymilians marianische Frömmigkeit ebenfalls nicht immer leicht nachvollziehbar. Eine Ahnung von den Konflikten, die da unter der Oberfläche scheinbar harmonischen Zusammenlebens geschwelt haben müssen, vermittelt das Tagebuch seines Bruders Alfons, der im Konvent seine rechte Hand war und Maksymilians Zeitschrift redigierte. Verzweifelt fragt Alfons Kolbe: „Wozu immer, wortwörtlich immer so: Geht zu Maria, und wenn zu Jesus, dann mit ihr?! Die Zeiten des Alten Bundes sind doch vorüber, Gott ist heute zugänglich! Kommt alle zu mir – ruft er uns zu; um was ihr den Vater bitten werdet in meinem Namen, wird er euch geben – versichert er ... Wozu den Herrn Jesus versperren!"

Die „Kriegsmaschinen" der Madonna

Kehren wir jetzt wieder zurück zu der Geschichte, wie Pater Kolbe seine Ideale in die Tat umsetzt. Das beginnt mit recht unscheinbaren Hilfsmitteln, „Wundertätigen Medaillen" mit dem Bild der Unbefleckten Jungfrau. Maksymilian trägt sie stets in seinen Taschen und verteilt sie unermüdlich an Freund und Feind, an die Bonzen in Japan und später auch an die deutschen Besatzer. Ungeniert bezeichnet er sie als seine „Kriegsmaschinen".

Die Verbreitung dieser Medaillen und das tägliche Gebet „O Maria, ohne Sünde empfangen, bitte für uns, die wir zu dir fliehen, und für alle, die nicht zu dir fliehen" sind denn auch der wesentliche Inhalt der *Militia Immaculatae,* der Armee der Unbefleckten, die Kolbe 1917 gemeinsam mit italienischen und rumänischen Mitbrüdern gründet.

Die Bekehrung von Sündern, Freimaurern, Irrgläubigen und die Heiligung der bereits Überzeugten durch Beispiel, Gebet, Leiden und Arbeit – kurz gesagt, Salz der Erde zu sein, war das Ziel der „Miliz", die binnen zwölf Jahren von 25 Anhängern auf 700000 Mitglieder wuchs. Die Mittel, mit denen Kolbe seine weitgespannten Ziele zu erreichen suchte, wurden während dieser Zeit zusehends realistischer.

„Ihr Banner", so versprach er der Muttergottes, „will ich aufpflanzen auf den Verlagshäusern der Tageszeitungen, der periodischen und nichtperiodischen Presse, auf den Presseagenturen, auf Radioantennen, auf den Palästen der

Kunst, der Literatur, auf Theatern und Kinos, in den Parlamenten und Senatsversammlungen, mit einem Wort: in der ganzen Welt."

Damit war die Linie klar: Die technischen Errungenschaften der Zeit sollten seinen Zielen dienstbar gemacht werden. In Pater Kolbes militärischem Jargon: „Jeden Fortschritt in eine Eroberungswaffe umwandeln!" Hierhin gehört der von Kolbe gegründete Verlag, von dem schon die Rede war – bald das erfolgreichste kirchliche Unternehmen seiner Zeit.

Bis es soweit war, mußte Pater Kolbe allerdings einen jahrelangen harten Kampf gegen skeptische Vorgesetzte und Mitbrüder führen, die ihn für einen überspannten Wirrkopf hielten. Kolbe war damals bereits ein ständig kränkelnder Mann, er wirkte weltfremd, entrückt – und ausgerechnet dieser Bruder sollte eine Zeitung machen? Rasch hatte Maksymilian seinen zweiten Spitznamen weg: „der verrückte Max".

„Unser heiliger Vater Franziskus verlangt nicht, daß wir Zeitschriften veröffentlichen, sondern daß wir predigen und Beichte hören! ... Was würde der heilige Franziskus sagen, wenn er diese kostspieligen Maschinen zu sehen bekäme?"

Solche Einwände bekam der arme Redakteur Kolbe täglich zu hören. Seine lakonische Antwort: „Er würde die Ärmel hochkrempeln und sich mit uns an die Arbeit machen!"

Widerwillig erlaubten ihm die Oberen, seine Zeitschrift „Ritter der Unbefleckten" aus der Taufe zu heben, eine uralte Druckerpresse für hundert Dollar zu kaufen und mit ein paar Mitbrüdern das Antriebsrad zu drehen und die Pedale zu treten – selbstverständlich erst, wenn alle anderen Arbeiten im Kloster getan waren. Als Gäste aus den Vereinigten Staaten einmal die Redaktionszimmer belegten, wurde das Zeitungsteam in einen verlassenen Hühnerstall ausquartiert. Die stundenlange Nachtarbeit in gebückter Haltung, beim Schein einer Petroleumlampe, zehrte an den Kräften.

Als die Zeitung größer wurde und neue Maschinen angeschafft werden konnten, mußte man sie auf dem ungeheizten Korridor aufstellen; die Hände der Brüder waren steif vor Kälte, wenn sie am Druck des „Ritters" arbeiteten. Dazu kam die ständige Bettelei, um die Mittel für Papier und Maschinen aufzubringen. „Der Verlag florierte eigentlich nur dank der Schulden", urteilt die polnische Kolbe-Biographin Kinga Strzelecka, die Maksymilian hervorragende mathematische Fähigkeiten bescheinigt.

Das Produkt war ein armseliges, wenig attraktives Blättchen mit ein paar unbeholfenen Zeichnungen und lehrhaften Texten ohne besonderes Niveau. Das Weltbild des „Ritters" war denkbar schlicht: draußen in der Welt Irrtum, Lug und Trug und in jeder Ecke der listige Teufel, drinnen bei der Gefolgschaft der Unbefleckten Licht und Wahrheit schlechthin. „Wo ist das Glück zu suchen?" heißt ein zentrales Thema der ersten Nummer; mit der rhetorischen Frage „Ist jede Religion gut?" ist ein weiterer Artikel überschrieben. Die bescheidene theologische Qualität der Zeitschrift führte später zu Konflikten mit dem Franziskaner-Provinzial, der das Blatt in Gefahr sah, zur „bloßen Reklame" für Wunder und Medaillen herabzusinken.

Doch die sogenannten kleinen Leute spürten, daß diese Zeitschrift für sie gemacht und von viel Liebe getragen war. Kurz vor Ausbruch des Zweiten Weltkrieges bezog eine Million Menschen den „Ritter". Bereits zum fünften Jahrestag der Gründung hatte Pater Maksymilian in seiner Vorliebe für mathematische Spielereien die bisher gedruckten Zeilen hochgerechnet. Nach seiner Statistik „hätten diese Zeilen, wenn sie in einer einzigen Reihe lägen, die Erde einige Male umspannt, und wenn sie in einer Linie liefen, hätte ein Schnellzug mit 80 Kilometern pro Stunde, der Tag und Nacht fährt, ein halbes Jahr zu sausen und dabei das Ende der Linie noch nicht erreicht."

Wer sich so gigantische Ziele setzt wie Pater Kolbe, gibt sich eben mit einer Druckerpresse im Keller nicht zufrieden. 1927 gründete er eine ärmliche Barackensiedlung, der er den stolzen Namen *Niepokalanów* gab, „Stadt der Unbefleckten". In zwei Monaten waren die Bretterbaracken fertig. Von imposanten Klostergebäuden hatte Maksymilian noch nie viel gehalten: „Stabile Bauten hemmen den Aufschwung." Denn für das an der Architektur gesparte Geld könne man mehr Brüder aufnehmen und die Auflage der Zeitschriften erhöhen. „Zudem könnte mancher unserer Wohltäter, der sein Haus mit dem unseren vergleicht, sagen, daß er ärmer wohnt als wir ..."

Kolbe selbst hatte in seiner Zelle lediglich ein Holzbett mit einem Strohsack, einen rohen Tisch, einen Schemel und eine Waschschüssel aus Email. Einen Mitbruder, der eine geflickte Kutte ablehnte und nach Zeugenaussagen immer „geschniegelt" aussehen wollte, beschied er ganz ruhig: „Geh zurück, woher du gekommen bist, noch vor 16 Uhr geht der Zug ab! Möge dich die Unbefleckte Jungfrau segnen." Denn ein Franziskaner könne sich mit ausgebesserter Kleidung begnügen – pflegte er zu sagen –, man dürfe aber nicht zögern, das neueste Modell eines Flugzeugs zu erwerben, wenn es sich um das Werk der Gottesmutter handle.

Niepokalanów begann mit 18 Brüdern und zwei Patres. Zehn Jahre später arbeiteten hier 700 Brüder, Priester und Seminaristen in Werkstätten, Schulen und einem Krankenhaus. Ohne ein Gebäude oder die notwendigen Lehrkräfte zu besitzen, gab Maksymilian 1929 die Gründung eines Internats für künftige Priester und Missionare bekannt; am ersten Schultag standen 32 Jungen vor der Tür des noch mitten im Bau befindlichen Hauses.

Ein jüdischer Untergrundkommunist – die KP war in Polen vor dem Krieg verboten – sah sich die Siedlung an und machte Pater Kolbe ein seltenes Kompliment: „Ich muß Ihnen gestehen, daß ich unsere Ideen hier zum ersten Mal verwirklicht sehe. Ihr seid echte Kommunisten!"

Niepokalanów als Zentrale einer radikalen Elite, als Kraftquelle für den ganzen Orden, als Festung, von der aus die Welt christianisiert wird, das ist Pater Kolbes Traum. Wie ein Feldherr, der von Schlachten schwärmt, spricht er über die Brüder seines Konvents:

„Nach vollendetem ‚Ausfall' aus den Mauern des heiligen Niepokalanów müssen sie wie das Eisen zum Magnet zurückkehren, ... um die von den Dornen hervorgerufenen Kratzer wieder zu heilen und auf diesem ausgezeichneten Ort wieder neuen Geist und Kraft für neue Ausfälle zu sammeln."

„Komm doch mal nach Nagasaki!"

Während Niepokalanów, der Fels in der Brandung, die Insel der Muttergottes, wächst und blüht, hat der rastlose Maksymilian schon wieder neue Pläne. 1930 schifft er sich mit vier Mitbrüdern nach Japan ein, um dort als Missionar zu arbeiten und seine Zeitschrift zu verbreiten. Das war ja von Anfang an ein Ziel von Niepokalanów gewesen, „unter der Fahne der Immaculata auch zu anderen Völkern zu gehen, um sie unter das süße Joch des Königs Christus zu beugen".

„Komm doch mal nach Nagasaki!" hatte der dortige Bischof irgendwann einmal zu einem Franziskaner gesagt. Dieser Bischof Januarius Hayasaka hatte am römischen Kolleg der Propaganda Fide studiert und schätzte die Franziskaner sehr. „Komm doch mal nach Nagasaki", eine typisch japanische Höflichkeitsfloskel. Für Maksymilian Kolbe reichte der schnell dahingesagte Satz aus, sich einzuschiffen und der Stimme Gottes zu folgen, die er darin zu hören meinte.

Am 24. April kommt das Häuflein in Nagasaki an, ohne die fremde Sprache zu beherrschen und viel über die Japaner zu wissen. Maksymilian kann nicht mal Englisch, bis auf ein paar Brocken. Aber am 24. Mai, also exakt einen Monat später, kabelt er bereits nach Niepokalanów:

„Versenden heute erste Nummer. Haben Druckerei. Hoch die Unbefleckte! – Maksymilian."

Das Wort „unmöglich" existiert in Kolbes Sprache nicht. Er hat wieder ein paar alte, verrostete Druckmaschinen erworben, läßt sich die Artikel übersetzen – unter anderem von einem Methodistenpastor – und kämpft sich mit seinen Gefährten durch die 2000 Zeichen des japanischen Alphabets. Unter dem Namen *Mugenzai no Seibo no Kishi,* Mutter Gottes ohne Sünde, wird der „Ritter" zur größten katholischen Zeitschrift des Landes. Seit es Druckereien in Japan gibt, ist es das erste Presseerzeugnis, das ausschließlich von Weißen gesetzt wird.

Kolbe gründet in Nagasaki, wo zu dieser Zeit immerhin 60000 Katholiken leben, einen japanischen Ableger von Niepokalanów – *Mugenzai no Sono,* Garten der Unbefleckten – und nimmt einheimische Novizen auf. Schließlich eröffnet er auch noch ein Internat, ungeduldig wie er ist, ohne die Erlaubnis der Behörden abzuwarten.

Fünf Jahre bleiben die Brüder in Japan, und die Art, wie sie leben, weckt mehr Interesse für die christliche Botschaft, als es die schönsten Predigten vermocht hätten. Täglich kommen Besucher mit religiösen Fragen und Alltagsproblemen in die Redaktion. Anspruchsvolle Diskussionen führt Maksymilian mit den Gebildeten und den Bonzen, buddhistischen Mönchen. Er hält Vorträge, reist durch die japanischen Städte.

Die Jahre in Japan zeigen allerdings auch klar, welchen Preis ein solcher Einsatz bis an die Grenze des Menschenmöglichen verlangt. Pater Kolbe, stets bereit, sich im Dienst seiner Herrin, der Madonna, buchstäblich kaputtzumachen, beginnt zu begreifen, daß er dasselbe nicht von anderen verlangen darf. Maksymilian, gewohnt, unerbittliche Forderungen zu stellen, lernt Respekt vor den Grenzen des anderen.

Unter seiner Härte litt auch sein früh verstorbener Bruder Alfons, der sich über die gemeinsame Arbeit hinaus vergeblich nach einer gelösten, freundschaftlichen Beziehung zu Maksymilian sehnte. Als die Mutter ihre beiden Söhne einmal in Niepokalanów besuchte, quartierte sie Maksymilian in der Sakristei ein – obwohl es möglich gewesen wäre, für sie eine Ausnahme von der strengen Klausur zu machen – und hatte herzlich wenig Zeit für sie übrig. Noch während ihrer Anwesenheit trat er eine Reise an. Alfons vertraute den Kummer über dieses Verhalten nur seinem Tagebuch an:

„Maksymilian ist schon so übernatürlich, daß er in seinem Herzen keinen Platz hat für Mama."

Offenbar hat Pater Kolbe in einer merkwürdigen Unterscheidung zwischen menschlicher Freundschaft und religiös bestimmter Liebe damals bewußt die Distanz gesucht. Was später aus Auschwitz berichtet wird, wo er sich bemühte, jedem Mitgefangenen wie ein Bruder gegenüberzutreten, klingt ganz anders.

Aber zu jener Zeit fürchtete er vielleicht noch, verwandtschaftliche Bindungen und zu enge Freundschaften könnten ihn von seinem Apostolat ablenken. „Das Leben ist kurz", so hieß die Parole des ewig Gehetzten, „deshalb müssen wir knauserig mit unserer Zeit umgehen."

Einem Bewerber für die Japan-Mission schrieb er warnend, er solle sich seine Entscheidung gut überlegen. Denn: „Die Aufgabe ist hier, sich einfach abzuarbeiten, sich abzurackern und dennoch für gering erachtet zu werden, ja mehr noch: von seinen eigenen Leuten für einen Idioten gehalten zu werden und ausgemergelt zu sterben für die Unbefleckte Jungfrau. Und weil wir nicht zweimal auf dieser

Welt leben, sondern nur einmal, so muß man das alles noch vertiefen, um der Unbefleckten Jungfrau möglichst viel Liebe zu erweisen ... Also Mut, lieber Bruder, komm, um vor Hunger, vor Übermüdung, Demütigungen und Leiden für die Unbefleckte Jungfrau zugrunde zu gehen." Diesen Brief unterschrieb er als „Halbidiot der Unbefleckten Jungfrau".

Und in der Tat, in seiner Schilderung hatte er keineswegs poetisch übertrieben: Die Franziskaner wohnten in Nagasaki in einer armseligen Holzbaracke mit so dünnen Wänden, daß Regen und Schnee, Moskitos und Ratten durch die Ritzen drangen. Die Brüder schliefen auf dem Dachboden, wo im Sommer mörderische Hitze herrschte und im Winter Reif durch die undichten Zementziegel fiel. Manchen erfroren Finger und Ohren. Lange Zeit gab es trotz der für die Polen ungewohnten Hitze keine Dusche im Kloster. Pater Maksymilian erlaubte den Brüdern nicht, den warmen Habit durch eine der Temperatur angepaßte Bekleidung zu ersetzen; nicht einmal die Kapuze durften sie ablegen.

Kein Wunder, daß etliche Brüder schwer krank wurden und andere, erschöpft und enttäuscht, nach Polen zurückkehrten. Japaner nahmen ihre Plätze ein und führten Maksymilians Werk weiter, als er nach fünf Jahren – gereift, mitmenschlicher, toleranter geworden – nach Niepokalanów zurückgerufen wurde.

Dort umfaßte die *Militia Immaculatae* inzwischen 600000 Mitglieder; die in Niepokalanów gedruckte Tageszeitung *Maly Dziennik* (Kleine Zeitung) wurde in 130000 Exemplaren verkauft, in den folgenden Jahren wuchs die Auflage dieses „billigsten und meistverbreiteten Straßenblattes" (Kolbe) bis auf 277000. Und 1939 erschien die erste lateinische Ausgabe des „Ritters der Unbefleckten", für den Weltklerus bestimmt und bis nach China, Brasilien und Afrika verbreitet.

Weil die in Niepokalanów produzierten Zeitschriften

Das Wesen der Gottesliebe besteht ja nicht aus Gefühlen, auch nicht aus süßen und gefühlvollen Worten, sondern nur im Wollen. Wenn also die Seele entschieden in ihrem Willen beharrt, weiter nach Heiligkeit zu streben und Gott zu lieben, so wird sie gewiß vorwärtskommen und sich emporschwingen, auch wenn ihr diese oder jene Gefühle im Herzen fehlen.

immer größere Mengen erreichten, ließ Pater Kolbe kurzerhand eine Schmalspurbahn zur nächsten Bahnstation bauen. Und da das Holz für die Gleise teuer war, errichteten die Franziskaner auch gleich ein eigenes Sägewerk dazu. 1939 gehörten fast 50 Gebäude zu Niepokalanów. Ein Radiosender begann seine Tätigkeit. Weil die Post – mit bis zu 8000 Leserbriefen pro Tag! – so oft verspätet eintraf, plante Kolbe zu guter Letzt auch noch einen Flugplatz, der allerdings nicht mehr gebaut wurde.

Pater Kolbe dachte daran, den „Ritter" in China zu vertreiben und mit Niederlassungen in Indien (für alle Hindu-Sprachen) und Beirut (für den arabischen, türkischen, persischen und hebräischen Sprachraum) die Hälfte der Menschheit zu erreichen. Diese weitgreifenden Pläne machte bald darauf der Krieg zunichte, ebenso Pater Kolbes Wunsch, eine internationale „Marianische Akademie" zu gründen und mit der Herausgabe einer volkstümlichen Glaubenslehre zu beginnen, „interessant illustriert", wie er sagte, „lebendig und gestützt auch auf von kompetenten Leuten bestätigte Wunder", in etwa tausend Groschenheftchen.

Was erreicht wurde, ist imposant genug. Die Idee dazu und weitgehend auch die Kraft zum Durchhalten in trostlosen Situationen kam von einem Mann, der zeit seines Lebens schwer krank war, der seit seinem 27. Lebensjahr nur noch mit einer Lunge lebte, an Tbc und Geschwüren litt, häufig Blut spuckte und mit den Nerven zweimal so am Ende war, daß ihn nur ein mehrjähriger Sanatoriumsaufenthalt retten konnte.

Logisch, daß ein solches Werk den Nazis ein Dorn im Auge war. Kolbes Zeitungen waren konservative Blätter, die sich beispielsweise gegen eine „jüdische Überfremdung" Polens wandten, ohne den damals immer stärker werdenden militanten Antisemitismus mitzumachen. Später erst, im Elend des Konzentrationslagers, wird der Häftling Kolbe, der Christ, im Juden den älteren Bruder entdecken, dessen Heimat seit jeher im Exil ist.

Aber weil die in Niepokalanów hergestellten Zeitschriften die nazistische Kirchenverfolgung ebenso kritisierten wie die Politik der deutschen Besatzer, bekam Maksymilian Kolbe nicht nur einmal Besuch von der Gestapo. Im Warschauer Pawiak-Gefängnis wurde er mehrfach verhört und zu Schwerarbeit gezwungen. 1939 besetzten die Deutschen Niepokalanów und verhafteten drei Dutzend Mönche, die sich nicht rechtzeitig in die Missionen oder zum Roten Kreuz gerettet hatten. Den alt und erschöpft aussehenden Pater Kolbe wollte der Offizier schonen und zur Pflege der Kranken im Kloster zurücklassen; er bestand jedoch darauf, bei seinem Konvent zu bleiben.

Drei Monate später durften die Brüder wider Erwarten nach Niepokalanów zurückkehren. Das Kloster wurde zum Zufluchtsort für 2000 Polen und Volksdeutsche aus den Dörfern der Umgebung und für 1500 Juden. Die Brüder halfen, wo sie konnten; sie reparierten Werkzeuge, besserten Schuhe aus. Doch am 17. Februar 1941 schlugen die Nazis – durch eine neue Nummer des „Ritters" wieder auf Pater Kolbe aufmerksam geworden – ein zweites Mal zu: Die Gestapo holte Maksymilian Maria Kolbe mit vier weiteren Patres ab und brachte das Häuflein erneut in das Warschauer Gefängnis.

Prügel für ein Bekenntnis

Hier in Zelle 103, so berichtet ein mitinhaftierter Jude, wurde Pater Kolbe eines Tages Zielscheibe für den blinden Haß eines Wachmannes, eines SS-Scharführers. Der entdeckte den Rosenkranz an Kolbes Gürtel, hielt ihm diesen Rosenkranz mit dem daranhängenden Kreuz vor das Gesicht und fragte lauernd:

„Glaubst du daran?"

„Ja, ich glaube", erwiderte Maksymilian ruhig und erhielt dafür einen solchen Schlag ins Gesicht, daß er blutete.

„Und jetzt – glaubst du?"

„Ich glaube."

Die Szene wiederholt sich. Wieder ein wuchtiger Hieb. Der SS-Mann stößt und zerrt Pater Kolbe durch die Zelle, wutschäumend und wie von Sinnen brüllend:

„Glaubst du immer noch?"

„Ich glaube."

Bei soviel überlegener Ruhe dreht Maksymilians Peiniger vollends durch, bearbeitet ihn mit Fäusten und Füßen, schlägt brutal zu, wo er ihn gerade trifft. Als er endlich die Zelle verlassen hat, beraten die Mithäftlinge, was sie dem Wachmann dafür antun können. Doch Maksymilian, blutend und zerschlagen, beschwichtigt sie:

„Bitte beruhigen Sie sich. Was geschehen ist, war nicht wichtig. Das alles ist doch für die Unbefleckte Jungfrau."

Wieder ein Vierteljahr später, am 28. Mai 1941, wurde Pater Kolbe ohne Gerichtsverfahren nach Oświecim, Auschwitz, übergeführt, wo später 200 000 Häftlinge untergebracht wurden und die Schornsteine der Verbrennungsöfen Tag und Nacht rauchten. Vier Millionen Menschen fanden hier den Tod. Der Reichsführer SS, Heinrich Himmler, wollte nach dem Krieg in Auschwitz eine Riesenstadt bauen und zehn Millionen Sklaven für Großdeutschland schuften lassen.

Pater Kolbe wurde dem berüchtigten Kommando Babice zugeteilt, das nur wenige lebend wieder verließen. Der an offener Tbc leidende Priester – jetzt die Sträflingsnummer 16670 – mußte den Kies für die Krematoriumsmauer heranrarren, Baumstämme schlagen und im Laufschritt transportieren, Leichen auf Schubkarren laden und zu den Verbrennungsöfen fahren. Sein Mitgefangener Józef Stemler berichtet, wie ihm beim Anblick der entstellten Toten fast übel geworden wäre:

„Ich erblickte eine Leiche, es war ein nackter junger Mensch mit aufgerissenem Unterleib; von den Füßen tropfte das Blut, die Hände waren nach hinten verrenkt. Der Hals und das Gesicht, das erstarrt war von unaussprechlichem Schmerz, waren geschwollen."

Da habe er hinter sich plötzlich Kolbes ruhige Stimme gehört: „Fassen wir an, Bruder!" Und während sie den Toten in einem Holztrog durch das Lager schleiften, durch das Tor mit der zynischen Aufschrift „Arbeit macht frei!" zum Krematorium, betete Pater Kolbe für die Opfer dieser Hölle.

Die überlebenden Augenzeugen erzählen, daß der Franziskaner eine Atmosphäre gläubiger Gelassenheit um sich verbreitet habe – aber auch des Lebenswillens, obwohl er sich den Widerstandsgruppen im Lager nicht anschloß. „Er ermutigte uns zu männlicher Ausdauer", bezeugt ein weiterer Mitgefangener, „denn auch diese Prüfung gehe vorüber. Da es eine göttliche Gerechtigkeit gebe, bräuchten wir unsere Widerstandskraft nicht aufzugeben."

Das Kommando Babice befehligte der gefürchtete „blutige Krott", wie man ihn nannte, ein Pfaffenhasser erster Güte. Als die Gefangenen einmal Pfähle für einen Weidezaun schleppen sollten, bekam Kolbe jedesmal die doppelte Last der anderen zugeteilt, bis er stolperte und hinfiel. Krott schlug ihm in den Bauch und ins Gesicht und ließ ihm fünfzig Hiebe für sein „Vergehen" verabreichen. Dann warf er den Leblosen in eine Pfütze.

Doch Maksymilian, die schwerkranke, ausgemergelte Nummer 16670, überstand auch diese Folter. Auf dem Krankenblock lehnte er den zusätzlichen Becher Tee, den man ihm zuschustern wollte, standhaft ab. Und als ihm ein Mitgefangener seine Ration Brot stahl, sagte er nur: „Er wird das Brot wohl nötiger haben."

Zwei Monate nach seiner Einlieferung in das KZ kam es zu dem eingangs geschilderten Vorfall: Pater Kolbe ging für den Familienvater Gajowniczek in den sogenannten Todesblock. Dieser Bunker war die entsetzlichste Erfindung im Vernichtungsrepertoire der Konzentrationslager: Neun Quadratmeter große Zellen ohne Pritschen, als einziger Einrichtungsgegenstand ein Eimer für die Notdurft. Die Todeskandidaten wurden hier solange sich selbst überlassen, bis sie verhungert und verdurstet waren. Alle paar Tage wurden die Zellen für eine Minute geöffnet, um die Leichen herauszuschaffen. Dabei fand man den Eimer nicht selten leer: Die vor Durst halb wahnsinnigen Gefangenen hatten ihren eigenen Urin getrunken. Und es soll vorgekommen sein, daß die Toten angenagt waren …

Als jedoch der Franziskaner Kolbe im „Todesbunker" eingeschlossen worden war, geschah etwas noch nie Dagewesenes: Die Todgeweihten begannen zu beten und Marienlieder zu singen. „Im Bunker ertönte es wie in einer Kirche", erinnert sich der Häftling Brunon Borgoviec, der später die Leichen einsammelte.

Nach zwei Wochen brauchte man die Zelle 18, in der sich Pater Kolbe befand, für die nächsten Opfer. Am 14. August stieg der Leiter des Krankenblocks mit einer Phenolspritze in das düstere Gelaß hinunter und erlöste die vier Häftlinge, die noch lebten. Unter ihnen war Maksymilian Kolbe. Völlig entkräftet saß er auf dem Boden, an die Wand gelehnt. Borgoviec, der die Leiche wegbrachte, berichtet: „Sein Gesicht strahlte auf ungewöhnliche Weise. Seine Augen waren weit geöffnet und auf einen Punkt ausgerichtet.

Seine ganze Erscheinung, als sei sie in Ekstase. Ich werde diesen Anblick nie vergessen können."

Pater Kolbes Leichnam wurde tags darauf im Krematorium von Auschwitz verbrannt. Es war das Fest Mariä Himmelfahrt. Als junger Mann hatte er einmal niedergeschrieben:

„Ich möchte und wünsche es, für die Sache der Immaculata, für die Sache Gottes zu Staub zerrieben zu werden. Und möge der Wind diesen Staub in die Welt hinaus tragen, damit nichts von mir übrig bleibe."

Bald schon begann in Polen ein Kult um den Märtyrer. Seine Todeszelle ist heute noch jeden Tag mit Blumen bedeckt. Der polnische Staatsrat verlieh ihm 1972 den Orden *Virtuti Militari*. Niepokalanów ist nach dem Verbot durch die polnische Regierung zwar kein katholisches Pressezentrum mehr, aber eine Einkehr- und Begegnungsstätte von enormer Anziehungskraft. 200 Brüder und 100 Seminaristen leben heute in der Klosterstadt.

In Japan leiten sich zwölf Klöster mit rund 70 Mönchen von Kolbes Gründung her. Niepokalanóws gibt es inzwischen in etlichen Ländern; sie heißen *Marytown* (bei Chicago), *The Little City of Mary Immaculata* (in England), *Casa Mariana* (in Italien) oder *Jardin da Immaculata* (im brasilianischen Sao André).

Papst Johannes Paul II., der einstige Bischof der Diözese Krakau, zu der Auschwitz gehört, sprach seinen Landsmann am 10. Oktober 1982 heilig, 41 Jahre nach seinem Tod – bei den langwierigen römischen Verfahren eine ungewöhnlich kurze Zeit, die der Papst durch Dispens vom vorgeschriebenen Weg (Einleitung des Prozesses erst 50 Jahre nach dem Tod des Kandidaten) möglich machte.

5000 polnische Pilger waren bei der Feier auf dem Petersplatz dabei, unter ihnen der 81jährige Franciszek Gajowniczek. Sie applaudierten begeistert, als der Papst die traditionelle lateinische Formel verlas: „Wir legen fest, daß

Was nicht Gott ist und wenn es nicht zu Gott führt, ist nichts. Jesus soll in dir leben, die Liebe Jesu durch die brüderliche Liebe, so daß Jesus in allen lebt und herrscht.
Das Kreuz, die Krippe und noch andere Geheimnisse aus dem Leben Jesu sind nichts anderes als Beweise seiner Liebe zu den Menschen. Wer das bedenkt, wird diese Liebe mit Liebe vergelten. Ein Heiliger sagte einmal: „Wenn das Haus brennt, wirft man alle Gegenstände zum Fenster hinaus." So ist es auch mit der Seele: Wenn sie von den Flammen der göttlichen Liebe umzingelt wird, wird sie alles von sich abwerfen, was nicht notwendig ist, und sie wird sich ganz auf die Gottesliebe konzentrieren.

Pater Maximilian Maria Kolbe von der ganzen Kirche unter den heiligen Märtyrern geehrt wird." In seinem Sterben, das den „Wert besonderer Liebe" besitze, leuchte das Zeugnis für Christus und für die Würde des Menschen auf.

Radikaler Christ oder keiner

Was war das Geheimnis dieses Menschen? Wo lag die Kraftquelle, die ihn immer wieder die Grenzen seiner kranken, in sich gekehrten Existenz überschreiten ließ? Sein Stellvertretertod war ja nur die letzte Konsequenz einer eisernen Lebenshaltung. Vielleicht konnte er das alles, weil er zäh und hartnäckig daran arbeitete, ohne Abstriche zu erfüllen, was Gott von ihm verlangte. Und weil er wußte, daß er wenig Zeit hatte: „Das Leben entflieht schnell. Nicht eine Sekunde kehrt zurück. Beeilen wir uns, möglichst viele Beweise der Liebe zu geben."

Maksymilian Kolbes Christentum war keine lässige Attitüde, bequem, spielerisch, halbherzig – er nahm das Evangelium, das manchmal so unvernünftige, närrische, hundertprozentig ernst. Er wollte ein radikaler Christ sein – oder gar keiner. Auf der Reise nach Japan schrieb er den kompromißlosen Satz:

„Wir müssen unser Leben für unser Ideal aufopfern und dürfen nicht unser Ideal unserem Leben unterordnen."

Dieser Ernst, diese Unbedingtheit in der Umsetzung des Evangeliums, gelernt bei seinem Ordensvater Franziskus, duldete keine Anpassung. Der sonst so sanfte Pater konnte richtig hitzig werden, wenn er den franziskanischen Geist in seinem Niepokalanów bedroht sah. Ein Mitbruder meinte, nun habe man doch Maschinen genug und es sei an der Zeit, den Betrieb profitabel zu machen und an Einnahmen zu denken.

„Spießbürger und sonst nichts!" polterte Pater Maksymilian daraufhin empört los. „Mögen die Seelen dabei ruhig zugrunde gehen. Mag die Teufelspresse sich erschreckend entwickeln und Unglauben und moralischen Schmutz säen, Hauptsache, wir haben unseren Gewinn. Das ist das Pfründnerdenken, nur in anderer Form. Natürlich müßte dann der Fluch des heiligen Franziskus auf diese Art Betrieb herabkommen, der ein sicheres Einkommen gewährte wie einst bei den Pfründnern und Gutsbesitzern, den ‚Herren Franziskanern', wie man uns in Italien genannt hat. Dann wäre es ein Segen des Himmels, wenn dieser Betrieb in die Luft flöge oder diese schändliche Herrschaft beseitigt würde, damit die ‚Herren' Brüder wieder arme Minderbrüder würden und sich zur Rettung der Seelen an die Arbeit machten, selbst wenn das bloß aus Sorge ums tägliche Brot geschähe!"

Die Brüder Maksymilian und Alfons Kolbe – hier wieder völlig einig – waren sogar bereit, sich in dieser Frage mit dem Papst anzulegen. Der Franziskaner-Provinzial hatte von den Brüdern verlangt, das von einem Adeligen zur Verfügung gestellte Terrain, auf dem Niepokalanów steht, notariell als Eigentum zu erwerben. Dort bestand man aber darauf, daß die bloße Nutznießung des Geländes dem franziskanischen Ideal angemessener sei als der Besitz. Maschinen und Gebäude seien ausschließliches Eigentum der Muttergottes. Niepokalanów stellte dem Ordensoberen deshalb ein Ultimatum; wenn er es nicht akzeptiert hätte, wäre man bis nach Rom gegangen. Pater Alfons Kolbe notiert in seinem Tagebuch:

„Entweder erlaubt jetzt der Pater Provinzial diese Form franziskanischer Armut, oder er wird eine völlige Stiftung fordern: Dann wird der Kampf beginnen, so wie zur Zeit des heiligen Franziskus, mit der Umgebung ... mit den Priestern ... mit dem Bischof ... ja selbst mit dem Papst. Der heilige Franziskus gab nicht nach, so werden auch wir nicht nachgeben."

Vielleicht ist es diese Radikalität, die wir Christen von heute zuallererst von Maksymilian Kolbe lernen können. „Betet für mich, daß ich nicht nur rede", sagte er einmal zu seinen Mitbrüdern, „sondern vor allem selbst vollbringe, worüber ich schreibe."

Denn Absichtserklärungen, Predigten, Bücherschreiben genügen nicht. Sich selbst, sein eigenes Leben muß man ins Spiel bringen, wenn der Mitmensch bedroht ist. Einem anderen Ratschläge geben, für ihn beten, für ihn eintreten, das ist alles wichtig. Aber am Ende kann es nötig sein, sich selbst dranzugeben, damit andere leben können.

Das ist das entscheidende Lebenszeugnis des Maksymilian Kolbe. Zwar ist er auch wichtig als Vorläufer der konziliaren Erneuerung in der katholischen Kirche. Er hat die Franziskaner-Gemeinschaften sozusagen demokratisiert und den bis dahin stiefmütterlich behandelten Laienbrüdern dieselben Rechte gegeben wie den Priestern. In Niepokalanów entdeckte er einmal, daß die Patres Toilettenseife benutzen konnten, während sich die Brüder mit Kernseife wuschen. Sofort ließ er die bessere Seife in die Wäscherei bringen und ordnete an, in Zukunft sollten alle nur noch Kernseife verwenden. Auch die Gäste in Niepokalanów, Kardinäle, Minister, der Päpstliche Nuntius, bekamen schlichte Blechteller und Emailbecher vorgesetzt; Ausnahmen von der Armutsregel gab es auch für sie nicht.

Maksymilian Kolbe, Sohn eines Fabrikarbeiters, der Priester, der die Druckerpresse bedienen konnte und den technischen Fortschritt schätzte, hat als einer der ersten eine „Theologie der Arbeit" entwickelt. In seinem Respekt vor Andersgläubigen, in seiner – wenn auch späten – Hinwendung zum gekreuzigten jüdischen Bruder hat er lange vor der innerkirchlichen Aufbruchsstimmung Ökumene verwirklicht.

Der „Patron unseres so schweren Jahrhunderts", wie ihn der polnische Papst Johannes Paul in Auschwitz nannte, wäre er dadurch allerdings noch nicht geworden. In Maksymilian Kolbe hat die Liebe – oder sagen wir es nüchterner: die Solidarität mit dem leidenden Mitmenschen – an einem Ort der zertretenen Menschenwürde gesiegt. Er ist der Märtyrer im Sträflingsdrillich, der Heilige in der Erniedrigung, dessen Häftlingsnummer 16670 später die Kennziffer seiner Heiligsprechungsakte wurde.

Hinter ihm steht eine lange Reihe verfolgter, gequälter und ermordeter Christen. Hinter Kolbe stehen die 4000 katholischen und protestantischen Seelsorger, die während der Nazi-Zeit in Deutschland und im besetzten Europa umgebracht wurden. Hinter ihm steht Pater Joseph Kowalski, dem man in Auschwitz die Hand abschlug, weil er sich weigerte, seinen Rosenkranz auf die Erde zu werfen. Als er sich daraufhin niederkniete und das Kreuz am Rosenkranz küßte, drückten ihm die KZ-Schergen den Kopf solange in die Latrine, bis er erstickte. In Pater Kolbe zollen die Christen den Blutopfern und Gequälten auf der ganzen Welt ihren Respekt, in erster Linie natürlich den Toten des polnischen Volkes.

Kardinal Wyszynski sagte bei der Seligsprechung 1971, diese Feier sei „aus der Not, der Qual, dem Feuer und der Asche der Konzentrationslager, der grauenvollen Orte der absoluten Vernichtung des polnischen Volkes, geboren".

Aber auch dieser Märtyrer ist kein Heiliger der Rache. „Ich hasse niemanden", bekannte er und ermunterte seine Brüder, auch die Deutschen zu lieben, die Mörder, die Herrenmenschen, „denn auch sie sind Kinder der Unbefleckten".

Aus seinen Gesprächen mit den Mitgefangenen im KZ Auschwitz ist ein kennzeichnendes Wort überliefert, ein Wort von seltener Leuchtkraft mitten in dieser Atmosphäre mörderischen Terrors und ohnmächtiger Wut: „Der Haß ist keine schöpferische Kraft, schöpferische Kraft ist die Liebe. Es bedarf unserer großen Opfer, um ein ruhiges und glückliches Leben für die zu erkaufen, die nach uns sein werden."

Sinnvoller ist das Andenken dieses Mannes wohl nicht wachzuhalten als durch die Arbeit an der Versöhnung zwischen den Völkern, wie sie das *Maximilian-Kolbe-Werk* leistet, getragen vom Zentralkomitee der deutschen Katholiken und 13 katholischen Verbänden. Das Ziel: materielle Hilfe für die 40000 überlebenden KZ-Opfer in Polen, monatliche Beihilfen, in den begehrten Dollar-Bons gezahlt, Medikamente, Invalidenfahrstühle, Kuraufenthalte – aber auch der Versuch, durch Solidarität mit den Opfern jene tiefen Wunden zu heilen, die Deutsche in Polen geschlagen haben.

Auf ausgesprochen praktische Weise, mit Unterstützungszahlungen, Wiedergutmachungsleistungen, Brieffreundschaften, gegenseitigen Einladungen, kämpft das Maximilian-Kolbe-Werk gegen die bequemen Mechanismen der Verdrängung, damit die Toten nicht vergessen und die Hinterbliebenen nicht gekränkt werden.

„Hau ab, Kommunisten-Erzbischof!“

Dom Hélder Câmara,
Hirte von Recife (Brasilien)
und Stimme der Unterdrückten

*„Ich bin kein Hirte der Seelen,
ich bin ein Hirte der Menschen!“*

Im Münsteraner Bischofshaus herrscht im August 1970 helle Aufregung. Auf dem Schreibtisch von Bischof Heinrich Tenhumberg liegt einer der delikatesten Briefe, den er je bekommen hat: eine Denunziation, empört im Stil, pedantisch genau in zahlreiche Anklagepunkte aufgegliedert, eine wortreiche Warnung, nur ja nicht noch einmal diesen Hélder Câmara für den Friedens-Nobelpreis vorzuschlagen – wie es Tenhumberg als Präsident des *Katholischen Arbeitskreises Entwicklung und Frieden* getan hatte.

Delikat und peinlich wurde die Angelegenheit durch die Person des Denunzianten: Es war Câmaras brasilianischer Amtsbruder Geraldo Sigaud, Erzbischof von Diamantina. Er warnte die deutschen Bischöfe davor, sich mit ihrem Eintreten für einen ehemaligen Faschisten, der nun dem Kommunismus die Pforten seines Landes öffne und den Volksaufstand fördere, zu blamieren. Câmara gebe sich als Friedensapostel aus und billige gleichzeitig die Gewaltakte von Terroristen – ein Mann mit „wenig empfehlenswerter Vergangenheit" und „fragwürdiger Gegenwart".

Der bundesrepublikanischen Öffentlichkeit bot sich das unrühmliche Bild eines bitterbösen Zwistes unter Glaubensbrüdern, Bischöfen, die erst wenige Jahre zuvor auf dem Konzil ihre Kollegialität wiederentdeckt hatten. Kollegen wie Sigaud freilich (er war lange Zeit der Kopf der erzkonservativen Bewegung „Eigentum – Familie – Tradition" in Brasilien, erklärte das Privateigentum für unantastbar und kämpfte gegen „sozialistisch" eingefärbte Bodenreformen), solche Kollegen pflegten nie besonders brüderlich mit dem „Wirrkopf" Câmara umzugehen.

Die höfliche Abfuhr, die ihnen Bischof Tenhumberg damals erteilte – Ausführungen zu Câmaras Programm hätten ihn mehr interessiert als vermeintliche Schwächen in seiner persönlichen Entwicklung –, wird diese Kreise wohl nur zu einem verwunderten Kopfschütteln veranlaßt haben.

An den Vorwurf, ein „Kommunist“ zu sein, hat sich Hélder Câmara übrigens längst gewöhnt. Er bekommt ihn beinahe jeden Tag zu hören, seit er sich zum Sprecher der unterdrückten Massen in Brasilien gemacht hat.

„Kommt euch den Teufel ansehen!“ forderten Flugblätter in den Straßen seiner Bischofsstadt, als er 1968 zusammen mit 42 Amtsbrüdern zur Gründung der fortschrittlichen *Aktion Gerechtigkeit und Friede* einlud. An die Mauer seines armseligen Hauses haben sie ihm geschrieben „Hau ab, Kommunisten-Erzbischof!“ Câmara zuckt zu solchen Ratschlägen meist bloß die Schultern und meint, der Kommunismus sei eine prächtige „Vogelscheuche“, ein Schreckgespenst, um alle die mundtot zu machen, die sich für Gerechtigkeit einsetzten.

Unbeeindruckt von Verleumdungen und Morddrohungen geht der Mann, den das Volk den „Bischof der Armen“ nennt, seinen Weg weiter – nicht weil er sich in der Rolle des politischen *enfant terrible* so wohl fühlt, sondern weil er Gott nicht davonlaufen kann, den er im Schrei der elenden, unterernährten Kreaturen seines Landes hört. Kreaturen, die oft „mehr dem Kaktus ähnlich sehen als wirklichen Kindern Gottes“. Denn hier, sagt Hélder Câmara, heißt Christus Antônio und Severino und wartet darauf, der Unterentwicklung entrissen zu werden …

Glücklicher Esel des lieben Gottes

Minister- und Bürgermeisterposten hat man ihm schon angetragen (wohl in der Hoffnung, ein Câmara in Amt und Würden werde leichter zu zähmen sein) – vergeblich. Der Monsignore, den man in allen Kontinenten als Sprecher der Ausgebeuteten kennt, Symbolfigur der „Vierten Welt“ und populärster Brasilianer neben dem Starfußballer Pelé, will nichts sein als ein „kleiner Bischof", ein „Pilger des Friedens".

Wenn er in europäischen und amerikanischen Universitäten oder auf den großen Plätzen der Hauptstädte spricht, die Hände zum Himmel emporgereckt, dann wächst seine kleine Gestalt zu imposanter Größe empor, ein lebendes Monument der Anklage. Aber er selbst wappnet sich gegen alle Beifallsstürme, indem er sich vorsagt, er sei doch eigentlich bloß „der glückliche Esel, auf dem der Herr triumphierend einzieht in Jerusalem". Er weiß, daß man ihn für einen Angeber hält, für einen geltungssüchtigen Agitator – der Vergleich mit dem Träumer Don Quichotte ist ihm lieber. Denn der hat bei aller Naivität doch manchmal mehr gesehen als alle, die ihn auslachten.

Hélders Bescheidenheit ist keine Show. Er lebt wie ein einfacher brasilianischer Dorfpfarrer, in einer ehemaligen Sakristei, aus der er drei Zimmer gemacht hat. Ins Bischofshaus mit seinen vielen Sälen und Korridoren geht er nur, um seine Mitarbeiter zu treffen und die vielen kleinen Leute, die täglich mit ihren Sorgen zu ihm kommen. Die grün gestrichene Holztür seiner Behausung öffnet er selbst, wenn man anklopft – Klingel gibt es keine, das wäre schon Luxus in Recife. Gern sitzt er im Café neben einem Studentenheim, um eine Cola zu trinken und mit jungen Leuten zu reden.

In Recife kennt den Erzbischof jeder, obwohl er mit seinen 160 Zentimetern Größe wirklich keine besonders auffallende Erscheinung ist. Schmächtig, zerbrechlich, wirkt er durch seine leuchtenden Augen, seine ständig in Bewegung befindlichen Hände, Arme, Fäuste – der Sohn eines Theaterkritikers, der heimlich Gedichte schreibt und jedes Gespräch zu einem kleinen Drama gestaltet. Das zerfurchte, müde Gesicht voller Sorgen beginnt zu leben, wenn er mit seiner warmen, leidenschaftlichen Stimme spricht; er „hungert und dürstet" nach Dialog, bekennt er selbst.

In seiner Umgebung fragt man sich, wie er den Raubbau an seiner Gesundheit so lange überleben konnte. Câmara ißt wie ein Vogel – mehr aus Höflichkeit, während er sich unterhält – und schläft seit seiner Seminarzeit nicht länger als vier, fünf Stunden.

Wenn er es schafft, geht er um elf Uhr nachts ins Bett; um zwei Uhr steht er wieder auf, um sich zu regenerieren: Er stellt „die Einheit wieder her", wie er sagt. „Denn tagsüber sind wir zerrissen: Wir sehen etwas Großartiges und Attraktives, die Arme reichen hierhin, die Füße gehen dorthin ..." In der Nachtwache findet er die Einheit wieder, „ich hole den einen Arm wieder her und den anderen, dieses Bein und das zweite ..." Er denkt an die ihm anvertrauten Menschen, er betet, er schreibt meditative Gedichte, höchst poetische, wie dieses:

„Mach aus mir einen Regenbogen,
der alle Farben enthält,
in die sich dein Licht bricht!
Mach aus mir immer mehr einen Regenbogen,
der das ruhige Wetter ankündigt
nach den Stürmen auf See ..."

Um halb fünf Uhr, wenn der Morgen dämmert, legt er sich noch ein bißchen schlafen – bis um sechs Uhr. Wenn wichtige Briefe zu schreiben, Vorträge auszuarbeiten sind, gerät der Zeitplan durcheinander, dann löscht er sein Licht eben erst um fünf Uhr morgens ...

Dieser Mann, der den Mächtigen schlaflose Nächte bereitet, wird zum Kind in diesen Stunden, in denen er mit Gott allein ist, Gedichte schreibt und ganz still die Mitte seines aufgeregten Lebens wiederzufinden sucht. Der Erzbischof ist fähig, mitten in einer Schar Prominenter am Washingtoner Flughafen einem Vogelschwarm nachzuwinken oder im Garten einem blühenden Strauch zuzuflüstern: „Ich würde gern hier bei dir wohnen, weil du so schön bist – aber ich kann nicht, verstehst du?" Auf einem Wandbrett in seinem Schlafzimmer hütet er eine Herde winziger Rehfiguren, die einzigen Andenken an seine Weltreisen. Mittendrin steht ein kleines Männchen, lachend, eine Art Pinocchio. „Das bin ich", schmunzelt Hélder.

„Hélder", den Namen verdankt er einer verrückten Anwandlung seines Vaters, der im Lexikon zufällig auf eine niederländische Festung stieß, die so heißt: *Hélder,* auf deutsch: klar, wolkenlos. *Hélder!* rufen die Holländer bei schönem Himmel.

Dieser Vater, der Theaterkritiker, war eigentlich ein unterbezahlter Buchhalter, ein Freimaurer, der mit seiner Familie Maiandachten hielt und den Priesterberuf mit hohem Respekt betrachtete. Die Mutter war Volksschullehrerin. Daheim, so erinnert sich Hélder später, herrschte „diskrete Armut". Als er einmal den verhaßten *okara,* einen Brei aus Sojabohnen, ablehnte, tadelte ihn die Mutter lächelnd: „Hélder, das Mögen und Nichtmögen ist ein Luxus, den sich nur die Reichen leisten können ..."

In Fortaleza im brasilianischen Nordosten ist vieles Luxus, was uns auf der bevorzugten Seite des Globus selbstverständlich scheint. Auch das Schulgebäude in Fortaleza, in dem Helder 1909 geboren wurde und für das seine Mutter Miete zahlen mußte, war bloß ein recht einfaches Häuschen, wie ein Symbol für die überall mit Händen zu greifende Unterentwicklung dieser Region. Der Nordosten – Rohstofflieferant für den hochindustrialisierten Süden – gilt als Armenhaus Brasiliens.

Obwohl es mit der großen Industrie und dem vielgerühmten brasilianischen Wirtschaftswunder ohnehin nicht so weit her ist. Das Land mit seinem 122-Millionen-Volk, so groß wie die USA ohne Alaska, ist von politischen Krisen gebeutelt und von sozialen Unterschieden zerrissen. Das sogenannte „brasilianische Modell" hat unzweifelhaft wirtschaftliche Erfolge erzielt (die freilich nur einzelnen Regionen und Schichten zugute kommen), aber um den Preis vielfacher Abhängigkeit: Die Politik ist vom Militär abhängig, die Wirtschaft vom Auslandskapital, das Gros der Bevölkerung von wenigen Fabrikherren.

Von den gesetzlich vorgeschriebenen Mindestlöhnen bekommen viele Arbeiter gerade ein Viertel. Die Hälfte der Arbeitenden verdient nicht genug, um ihre Familie ernähren zu können. Kapitalgesellschaften stürzen sich wie Kraken auf das fruchtbare Land, vertreiben Bauern und Landarbeiter, die ihren Boden über Jahrzehnte hinweg bebaut haben, aber keine Papiere besitzen. Die Vertriebenen flüchten sich in die Städte und vergrößern dort die Elendsviertel, die *Favelas* und *Mocambos,* wo immer wieder verhungerte Kinder gefunden werden. Mittlerweile verfügen ganze 0,8 Prozent der brasilianischen Grundherren über 43 Prozent des landwirtschaftlich genutzten Bodens. Ein Wirtschaftswunder für wenige.

Im Nordosten ist das alles noch viel schlimmer. Land der *Cangaceiros,* der Ausgestoßenen, nennen ihn die Brasilianer. Die Menschen hier verdienen – wenn sie überhaupt Arbeit haben – ein Drittel der im Süden gezahlten Löhne, müssen aber oft das Doppelte für die Grundnahrungsmittel ausgeben. Dürren und Überschwemmungen raffen Hunderttausende hinweg, jedes zweite Neugeborene stirbt noch im ersten Lebensjahr, es gibt Kinder, die sich von Ameisen und Mäusen nähren. Der fruchtbare schmale Küstenstreifen gehört den Farmbesitzern und Zuckerplantagenherren; in der weiten Trockensteppe im Landesinneren vegetieren viele – wie Câmara einmal gesagt hat – auf der Stufe prähistorischer Höhlenmenschen.

Auf dem Priesterseminar von Fortaleza hört Hélder kein Wort über diese Wirklichkeit. Statt dessen muß er sich mit unsinnigen Vorschriften herumschlagen, setzt mühsam die Erlaubnis der Gruppenarbeit durch, bekommt Urlaubssperre, weil er sich nicht an das Stillschweigen auf den Gängen hält, sagt seinem Rektor offen ins Gesicht, er schäme sich für ihn, weil er ihm seine Gedichte heimlich „wie ein Räuber“ aus dem Schrank genommen habe ... und gewinnt den Rektor, einen hochgebildeten Franzosen mit literarischen Interessen, zum Freund. Aber später läßt er einmal die Bemerkung fallen, Leute, die im Seminar erzogen worden seien, dürfte man eigentlich gar nicht zu Bischöfen machen ...

Priester mit dem Hitler-Gruß

Mit nicht ganz 23 Jahren zum Priester geweiht, wurde er zunächst in der Studenten- und Arbeiterseelsorge eingesetzt. Politisch unreif, aber darauf brennend, seine im Seminar gebremsten Energien endlich zu entfalten, beging er damals den größten Fehler seines Lebens: Er ließ sich von der neugegründeten Integralistenpartei anwerben und wurde mit Zustimmung seines Bischofs Parteisekretär für das Erziehungswesen im Bundesstaat Ceará.

Die Integralisten verkörperten die brasilianische, sehr katholisch eingefärbte Spielart des Faschismus. Sie trugen grüne Hemden und grüßten wie die deutschen Nazis mit erhobenem rechtem Arm. Ihr politisches Glaubensbekenntnis hieß „Gott, Vaterland, Familie“.

Hélder Câmara hat sein Engagement in dieser Bewegung, das ihm seine Gegner ein Leben lang vorwarfen, später bitter bereut. In jenen Jahren habe er die Welt in zwei Lager geteilt gesehen: Kommunismus und Faschismus. Das eine Lager – so hatte man ihm eingetrichtert – stand für die zerstörerischen Mächte des Bösen, für das gottlose Rußland, kurz gesagt für den Teufel. Was blieb ihm anderes übrig, als sich dem anderen Lager anzuschließen, dem vermeintlichen Hüter von Ordnung, Freiheit und Religion?

Doch wenige Jahre später trennte er sich von den Grünhemden. Er hatte begriffen, daß Antikommunismus nicht automatisch etwas Gutes und die Welt erheblich vielschichtiger ist: „Der größte Feind der Kirche war nicht der Kommunismus, sondern jene Umstände, welche die Volksmassen dazu brachten, sich dem Kommunismus in die Arme zu werfen: religiöse Ignoranz, wirtschaftliche Ausbeutung und politische Ohnmacht."

Câmara blieb dem pädagogischen Sektor treu: Er wurde nacheinander Erziehungsminister im Staat Ceará, Experte im Erziehungsministerium von Rio de Janeiro und Leiter eines Teams im Forschungsinstitut für Erziehung, das Lehrpläne und Tests für 150000 Schüler der Hauptstadt ausarbeitete.

In späteren Jahren erinnerte er sich nur mit Schauder an den dort getriebenen „oberflächlichen Umgang mit der Pädagogik" – als ob man menschliche Begabung mit objektiven Tests messen könnte! Und dann noch er als Chef, ein blutiger Laie ohne Praxis und Qualifikationen ... Ehrlich wie er war, meldete er sich sofort an, als endlich eine Prüfung für Bewerber um solche Expertenstellen geschaffen wurde: Seine Prüfungsarbeit sei eine „Schande" gewesen, und er hoffe nur, daß sich nie ein Exemplar davon wiederfinden werde ...

Aber so schlecht kann er nicht abgeschnitten haben, denn die Regierung ernannte ihn nach dieser Prüfung immerhin zum Erziehungsinspektor. Der Kardinal von Rio de Janeiro übertrug ihm die Modernisierung der katechetischen Unterweisung und schickte ihn schließlich sogar als Professor an die katholische Universität von Rio. Die ganze Zeit habe er mit „Bürokratie und Bürokraten" zu tun, beklagte sich Hélder ganz leise, der doch nicht dafür Priester geworden war.

Der eigentlichen Seelsorgsarbeit begann er sich wieder zu nähern, als er in der Funktion des stellvertretenden „Amtspfarrers" der Katholischen Aktion Brasiliens durch das ganze Land reisen durfte, vom Päpstlichen Nuntius jeden Samstag zu vertraulichen Gesprächen empfangen wurde und die Gründung einer brasilianischen Bischofskonferenz vorantrieb. Denn die Bischöfe des Nordostens wußten kaum etwas von den Kollegen im Süden, und es war auch kein Sekretariat mit Fachleuten vorhanden, um die bedrängenden Probleme der Nation gemeinsam lösen zu helfen. Bei seinen Vorbereitungsbesuchen im Vatikan gewann Câmara den einflußreichen Monsignore Montini zum Freund, der 13 Jahre später zum Papst gewählt wurde und sich Paul VI. nannte.

Câmara wurde der erste Sekretär dieser 1952 aus der Taufe gehobenen *Conferencia nacional dos Bispos brasileiros,* der immerhin rund 300 Bischöfe angehörten, und erhielt dazu – um seine Position zu stärken – das Amt des Weihbischofs in Rio.

Hier stoßen zwei Welten aneinander: der Sonnenstrand der *Copacabana* mit seinen Luxushotels und die Blechhütten und Holzverschläge der *Favelas,* der Slums, in denen damals mehr als 450000 Menschen hausten. Der Weihbischof Câmara kletterte oft über die Schutthügel zu den ausgehungerten, verdreckten Gestalten hinunter und brachte keine salbungsvollen Sprüche mit, sondern versuchte ein paar praktische Hilfen zu vermitteln.

Sein *Cruzada São Sebastião* (Kreuzzug des heiligen Sebastian), ein großangelegtes Programm zum Bau von Wohnblocks, Schulen und Kindergärten, mit Berufsschulkursen und Erziehungsberatung, wurde leider nur ein Teilerfolg. Es erwies sich als schwierig, Slumbewohner – 10000 waren es in der ersten Phase – von heute auf morgen in moderne Wohnblocks zu verpflanzen. Außerdem rückten für jede den *Favelas* entrissene Familie zwei oder drei neue nach, arme Leute, die auf dem Umweg über die Slums ebenfalls in den Genuß einer besseren Wohnung kommen wollten.

Der Weihbischof erkannte, daß es sinnvoller wäre, das Übel an der Wurzel zu packen und die Praktiken der Kapitalgesellschaften zu bekämpfen, die Land in riesigen Mengen aufkauften, die Bauern vertrieben und damit den Nachwuchs für die Slums schufen.

Man mußte den Menschen helfen, ihre Lage zu erkennen und sich selbst zu befreien. Sie mußten lernen, daß es kein bloßes Schicksal und schon gar nicht Gottes Wille ist, wenn die einen unverschämt reich und die anderen bettelarm geboren werden, sondern daß Unrechtsstrukturen dahinterstehen, die geändert werden müssen. Und statt in der Dürrezeit Prozessionen um Regen zu veranstalten, sollte die Kirche die Dürre als Problem für Intelligenz und Organisationstalent der Menschen begreifen – predigte der Weihbischof und stampfte die „Bewegung für Basiserziehung", *Movimento de Educaçao de Base,* aus dem Boden.

Auf dem Weg über 20000 Radioempfänger und ein Lehrbuch mit dem aufschlußreichen Titel *Viver é Lutar,* „Leben heißt kämpfen", brachte die von den Bischöfen organisierte und von der Regierung finanzierte Aktion 190000 Analphabeten in zwölf brasilianischen Bundesstaaten nicht nur das Lesen und Schreiben bei, sondern auch eine neue Sicht der Realität, die den Mächtigen im Land bald höchst gefährlich erschien: „Das brasilianische Volk ist Objekt einer Ausbeutung", stand da schwarz auf weiß zu lesen. Nach dem Militärputsch im Jahr darauf wurde das Lesebuch als „subversiv" beschlagnahmt.

Auf dem Zweiten Vatikanischen Konzil ergriff Hélder Câmara kein einziges Mal das Wort. Hinter den Kulissen war er freilich so aktiv, daß ein Kenner der römischen Szene meint, er sei vielleicht der einflußreichste Konzilsteilnehmer überhaupt gewesen. Im kleinen Kreis, vor Theologen und Kardinälen, auf Pressekonferenzen und in Vorträgen entwickelte er unermüdlich seine Forderungen an eine „Kirche der Armen". Im letzten Konzilsjahr waren es einige hundert Bischöfe, die an den von ihm organisierten wöchentlichen Treffen teilnahmen.

1964 wurde Câmara, mittlerweile 55 Jahre alt, zum Erzbischof der 1,2-Millionen-Stadt Olinda-Recife, der „Hauptstadt des Elends" im Nordosten, ernannt: 60 Prozent Arbeitslose, 80000 Prostituierte, pulsierendes Leben in den Geschäftszentren, über den Flußmündungen auf wackligen Pfählen erbaut dieselben Elendssiedlungen wie in Rio – nur heißen sie hier *Mocambos.* „Überall sehe ich das skandalöse Elend", stellte er gleich in seiner Begrüßungsrede auf dem Flughafen fest und bekannte seine parteiische Liebe zu den Armen und Getretenen, denn danach werde Christus jeden richten.

„Ich komme nicht denen zu Hilfe, die sich selbst täuschen", versicherte er in dieser Programmrede, „indem sie meinen, ein wenig Großmut und ein bißchen soziale Unterstützung genüge … Wenn wir zu den Wurzeln unseres sozialen Übels vorstoßen wollen, müssen wir dem Land helfen, den Teufelskreis von Unterentwicklung und Elend zu durchbrechen."

Die Pflicht zur Evangelisation entbinde die christliche Gemeinde nicht von der Aufgabe, menschenunwürdige Lebensbedingungen zu bekämpfen. Und niemand möge erschrecken, wenn er ihn, den Bischof, mit Leuten überrasche, die „als verdächtig und gefährlich gelten", denn er fühle sich als Bruder aller, und sein Herz stehe allen offen.

Mutige Worte wenige Tage nach dem Militärputsch, der Brasilien eine mit Einschüchterung und Folter regierende, das Auslandskapital hofierende Diktatur bescherte. Innerhalb der Kirche kam es jetzt zur unverhohlenen Frontenbildung; erzkonservative Frauengruppen dankten Gott mit öffentlichen Rosenkranzgebeten für die neue Regierung, die scharenweise Führungskräfte der Katholischen Aktion verhaften ließ und mit blutiger Verfolgung gegen den sozial engagierten Flügel der brasilianischen Kirche vorging.

Nachdem die Bischöfe des Nordostens ein gemeinsames Dokument gegen die ausbeuterische Wirtschaftsordnung des Landes veröffentlicht hatten, das den bestimmenden politischen Einfluß des Kapitals verurteilte und eine Teilhabe des armen Volkes an Kultur und Lebensstandard forderte, drang eine schwerbewaffnete Horde Soldaten in Câmaras Palais ein und bedrohte den Erzbischof.

Der ließ sich allerdings nicht einschüchtern. Als die Kautschuk-Fabriken von Recife immer größere Mengen Abwässer in den Fluß leiteten und ein katastrophales Fischsterben die Existenz vieler armer Fischer bedrohte, führte sie Câmara in einer „Prozession" – eine Demonstration wäre vom Militärregime nicht geduldet worden – zu den von Polizisten mit MPs bewachten Fabriken und setzte durch, daß die Unternehmer Filteranlagen einbauten. Bald darauf erschienen die ersten Graffiti an den Hausmauern, die den Erzbischof als „Strohmann der Kommunisten" verketzerten.

Was treibt diesen schmächtigen kleinen Priester, der aussieht, als ob ihn ein kräftiger Windstoß umpusten könnte, dazu, den Mächtigen ins Angesicht zu widerstehen? Gott treibt ihn, der ihm keine Ruhe läßt in den langen Nachtgesprächen.

Den „guten Hirten" nennt er ihn, „der die unterentwikkelte Welt auf den Schultern trägt", und Hélder weiß, daß er von denen, die sich hier auf Erden Hirten nennen, verlangt, diese Last mitzutragen. Wer sich Christus nähert, bekommt Kraft, den Egoismus zu überwinden, den Câmara für die Wurzel aller Übel hält.

Egoismus, in der sozialen Wirklichkeit Brasiliens buchstabiert sich das: „Privateigentum", „Konzernmacht", „Kolonialismus". Mit südamerikanischer Impulsivität wehrt sich Câmara gegen die Zumutung, ein Bischof habe sich solcher „politischen" Urteile zu enthalten: Er sei nicht bloß Hirte der Seelen, sondern der Menschen, und „der Mensch von Fleisch und Blut ist der Ruhm Gottes". Man könne nicht Gott lieben wollen und den Menschen in seiner Not links liegen lassen.

Wann geht die Bombe des Elends los?

Deshalb muß auch von sozialer Gerechtigkeit gesprochen werden, wenn von der Befreiung durch Christus die Rede ist. Der Erzbischof tut das ebenso konkret, gestützt auf Zahlenmaterial und handfeste Argumente, wie leidenschaftlich: Die Herren der entwickelten Welt könnten die Folgen der „Bombe des Elends" wohl gar nicht ermessen, die sie in den armen Ländern gelegt hätten.

80 Prozent der Güter dieser Erde seien heute in den Händen von 20 Prozent ihrer Bewohner, und diese Minderheit werde reicher und reicher – bis die Bombe des Elends eines Tages in einem Akt unvorstellbarer Gewalt explodiere.

Almosen können da wenig ausrichten, und oft genug hat sich Câmara sehr kritisch über die „Caritas-Haltung" geäußert, die den Blick für die Notwendigkeit einer gerechten Güterverteilung trübe. Bei der verhängnisvollen Verfilzung zwischen den „Multis", den internationalen Konzernen, und der politischen, militärischen und technologischen Macht müsse ansetzen, wer das Übel an der Wurzel packen wolle.

Denn längst seien die multinationalen Trusts „die wirklichen Herren der Welt", Herren ohne Augen, ohne Ohren, ohne Herz, die Techniker und Universitäten finanzierten, die Medien beherrschten und ohne Skrupel sogar Kriege auslösten, weil sie dann ihr Rüstungsmaterial an beide Parteien verkaufen könnten. Das müsse man endlich erkennen und mit den „bourgeoisen Werten" brechen, deren Grundfesten Egoismus und wirtschaftlicher Erfolg seien.

Der Brasilianer Câmara beschränkt sich nicht darauf, die ungerechten Welthandelsstrukturen und die ausbeuterischen Praktiken des Auslandskapitals anzuprangern; hellsichtig nennt er den „internen Kolonialismus" im eigenen Land beim Namen, die privilegierten Familien, die ihre Reichtümer auf Kosten ihrer armen Mitbürger vermehren.

Genauso deutlich kritisiert er aber den „kapitalistischen Ehrgeiz" der reichen Länder, die den Preis für die Rohstoffe immer weiter drücken, immer mehr Zollschranken errichten, ihre eigenen Industrieprodukte ständig verteuern und sogar noch mit der gönnerhaft gewährten Entwicklungshilfe Profite scheffeln: Was sei denn eine solche Hilfe wert, wenn die USA beispielsweise innerhalb von 15 Jahren die Riesensumme von drei Billionen Dollar nach Lateinamerika gepumpt und im selben Zeitraum elf Billionen Dollar wieder abgesahnt hätten – Reingewinn: acht Billionen, fast das Dreifache der mildtätigen Investitionen.

Von dieser Kritik nimmt Câmara auch den „Neokolonialismus" der Europäischen Gemeinschaft nicht aus. „Solange man nicht den Mut zu einer grundlegenden Revision in der internationalen Handelspolitik aufbringt", faßt er zusammen, „solange werden die armen Länder weiterhin mit ihrem Blut die Länder des Überflusses ernähren."

Aha, da wirft wieder einer mit Steinen aus dem Glashaus – dachten manche, als der neue Erzbischof von Recife so zu reden begann. Ein Kirchenfürst, der in seinem komfortablen Palais sitzt und fromme Sprüche über Gerechtigkeit klopft, damit ihm die kritischen jungen Leute nicht davonlaufen ... Sehr rasch wurde diesen Kritikern klar, daß Câmaras größtes Kapital seine Glaubwürdigkeit ist.

Der „Bischof der Armen" hat den Marmorpalast des heiligen Joseph, in dem die Oberhirten von Recife zu residieren pflegten, gleich beim Amtsantritt gegen die schon

Die Landarbeiter haben die Erlaubnis, auf dem Grund und Boden ihrer Herren zu sterben. Sie erhalten Hundehütten, um darin mit ihrer Frau und ihren Kindern zu leben. Sie haben Arbeit in den Betrieben ihres Herrn und fast immer die Erlaubnis, eine kleine Pflanzung zu bebauen.
In seinem Gewissen fühlt sich der Grundherr wie ein Vater, so großherzig und so gut. Wenn es auch stimmt, daß die Hundehütte fast niemals Wasser, Elektrizität oder eine Senkgrube hat, so beruhigt sich der Grundherr mit dem Gedanken, daß Gott die Kälte schon der Kleidung anpaßt ...
Wenn sich der Arbeiter morgen undankbar zeigt, wenn er ein Mensch zu sein beansprucht, sich für neue Dinge interessiert, Radioschulen besucht, einer Gewerkschaft beitritt, von Rechten spricht – dann ist der Grundherr überzeugt, daß er Grund zur Unruhe hat: das ist der Hauch des Umsturzes, das heißt des Kommunismus. Und dann verjagt er ohne das leiseste Zögern, ohne den geringsten Gewissensbiß den Landarbeiter von seinem Grund und Boden und zerstört notfalls das Loch, in dem er mit seiner Familie gehaust hat.
Wann werden wir endlich Gott davon freisprechen, was Frucht unseres Egoismus ist?

genannte umgebaute Sakristei eingetauscht. Er wohnt allein, fährt per Anhalter zu seinem Amtssitz, läuft in einer abgenutzten Soutane mit einem einfachen Holzkreuz herum, vergißt den Bischofsring meistens zuhause und borgt sich den Hirtenstab, wenn er bei festlichen Gottesdiensten unbedingt einen braucht, von seinem Weihbischof aus. Ein Agitator im Glashaus – nein.

Und damit die Gerechtigkeitspredigten an die Adressen der Politiker und Großgrundbesitzer nur ja nicht nach Anmaßung klingen, redet Hélder noch lieber den Glaubensbrüdern und der eigenen Kirche ins Gewissen. Die reiche

Minderheit auf der Welt sei eine christliche Minderheit und mitverantwortlich für Haß und Gewalt auf der Erde.

„Die Christen“, stellt er klar, „bereiten herrliche Texte und Beschlüsse vor, aber sie bleiben totes Papier. Unsere Reden über die Kraft der Liebe sind so zahlreich wie unsere Taten der Gerechtigkeit spärlich. Unsere christliche Zivilisation bringt den Krieg, nährt den Rassenhaß und baut ihre Reichtümer über das Elend von Millionen Menschen.“

Lateinamerikanische Christen hätten die Versklavung der Indianer und der Schwarzen gutgeheißen, und statt jetzt mutig und offen zu den mächtigen Landherren zu reden, gebe man sich mit deren Almosen für „skandalöse“ Kirchenbauten zufrieden und liefere Marx nachträglich noch die Argumente, nämlich ein „passives Christentum“, ein „regelrechtes Opium für die Massen“!

Und solange sich der Vatikan nicht von seinen Reichtümern, von der Versklavung des Geldes, befreie, könne auch die persönliche Lauterkeit eines Johannes XXIII. und eines Paul VI. nichts gegen die zerstörerische Ausstrahlung eines solchen Kirchenzentrums ausrichten, das unter die größten Eigentümer unserer Tage gerechnet werde.

Auf dem Konzil appellierte der Brasilianer, der sich viel lieber „Padre“ als „Dom Hélder“ nennen läßt („Dom“ ist die Abkürzung von *dominus,* Herr, und in Brasilien den Bischöfen vorbehalten), in einer Denkschrift an seine Mitbrüder: „Machen wir ein für allemal Schluß mit dem Bild des Fürstbischofs, der in einem Palais wohnt, isoliert von seinen Priestern, die er kühl auf Distanz hält ... Geben wir die Manie auf, uns als Adelige zu betrachten, und verzichten wir auf unsere Wappen und Wahlsprüche ... Lassen wir unsere moralische Stärke und unsere Autorität nicht von der Fabrikmarke unseres Autos abhängen ... Haben wir den Mut, unser Gewissen und unser Leben zu überprüfen: Haben wir – ja oder nein! – eine kapitalistische Gesinnung angenommen, Methoden und Handlungsweisen, die sehr gut zu Bankiers passen würden ...?" Er träumt von einer Allianz aller Weltreligionen im Dienst an den unterentwickelten Massen, nicht nur in Lateinamerika.

Und als sich eines Tages in der großen Halle seines Amtssitzes die Menschen um ihn drängeln und bloß noch der bischöfliche Thron frei ist, den er nie benützt (einen zweiten Thronsessel hat er im Museum abgeliefert), nötigt er einen erschrockenen, zerlumpten Bauern, auf dem antiken Möbelstück Platz zu nehmen. Hélder fröhlich: „An diesem Tag habe ich Christus den König begriffen!"

Elektroschocks und „Dornenkrone"

Es erscheint nur logisch, daß ein Mann mit einer so offenen Sprache zum Symbol wurde. Schon in den ersten Jahren seiner Amtszeit in Recife schieden sich an ihm die Geister. Eine wachsende Zahl von Bischöfen schwenkte auf seine Linie ein, bis hin zu dem 1967 von 18 Oberhirten herausgegebenen „Brief an die Völker der Dritten Welt": er bescheinigt den Armen das Recht auf bewaffnete Notwehr im von der internationalen Hochfinanz angezettelten „Krieg des Geldes".

Amtsbrüder wie Sigaud wiederum mobilisierten Gegenaktionen wie die von eineinhalb Millionen Menschen unterzeichnete Petition der Bewegung „Eigentum – Familie – Tradition" an den Papst, in dem eine „Säuberung" der Kirche von solchen Elementen gefordert wird. In Zeitungsessays bekam Câmara den wenig schmeichelhaften Titel „brasilianischer Goebbels" und der Papst den guten Rat, er solle dem Erzbischof ja nicht den Kardinalshut aufsetzen, sondern einen Sombrero mit zwei großen Löchern für seine Eselsohren.

1970 erhoben diese Kräfte ein Riesengeschrei, als Câmara in Paris eine Rede gegen die Folter in Brasiliens Gefängnissen hielt und über die Behandlung der damals 12 000 politischen Häftlinge aufklärte. Er zitierte Betroffene wie den Dominikanerpater Tito de Alencar, der angeklagt war, die Befreiungsbewegungen unterstützt zu haben:

„Die Polizisten zogen mir die liturgischen Gewänder an und zwangen mich, den Mund zu öffnen, um das ‚Sakrament der Eucharistie' zu empfangen. Sie führten ein elektrisches Kabel ein, und mein Mund schwoll zu einer einzigen Brandblase an."

Padre Tito verließ das Gefängnis als psychisch schwer kranker Mann und beging wenige Jahre später Selbstmord.

Ein anderer beliebter Zeitvertreib in den Gefängnissen war zu dieser Zeit die „Dornenkrone Christi": Die Folterknechte zogen einen messerscharfen Draht um die Schläfen des Opfers und spannten ihn mit Hilfe einer Schraube langsam an. Es kam vor, daß den Gefolterten die Augäpfel aus der Schädelhöhle gepreßt wurden, bevor sie qualvoll starben.

Der Präsident der Brasilianischen Bischofskonferenz und Kardinal von Sao Paulo, Agnelo Rossi, tobte, als er las, was Câmara in Paris gesagt hatte: Wer die Stirn habe, im Ausland anzuklagen, was in Brasilien geschehe, besitze keinen Funken Vaterlandsliebe. Im übrigen gebe es höchstens einige vereinzelte Fälle von Folterungen. Rossi: „Schmutzige Wäsche soll man zuhause waschen!"

Und Bischof José Costa von Caotité entrüstete sich vor den Unteroffizieren der Militärakademie von Rio: „Wenn ein Bischof erklärt, er liebe Brasilien, und redet der Unordnung das Wort, während ein Soldat erklärt, er liebe Brasilien, und ist für Ordnung im Lande, dann würde ich zum Bischof sagen: Schweige! und zum Soldaten: Wohlan! Denn Jesus selbst hat umstürzlerische Tätigkeit verworfen und niemals die bestehende Ordnung in Frage gestellt ..."

Doch als weitere Greuel aus den Gefängnissen bekannt wurden, klagten die nordbrasilianischen Bischöfe in einer gemeinsamen Erklärung die Polizei des Terrors und der Folter an. Papst Paul VI. verurteilte die Erpressung von Geständnissen als Angriff auf die Menschenwürde, und jeder wußte, welches Land gemeint war. Kardinal Rossi wurde an die römische Kurie „befördert" und durch den mutigen Franziskaner Pablo Evaristo Arns, einen Gesinnungsgenossen Câmaras, ersetzt.

Immer mehr Bischöfe begriffen jetzt die Teilnahme am Befreiungskampf des Volkes als Aufgabe einer am Evangelium orientierten Kirche. Die christliche Hoffnung erlaube es nicht, angesichts der kapitalistischen „Klassengesellschaft" träge zu bleiben, heißt es in einem Dokument der nordostbrasilianischen Oberhirten. Gefordert sei wachsame Aktivität, um „im Verlauf der Geschichte die Zeichen der Auferstehung zu provozieren".

Hélder Câmara selbst wurde in seiner Analyse immer kompromißloser, immer „politischer", wie fromme Leute in Brasilien angewidert feststellten. Er verurteilte den Vietnamkrieg als den „schändlichsten Krieg, den die Welt je gesehen hat", und entlarvte die vermeintliche weltanschauliche Auseinandersetzung zwischen US-Demokratie und Kommunismus als schlichten Interessenkonflikt von Supermächten.

Er stellte die unter Christen – zumindest damals – verpönte Frage, ob nicht der Sozialismus dem Evangelium näher sei als der Kapitalismus, der den Profit über den Menschen stelle. Er lehnte es ab, einen antikommunistischen „Kreuzzug" zu predigen, „den Russen" zum Erzfeind zu erklären und den Nordamerikanern jede kriegerische Expansion zu verzeihen, wenn es nur gegen die Kommunisten gehe.

Ja, die Christen sollten den Sozialismus nicht so total aus ihrem Wortschatz verbannen wie früher, „in lächerlicher Weise", die Wörter „Republik" und „Demokratie". „Warum glauben, der Sozialismus werde immer antireligiös und antichristlich sein?" Câmara erträumt einen vom Evangelium inspirierten Sozialismus, der die menschliche Person respektiere und zu keiner Diktatur irgendeiner Klasse führe; die bisherigen Versuche, den Sozialismus zu verwirklichen, betrachtet er mit durchaus kritischen Augen. Aus der Sowjetunion mit ihrem Klima der Verdächtigung und des Denunziantentums und ihrer Unterdrückung der menschlichen Person würde Karl Marx heute ebenso verbannt werden wie aus Rotchina, sagte er einmal. Den Sowjetblock nennt er genauso imperialistisch wie die Supermacht Amerika.

Zwei-, dreimal im Jahr geht der Erzbischof auf Auslandsreise, in Chicago und Tokio ist er schon gewesen, in Rom, Amsterdam, Oslo, Paris, Zürich und Frankfurt, und er spricht dort keineswegs bloß von den Zuständen in seiner Heimat. Weil „keiner das Recht hat, zu erklären, was fern von seinem Vaterland geschieht, gehe ihn nichts an", fragt er die Amerikaner nach dem Schicksal ihrer schwarzen Minderheit und der 30 Millionen in ihrem Land, die nicht mal das Existenzminimum haben, warnt er die Katholiken der Bundesrepublik vor der Gefahr, zu „verbürgerlichen", redet er im schweizerischen Davos 400 Top-Managern ins Gewissen, die ihn wie einen Hofnarren bestaunen.

Daheim in Brasilien heißen ihn die ultrarechten Zeitungen einen Nestbeschmutzer und werfen ihm aufwendigen Tourismus vor. Zwecklos, ihnen zu erklären, daß Câmaras Reisen bis auf den letzten Pfennig von den einladenden Institutionen bezahlt werden und daß er damit weit unter der Zeit bleibt, die das Kirchenrecht jedem Bischof für seinen Jahresurlaub bewilligt (Urlaub kennt Câmara nicht).

Um den Erzbischof mundtot zu machen, verbannte ihn die Polizeiabteilung des brasilianischen Justizministeriums schließlich per Dekret aus allen Medien; schon die bloße Nennung seines Namens in Presse, Rundfunk und Fernsehen wurde strafbar. Nur noch im Lokalsender von Recife darf er einmal pro Woche das Evangelium kommentieren. Hunderte von Bibelgruppen im Bistum hören zu und erarbeiten sich den Text unter seiner Anleitung.

Seit der Erzbischof für dic Medien gestorben ist, hat wenigstens auch die üble Pressekampagne gegen den „Lenin im Priesterrock" und „Teufel mit der Mitra" aufgehört.

„Wenn unser kleiner Hélder", schrieb die Zeitung *O Cruzeiro* schon 1970, „in der Aufmachung eines wurmstichigen Heiligen, magere Fratze vom São-Francisco-Strom, den Pilgerstab in der Hand und den Atem des Pharisäers auf den Lippen, durch die Lande streift in der Alten Welt, so fragt sich jeder Brasilianer: Wo war denn Dom Hélder, als Hitler unser Land bedrohte? ... Während er seine Exportheiligkeit zur Schau trägt, sind seine Gläubigen ohne Dach, aber er ist dem Friedensnobelpreis wieder ein gutes Stück näher."

Solche Anfeindungen haben den Erzbischof nie sonderlich berührt. Er hat einfach nicht gelesen, was die Zeitungen über ihn schrieben. Er subversiv? „Die Situation, in der das Volk lebt, ist subversiv!"

Viel mehr schmerzt es ihn, daß er seine Mitarbeiter oft genug im Krankenhaus, im Gefängnis, ja im Leichenschauhaus suchen muß. An ihnen halten sich die Machthaber schadlos, die den populären Erzbischof in Ruhe lassen müssen. Obwohl auch er an Morddrohungen gewöhnt ist und an seiner Haustür die Aufschrift „Tod dem roten Bischof" fand – neben Einschüssen von Maschinengewehren und Handgranaten.

Einmal haben sie ihm sogar einen Killer geschickt, einen schlichten Menschen, der ihn mit den Worten verließ: „Nein, ich kann Sie nicht töten, Sie sind einer von Gottes Leuten."

Sein Mitarbeiter Henrique Neto, Uni-Dozent für Soziologie und von Câmara mit der Jugend- und Studentenseelsorge betraut, kam nicht so glimpflich davon. Im Alter von

28 Jahren wurde er verhaftet, gefoltert und von einem Auto durch die Straßen von Recife zu Tode geschleift, bis nur noch Fleischfetzen übrig waren. Diese Reste fand man dann auf dem Uni-Gelände, in einem Baum hängend.

Anonyme Anrufer rieten dem Erzbischof, im Prozeß um den Mordfall vorsichtig auszusagen, wenn er nicht noch einen Priester verlieren wolle ...

Der Erzbischof ein Terrorist?

Ohne sich um die Tatsachen zu kümmern, bauten Câmaras fanatische Gegner den Erzbischof zu einem abenteuerlichen Popanz auf, zu einem Apostel der Gewalt und Helfershelfer der Terroristen. Sie klammerten sich an seine verständnisvollen Äußerungen über jene, die in der Gewalt das letzte verzweifelte Mittel zur Änderung menschenunwürdiger Zustände sahen – als ob jemand verstehen immer schon hieße, seinen Weg zu billigen!

Der Erzbischof hatte tatsächlich – einen Tag nach einer seiner zahlreichen Audienzen bei Papst Paul VI. – gesagt: „Ich respektiere alle, die sich im Gewissen gezwungen sehen, die Gewalt zu wählen, nicht die allzu leichte Gewalt der Salon-Guerilleros, sondern die Gewalt derer, die ihre Aufrichtigkeit durch das Opfer ihres Lebens bewiesen haben."

Er bekundete seine Hochachtung vor dem kolumbianischen Priester Camilo Torres, der mit dem Maschinengewehr in der Hand für die Freiheit seines Volkes gekämpft hatte: „Ich glaube, daß er Christus bis zum letzten Augenblick treu war." Und er erinnerte immer wieder daran, daß *vor* der Revolte der Unterdrückten die „Gewalt Nummer eins" stehe, die „installierte Gewalt", die Versklavung der Massen durch den Egoismus einer kleinen bevorzugten Schicht.

Herr, hilf denen, die sich ihren Reichtum zugute halten. Es sind armselige Reiche, kommen sie nicht zu jener Einfalt, die weiß, daß sie alles geschenkt erhalten hat, und zu jener Brüderlichkeit, die nie vergißt, daß alle Menschen zur Teilhabe an Deinem göttlichen Reichtum eingeladen sind.
Ein Scheckbuch läßt sich in den Tod nicht mitnehmen. Im Angesicht der Ewigkeit gilt eine einzige Währung: getane, gelebte Liebe.
Geld, Macht, Ruhm, Verbürgerlichung verbreiten Egoismus: Das ist jenes Tier, das in uns selber steckt, uns verschlingt und uns verleitet, zu verschlingen ...
Hilf der menschlichen Kreatur, falschem Reichtum zu entgehen und einzutauchen in den Reichtum, zu dem wir alle geboren sind: in die eine, untrennbare Liebe, Gottesliebe – Menschenliebe.

Gebet für die Reichen

Aber er selbst, das wußte er genau, würde nie fähig sein, den Weg der Gewalt zu beschreiten. Seine persönliche Berufung sei die eines „Friedenspilgers", und er ziehe es tausendmal vor, getötet zu werden, als zu töten. Für die Christen scheine die Wahl doch klar: „Wir stehen auf der Seite der Gewaltlosigkeit, die keineswegs eine Wahl aus Schwäche und Passivität ist." Der Gewaltlose glaube jedoch mehr an die Kraft der Wahrheit und der Liebe als an die Stärke der Waffen und die Gewalt des Hasses.

„Ich glaube nicht an die Gewalt", stellt Hélder klar, „ich glaube nicht an den Haß, ich glaube nicht an bewaffnete Aufstände. Sie gehen zu schnell vor sich: sie wechseln Menschen aus, ohne daß Zeit bleibt, die Mentalität zu ändern."

Unbeirrbar hofft dieser Don Quichotte des lieben Gottes auf eine Sinnesänderung der Reichen, auf eine Bekehrung der Herzen, ohne die alle Strukturveränderungen wenig bringen. Fast naiv ermuntert er zum Dialog mit allen, sogar mit den Militärs, weil „unter der Uniform ein Mensch steckt".

Die Reichen, die sich unverstanden fühlen, die überzeugt sind, menschlich mit ihren Arbeitern umzugehen und das Beste für sie zu tun ... „Wer gibt uns das Recht, zu sagen, wir wollten davon nichts mehr hören? ... Wer gibt uns die Autorität, sie zu verdammen und zu fordern, daß Feuer und Schwefel auf ihr Haupt niederfalle?"

Ein Bischof, der die Gewalttätigen versteht und im Evangelium nur den Ruf zur Gewaltlosigkeit findet; ein Bischof, der offen Zweifel daran äußert, ob gewaltloser Widerstand und moralischer Druck in einer Militärdiktatur mit Pressezensur und Versammlungsverbot überhaupt zu verwirklichen sind; ein Bischof, der es ablehnt, Patentrezepte zu verteilen, und das Gewissen im konkreten Einzelfall entscheiden lassen will ... Auch wohlmeinende Leute vermissen bei Câmara nicht selten die klare strategische Linie. Er sei wohl ein glühender Menschenfreund, aber ein Illusionist, ein Träumer ...

„Ich erhebe nicht den Anspruch, die Lösung zu besitzen", sagt er selbst dazu. „Ich suche. Ich bin kein Fachmann, weder für die Wirtschaft noch für die Soziologie noch für die Politik. Ich bin ein Seelsorger, der am Leiden seines Volkes teilnimmt. Also denke ich nach, versuche einen Weg zu entdecken, fordere jene, die denken können, zur Mitarbeit auf ..."

Solche bescheidenen Selbstbekenntnisse überhören Câmaras Feinde. Vielleicht nehmen sie so etwas auch nicht ernst, wollen es nicht wahrhaben – genausowenig wie die tiefe geistliche Prägung dieses Priesters, die überhaupt nicht zum Bild eines hitzköpfigen Volksaufwieglers passen will.

Eine tiefgreifende, dauerhafte soziale Revolution in der modernen Welt, hat er gesagt, „setzt die göttliche Gnade voraus". Das unterdrückte Volk werde sich nicht entwikkeln, um über dem Fortschritt Gott zu vergessen. Denn der

Durst des Menschen nach dem Ewigen und Unendlichen sei ebenso real wie die wirtschaftlichen Verhältnisse.

Ziel aller Entwicklungsarbeit ist ihm das „Leben in Fülle", das Christus bringt, aus dem er in den Nachtwachen schöpft und in der Messe am frühen Morgen; er nennt sie „den Mittelpunkt meines Lebens", und keiner, der einmal dabei war, hat so etwas wie Routine erlebt. Manchmal spricht er von Christus und sagt, ohne daß es ihm bewußt wird: „*Wir* arbeiten, *wir* sorgen uns ..."

„Ist es wahr, Herr", hat er in einer seiner nächtlichen Meditationen aufgeschrieben, „daß Du mein Schild und meine Lanze sein wolltest, mein Arm und meine Brust, mein Herz und mein Blick?

Ist es richtig, daß Du in mich einströmst, so daß wir nicht mehr zwei sind, sondern eins?

Dann, o mein Engel, lauf in die Hölle,
um den Legionen von Teufeln
eine Herausforderung zu überbringen
für einen Kampf im offenen Gelände
heute morgen um drei Uhr."

Ein Mann, der so glaubt, soll nichts sein als ein Handlanger politischer Interessen, ein listiger Heuchler, der Christus zum Propaganda-Artikel entwertet? Einer, der bloß redet und schreit und von anderen fordert?

Sie machen die Augen zu vor der praktischen Arbeit, die der „Träumer" in seinem Bistum Recife und über dessen Grenzen hinaus leistet. Da ist zum Beispiel die *Operation Hoffnung:* Unterricht im Lesen und Schreiben für erwachsene Analphabeten, Facharbeiter-Ausbildungskurse für junge Leute, Impfkampagnen, medizinische Hilfsstationen, Spielplätze, Näh- und Kochkurse ... alles mit dem Ziel, die Armen in den Favelas und Mocambos aus ihrer Schicksalsergebenheit aufzuwecken und dazu zu bringen, ihre

Probleme gemeinsam anzupacken. Die Schulung von lokalen Führungskräften gehört dazu und die politische Arbeit.

Oder *Banco da Providencia,* die „Bank der Vorsehung", die Lehrwerkstätten, Krankenhäuser, Kinderheime, Rehabilitationsprojekte für ehemalige Prostituierte finanziert und den Armen Darlehen zu sehr niedrigen Zinssätzen – in besonders schlimmen Fällen sogar ganz zinslos – zur Verfügung stellt. Das alles aus Spendenaktionen und dem Verkaufserlös von Basaren.

Câmara weiß, daß er gegen eine Elendslawine kämpft wie der kleine David gegen den Supermann Goliath. Aber er weiß auch, daß Gott mit dem Winzling David war, und er sieht überall auf der Welt Hoffnungszeichen, Spuren seines Geistes: Den Glauben an die Institutionen hat er zwar verloren, weil sie hoffnungslos im kapitalistischen Räderwerk verfangen sind. Aber an allen Orten entstehen aktive, bewußte Minderheiten, die wider alle Hoffnung hoffen und deshalb von Câmara „abrahamitische Minderheiten" genannt werden. Nach Abraham, dem Vater des Glaubens, der auf Gottes Ruf hin, ohne zu zögern, in ein unbekanntes Land aufbrach. In allen Ländern, Rassen und Religionen gibt es diese Gruppen von Menschen, die bereit sind, sich in Bewegung zu setzen für eine gerechtere, menschlichere Welt und viele andere mit sich zu ziehen.

Câmara vergleicht die hier verborgene Potenz mit der Nuklearenergie, die Millionen Jahre im Innersten der Atome auf die Stunde gewartet habe, entdeckt zu werden.

Hélder findet diese Menschen der Zukunft überall, auch bei den Nichtchristen, die ihn oft beschämen durch Mut und Großherzigkeit, auch bei den Atheisten, „diesen wunderbaren Atheisten. Sie glauben nicht an Dich oder denken, daß sie nicht an Dich glauben. Aber sie lieben die menschliche Kreatur ... Dein höchstes Werk." Heute sieht er den Heiligen Geist ganz deutlich in der Friedensbewegung aktiv, „überzeugt, daß wir in Bälde eine große Mehrheit werden."

Naive Träume? Wie stark die „Kleinen" gemeinsam sein können, zeigten erst kürzlich 115 kirchliche Einrichtungen und Einzelpersonen in den USA, als sie 19 amerikanische Konzerne mit Aktionärsanträgen aufforderten, ihre Produktion umzustellen und sich aus der Beteiligung am Wettrüsten zurückzuziehen. Dabei ging es um Atomraketen und biochemische Waffen. Die Aktionäre besitzen immerhin mehr als 850000 Aktien im Wert von 42,2 Millionen US-Dollar; da kann man schon ein gewichtiges Wort mitreden.

„Du hast die Welt nicht zum Spaß geschaffen wie die Katze, die mit einer Maus spielt", wer das weiß wie Hélder, der kann sich zwar Sorgen machen und ein Leben lang zum Kampf gedrängt fühlen, aber er wird nie in der Angst versinken: „Du bist Liebe, das letzte Wort kann nicht Egoismus sein, nicht Haß."

Also auf zum Kampf für die „Sache des Jahrhunderts" (Câmara): die endgültige Befreiung jener zwei Drittel der Menschheit, die noch Sklaven sind.

„Wir wollen das Elend vom menschlichen Boden wegfegen, das Elend, das eine Beleidigung des Schöpfers ist."

„Als Eremit kann man beim Frühstück laut singen“

Der Trappistenmönch
Thomas Merton
fand auf seiner Reise in die Wüste
die ganze Welt

„Ein Mönch ist ein Vogel,
der sehr schnell fliegt,
ohne zu wissen, wohin.
Und er kommt immer
voll Frieden an sein Ziel,
ohne zu wissen, woher."

Achtzehn Jahre ist der Neuankömmling alt, der gerade in die Trappisten-Abtei Gethsemani in Kentucky eingetreten ist und jetzt auf seinen Novizenmeister wartet. Der heißt Thomas Merton und gehört zu Amerikas meistgelesenen religiösen Autoren. Der junge Mann kennt eine ganze Reihe seiner Bücher über den Sinn des Mönchslebens im 20. Jahrhundert, über den Wert des betrachtenden Gebets und des Schweigens vor Gott.

„Der Mönch muß lernen", hat dieser Merton geschrieben, „daß durch seine Gebete, durch den Segen, der von der Gegenwart eines Klosters ausgeht, die Welt geheiligt und Gott nahegebracht wird." Wären diese Bücher nicht gewesen – wer weiß, ob der Achtzehnjährige den Weg zu den Trappisten gefunden hätte. Er ist gespannt auf den Novizenmeister. Es muß ein ernster, beeindruckender Mann sein, aus dem die ganze Kraft eines Lebens im Angesicht Gottes strahlt ...

Über die langerwartete Begegnung mit Merton berichtet der junge Mann später Erstaunliches: „Das erste Mal, als ich ihn sah, hüpfte er den Kreuzgang entlang und machte alle die Zeichen, die wir eigentlich nicht machen sollten und die er uns auch immer wieder nachdrücklich verwies ... Es lag ihm immer daran, daß man ihn nicht zu ernst nahm."

Besser kann man Mertons gelassene, heitere Lebensart kaum charakterisieren. Die Zeichensprache übrigens, auf die sein Mitbruder anspielt, ersetzte in den strengen Trappistenklöstern damals das – verbotene – Gespräch und wurde von den jungen Novizen natürlich zu allerlei Schabernack genutzt.

Merton war das Musterexemplar eines menschlichen Mönchs (ohne zu jener trivialen Gemütlichkeit herabzusinken, die jene trinkfesten Mönchlein mit dem Kugelbauch auf den Kaufhaus-Ölbildern auszeichnet).

Frömmelnde Weltentrücktheit und steife Distanz waren

ihm fremd. Man kannte ihn als Quecksilber mit einer überschäumenden Fantasie, impulsiv, stets voller neuer Ideen und Verrücktheiten. Ein frommer Spitzbube, herzensgut, verschmitzt, sich selbst gegenüber immer ein bißchen skeptisch. Sein gelassener Humor und seine Fähigkeit, über sich zu lachen, kamen vielleicht daher, daß er sich selbst unerbittlich durchschaute.

Nie wurde er unangenehm, außer wenn man unaufrichtig war – erinnern sich seine Novizen. Verlogenheit und Heuchelei konnte er nicht ertragen, am wenigsten in frommen Kirchenkreisen. Da reagierte er dann mit feiner Ironie oder beißendem Spott. Hinter dem für Ordensleute kennzeichnenden Hunger nach Verdemütigung sah er das Verlangen am Werk, von Engeln bestaunt zu werden. „Und verachten wir nicht oft, was die Menschen bewundern, aus Rache dafür, daß wir darauf verzichten müssen?"

Eine messerscharfe Beobachtungsgabe gibt seinen Tagebüchern und Briefen eine fast fotografische Prägnanz. Einen Mitstudenten beschreibt er: „Er trug eine Hornbrille und sah, ich möchte nicht behaupten wie ein Amerikaner, sondern wie ein Franzose aus, der einem Amerikaner gleichen möchte." Ein pensionierter Schulleiter erinnert ihn an die „weinerlichen" Kriegsherren der viktorianischen Gesellschaft; beim Sprechen „weiteten sich seine Augen; er starrte seinem Gegenüber ins Gesicht, wies mit dem Finger auf ihn und betonte seine Worte gleich dem Geist in Shakespeares ‚Hamlet'". Und eine rundliche mexikanische Tänzerin, die er vor seinem Ordenseintritt auf einer Kuba-Reise erlebt hat, sieht in den enganliegenden, pelzigen Männerkleidern eines Cowboys wie eine gewaltige Maus aus, „und tatsächlich waren all ihre Bewegungen die einer Riesenmaus".

Wenn er mit Worten komponiert und seine Eindrücke wie ein Maler zusammensetzt – mehr Mystiker als analytischer Theologe –, wenn er die „herrlich flammenden Gärten" vor den blumengeschmückten Statuen in den kubanischen Kirchen beschreibt, wird seine sinnenhafte Welterfahrung spürbar. Als er in der Abtei Gethsemani endlich seine langersehnte Klause aus Blocksteinen bekommt und dort wie ein Einsiedler leben darf, faßt er seine ganze unbändige Freude in die Bemerkung, als Eremit könne man bei der Zubereitung des Frühstücks laut singen ...

„Was sagt er, der Monsieur Wind?"

Er soll ein energischer, lebhafter Junge gewesen sein, der nie freiwillig schlafen ging, schönen Landschaften zuwinkte, der Sonne und den Bäumen Lieder vorsang, sich plötzlich zu Boden warf, um fasziniert einer Ameisenkolonne zuzusehen, und Leute, die er nicht mochte, mit finsterer Miene in die Flucht schlug.

Gleichzeitig konnte dieses wilde Kind aber auch still dasitzen, in sich hineinhorchend oder die Eindrücke seiner Umgebung begierig einsaugend. Den Regen wollte er immer mit den Händen fühlen. Oft stand er am Fenster, flüsterte vor sich hin „Was sagt er, der Monsieur Wind?" und antwortete sich selbst mit einem kunstvollen Heulen. Von Anfang an und – im Gegensatz zu den meisten Menschen – bis zum Ende scheint er sein Leben als Entdeckungsreise verstanden zu haben.

Tom Feverel Merton begann diese Reise am 31. Januar 1915, als er in Prades in den französischen Pyrenäen, nahe der spanischen Grenze, als Sohn eines Neuseeländers und einer Amerikanerin zur Welt kam. Seine Eltern waren Künstler, großzügige, weltbejahende Menschen, erfolgreiche Maler – der Vater wurde sogar in die *Royal Society of British Artists* gewählt –, aber unstet, immer unterwegs. So etwas wie Heimat hat Tom Merton in dieser Zeit schmerzlich vermißt und ständig gesucht. Auch die gefühlsmäßige Geborgenheit, die ihm die stark am Verstand orientierte Mutter nicht so recht bieten konnte.

Mit sechs Jahren verliert er die Mama, die in seinen Erinnerungen die Züge einer strengen Lehrerin trägt und an deren „gespenstische Vollkommenheitsideale" er nur mit Grausen denkt. In der Folgezeit nimmt er am Wanderleben des Vaters teil: von den Bermudas in die USA, von Frankreich nach England. „Einmal mußte ich in die Schule, dann wieder nicht. Einmal lebten Vater und ich beisammen, dann wieder wohnte ich bei Fremden und sah ihn nur von Zeit zu Zeit. Menschen kamen in unser Leben und traten wieder ab ..."

Eine schreckliche Zeit verbringt er im südfranzösischen St-Antonin, dessen Schule ihm wie ein Gefängnis vorkommt. Eine Atmosphäre roher Gewalt, ein „Wolfsrudel" älterer Schüler terrorisiert die Kleinen. Aber in das katholische Frankreich mit seinen hochgetürmten Kathedralen und romantischen Klosterruinen verliebt er sich; zum ersten Mal erlebt er den Glauben als etwas Begeisterndes. In seiner Familie, die den Quäkern und Anglikanern nahestand, war Religion nicht wichtig gewesen. Was für ein liebevoller, wenn auch nicht besonders redseliger Christ sein Vater war, wird er erst später begreifen.

Andererseits besetzt er in den abenteuerlichen Romanen, die er – wie die meisten Mitschüler – in rasendem Tempo in seine Schulhefte schreibt, die Rollen der größten Schurken grundsätzlich mit Katholiken. Kein Zweifel, aus Tom Merton wird ein gefeierter Romanschriftsteller werden. Doch zunächst gibt es mal wieder einen Umzug ins englische Oakham, und hier im Oberstufen-Internat gefällt es ihm erheblich besser als in St-Antonin. Der bisher eher schüchterne Junge geht aus sich heraus, spielt Theater, baut einen Lese-Club auf, gilt beim Rugby als erstklassiger Stürmer und beim Boxen als As, verteidigt den Sozialismus und klettert im Schutz der Dunkelheit über die Dächer, um Regenschirme und Nachttöpfe auf die Schornsteine zu pflanzen.

Mitten in diese unbeschwerte Phase hinein bricht die Nachricht, daß sein Vater mit einem bösartigen Gehirntumor ins Krankenhaus eingeliefert worden ist. Als er ihn dort wiedersieht, das Gesicht aufgeschwollen, eine riesige Beule an der Stirn, stumm und unglücklich, schießen ihm die Tränen aus den Augen, weil er sich völlig hilflos fühlt: „Es war wie eine blutende Wunde, für die es keine Rettung mehr gibt. Man mußte sie hinnehmen wie ein geschlagenes Tier."

Tom Merton ist 16 Jahre alt, als sein Vater stirbt, langsam und qualvoll. Jetzt ist er Vollwaise. Er hat alles verloren, Familie, Heimat, Vertrauen, Gott und Himmel: „In diesem Jahr", erinnert er sich, „warf meine dürre Seele die letzten Spuren der Religion, die je in ihr gewesen waren, aus ihrer harten Schale. Es gab keinen Platz mehr für einen Gott in diesem leeren Tempel voller Staub und Schutt ... So wurde ich zu einem vollendeten Menschen des 20. Jahrhunderts."

Freunde seines Vaters, kultiviert, mondän, werden seine Pflegeeltern. Tom ist jetzt Hauspräfekt in Oakham, hält sich für einen großen Revolutionär und Philosophen und besteht die Prüfung für Stipendienbewerber in Cambridge. Dort führt er das wilde Leben eines Menschen, der die tief drinnen nagende Verzweiflung durch lärmende Hektik übertönen will.

Sein Freund Rice lernte ihn als den „größten Krakeeler" von Cambridge kennen. Die Clique um Merton zog besoffen durch die Kneipen, schwänzte Vorlesungen und machte nachts fremde Colleges unsicher. Tom selbst schuf sich einen Ruf als Trunkenbold, intelligenter Karikaturist, Ruderer, Schlagzeuger und unverbesserlicher Weiberheld. Frauen scheint er in erster Linie zur Selbstbestätigung gebraucht zu haben, vor ernsthafteren Beziehungen und Gefühlen hatte er eine Heidenangst.

„Mein eigenes Bild im Spiegel erregte meinen Ekel", berichtet er später in seiner Autobiographie, im pathetischen, etwas dick aufgetragenen Stil seiner ersten Mönchsjahre. Alles, wonach er die Hand ausgestreckt, habe sich in Asche verwandelt, und er selbst sei zu einem liederlichen, schwachen, arroganten Menschen geworden, Gottes Bild in der eigenen Seele kreuzigend und mit Schmutz bewerfend.

Die Hinweise auf die schlimmste Sünde seiner Studentenzeit hat die Ordenszensur allerdings sorgsam aus dem Manuskript getilgt: Eine seiner Freundinnen, ein einfaches Mädchen, das dem College-Standard offenbar nicht entsprach, bekam ein Kind von ihm. Der Pflegevater scheint die junge Mutter finanziell zufriedengestellt und Tom die drohende Vaterschaftsklage vor Gericht erspart zu haben; damit war die Sache für Merton erledigt. Später stellten sich allerdings schwere Schuldgefühle ein, die neurotische Formen annahmen und seine Entscheidung für die härteste Form des Ordenslebens sicher beeinflußt haben. Sein Sohn und seine Ex-Geliebte starben bei einem Luftangriff auf London.

„Warum war alles so leer?" fragte Merton später in seiner Autobiographie. Dieses Cambridge habe auf einfältige, hohle Weise so tun wollen, als stecke es voller Leben. „Es spielte eine gewaltige, verwickelte Scharade mit kostspieligen, umständlichen Verkleidungen und Szenen und einer Menge unpassender Lieder; und doch war das Ganze unerträglich düster, weil die meisten Leute moralisch schon tot waren ..."

Um dieser „Hölle" (Merton) zu entfliehen, ging er 1934 in die USA. An der New Yorker *Columbia University,* in unmittelbarer Nachbarschaft des Neger-Gettos Harlem mit seiner explosiven Atmosphäre, studierte er moderne Sprachen, französische Literatur und Jura und erwarb den akademischen Mastertitel in englischer Literatur. Er besprach Bücher für die *New York Times,* wurde künstlerischer Leiter eines studentischen Witzblattes, verdiente sich sein Studium als Dolmetscher, Reklamezeichner und Nachhilfelehrer, malträtierte das Klavier im Uni-Theater mit Jazzrhythmen – und begann zu beten.

An seinem „ersten nüchternen Sonntag" in New York gab er sich einen Ruck und besuchte in einer kleinen Kirche Harlems zum erstenmal eine katholische Messe, scheu, ohne viel zu verstehen; als in die Stille hinein das Wandlungsglöckchen läutete, schrak er zusammen und rannte hinaus auf den sonnenbeschienenen Broadway – verwirrt und glücklich.

Woher dieses plötzliche Interesse an Dingen, die ihm bis jetzt völlig fremd gewesen waren? Eine mystische Phase als neuer Gag in seinem sprunghaften Leben? Religiöse Erfahrung als Droge, weil Alkohol, Sex und die endlosen Kinobesuche uninteressant geworden waren?

Es muß mehr dahintergesteckt haben. Merton fühlte sich psychisch kaputt, leer, ausgebrannt, angeekelt. Er litt an Angstzuständen und Schwindelanfällen. Alle Versuche, irgendwo Halt zu finden, hatten sich als Irrwege erwiesen: Seine Mädchenbeziehungen, denen die Bereitschaft fehlte, etwas von sich herzugeben. Sein Interesse an der Psychoanalyse, die er im Rückblick „Gemüts- und Sexualgymnastik" nennt, unfähig, die Unfruchtbarkeit und Öde der modernen „Tretmühlen-Zivilisation" zu überwinden. Sein spontaner Beitritt zur Kommunistischen Partei, für die er Reden hielt und Broschüren verkaufte, weil er die Profitgesellschaft abstoßend fand und etwas gegen die Kriegsgefahr tun wollte. Die Soldaten sähen nicht mehr wie Menschen aus, sondern bloß noch wie gutes oder beschädigtes Kriegsmaterial, notiert er 1940 schaudernd nach dem Besuch eines deutschen Propagandafilms über den Polenfeldzug.

Alles das genügt nicht, das spürt er immer deutlicher. Dauerhaftes Glück könne die Menschenseele nicht aus sich selbst, sondern nur von Gott empfangen, wird er später sagen. Eine seltsame Mischung von Eindrücken führte ihn Schritt für Schritt auf den Pfad des Glaubens: Bücher über die mittelalterliche Philosophie, nachdenkliche Freunde, ein durch ungezwungene Fröhlichkeit und waches Einfühlungsvermögen auffallender Hindu-Mönch, der ihm die Lektüre des heiligen Augustinus empfahl.

So fand er den Weg – gehen mußte er ihn selber. Kein Gott, der lockend aus einer Wolke zu ihm sprach. Kein Engel, der ihn aufmunternd bei der Hand nahm. Er wußte nur, daß er nicht länger unschlüssig an der Tür stehen bleiben konnte. „Arm und elend", so schreibt er, fühlte er sich dem Glauben gegenüber, trotz aller Lektüre und Gespräche. Er hätte weiter auf die große Offenbarung warten können, auf die plötzliche Begegnung mit einem alle Zweifel souverän beiseite räumenden Gott. Er tat es nicht. Er beschloß, sich anzustrengen. Am 16. November 1938 ließ er sich katholisch taufen.

Merton im Rückblick: „Jetzt war ich in die ewige Bewegung jener Schwerkraft eingetreten, die Gottes Leben und sein Geist ist ... in seine Güte ohne Ende. Und Gott, der überall der Mittelpunkt ist und nirgendwo eine Peripherie hat, hatte mich gefunden ... Und aus dem unauslotbaren Abgrund seiner Tiefe rief er mich."

Wie gesagt, Mertons Weg zum Christsein war ein mühsames Dahinstolpern, kein siegessicheres Schreiten auf strahlenden Himmelspfaden. Solche plötzlichen Erleuchtungen, die ein Menschenleben von einer Stunde auf die andere wundersam umkrempeln, gibt es wohl nur in Heiligenlegenden. Tom mußte erleben, daß die erwartete radikale Wende in seinem Leben ausblieb – wahrscheinlich, weil er sie zu sehr von außen erhoffte und manche Opfer noch nicht zu bringen bereit war.

Er ging zur Messe, auch werktags, betete und las viele religiöse Bücher, aber während er einmal stundenlang begeistert über die Möglichkeit sprach, Gott zu erkennen, heizte er sich mit Whisky an. Das alte Lotterleben des Zechbruders und Schürzenjägers mischte sich mit den Anfängen christlicher Praxis. „Für mich muß ein Wunder passieren", stellte er ziemlich mutlos fest.

Erst viel später begriff er, daß sein zähes Arbeiten an sich selbst dieses Wunder gewesen war. Während er sich erfolglos um den großen Durchbruch als Schriftsteller bemühte – „‚Hilfe!' schreit der Roman, ‚ich bin soeben wieder abgelehnt worden!'" –, brachte er es mit der Zeit fertig, als miserabel bezahlter Englischlehrer an der *St. Bonaventure's University* der Franziskaner fast wie ein Mönch zu leben, spartanisch, ganz auf seine Arbeit, seine Bücher und seine innere Entwicklung konzentriert. Und langsam stieg ein starkes, klares Verlangen in ihm auf: „Ich will in ein Kloster eintreten und Priester werden."

Zwei Jahre nach seiner Taufe bewarb er sich bei den Franziskanern, an denen ihn die fröhliche Armut und die Unabhängigkeit von geistigem Zwang und Routine anzog. Als er freilich seine bewegte Lebensgeschichte erzählte, erfuhr er eine kalte Dusche: Man wollte ihn nicht im Orden haben. Und der Kapuziner im Beichtstuhl, dem er an jenem schwarzen Tag seine Verzweiflung anvertrauen wollte, unterbrach ihn mit dem Bescheid, er gehöre ganz bestimmt in keinen Orden und er solle ihm mit seinem Selbstmitleid gefälligst nicht die Zeit stehlen.

Aber wieder fällt auf, wie zäh Merton sein konnte, wenn er sich etwas in den Kopf gesetzt hatte. Statt sich gekränkt von seinem Klostertraum zurückzuziehen, glich er seinen Lebensstil noch mehr einer Mönchsexistenz an, gab die Zigaretten auf, von denen er bis zu 40 pro Tag gepafft hatte, kaufte sich ein Brevier und begann seine Fühler nach einem noch strengeren Orden auszustrecken, nach den Trappisten, die damals in Amerika bei den jungen Leuten groß in Mode waren. Das unerhört harte Leben der Mönche, das strenge Schweigegebot, die Strohsäcke in den Zellen faszinierten viele; Tausende wählten in den vierziger Jahren diesen Weg, der keine Kompromisse erlaubte.

„Passen Sie auf, die krempeln Sie um!" warnte ihn ein Freund aus dem Franziskanerorden, als er sich in der Karwoche 1941 zu Exerzitien bei den Trappisten aufmachte. „Das wäre mir eben recht", lächelte Tom zurück. Je schonungsloser, strenger, unbarmherziger eine Klosterregel aussah, desto mehr schien sie ihm zu seiner schuldbeladenen Existenz zu passen. Nein, keine kultivierte Gemeinschaft von Künstlern und Wissenschaftlern; diese Mönche mit den kahlgeschorenen Köpfen, die auf den Feldern Rüben hackten und jeden Tag fünf Stunden betend und singend im Chorgestühl verbrachten, waren die richtigen Gefährten für ihn.

Die Karwoche in der Abtei Gethsemani in den Bergen von Kentucky, einsam inmitten wilder Schluchten und undurchdringlicher Wälder gelegen, in einem Tal, wo es im Sommer unerträglich heiß und im Winter bitter kalt ist – diese Karwoche entscheidet sein Leben. Hier will er bleiben.

Bei der Messe in der Morgendämmerung, als der Priester den golden glänzenden Kelch emporhebt, scheint ihm Christus zu sagen: „Erkennst du, was Liebe ist? Nie hast du den Sinn der Liebe erfaßt, stets hast du alles in den Mittelpunkt deines eigenen Nichts gezogen ... Diese Menschen sterben für mich. Diese Mönche töten sich selbst für mich und für dich, für die Welt ..." Zu ihnen gehören! Ein unbezähmbares Verlangen paart sich mit der Angst vor einer erneuten Abfuhr.

Wieder daheim in New York, beteiligt er sich an der Sozialarbeit in Harlem. Er tut das mit soviel Hingabe, daß er mehrfach gefragt wird, warum er denn nicht Priester werden wolle. Und eines Tages setzt er alles auf eine Karte. Er bewirbt sich bei den Trappisten von Gethsemani, und noch bevor eine Antwort kommt, verschenkt er seine Anzüge und Bücher, wirft sämtliche Roman-Manuskripte in den Ofen und macht sich auf den Weg nach Kentucky.

„Eine Schule, wie man glücklich wird"

Am 10. Dezember 1941 wird der 26jährige in Gethsemani aufgenommen. Thomas Merton wird von jetzt an Frater Louis heißen.

Heimatlos und umhergetrieben seit dem Tod des Vaters, richtet er seine ganze Hoffnung auf das Kloster: „eine Schule, in der Gott uns lehrt, wie man glücklich wird". Das sei der Sinn des kontemplativen (beschaulichen) Lebens: sich selbst und Gott zu erkennen, „uns von uns selbst loszulösen", um am Ende Gott zu finden, „in unserem gereinigten Wesen, das zum Spiegel seiner unermeßlichen Güte und unendlichen Liebe geworden ist".

Dem dient das damals bei den Trappisten übliche (heute etwas gelockerte) absolute Schweigen: „Mein Leben ist horchen, Sein Leben ist sprechen." Also von jeder Ablenkung befreites Hinhören auf Gott. Eine verblüffend vielseitige Zeichensprache ersetzte den Mönchen die Unterhaltung: Daumen und Zeigefinger auf die Augen, das hieß „Nacht", den gekrümmten Finger an der Nasenspitze hin und her bewegen und dazu einen imaginären Bart zwirbeln, das bedeutete „Katze". Als sein Mitbruder Pater Gervase Merton mitteilen wollte, daß ein gemeinsamer Bekannter in eine spanische Kartause eingetreten sei, wirbelte er einfach auf dem Absatz herum und schnalzte mit den Fingern über dem Kopf, als spiele er mit Castagnetten ...

Fünf Stunden Chorgebet – beginnend um zwei Uhr morgens – und fünf Stunden Handarbeit waren in Gethsemani die Regel. Merton hat das harte Schuften auf den steinigen Äckern sehr geschätzt: Es mache einen „so fest wie das Land, auf dem wir leben. Das gibt einem eine Schreibmaschine nicht." Das alles bei mehr als magerer Kost und einem mörderischen Klima. Im Winter war manchmal das Weihwasser am Eingang zum Schlafsaal gefroren, im Hochsommer fühlte er sich in seinen schweren Wollgewändern wie in einer „Bratpfanne". Dennoch waren die Mönche keine grantigen Sauertöpfe, sondern teils recht lustige Vögel, wie das einfallsreiche Verständigungssystem zeigt. Und Merton erschien manchmal als der lustigste unter ihnen.

Doch unter der fröhlichen Oberfläche nagte oft genug die alte Verzweiflung. Der Eintritt in den Orden befreite ihn keineswegs automatisch von seinen Problemen, wie er vielleicht gehofft hatte, denn die Schwierigkeiten wurzelten in seinem Herzen – nicht in irgendwelchen Bedingungen der Außenwelt. Alle schlechten Gewohnheiten, so schreibt er später, hätten sich mit ihm ins Kloster hereingeschlichen und das Ordenskleid mit angezogen, jetzt getarnt als geistlicher Hochmut und fromme Genußsucht. Und bald war er sich gar nicht mehr so sicher, ob dieses Kloster jemals seine Heimat werden konnte, das ihm mit seinen extremen Anforderungen abwechselnd Schuldgefühle und – wenn er es schaffte, sich zu bezähmen – eine nicht besonders christliche Selbstgefälligkeit abnötigte.

Sein längst nicht ausgeträumter Traum von der Schriftstellerei bringt ihn zusätzlich ins Schleudern. Einerseits weiß er genau, welche Versuchung eine literarische Karriere für den schlichten Frater Louis bedeuten würde („im Trappistenkloster ist ein Autor wie eine Ente im Hühnerstall"). Seine Angst vor dem Erfolg ist bestimmt nicht gespielt, wie sie durch ein amüsantes Selbstgespräch in seinem Tagebuch schimmert:

„Aber wenn die Geschichten sich nun verkaufen wie

warme Semmeln? – Dann werde ich heulen wie ein kleiner Junge mit dem Mund voll Senf. – Warum? – Ich liebe meine Armut, aufrichtig. Armut ist Freiheit ..."

Andererseits ermuntern ihn seine Vorgesetzten zum Schreiben; ein bißchen Stolz auf dieses Talent in ihren Mauern mag da mitspielen, immerhin hat Merton gerade sein erstes Gedichtbändchen herausgebracht. Nur zu, mochte er ruhig weiter dichten, ohne freilich seine zahllosen Mönchspflichten zu vernachlässigen.

So bleiben ihm knapp zwei Stunden am Tag, um Gedichte, Meditationen und tiefschürfende Essays über das Wesen des Klosterlebens zu produzieren, teils auf einer uralten Schreibmaschine, bei der „wichtige Teile, zum Beispiel die Buchstaben", ständig versagen, teils auf einem neueren Gerät, das er sich aber mit einem zweiten Mönch teilen muß. Wie er in diesen – einem harten Arbeitstag mühsam abgetrotzten – schöpferischen Pausen im Lauf der nächsten drei Jahrzehnte an die 60 erfolgreiche Bücher und eine Unzahl von Aufsätzen schreiben konnte, dazu die ihm vom Vater Abt aufgehalsten Übersetzungsarbeiten und erbaulichen Lebensbilder von Ordensheiligen, bleibt ein Rätsel.

Seine Autobiographie *The Seven Storey Mountain,* „Der Berg der sieben Stufen", 1946 erschienen, wird zum Bestseller; 600 000 Stück werden von der Originalausgabe vertrieben. Der berühmte Graham Greene nennt es „ein Buch, das man zu seinen eigenen zählen möchte". Merton schreibt weiter, Buch um Buch, um den Hunger einer ständig wachsenden Leserschaft zu stillen. Die Ehrlichkeit, mit der er seine Kämpfe schildert, und die Leidenschaft, mit der er um den Glauben ringt, faszinieren die Menschen.

Mertons Situation im Kloster wird immer paradoxer: Ein Mönch, der nach der strengen Trappistenregel zu völligem Stillschweigen verpflichtet ist und nur viermal im Jahr Post empfangen darf, wird von einer Flut von Fan-Post überschwemmt, um Manuskripte und Aufsätze gebeten, in allen möglichen Nöten um Rat gefragt. Der Mitbruder, der – ebenfalls streng nach der Regel – zur Vorzensur seiner Post ausersehen ist, tritt diese Heidenarbeit resigniert an Merton ab und ermächtigt ihn, seine Post künftig selbst zu lesen und zu sortieren. „Es war eine der schwersten Bußen, die mir je auferlegt worden ist", seufzt Frater Louis und lernt mit seiner knappen Arbeitszeit noch besser hauszuhalten.

1947 legt Thomas Merton seine Gelübde ab, ohne ein „besserer Mönch" zu werden, wie er lakonisch feststellt. Zwei Jahre später empfängt er die Priesterweihe. Seine Ansprüche an die verwandelnde Kraft des Klosterlebens sind bescheidener, realistischer geworden. Ein richtiger Mönch, das weiß er jetzt, bleibt sein Leben lang ein Suchender, ein Anfänger, der sich jeden Tag neu die Frage stellen muß, warum er überhaupt im Kloster ist.

Die so gewonnene Gelassenheit erspart ihm jedoch nicht die immer stärker werdenden Konflikte, in die ihn sein zerrissenes Leben zwischen Chorgestühl, Schreibmaschine und Rübenacker stürzt. Mittlerweile hat man ihn auch noch zu einer Art Tutor für die Novizen gemacht, der jedem der rund 40 Kloster-Neulinge eine Stunde Privatgespräch pro Woche widmet, Vorlesungen und Einführungskurse zu halten hat. Die vielfältigen Aktivitäten zermürben seine Gesundheit, drohen das kontemplative Leben, das er gelobt hat, zu ersticken.

Klosterleben und amerikanische Hektik bildeten eine gefährliche Kombination, schreibt er einmal. „Augenscheinlich meinen wir, Gott wäre mit keinem Kloster zufrieden, in dem es nicht in jeder Beziehung zugeht wie in einer Munitionsfabrik unter dem Hochdruck von Kriegszeiten ... Wir meinen, wir hätten Großartiges geleistet, nur weil wir erschöpft sind." Er sehnt sich nach Frieden und Stille, aber „wohin ich mich wende, überall finde ich das Zeug, das ich schreibe, an mir kleben wie Fliegenpapier".

Zum einen fühlt er sich in der Weltabgeschiedenheit von Gethsemani eingeschlossen, verarmt, menschlicher Beziehungen beraubt; mit Menschen, mit denen man nur in der Zeichensprache und auch da nur das Nötigste reden darf, läßt sich schwer Freundschaft schließen. Zum andern rückt man sich in Gethsemani für seine Begriffe zu nah auf den Pelz; man ißt, betet, arbeitet, schläft zusammen, es gibt keine Privatsphäre, und nicht zuletzt dank der werbewirksamen Bücher Mertons ist Gethsemani zu dieser Zeit auch noch rettungslos überfüllt. „Kein Empfinden für Gottes Gegenwart", notiert er traurig nach dem Chorgebet.

Dazu die ständigen Auseinandersetzungen mit dem neuen Abt James Fox, einem irischen Harvard-Absolventen und ehemaligen Marineoffizier, der Merton schätzt und sogar gern hat, aber seinem Temperament und seinen immer neuen Ideen mit drakonischen Verboten und sturen Freiheitsbeschränkungen begegnen zu müssen glaubt. „Der gute Pater Louis ... neigt dazu, subjektive Gefühle sehr wichtig zu nehmen", äußert er sich in einem Brief über den ungebärdigen Mitbruder; das will er ihm austreiben, und meist unterwirft sich Merton auch in wohlbedachtem Gehorsam. Er möchte soviel machen und kennenlernen und ausprobieren, da ist es ganz gut, wenn ihm Gott auf dem Umweg über den Vater Abt eine klare Linie zeigt.

Aber manchmal fühlt er sich schon arg mißverstanden, gedemütigt und gegängelt, wenn Abt James zum Beispiel vor dem versammelten Kapitel über den eitlen Mißbrauch von Talenten zur Selbstverherrlichung predigt und jeder weiß, daß er damit Pater Louis aufs Korn nimmt.

Ein friedliches Idyll, wie es sich die „Weltleute" oft vorstellen, ist dieses Klosterleben wirklich nicht immer. Aber Thomas Merton reift dabei. Er lernt sich selbst mit seinen Schwächen und Begrenzungen anzunehmen. Er gibt seine unrealistischen Erwartungen auf. Allzu oft hat er sich ausgemalt, was ihm das Leben in Gethsemani bringen soll, und ist dann enttäuscht gewesen, weil es ganz anders kam. Jetzt wird er arm vor Gott und frei: Mach mit mir, was *du* willst.

„Wenn ich Ihn mit großer Leichtigkeit finde", fragt er sich nachdenklich, „ist Er vielleicht nicht mein Gott. Wenn ich nicht hoffen darf, Ihn überhaupt zu finden, ist Er dann mein Gott? Wenn ich Ihn überall finden kann, wo *ich* es wünsche, habe ich Ihn dann gefunden?

Wenn Er mich überall findet, wo *Er* es wünscht, und mir sagt, wer Er ist und wer ich bin, und wenn ich dann erkenne, daß Er, den *ich* nicht finden konnte, *mich* gefunden hat – dann weiß ich, es ist der Herr, mein Gott. Er hat mich mit dem Finger berührt, der mich aus Nichts erschaffen hat."

Merton weiß jetzt, daß die Kontemplation aus dem Dunkel, aus der Erfahrung des Scheiterns wächst. Der Weg zu Gott führt durch die Wüste. Christentum, so schreibt er in einer Anleitung zum betrachtenden Beten, sei eine Religion für Menschen, die den tiefen Riß im menschlichen Dasein erlebt hätten, die Entfremdung von Gott durch Schuld, Zweifel und verborgenen Haß: In dieser Nacht, in der Gott scheinbar fern und alles „geistliche Licht" verdunkelt sei und jeder Wert seine Konturen verliere, drohe in der Tat der Verlust des Glaubens.

„Wir werden", schreibt Merton weiter, „den Wert unserer Motive für den Glauben, die Liebe, für unsere Selbst-Auslieferung an den unsichtbaren Gott neu überdenken müssen ... Möglicherweise ist man der furchtbaren Erfahrung, scheinbar keinen Glauben zu haben, *während er in Wirklichkeit wächst,* nicht gewachsen. Denn dies ist die Probe, das Feuer der Läuterung, in dem die menschlichen und zufälligen Glaubenselemente verbrennen und die tiefe geistliche Kraft im Innersten unseres Seins frei wird." Am Ende dieser Prüfung beginne man nämlich zu entdecken, daß „die Nacht, in der wir verloren scheinen, die Geborgenheit im Schatten von Gottes Flügeln ist" ...

Die christliche Kontemplation ist der Niederschlag einer Krise innerhalb einer Krise, einer bodenlosen Angst innerhalb bodenloser Angst, sie entsteht aus geistlicher Not. Sie ist ein Sieg, der sich in der Stunde des Scheiterns plötzlich einstellt ... Sie ist ein Gesicht, in dem die Liebe in das Dunkel steigt, das für die Vernunft undurchdringlich ist und alle losen Fäden, die der Verstand von sich aus nicht miteinander verbinden kann, zu einem einzigen Band vereinigt. Und mit dieser Schnur rafft sie das ganze Sein des Menschen zu einer Vereinigung mit Gott ...

Diesen schwierigen Glauben, der manchmal den Charakter des Zweifels annehmen könne, vergleicht Merton mit einem Leben im Unterseeboot. Vor dieser Erfahrung zerbreche die künstliche Scheidung zwischen Gläubigen und Ungläubigen: „Es stimmt nicht, daß manche Menschen ganz richtig und manche falsch liegen ... Jeder ist mehr oder weniger ein Ungläubiger." Eine Einsicht, meilenweit entfernt von der Weltverachtung seiner frühen Klosterjahre. Merton beginnt wieder auf die Menschen zuzugehen. Er fängt an, herzuschenken, was er selbst endlich erfahren hat: Barmherzigkeit und Liebe.

Statt eifersüchtig seine Einsamkeit zu verteidigen, beginnt er die Menschen in sein Leben hineinzunehmen: „Die Einsamkeit, die man hat, gehört der Welt und Gott." Mitten in New York, auf einer seiner wenigen Reisen, notiert er plötzlich: „Ich liebte alle diese Leute, sie waren mein und ich der ihre ... Es war, wie wenn ich aus einem Traum von Trennung und eingebildeter Heiligkeit aufgewacht wäre ..."

Fasziniert äußert er sich einmal über die Art, wie Dostojewski in den *Brüdern Karamasow* den „ewigen Konflikt" im Mönchtum und im Christenleben überhaupt dargestellt hat: in der Gestalt des strengen, selbstgerechten Therapont, der sich in mühsamer Kasteiung von der Welt befreit und dann glaubt, sie verfluchen zu können – während der freundliche, mitleidige Starez Sossima, solidarisch mit der sündigen und leidenden Welt, Gottes Segen auf sie herabruft. Mehr und mehr ist Pater Louis von Therapont zu Sossima geworden.

Mehr und mehr fällt denen, die ihn in diesen Jahren erleben, seine große Herzensgüte auf, seine Fähigkeit, sich ganz zu öffnen – während er doch weiter von Unsicherheit über seine Berufung und betäubenden Angstgefühlen bedrückt wird und unter kleinkarierten Widerständen zu leiden hat. Die französischen Ordensoberen, des Englischen unkundig und gar nicht in der Lage, seine Manuskripte zu lesen, wollen die Veröffentlichung des zweiten Bandes seiner Autobiographie *Das Zeichen des Jonas* verbieten.

In diesem Buch schimmert immer wieder Mertons Sehnsucht nach der Einsamkeit, nach dem Eremiten-Dasein, durch. Er hat zwar begriffen, daß die „Wüste" keine geographische sein muß und daß seine Berufung darin besteht, die Früchte seiner Kontemplation mit anderen zu teilen – durch seine Bücher zum Beispiel. Aber dazu braucht er einen Freiraum an Zeit und Stille, den er paradoxerweise im Kloster der schweigenden Mönche mit seinen vielen Pflichten kaum findet.

Abt James dressiert – so ist man fast versucht zu sagen – den etwas zu selbständigen Mitbruder mit Zuckerbrot und Peitsche wie ein ungebärdiges Zirkuspferd: Er verschafft ihm den Posten eines Waldhüters, der sich um solche Dinge wie Aufforstung und Brandschutz zu kümmern hat; das bedeutet herrliche Stunden der Ruhe und Meditation für Pater Louis. Als Merton jedoch in Rom um die Erlaubnis bittet, zu den – zwar im Klosterverband, aber wie Eremiten lebenden – Kamaldulensern überzutreten, reagiert sein Abt mit einem fünfjährigen Schreibverbot: Pater Louis habe sich in seinem „inneren Unfrieden" und in seinen „dichterischen Launen" in etwas hineingesteigert, nun solle er erst mal richtig wie ein Trappist leben und „alle Verbindungen zu Verlegern und Autoren ruhen lassen. Dann wollen wir sehen, wie es um ihn steht."

Mit Schreiben aufhören? „Vielleicht werde ich noch auf meinem Sterbebett schreiben", hat Merton seinem Tagebuch anvertraut, „ja sogar ein bißchen Asbestpapier mit hinübernehmen, um im Fegfeuer zu schreiben." Eine härtere Strafe konnte es für ihn kaum geben. Kein Wunder, daß er äußerlich zwar stoische Ruhe bewahrt – „es ist mir ziemlich gleichgültig, was ich jetzt tue, solange es Gottes Wille ist" –, aber an den Rand eines Nervenzusammenbruchs gerät und etliche Jahre später den Rat eines Psychiaters sucht.

Merton weiß das Schreibverbot dadurch zu umgehen, daß er statt der Bücher nun eben massenhaft Aufsätze – die gesammelt wieder als Buch erscheinen können – und Übersetzungsarbeiten mit sehr inhaltsreichen Einführungen publiziert. Viel Zeit hat er ohnehin nicht dafür, denn der Abt hat – wohl um etwas gutzumachen – seinem Wunsch entsprochen und ihm das Amt des Novizenmeisters übertragen. Jetzt ist er für die geistliche Formung des Nachwuchses in Gethsemani verantwortlich. Die jungen Mönche nennen ihn zärtlich-respektvoll „Onkel Louie".

Sind Mönche Super-Christen?

Draußen in der Welt weiß man nichts von der Zwangsmaßnahme gegen Merton; bei den Verlagen liegen noch genug Manuskripte, die jetzt nach und nach gedruckt werden, und seine zehn bisherigen Bücher erreichen hohe Auflagen. Mit seiner immer wiederkehrenden Frage, was denn der Sinn eines Mönchslebens in der heutigen Welt sei, hat er offensichtlich einen empfindlichen Nerv bei seinen Zeitgenossen angesprochen. Denn dahinter steht die Frage, die auch den Nicht-Mönch interessieren muß: Wie ist es möglich, im 20. Jahrhundert glaubwürdig als Christ zu leben?

Wenn er diese Frage auch zunächst auf das kontemplative Leben einengt, bleibt, was er sagt, doch allgemein gültig. Zumal laut Merton viele Kontemplative außerhalb der Klostermauern leben, ohne zu wissen, daß sie Kontemplative sind, an Orten wie Harlem und wo immer Menschen leiden. Längst hat er die etwas schwärmerische Hochstimmung der Anfangszeit hinter sich gelassen, als er die Mönche noch zu ausgesprochenen Super-Christen verklärte, die ständig in Gottes besonderer Nähe lebten und seinen Arm davon abhielten, „die schmutzige Welt voller Lüsternheit, Habsucht, Mord und allen Sünden zu schlagen und zu zermalmen" (diesen Stil hat Merton tatsächlich einmal geschrieben).

Mittlerweile sieht er die Aufgabe eines Mönchs ganz anders: Ein exemplarischer Mensch soll er sein, ein Mensch, ganz er selbst – ohne Maske und Illusion, offen für Gott und die anderen – ohne falsche Sicherheiten. „Ein Baum", sagt Merton, „gibt Gott die Ehre vor allem dadurch, daß er Baum ist ... Je mehr ein Baum sich selbst gleicht, um so mehr gleicht er Ihm ..." In ganz ähnlicher Weise kommt ein Mensch Gott um so näher, je mehr er einfach er selbst ist.

Deshalb erfordert das kontemplative Leben im Grunde keine besonderen Techniken, die den Himmel herabziehen, sondern die Erkenntnis: Wir sind schon im Himmel. Christus ist schon zu uns gekommen, auch wenn es noch Nacht um uns ist. Und der kontemplative Mensch ist kein Engel, unberührt von den menschlichen Kämpfen und Leidenschaften, sondern ein Mensch, der sich um das volle Christenleben bemüht. Arbeit, Gebet, Familienleben und Erholung versucht er zu einem harmonischen Ganzen zu machen, mit Christus als Mittelpunkt. Der kontemplative

Mensch ist ein Mensch, der in Gottes Gegenwart leben will – und Gott ist nicht nur im Kloster gegenwärtig.

Christus müsse in uns leben, sagt Merton; das sei mehr als die bloße Nachahmung eines Musters aus der Bibel. Das ganze Problem bildeten heute nicht die sogenannten Feinde Christi und die Verfolger der Kirche, sondern die „gottlosen Christen", deren Religion bloß aus Opportunismus und Mitläufertum bestehe. Merton: „Ihr sogenannter Glaube ist kaum mehr als eine Dauerflucht vor der Wirklichkeit, ein Kompromiß mit dem Leben. Sie passen ihr Benehmen dem der anderen an, um nicht zugeben zu müssen, was ihnen denn doch peinlich wäre, daß sie Gott im Grunde nicht mehr brauchen und eigentlich gar nicht mehr an ihn glauben. Diese sogenannten Gläubigen hocken nun zusammen und rechtfertigen dadurch ein Leben, das sich durch gar nichts von dem Leben ihrer materialistischen Mitmenschen unterscheidet ..."

Die Christen, so meint Merton weiter, sollten sich da ein Beispiel an den frühen Kommunisten – vor ihrer stalinistischen Verbürgerung – nehmen, die gegenüber den Werten der von ihnen verabscheuten Gesellschaft eine „fast religiöse Askese" gepflegt hätten. „Positiver Widerstand" gegenüber einer materialistischen Welt sei nötig, Stärkung der Willenskraft durch Gebet, Studium und eine persönliche Beziehung zu Christus. Denn Christentum sei nicht bloß ein Lehrsystem, sondern die Gegenwart des lebendigen Gottes unter den Menschen.

Dieses Leben in Gottes ständiger Nähe versuchen die Mönche auf ihre Weise. Merton kommt immer wieder auf die Definition des heiligen Benedikt zurück: Mönche sind Leute, die Gott suchen. Gott, nicht die eigene geistliche Vollkommenheit! Deshalb ist in Mertons Anleitungen zum geistlichen Leben so oft von Armut, Leere, Nacktheit die Rede – womit er den Verzicht auf die stützenden Rollen und Masken, auf die falschen Sicherheiten und Lebenslügen meint. Das „falsche Selbst" muß fallen, diese egozentrische Hülle, für deren Erhaltung man oft das ganze Leben vergeudet: „Wir sollten uns nackt und wehrlos in die Mitte jener Angst führen lassen, wo wir allein in unserer Nichtigkeit vor Gott stehen ..."

Denn nur Wehrlose kann Gott aus dem Panzer ihres falschen Ich befreien, nur Arme kann er reich machen, nur Menschen, die wissen, daß ihnen die Liebe fehlt, kann er mit *seiner* Liebe verwandeln: „Christus rettet uns vor uns selbst, damit wir ihn in uns finden können. Der Weg zu ihm ist der Weg zum eigenen Wesen, zum Wesen aller Geschöpfe, die uns umgeben."

Mertons neue Zuwendung zu den Menschen wird hier deutlich: Wir finden Gott, wenn wir mit anderen solidarisch sind, nicht wenn wir aus der Welt zu flüchten versuchen; „man packt seinen Geist voll mit sich selbst und kapselt sich dann ein wie eine Schildkröte." So geht es nicht. Gott gibt uns das Leben, damit wir es als Geschenk annehmen und Gott und den anderen zurückschenken. Anders können wir nicht glücklich werden, denn „ein Glück, das sich verringert, wenn wir es mit anderen teilen, ist nicht groß genug, um uns glücklich zu machen".

Folgerung für die Menschen im Kloster: Ihre kontemplative Existenz muß für die Menschen in der Welt etwas bedeuten. Das kann sie heute sogar mehr als früher, denn unser Zeitalter der Krisen und Revolutionen verlangt nach dem intensiven Suchen und In-Frage-Stellen, das der Mönch in Gebet und Meditation leistet. Der Mönch, so versucht Merton den „Weltmenschen" klarzumachen, „taucht tief in das Herz der Welt ein, deren Teil er bleibt, obwohl er sie ‚verlassen' zu haben scheint. In Wirklichkeit verläßt der Mönch die Welt nur, um aufmerksamer auf die eindringlichsten und unbeachteten Stimmen ihres tiefsten Innern zu horchen."

Ja, der wichtigste Dienst, den der Mönch oder die Nonne

Meine Flucht aus der Welt ist kein Vorwurf für Sie, die Sie in der Welt verblieben sind ...
Kann ich Ihnen versichern, daß ich Antworten auf die Fragen gefunden habe, die den Menschen unserer Zeit quälen? Ob ich jetzt Antworten habe, weiß ich nicht; als junger Mönch war ich dieser Antworten allerdings ziemlich sicher. Aber mit fortschreitendem Alter im monastischen Leben und in der Einsamkeit wird mir bewußt, daß ich erst anfange, die Fragen zu suchen.
Welche Fragen? Kann der Mensch in seiner Existenz einen Sinn finden? Und kann er sich damit zufrieden geben, den Sinn seines Lebens in Erklärungen über den Ursprung oder das Ende der Welt zu finden, über den Grund des Bösen oder die moralische Pflicht?
Mein Bruder, vielleicht bin ich in meiner Einsamkeit eine Art Forscher für Sie geworden, ein Sucher ... Bin ich nicht dazu berufen, einen Wüstenbezirk des menschlichen Herzens zu durchforschen, wo Erklärungen nicht mehr genügen, wo man bald lernt, daß nur die Erfahrung zählt? Es ist ein dürrer, felsiger und dunkler Bezirk der Seele ... Und in diesem Bezirk habe ich gelernt, daß man nicht wirklich wissen kann, was die Hoffnung ist, ehe man nicht erkannt hat, bis zu welchem Grade sie der Verzweiflung gleicht.

der Welt leisten könnten, sei gerade dieses schweigende Hinhorchen und Sich-Aussetzen „dem gegenüber, was die Welt über sich selbst nicht weiß – im Guten und im Bösen". Der Mönch erlebt die Dunkelheit der Welt am eigenen Leib – und verwandelt sie in Hoffnung, ein Exempel für die Menschen „draußen". Er erfährt in sich selbst die Lebensangst, die Leere, den Mangel an Echtheit, die enttäuschende Suche nach Treue, die den modernen Menschen charakterisieren – und zwar dort, „wo die Leere in schwarze Verzweiflung überzugehen scheint".

Das heißt nicht nur Langeweile und geistige Desorientierung wie für viele Zeitgenossen. Für den Mönch bedeutet es den drohenden Verlust des Glaubens, die absolute Verzweiflung an Christus – eine Möglichkeit, die in leuchtende Hoffnung verwandelt wird durch sein schweigendes Gebet. Der Mönch geht in die Wüste, aller Ausflüchte und Illusionen müde, alle Sicherheiten hinter sich lassend, bis sein Herz ganz leer ist und Gott einziehen kann.

Dann beginnt der Mönch im Schweigen eine heimliche Musik zu hören.

Und durch die Segnungen seines Schweigens – schreibt Merton und erlaubt sich dieses eine Mal eine unbescheidene Formulierung – heiligt der Mönch die Welt und bringt sie Gott näher. In der klösterlichen Gemeinschaft lebt ja Christus inmitten seiner Schöpfung. Merton: „In der Nacht der technischen Barbarei müssen die Mönche Bäumen gleichen, die schweigend in der Dunkelheit leben und durch ihre lebensspendende Gegenwart die Luft reinigen."

Die Entdeckung der Politik

Ein Kloster, so verstanden, kann nie bloß ein Museum für Kulturschätze und ehrwürdige Traditionen sein. Es trägt Verantwortung für die Welt, und seine Bewohner teilen die Interessen, Freuden und Sorgen der Menschen ringsum. „Die wirkliche Einsamkeit", Merton hat es erfahren, „ist sich der Nöte der Welt tief bewußt. Sie hält sich die Welt nicht vom Leibe." Wer aber an Ängsten und Hoffnungen einer krisengeschüttelten Welt teilhaben will, muß etwas von ihr wissen, muß den Kontakt mit seinen außerhalb der Klostermauern leidenden und kämpfenden Brüdern bewahren.

Zumindest ein geistlicher Kontakt müsse das sein, setzt Merton vorsichtig hinzu. Der Mönch muß die kämpfenden Brüder in seinem Herzen haben, während er vor dem

Thron Gottes steht ... Daß ein bloß geistlicher Kontakt auch ein Alibi sein kann, diese Gefahr hat er wohl selbst gespürt. Deshalb verbindet er seinen Schritt für Schritt gelingenden Rückzug in die Einsamkeit mit einem ganz neuen Interesse für die politischen Auseinandersetzungen seiner Zeit und die Probleme, die der amerikanischen Gesellschaft unter die Haut gehen.

Es ist ein eigenartiges Phänomen: Je flotter Thomas Merton auf dem Weg zum Eremitendasein fortschreitet, desto mehr weitet sich sein Geist, desto vielfältiger werden seine Interessengebiete. Abt James hat ihm erlaubt, ab und zu in einem kleinen Gästehaus zehn Minuten von Gethsemani entfernt zu wohnen, das man für die Teilnehmer der – von Merton angeregten – ökumenischen Gespräche errichtet hat, und später darf er ganz in eine Klause aus Hohlblocksteinen ziehen, die er sich selbst gebaut hat, unter Bäumen versteckt hoch über den Hügeln von Kentucky. Er ist endgültig in der „Wüste" angekommen, die er so lange gesucht hat.

Doch mitten in der Wüste trifft er bald die ganze Welt. Er verschlingt wie ein Verhungernder, mit „wildem geistigem Appetit", wie er selbst sagt, Berge von Literatur aus allen Wissensgebieten: Politik, Psychologie, Soziologie, Philosophie, Ökologie, Buddhismus, Judentum, Protestantismus, Autoren von Sartre bis Brecht und Gandhi, lateinamerikanische Dichter, Romanciers wie Camus, Malraux, Orwell. Er empfängt einen wahren Besucherstrom. Er korrespondiert mit Jerusalemer Professoren und japanischen Zen-Meistern, Hindus und Protestanten, Schriftstellern, Bürgerrechtlern und Kriegsgegnern. Zu seinen Freunden gehören Ernesto Cardenal, der Trappist und politische Mystiker aus Nicaragua, und der amerikanische Jesuit Daniel Berrigan, der ins Gefängnis wandern wird, weil er – aus Protest gegen den Vietnam-Krieg – Einberufungsbefehle mit selbstgebasteltem Napalm verbrennt.

Der Fast-Eremit Merton meldet sich zu so ziemlich allen Themen zu Wort, die in Amerika die Gemüter erregen. Mittlerweile sind die fünf Jahre Publikationsverbot vorbei. Er schreibt über Bob Dylan und absurdes Theater, Adolf Eichmann, Gandhi, die Präsidentschaftswahl, Gewaltlosigkeit und zivilen Widerstand, atomare Rüstung, kirchliche Erneuerung, mittelalterliche Mystik und Zen-Buddhismus, Dichter und „Schwarze Panther". Er ist immer „voll da", auch wenn er meditiert und betrachtet – und das bei einem schauderhaften Gesundheitszustand.

Er schämt sich der politischen Enthaltsamkeit seiner frühen Klosterjahre, als er noch die Ansicht vertreten hatte, katholisches Engagement habe „nichts mit Wählerstimmen zu tun, sondern damit, daß man hingeht und heilig wird". Jetzt geht ihm die ganze Brisanz der internationalen Situation mit ihren „Untergangsschrecken" auf.

„Früher oder später muß die Welt verbrennen", stellt er bestürzt in seinem Tagebuch fest, „und alles in ihr, alle Bücher, das Kloster wie das Bordell ... Früher oder später wird alles vom Feuer verzehrt werden, und niemand wird übrigbleiben – denn zu der Zeit wird der letzte Mensch im Universum die Bombe kennen, die imstande ist, das Universum zu zerstören, und er wird der Versuchung nicht widerstehen können, das Ding zu werfen und mit allem Schluß zu machen.

Und ich sitze hier und schreibe ein Tagebuch."

Welcher Wahnsinn, auf dem atomaren Pulverfaß zu tanzen und politische Konflikte weiter mit Waffengewalt lösen zu wollen wie zur Zeit der Streitäxte und Bajonette! „Die Welt ist voller Verbrecher", schreibt er an Ernesto Cardenal, die einen „groß angelegten Bandenkrieg" gegeneinander führten, getarnt „hinter arglosen Rechtsanwälten, Polizisten und Geistlichen", die Medien beherrschend und alle zu ihren Fahnen rufend.

„Ist der Mensch ein Gorilla mit einem Gewehr?" fragt er

Ich muß Mensch sein und bleiben, damit das Kreuz Jesu Christi nicht leer wird. Jesus ist nicht für die Engel, sondern für die Menschen gestorben.
Und das ist das Geheimnis unserer Berufung: nicht daß wir aufhören, Menschen zu sein, um Engel oder Götter zu werden, sondern daß die Liebe meines Menschenherzens Liebe zu Gott und den Menschen werden kann und meine menschlichen Tränen mir wie Gottes Tränen aus den Augen fließen können ...
Wenn wir das begriffen haben, wird unsere Liebe zu den anderen Menschen rein und stark. Wir können von uns weg zu ihnen hingehen ohne Eitelkeit und ohne Selbstgefälligkeit, und wir vermögen sie mit einem leisen Hauch jener Reinheit, Zärtlichkeit und Verborgenheit der göttlichen Liebe zu uns Menschen zu lieben.
Das ist die echte Frucht und der wahre Sinn der christlichen Einsamkeit.

in verzweifeltem Sarkasmus. Wenn diese „bewaffneten Gorillas" nicht bald lernten, ihre Probleme anders zu lösen als im Steinzeitalter, würden sie aus der Geschichte verschwinden wie die Dinosaurier. Grund genug für Pater Louis, gegen die alte Theologie vom „gerechten Krieg" ebenso zu Felde zu ziehen wie gegen die verlogene „Verteidigungspolitik", die Millionen von Menschen den Interessen eines Systems zu opfern bereit sei, und gegen das Engagement seines Landes in Vietnam.

Dort gehe es doch überhaupt nicht um den „spirituellen Kampf zwischen Gott und Teufel", wie der Massenprediger Billy Graham damals verkündete, sondern schlicht um *big business,* ums große Geschäft, stellte Thomas Merton nüchtern fest – zum Ärger vieler kriegsbegeisterter Patrioten. Einer von ihnen versuchte ihn sogar in Gethsemani umzubringen.

Der Wunsch nach rationeller Kriegführung – „Zeit ist

Geld!" – und massive Geschäftsinteressen hätten schließlich schon beim Atombomben-Abwurf über Hiroshima Pate gestanden. „Bei der Bombardierung von Hiroshima würde man folgende Konkurrenten ausschalten: die Ube-Stickstoffdünger- und Sodawerke; die Nippon-Motorenölwerke, die Chemischen Werke Sumitoma; die Sumitoma-Aluminiumwerke; dazu noch die meisten seiner Einwohner."

Mertons Ironie konnte makaber sein. Am schlimmsten fand er die träge Selbstverständlichkeit, mit der man die nukleare Aufrüstung hinnahm – gerade unter Christen. Die „Kernwaffen-Realisten", wie er sie nannte, rechneten mit dem Atomkrieg, als ob es keine Alternative gebe. Die fatalistische Ergebung in wirtschaftliche und gesellschaftliche Zwänge bedrohe das Überleben der Menschheit. Gerade die „vernünftigen" Menschen seien zu fürchten, die bürokratisch-nüchtern und immer schön korrekt die Zerstörung der Welt ins Werk setzten – geschäftsmäßig, durchorganisiert, reibungslos funktionierend wie die Ausrottungsprogramme in den Gaskammern der Nazis.

In zahlreichen Veröffentlichungen trat Thomas Merton deshalb für einen grundsätzlichen Wandel der Einstellung zum Leben ein; er warb für Methoden gewaltloser Verteidigung und hielt in Gethsemani zusammen mit Daniel Berrigan einen Exerzitienkurs über „die geistlichen Wurzeln des Protests".

Tiefe Sorge machten ihm der Rassismus in den USA und die Verstrickung vieler Katholiken in die schreiende Ungerechtigkeit dieses Systems: Ihr Christentum scheine wohl bloß aus „gefühlsseligen Experimenten zur individuellen Reinigung" zu bestehen. Entsetzen bereiteten ihm seine Glaubensbrüder aus Louisiana, die ihren Pfarrer zusammengeschlagen hatten, weil er weiße und schwarze Kinder an dieselbe Kommunionbank zu führen wagte ...

Die Bürgerrechtsgesetze müßten toter Buchstabe bleiben,

Die falsche Lösung lautete so: Die ganze Welt, für die der Krieg nur ein typischer Ausdruck ist, ist böse. Deshalb muß man sie zuerst lächerlich machen, ihr dann ins Gesicht spucken und sie schließlich in aller Form verdammen.
Ich bin aber ins Kloster gegangen, um meinen Platz in der Welt zu finden, und wenn ich diesen Platz in der Welt nicht finde, vertue ich im Kloster nur meine Zeit. Kriege sind böse, aber die Menschen, die in sie hineingezogen werden, sind gut. Und ich kann weder für mein Heil noch für die Ehre Gottes etwas tun, wenn ich mich nur von dem Wirrwarr distanziere, in dem die Menschheit sich befindet, und mich in einem dicken Buch zur Schau stelle und sage: „Seht ihr? Ich bin anders!" Wenn man das tut, stirbt man. Denn jeder, der so tut, als ein Engel oder eine Statue, ist dem Tod verfallen.
Der Klostereintritt ... hat mich gelehrt, wie man richtig lebt. Und nun schulde ich allen Menschen draußen in der Welt, daß ich ein Stück dieses Lebens mit ihnen teile. Meine wichtigste Aufgabe ist es, jetzt endlich anzufangen, als Glied der menschlichen Gesellschaft zu leben, die nicht lächerlicher, aber auch nicht weniger lächerlich ist als ich selbst.

solange sich die Weißen – auch die wohlmeinenden Liberalen – aus Furcht vor einer radikalen Veränderung ihrer Gesellschaft, ihrer Vorurteile, ihrer Trägheit einem entschlossenen Umdenken widersetzten. Am meisten ärgerte es ihn, daß man die für ihre Rechte demonstrierenden Schwarzen erst dann ernst nehme, wenn sie das Geschäft zu schädigen drohten und Geld auf dem Spiel stehe. Die sogenannte freie Welt sei offenbar eine Welt, in der zunächst einmal die Geschäfte frei seien. „Zuerst der Profit, dann der Mensch."

Mit solchen Äußerungen und seiner Teilnahme an einem Hungerstreik für den Frieden provozierte Merton natürlich das bekannte naserümpfende Mißtrauen gegenüber politisierenden Klerikern. Dabei geschah das alles aus Treue zu Christus, wie er betont: „Wenn ich über Rassengerechtigkeit oder Kernwaffen geschrieben habe, dann, weil diese Fragen unheimlich viel zu tun haben mit der einen großen Wahrheit: daß der Mensch berufen ist, als ein Sohn Gottes zu leben."

Der Eremit träumt weiter

Die Abtei Gethsemani erlebte in jenen Jahren einen selbstbewußten und kritischen Pater Louis, der die sinnlosen Härten und die manchmal zum Selbstzweck gewordenen starren Regeln des Ordenslebens zunehmend in Frage stellte. Daß sich bei den Trappisten seither manches geändert hat, verdanken sie nicht nur dem Konzil, sondern auch den Anregungen Mertons. Der Novizenmeister wetterte gegen die „Über-Reglementierung" des Nachwuchses und gegen die mißtrauische Furcht vor freier Entfaltung.

Die jungen Brüder gerieten in Frustration und Verzweiflung, „nur weil man ihnen unablässig Anweisungen erteilt, hinten und vorne an ihnen herummäkelt und ihnen eintrichtert, sie sollten die Augen schließen und blind gehorchen, denn nur so könne man Mönch werden." Viel wichtiger wären Ermutigung und aufrichtender Rat, „Worte, die uns einander lieben lassen".

Die aber vermißt er in seiner Kirche, über die er sich in Briefen an die Theologin Rosemary Ruether (um diese Zeit traut er sich die Frauen wieder hübsch und interessant zu finden) bitter enttäuscht äußert: „Ich bin die Katholiken einfach leid und fürchte sie ... die ganze verdammte Sippschaft von oben bis unten ... Ist die Kirche die Gemeinschaft derer, die einander lieben, oder nur eine große Rauferei, in der man seinem religiösen Geschäft nachgeht, während man seine Freunde anderswo sucht?"

1965 erhält Pater Louis die Erlaubnis, das Amt des Novizenmeisters aufzugeben und ganz in seine Klause zu ziehen. Nie im Leben hat er sich so glücklich gefühlt. Er spaltet Holz und sammelt Kiefernzapfen, um Feuer zu machen, kocht sich Kaffee über der offenen Flamme, geht durch eine Wunderwelt aus Mondschein und frisch gefallenem Schnee zum nächtlichen Chorgebet in die Abtei hinunter und bestaunt den heraufdämmernden Morgen, „wenn die Felder den Sonnenschein zu riechen beginnen und die Täler im Schlaf singen" – dieser Eremit, der immer ein Poet gewesen ist.

Aber Merton wäre nicht Merton, wenn er nicht schon wieder über seine endlich erreichte Eremitenklause in Gethsemani hinaus träumen würde. In Alaska ließe sich vielleicht noch besser als Einsiedler leben, vertraut er seinen Brieffreunden an. Und immer stärker interessiert er sich für die Religionen des Ostens, Taoismus, Hinduismus, Buddhismus, für die dort praktizierten Wege zur Vollkommenheit, für Zen und asiatische Formen der Meditation. Die Kirche habe die Wahrheit schließlich weder geschaffen noch gepachtet ...

Besonders das Ideal des zum „Nichts" gewordenen Menschen nimmt ihn gefangen, der durch Mitleid und Liebe die Grenzen seines Selbst überstiegen hat und mit allen eins geworden ist. Nirgendwo werde die Verbundenheit aller Lebewesen miteinander so deutlich wie im *mahakuruna* Asiens, im Großen Mitleid. Würde es möglich sein, christliche und buddhistische Erfahrung zu verschmelzen, asiatische Pfade der Erleuchtung in eine christliche Mönchsexistenz zu integrieren?

Als er für Dezember 1968 zu einem großen Treffen katholischer asiatischer Mönche nach Bangkok eingeladen wurde, schien das die Gelegenheit zu sein, solche Ideen praktisch zu testen.

Mit dem neuen Abt von Gethsemani, der ihm erheblich mehr Freiheiten ließ als der alte, handelte er eine ausgedehnte Reiseroute aus, die den Besuch katholischer Klöster in Indonesien und Hongkong beinhaltete, Gespräche mit tibetanischen Lamas, Abstecher nach Burma, Nepal und Japan und die Teilnahme an einem Treffen asiatischer Religionsführer in Kalkutta. Er sollte sich in Asien auch nach Möglichkeiten umsehen, von Gethsemani aus Trappisten-Einsiedeleien zu gründen. Denn seine Eremitenleidenschaft hatte inzwischen schon etliche Mitbrüder erfaßt.

Er brach im Gefühl auf, „meiner Bestimmung entgegenzureisen und endlich, nach Jahren des Wartens, des rastlosen Fragens und des törichten Herumgetues auf meinem wahren Weg zu sein". Er reiste nicht als einer, der Informationen über die Methoden der Mönchskollegen suchte, sondern als Pilger zu den alten Quellen von Vision und Erfahrung. Er begegnete islamischen Sufi-Mystikern, Zen-Buddhisten, Ramakrishna-Mönchen. Dreimal traf er mit dem Dalai Lama zusammen. Begeistert berichtet er von der inneren Klarheit und spontanen Herzlichkeit dieser Menschen, die ihn oft genug als einen der Ihren empfangen haben. Ein tibetanischer Eremit nannte ihn respektvoll einen *rangjung Sangay,* einen geborenen Buddha.

Hier, im Bereich der Tiefenerfahrung, könnten sich die Religionen treffen, sagte er seinen Zuhörern in Kalkutta „als einer, der eine winzige Botschaft der Hoffnung bringt". Und in Bangkok setzte er sich mit der Herausforderung des Marxismus an das Mönchtum auseinander: Beide stünden kritisch zu den gesellschaftlichen Strukturen. Während aber der Marxist alles von der Veränderung wirtschaftlicher Rahmenbedingungen erwarte, setze der Mönch auf die Veränderung des menschlichen Bewußtseins.

Im „verstellten" Bewußtsein, in der Blindheit für die

ganze Wirklichkeit der Welt liege für Christen und Buddhisten die Wurzel aller Probleme; *Avidya* (Unwissenheit) und Erbsünde meinten letztlich dasselbe. Aufgabe der Mönche sei es, diese Blindheit zu überwinden und den Einzelmenschen zur Wahrheit zu befreien. „Christentum revoltiert gegen ein entfremdetes Leben."

Als sich Thomas Merton nach diesem mit gespanntem Interesse aufgenommenen Vortrag auf sein Zimmer zurückgezogen hatte, um sich zu erfrischen, hörte man einen Schrei. Man fand ihn auf dem Boden liegend, den schweren elektrischen Ventilator quer über seiner Brust. Später stellte sich heraus, daß die Drähte des Ventilators defekt gewesen waren. Merton hatte einen tödlichen elektrischen Schlag erlitten.

Thomas Merton starb am 27. Jahrestag seines Klostereintritts im Alter von 53 Jahren. Als er in Gethsemani unter einer einsamen Zeder begraben wurde, dämmerte der Abend herein, und leichte Schneeflocken rieselten vom Himmel.

„In Pater Louis' Gesicht lag ein großer und tiefer Frieden", schrieben die asiatischen und australischen Trappisten, die in Bangkok bei ihm Totenwache gehalten hatten, tröstend an die Mitbrüder in Kentucky. „Es war offensichtlich, daß er Den gefunden hatte, den er so unermüdlich gesucht hatte."

Der Pater, der „nach Schwefel roch“

Teilhard de Chardin,
Jesuit und Naturwissenschaftler,
versöhnte den Glauben
an den Himmel
und die leidenschaftliche Liebe
zur Erde

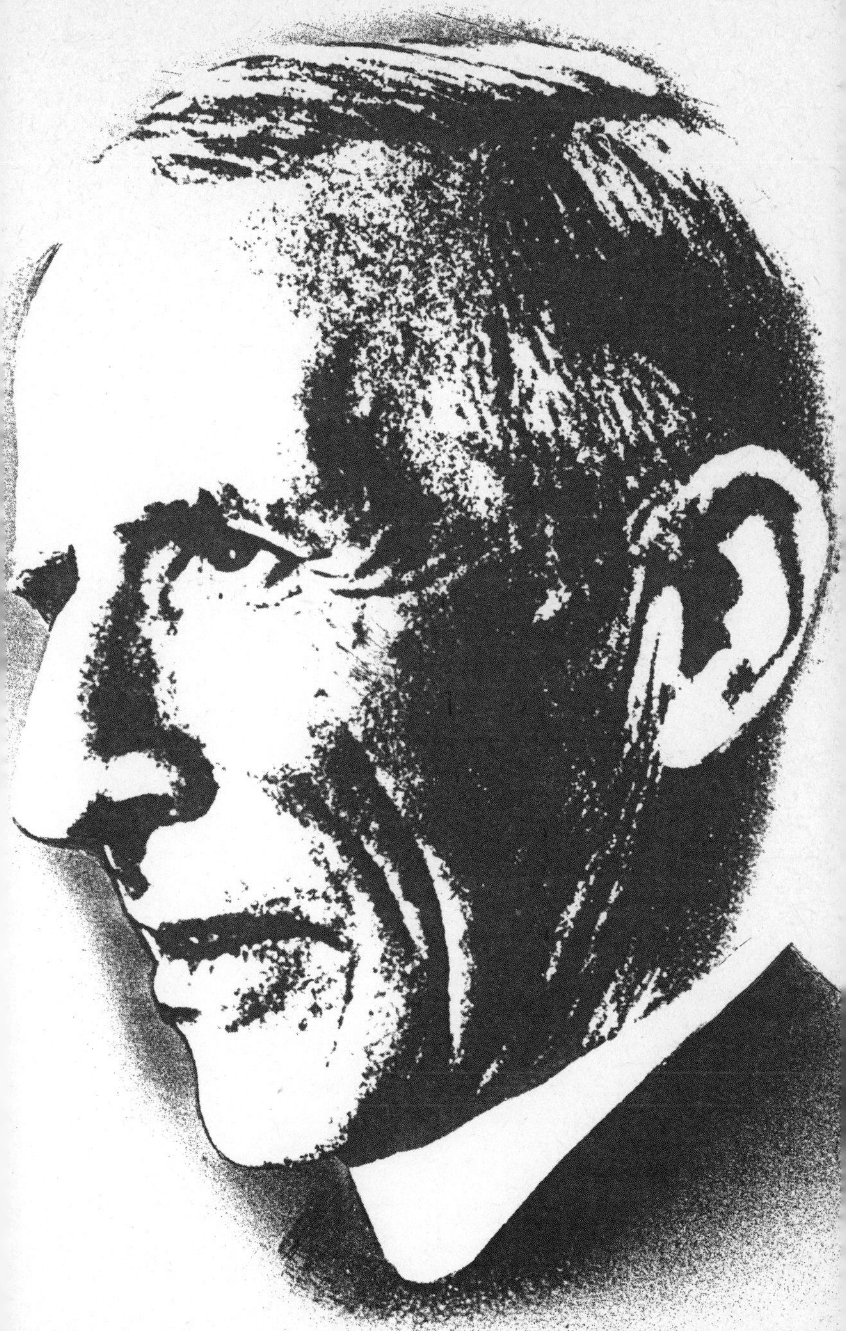

„Gesegnet seist du,
universelle Materie,
die du uns
die Dimensionen Gottes offenbarst!"

Das ist höchste Weisheit", so lasen die Christen jahrhundertelang in ihrem beliebtesten Erbauungsbuch, der *Nachfolge Christi,* „die Welt gering achten und sich an die himmlischen Bereiche halten." Denn: „Was ist das Zeitliche anderes als Irrung?" Christenmenschen, so schien es, erkannte man an ihrer verschämten Distanz zur Erde, und selbst die fromme Sinnenfreude des Barock wollte doch nicht mehr sein als ein Abglanz der himmlischen Pracht.

Welch eine Revolution muß sich im religiösen Bewußtsein vollzogen haben, wenn in unserem Jahrhundert ein französischer Jesuit eine *Hymne an die Materie* dichten konnte:

„Gesegnet seist du, machtvolle Materie, unwiderstehliche Evolution, immer neugeborene Wirklichkeit, du, die du in jedem Augenblick unsere Rahmen sprengst, uns zwingst, die Wahrheit immer weiter zu verfolgen.

Gesegnet seist du, universelle Materie, grenzenlose Dauer, uferloser Äther – dreifacher Abgrund der Sterne, der Atome und der Generationen –, du, die du, unsere engen Maße überflutend und auflösend, uns die Dimensionen Gottes offenbarst …

Ohne dich, Materie, ohne deine Angriffe, ohne dein Herausreißen würden wir träge, stillstehend, kindisch, unwissend um uns selbst und um Gott dahinleben. Du schlägst und verbindest – du widerstehst und beugst dich – du stürzest um und baust auf – du verkettest und befreist – Saft unserer Seelen, Hand Gottes, Fleisch Christi, Materie, ich segne dich."

Der Autor, Teilhard de Chardin, gilt längst als einer der weitsichtigsten Denker der Neuzeit. Ihm, der sich selbst einen „Pilger der Zukunft" nannte, verdanken wir den seit Thomas von Aquin wohl faszinierendsten Versuch in der Geistesgeschichte, christlichen Glauben und wissenschaftliche Welterkenntnis zu verbinden, die Liebe zur Erde und die Liebe zu Gott zu einer einzigen Leidenschaft zu verschmelzen. Die Hymne auf den Stoff der Schöpfung durfte allerdings zu seinen Lebzeiten ebensowenig erscheinen wie eines seiner zahlreichen anderen Bücher.

Gedruckt wurden nur Teilhards paläontologische Fachaufsätze. Als Absolvent der *Sorbonne,* Professor für Geologie am Pariser *Institut catholique* und Präsident der *Société géologique de France* hatte er eine strahlende wissenschaftliche Karriere vor sich. Doch als er in seinem Bemühen um eine Versöhnung von Glauben und Wissenschaft die Bahnen traditioneller Theologie verließ, den Menschen das „bewußteste Molekül" in der Geschichte des Universums nannte und Gott die „Seele der Evolution", schickten ihn seine Ordensoberen buchstäblich in die Wüste. Ein Drittel seines Lebens war er rastlos in den asiatischen Steppen unterwegs – immer auf der Suche nach Spuren urzeitlichen Lebens.

Erst 1981 setzte der Vatikan zu einer vorsichtigen Rehabilitierung an und bescheinigte dem so lange ungeliebten Sohn der Kirche „scharfsinnige Wahrnehmung", „umfassende Schau" und „unleugbaren religiösen Eifer". Teilhard war zu diesem Zeitpunkt bereits 26 Jahre tot.

Der wunderbare Schraubenkopf

Marie-Joseph Pierre Teilhard de Chardin wurde 1881 als Sohn eines begüterten Edelmannes auf dem Landschlößchen Sarcenat bei Clermont-Ferrand in der Auvergne geboren. Zu seiner entfernten Verwandtschaft zählte der große Aufklärer und Kirchenkritiker Voltaire – ein Großonkel seiner Mutter. Pierre allerdings, Jesuitenzögling wie Voltaire, scheint niemals durch aufmüpfige Äußerungen aufgefallen zu sein. Er war ein Musterschüler, gleichzeitig jedoch ein guter Kamerad.

Schon der sechsjährige Pierre ließ erkennen, welchen Dingen zeitlebens seine wahre Leidenschaft gelten sollte: Einen eisernen Schraubenschlüssel, ein paar Granatsplitter vom Truppenübungsplatz und einen sechseckigen Schraubenkopf betrachtete er als seinen größten Schatz. Nichts auf der Welt schien ihm härter, massiver, dauerhafter als diese „wunderbare Substanz", wie er später in einer Schrift mit dem bezeichnenden Titel *Das Herz der Materie* gestand.

1899 trat Teilhard de Chardin bei den Jesuiten ein. Sein Interesse gehörte neben Theologie und Philosophie von Anfang an der Paläontologie – der Wissenschaft von den versteinerten Tier- und Pflanzenresten früherer Erdzeitalter – und der Geologie, die sich mit Aufbau und Material der Erde befaßt. Einen Studienaufenthalt auf der britischen Kanalinsel Jersey nutzte er zu Exkursionen am laufenden Band. Erste praktische Erfahrungen sollte er nach dem Willen der Ordensoberen noch vor der Priesterweihe als Physik- und Chemieprofessor am *Collège de la Sainte-Famille* in Kairo sammeln. Es überrascht nicht, daß er in Ägypten massenhaft Fischzahnfossilien und eine ganze Reihe unbekannter Seeigel-Arten entdeckte; eine wurde sogar nach ihm benannt.

Der Priesterweihe und dem Sanitätsdienst im Ersten Weltkrieg folgte ein Spezialstudium und 1922 die Promotion zum Doktor der Naturwissenschaften an der berühmten Pariser *Sorbonne.* Noch im selben Jahr wurde der vielversprechende Wissenschaftler, der bereits als Experte für Wirbeltierfossilien galt, Lehrstuhlinhaber für Geologie am *Institut catholique* und Präsident der *Société géologique de France.*

Doch Pater Teilhard, immerhin bereits 41 Jahre alt, hatte Ideen entwickelt, die kaum in das recht konservative Institut paßten. Es gab Druck aus Rom, und es dauerte genau ein Jahr, bis sich die Ordensleitung entschloß, den unberechenbaren Neuling aus Paris zu entfernen. Im Auftrag des Pariser *Muséum d' Histoire naturelle* startete Teilhard zu Ausgrabungen nach China. Er durchstreifte die für den Verkehr praktisch noch nicht erschlossenen Einöden der Mongolei und der Wüste Gobi, er begegnete buddhistischen Mönchen und unterernährten, aber gastfreundlichen Bauern.

23 Jahre sollte Teilhard – mit geringen Unterbrechungen – in Asien verbringen. Der ins Exil Geschickte machte aus der Not eine Tugend und tauchte hinab zu den Ursprüngen der Menschheit. Ein faustischer Mensch, immer auf der Suche nach der Wahrheit, umrundete er mehrmals den Globus. „Ich muß wandern", sagte er, „mein ganzes Leben treibt mich vorwärts."

Teilhard reiste durch China, Japan und Nordindien, er hielt sich in Burma, Vietnam, auf Java und im Jemen auf, er grub in Französisch-Somaliland und Äthiopien nach den Spuren der Frühzeit. In Asien nannte man ihn „Mensch mit den Windsohlen". Schneeverwehungen, Sandstürme und Überschwemmungen schreckten ihn ebensowenig ab wie Banditenhorden und die Wirren des chinesischen Bürgerkriegs; Teilhard war fähig, Verwundete zu verarzten und zwischendurch seelenruhig Gesteinsproben einzusammeln.

1927 übertrug ihm die amerikanische Carnegie-Stiftung die Leitung sämtlicher Ausgrabungen von Menschen- und Wirbeltierfossilien in China. Der geologische Vermessungsdienst der nationalen chinesischen Universität machte Teilhard zum offiziellen Berater. In Peking, wo sich die internationale Forscher-Elite traf, nannte man ihn den „funkelnden Jesuiten". Und immer wieder entriß er der Erde, die er so liebte, versteinerte Zeugen ihrer Geschichte. In den Nächten schrieb er Abhandlungen über die Ausdehnung der Kontinente und die Bewegungen im Schoß der Erde und fügte die Ergebnisse seiner Forschungen zu einem eigenwilligen philosophisch-theologischen Weltentwurf zusammen.

Teilhard war als geologischer Berater an der spektakulären Entdeckung des *Sinanthropus Pekinensis* beteiligt, des mehr als eine halbe Million Jahre alten Peking-Menschen, dessen Überreste in Chou-Kou-Tien gefunden wurden – des Peking-Menschen, der bereits das Feuer nutzte und Steinwerkzeuge herstellte. Teilhard gehörte zu den ersten Wissenschaftlern, welche die epochale Bedeutung dieses Fundes erkannten.

Erst 1946 kam er wieder nach Paris – nun als Forschungsdirektor am *Centre national de la Recherche scientifique.* Den Kirchenführern war der in der Fachwelt zu hohem Ansehen Gelangte freilich noch weniger willkommen als früher. Artikel und Vorträge, die sich nicht streng auf naturwissenschaftliche Themen beschränkten, waren ihm verboten. Bald mußte er sich in Rom vor der vatikanischen Glaubensbehörde verantworten. Den Lehrstuhl, den ihm das *Collège de France* angeboten hatte, durfte er nicht annehmen.

Im selben Jahr 1950, in dem die französische Akademie der Wissenschaften den greisen Gelehrten zu ihrem Mitglied ernannte, kam von der höchsten römischen Autorität das endgültige Verdammungsurteil: Papst Pius XII. veröffentlichte seine Enzyklika *Humani generis,* die „einigen falschen Ansichten, welche die Grundlage der katholischen Lehre zu untergraben drohen", eine Absage erteilte und die traditionellen Theorien über die Entstehung des Menschengeschlechts bekräftigte. Unter dem biblischen Adam, so der Papst, dürfe man sich zum Beispiel keineswegs eine Mehrzahl von Stammvätern vorstellen. Man wußte, wer letztlich mit diesem Bannstrahl gemeint war: Teilhard.

Die zunehmende Feindseligkeit kirchlicher Kreise in Paris veranlaßte den Pater, nach New York zu gehen, wo ihn die *Wenner-Gren Foundation for Anthropological Research* mit offenen Armen empfing. Noch zweimal brach er in ihrem Auftrag zu ausgedehnten Expeditionen nach Südafrika auf, in den Mutterkontinent der Menschheit, wo ihre ältesten Spuren gefunden worden sind und sich „das Phänomen Mensch mit einer geradezu blendenden Klarheit entfaltet“ (Teilhard). Er war in mehreren Akademien und wissenschaftlichen Gesellschaften tätig.

Am Ostersonntag, dem 10. April 1955, starb er in New York 73jährig an einem Herzinfarkt. Seinem Sarg, so wird berichtet, folgte ein einziger guter Freund, der Jesuitenpater Pierre Leroy, zum Ordensfriedhof von St. Andreas am Hudson.

Die sich an ihn erinnern, rühmen vor allem die vollkommene Einheit von Mensch und Werk. Brillanter Verstand und intellektuelle Redlichkeit verbanden sich bei Teilhard mit einer leidenschaftlichen Liebe zum Menschen und zur Erde, in deren Bauplan er den Schöpfer wiederfand. Kontaktschwäche und distanzierte Haltung, wie sie bei Intellektuellen nicht selten sind, bekämpfte er so tapfer, daß er als leicht zugänglich, aufgeschlossen und stets bereit, Freundschaft zu schließen, geschildert wird.

„Sein Benehmen, sein Gang, seine Art, sich auszudrükken, all dies ließ ihn als einen Grandseigneur erscheinen“, berichtet ein befreundeter Priester. „Indes war an ihm, ungeachtet seines gewaltigen Ansehens, keine Spur von Hochmut. Im Gegenteil, er verstand es, eine erlesene Höflichkeit, eine große Güte und einen ungewöhnlichen Charme mit einem seltenen Sinn für Humor sowie mit der Kunst zu verbinden, seinen Gesprächspartner in gute Stimmung zu versetzen ... Ich habe nie jemanden gesehen, der mit so viel Verständnis, Wohlwollen und geistiger Aufgeschlossenheit die Argumente seines Gegners abwog. Pater Teilhard verfocht seine Überzeugung mit ungewöhnlicher Bestimmtheit; ich habe jedoch niemals bemerkt, daß er versuchte, sie jemandem aufzudrängen.“

Diese Überzeugung, zu der ihn das breite, Jahrmillionen und planetarische Zusammenhänge umfassende Spektrum seiner wissenschaftlichen Arbeit führte, läßt sich auf den ersten Blick als grandiose Synthese kennzeichnen. Er will das Universum begreifen, seinen Zusammenhang, seinen inneren Sinn, seine Ausrichtung. Er will die innere Dynamik eines organisch aufgebauten Weltalls erfassen, den Stellenwert des Menschen im Kosmos und den Sinn der Geschichte.

Die Antworten auf diese Fragen – und das war neu für einen katholischen Theologen – bezieht er jedoch nicht mehr aus der Lehrtradition seiner Kirche, die ihm viel zu stark mit dem starren mittelalterlichen Weltbild verbunden ist: eine von Gott fertig geschaffene, unbewegliche Erde, die verschiedenen Stufen des Lebens zusammenhanglos nebeneinander stehend. Pflanzen, Tiere, der Mensch – jeder auf seinem Platz, seit Ewigkeiten unverrückbar. Und vor allem: die Erde ein bloßer Wartesaal zum Himmel, das Irdische eine zweitrangige, verachtenswerte Angelegenheit, das Christentum eine trübsinnige, weltfeindliche Religion des Rückzugs.

„Wir haben aufgehört, ansteckend zu sein", gibt Teilhard seinen Mitchristen zu bedenken. Statt sich über Hoffnungen und Anstrengungen der Menschen zu freuen, hätten viele Gläubige offenbar Vergnügen daran, die Unzulänglichkeiten dieser Eroberungen zu betonen und die Bemühungen um den Fortschritt herabzusetzen. Manchmal könne man sich des Eindrucks nicht erwehren, „daß die Herrschaft Gottes ausschließlich gegen alles menschliche Sehnen und Trachten unter großer Trauer und Betrübnis errichtet werden kann. Strenggenommen ist nichts weniger christlich als diese Auffassung."

Denn Teilhard meint, nur dann wirklich Christ sein zu

können, wenn er ganz Mensch ist, Christus nur besitzen zu können, wenn er die Erde umfaßt. Den Glauben an Christus kann er nicht trennen vom Glauben an die Welt, in die sich der fleischgewordene Gott hineingegeben hat. „Es gibt eine Kommunion mit Gott und es gibt eine Kommunion mit der Erde", stellt er einmal fest – „und es gibt eine Kommunion mit Gott *durch* die Erde." Teilhard will beides sein, „Kind der Erde" und „Kind des Himmels", und solange er lebt, kämpft er für eine Versöhnung dieser nur scheinbar getrennten Welten.

Teilhard geht es darum, seinen christlichen Glauben in das Bild jener stets im Werden begriffenen, sich entwickelnden Welt einzubinden, die er erforscht – einer Welt, in der die allgegenwärtige Evolution immer Neues hervorbringt. Für ihn ist diese evolutive Weltsicht längst keine bloße Hypothese mehr: „Ein Licht, das alle Tatsachen erleuchtet, eine Kurve, der alle Linien folgen müssen: das ist die Evolution!"

Aber wird mit der Annahme einer solchen die ganze Entwicklung beherrschenden Kraft nicht der Schöpfergott entthront? Im Gegenteil, sagt Teilhard, Christus ist ja die Seele der Evolution; *Christus Evoluteur,* wie er ihn nennt, strahlt an der Spitze der Welt, wartet als letzte Vollendung an ihrem Ziel. Gott läßt die Dinge sich selbst schaffen und entwickeln, aber er gibt ihnen die Richtung. Denn: „Die Schöpfung hat nie aufgehört ... Unaufhörlich, wenn auch unmerklich, steigt die Welt ein wenig mehr aus dem Nichts."

In seinen über 500 Aufsätzen und Büchern wie *Das göttliche Milieu, Die menschliche Energie, Der Glaube an den Menschen, Wissenschaft und Christus* spürt Teilhard dem inneren Sinn dieser Entwicklung nach und macht einen stufenweisen Aufstieg zu immer komplexeren Lebensformen aus, von Atomen und Molekülen über Einzeller und höhere Organismen bis hin zum Menschen.

Und nun nehme ich deutlicher wahr, wie sehr mein inneres Leben endgültig beherrscht wird von diesen beiden Zwillingsbergen: ein grenzenloser Glaube an unseren Herrn, den Quell allen Lebens der Welt, und ein unverwirrbarer Glaube an die Welt (besonders an die Welt des Menschen), die von Gott belebt ist.
Ich habe keinen anderen Ehrgeiz, als die Spur eines logischen Lebens zu hinterlassen, das ganz gespannt ist auf die großen Erwartungen der Welt. Dort liegt die Zukunft des menschlichen religiösen Lebens. Dessen bin ich so sicher wie meiner eigenen Existenz.

Aus einem vor einer Jahrmilliarde „vitalisierten" Film von Eiweißsubstanzen, der die Oberfläche der noch jungen Erde bedeckte, sei die gesamte Biosphäre hervorgegangen. Und in einem neuerlichen Entwicklungssprung, viel später, sei dieses „unreflektierte Leben" zu seiner „denkenden Schicht" durchgebrochen, zum Menschen – nicht eine weitere Tiergattung, wie Teilhard deutlich betont, sondern eine neue Art von Leben.

Teilhards Begriff der „kritischen Schwelle", die das Leben beim Übergang vom Tier zum Menschen überschreitet, war damals in Physik, Chemie und Genetik gang und gäbe. Was er darunter verstand, erklärte er gern mit dem Bild eines Kegels, der – wenn man ihn horizontal durchschneidet – zunächst eine Fläche umschließt, eine immer kleiner werdende Fläche, je höher man die Schnitte ansetzt, bis schließlich scharf unterhalb der Kegelspitze die Fläche ganz verschwindet und zum Punkt wird. So ähnlich könne man sich auch den entscheidenden Sprung ins Ichbewußtsein vorstellen.

Auf den ersten Blick scheint die Geschichte des Lebens in immer diffusere Formen und Arten auseinanderzulaufen. Wenn man genauer hinsieht, wird man mit Teilhard eine wachsende Konzentration, ein Streben nach Einheit wahrnehmen: Die Materie ordnet sich. Der Urstoff der Welt konzentriert sich zu Nebeln und Sonnen.

Und mittendrin beobachtet Teilhard das, was er *Noogenese* nennt oder „Marsch zum Geist": die Ausrichtung auf einen stets wachsenden Grad des Bewußtseins hin. Parallel zur stufenweisen Konzentration der Elemente des Universums vollzieht sich ein Prozeß der Vergeistigung.

Teilhard vermeidet dabei jedoch die diametrale Entgegensetzung von Geist und Weltstoff, die in der Theologie eine so unselige Tradition besitzt und die Entfremdung des christlichen Glaubens von der Erde mitverschuldet hat. Geist, wie er ihn versteht, entwickelt sich nicht unabhängig von der Materie; er ist die Synthese, zu der sich „mühsam, mitten in endlosen Versuchen und Fehlschlägen, die im universellen Vielen diffus vorhandene Kraft der Einheit konzentriert: der Geist wird im Schoße und in Funktion der Materie geboren."

Was nicht heißt, der Geist sei einfach ein Produkt der Materie, von der er ausgeht: „Wohlgemerkt, das Bewußtsein darf nicht als eine einfache Resultante betrachtet werden", präzisiert der Pater. Mit ihm trete vielmehr etwas ganz Neues in die Welt, „eine neue Substanz". Und der Kosmos sei nie „ein Staub unbewußter Elemente" gewesen, „auf denen in unbegreiflicher Weise das Leben aufblühte – als ein Zufall oder eine Schimmelbildung. Vielmehr ist er grundlegend und primär lebendig, und seine ganze Geschichte ist im Grunde nur eine unermeßlich psychische Angelegenheit: die langsame, aber fortschreitende Sammlung eines verstreuten Bewußtseins ..."

Belege für seine These von der Noogenese findet Teilhard unter anderem in der ständig zunehmenden Verfeinerung von Nervensystem und Gehirn, je weiter das Tierreich in seiner Entwicklung voranschreitet. Die Noogenese wird auch beim Menschen weitergehen, der auf der Linie des wachsenden Bewußtseins den vorläufigen Endpunkt bildet, als „das zuletzt gebildete, komplizierteste und bewußteste ‚Molekül'". Aber eben nur einen vorläufigen Endpunkt.

Der Mensch ist noch nicht fertig, seine Evolution geht weiter. „Wir bilden zweifellos den aktiven Teil des Universums", formuliert Teilhard, „die *Knospe,* in der sich das Leben konzentriert und arbeitet, die Knospe, in der sich die Blüte aller Hoffnungen noch verbirgt."

Ja, „zoologisch und psychologisch gesprochen, befindet sich der Mensch, wenn man nur seinen kosmischen Weg in Betracht zieht, erst im Embryonalstadium, oberhalb dessen sich aber bereits ein breiter Saum von etwas ‚über den Menschen Hinausgehendem' abzeichnet." Die Evolution des Bewußtseins schreitet fort, und zwar, wie Teilhard meint, in Richtung einer wachsenden weltweiten Solidarität, einer Annäherung zwischen den Völkern und eines moralischen, auf Einheit gerichteten „Superbewußtseins".

Eine solche Sicht vom Menschen – darin liegt ihr unschätzbarer Wert gerade heute – kann den verantwortungsvollen, behutsamen Umgang mit der Schöpfung lehren. Denn der Mensch, wie Teilhard de Chardin ihn sieht, ist nicht mehr der absolute Herrscher über eine nur zu seinem Pläsier und Nutzen erschaffene Natur, durch einen Abgrund von den minderwertigen anderen Lebewesen getrennt, sondern eingebunden in die „Biosphäre" alles Lebendigen.

„Nicht Mittelpunkt des Universums" sei der Mensch, schreibt Teilhard einmal in einer feinen Unterscheidung, „wie wir naiv geglaubt hatten, sondern, was viel schöner ist, die oberste Spitze der großen biologischen Synthese." Das heißt, er ist rückgebunden an das Werden allen Lebens auf dieser Erde. Die Achse der Evolution verläuft durch ihn hindurch – erreicht aber im Menschen noch nicht ihren Endpunkt.

Am Ende der Evolution wird die *Christifikation* der Materie stehen; der *Biogenese* und der *Noogenese* wird die

Christogenese folgen. Denn genausowenig wie die Entfaltung der Materie und des Bewußtseins ist der mystische Leib Christi vollendet, und die ganze Evolution ist im Grunde nur der zielsichere Aufstieg zu dem Punkt, an dem Christus – wie Paulus sagt – „alles in allem“ sein wird.

„Ich glaube, daß das Weltall Entwicklung ist“, hat Teilhard einmal in einem kurzgefaßten *Credo* geschrieben.

„Ich glaube, daß die Entwicklung dem Geist zustrebt. Ich glaube, daß der Geist im Menschen und in der Personalität seine Vollendung findet. Ich glaube, daß die höchste Personalität der universale Christus als das organische Zentrum des Universums ist.“

„Die Welt ist ein heiliger Ort“

Die von den Aposteln einer falschen Innerlichkeit so lange verachtete Materie, die Substanz unserer Welt, verdankt Teilhard de Chardin ihre Erhöhung zum Wirkstoff Gottes. Er sah in ihr nicht nur „das Gewicht, das nach unten zieht, den Schlamm, in dem man versinkt, die Dornenhecke, die den Pfad versperrt“. Als Folge der Erbsünde sei ihr zwar ein „dauernder Sog zum Zerfall“ eigen, aufgrund der Menschwerdung Christi aber auch eine „Anziehung zum Mehrsein“.

„Keine Seele erreicht Gott“, so hob Teilhard hervor, „wenn sie nicht durch die Materie hindurch eine bestimmte Wegstrecke überwunden hat. Diese ist einerseits ein Abstand, der trennt, andererseits aber auch ein Weg, der vereinigt.“ Denn neben unbrauchbaren und entarteten Elementen enthalte die Materie verstreut die Kräfte geistiger Potenz. „Der Leib Christi, der in seinen Gläubigen lebt, hat die Aufgabe, diese himmlischen Kräfte geduldig auszusondern, diese erwählte Substanz auszupressen, ohne daß etwas davon verlorengeht.“

Mitten im oft erschreckenden gesellschaftlichen Gärungsprozeß seiner Zeit, in einer Wachstumskrise, welche die Grundfesten der Menschheit zu erschüttern scheint, predigt Teilhard das Vertrauen auf die guten Kräfte, die im Universum wirken.

„Warum denn, ihr Kleingläubigen, fürchtet ihr die Fortschritte der Erde? Warum grollt ihr ihnen? ... Erhebe dein Haupt, Jerusalem! Betrachte die unermeßliche Zahl jener, die aufbauen, und derer, die suchen. In den Laboratorien, in den Studierstuben, in den Wüsten, in den Fabriken, im ungeheuren sozialen Schmelztiegel, siehst du sie, alle jene Menschen, die sich mühen? ... Auf! Öffne deine Arme und dein Herz. Empfange, wie Jesus deinen Meister, die Flut, die Überschwemmung des menschlichen Saftes."

Diese leidenschaftliche, poetische Sprache, mehr Vision als beschreibende Analyse, überkommt den sonst so nüchternen Wissenschaftler immer dann, wenn es um die Zukunft des Kosmos geht, um das Abenteuer, „die Materie zu christifizieren".

Geduldig kämpft er gegen die Angst, ein so bezauberndes, strahlendes Universum könnte Gott verfinstern und aus dem Mittelpunkt der Welt verdrängen: „Noch größer, Herr, immer größer sei Dein Universum, damit ich es immer lebendiger und umfassender berühre und Dich so festhalte und von Dir gehalten werde." Denn Gott durchdringe dieses Universum wie ein Strahl einen Kristall; er zeige sich durch alle Schichten des Geschaffenen hindurch wirkend, ganz nahe und sehr fern zugleich.

Das heißt, wer an die Schöpfung und an die Menschwerdung Christi glaubt, für den gibt es in der Welt nichts Profanes mehr. Überall enthüllt sich die göttliche Gegenwart, von der Teilhard, wir sahen es schon, nur hymnisch reden kann. „Sie bricht so allgemein hervor, wir sind von ihr dermaßen umringt und durchdrungen, daß uns nicht einmal mehr Platz bleibt, uns auf die Knie zu werfen, nicht einmal in unserem Innersten. Durch alle Geschöpfe ohne Ausnahme belagert uns das Göttliche, dringt in uns ein und durchknetet uns. Wir hielten es für weit entfernt und unzugänglich, und siehe, wir sind in seine glühenden Schichten getaucht ... Die Welt, diese mit Händen greifbare Welt, der wir eine Langeweile und Respektlosigkeit entgegenbrachten, die für profane Orte angeht, diese Welt ist ein heiliger Ort, und wir wußten es nicht. *‚Venite, adoremus'*, kommt, laßt uns anbeten."

Für einen, der so durch die Welt an Gott glaubt, verschmilzt Christi Herz mit dem Herzen der Materie. Und es wird möglich, in der eingangs zitierten *Hymne an die Materie* „jene heilige Materie zu verteidigen und zu preisen, die anzunehmen, zu retten und zu weihen der Herr erschienen ist". In der Einsamkeit des chinesischen Hochlandes, als ihm Brot und Wein und Altar fehlen, um die Messe zu feiern, entsteht *Die Messe über die Welt,* in der Teilhard dem Schöpfer „auf dem Altar der ganzen Erde" ihre Arbeit und Mühsal darbringt: „Empfange, Herr, diese totale Hostie, welche die von Deiner Anziehung bewegte Schöpfung Dir im neuen Sonnenaufgang darbietet."

„Über alles Leben, das an diesem Tag keimen, wachsen, blühen und reifen wird, sage neu: ‚Dies ist mein Leib.' – Und über allen Tod, der sich zu zerfressen, zu welken, zu schneiden anschickt, befiehl (das Geheimnis des Glaubens schlechthin): ‚Dies ist mein Blut!'"

Eine zweifellos faszinierende Gedankenwelt wird da entfaltet, eine Synthese von wacher Weltbetrachtung und glühender Sehnsucht nach Gott, die einem auf verläßliche Formeln und unveränderliche Riten bedachten Katholizismus fremd, ja unheimlich sein mußte. Auf Teilhards Arbeitstisch in New York stand ein ganz konventionelles Bild des Herzens Jesu. Nach seinem Tod entdeckte man, was er auf die Rückseite des Bildes geschrieben hatte: eine Litanei an den Gott der Evolution. „Das Herz der Materie" nennt er

Härte dich in der Materie, Sohn der Erde, bade dich in ihren brennenden Schichten, denn sie ist die Quelle und die Jugend deines Lebens.
Oh! du glaubtest, auf sie verzichten zu können, weil sich in dir das Denken entzündet hat! – Du hofftest dem Geist um so näher zu sein, je sorgfältiger du das verwarfest, was sich anfassen läßt – göttlicher, wenn du der reinen Idee lebtest – engelgleicher zumindest, wenn du den Leib flohst.
Nun wohl! Du wärest fast vor Hunger zugrunde gegangen.
Wiederhole also nicht mehr: „Die Materie ist verurteilt – die Materie ist schlecht!" Jemand ist gekommen, der gesagt hat: „Ihr werdet das Gift trinken, und es wird euch nicht schaden." – Und weiter: „Das Leben wird aus dem Tod hervorgehen" – und schließlich, da er das endgültige Wort meiner Befreiung aussprach: „Dies ist mein Leib."
Nein, die Reinheit ist nicht in der Absonderung, sondern in einer tieferen Durchdringung des Universums.

Christus, den „Motor der Evolution". In der „Lust an der Welt" erblickt er das Wesen Gottes.

Teilhard de Chardin hat nie in die Klagen über die vermeintlich so notorische Gottesferne unserer Zeit eingestimmt. Er blieb dabei: „Was immer man auch sagt, unser Jahrhundert ist religiös – vielleicht religiöser als alle anderen ... Nur hat es noch nicht den Gott gefunden, den es anbeten könnte."

Deshalb muß die zeitlose Botschaft des Christentums in eine Aussageform übersetzt werden, in der sich unsere Zeit mit ihren Bemühungen und Sehnsüchten wiederfindet. Der Augenblick sei gekommen, wo sich die Menschen in eben diesem Bruch mit dem „toten Panzer" von Konventionen und Vorurteilen endlich verstehen könnten, schreibt er einem Freund aus China. „Wir alle brauchen in diesem

Augenblick etwas anderes. Du weißt, daß diese Haltung für mich nichts Antichristliches hat, im Gegenteil. Für mich ist sie der Ruf nach dem unersetzlichen Offenbarwerden eines größeren Christus."

Es ist der Christus, der im Universum transparent wird und durch die Dinge hindurchschaut. Es ist der Gott, der sich der Welt nicht von außen her als Despot aufzwingt, sondern als „organisches Zentrum ihrer Evolution" in ihr aufstrahlt. Teilhard gewinnt die kosmischen Begriffe zurück, in denen schon Paulus von Christus redet, dem „Erstgeborenen der ganzen Schöpfung", auf den hin alles geschaffen ist und in dem alles Bestand hat. Denn nur *den* Gott verwerfen die Menschen, der ihr Interesse am größeren Leben nicht mehr zu nähren vermag.

Es ist derselbe Christus, den Paulus das Haupt der Schöpfung nennt und Teilhard den *Super-Christus,* den *Christus Evoluteur,* die Seele der Evolution: Alles fährt fort sich zu bewegen, „weil Christus sich noch nicht vollends ausgestaltet hat. Er hat noch nicht die letzten Falten des Gewandes von Fleisch und Liebe, das ihm seine Getreuen bilden, an sich gerafft ... Der mystische Christus hat seinen vollen Wuchs noch nicht erreicht – so denn auch nicht der kosmische Christus."

Wie sich Teilhard den Weltuntergang, besser gesagt die Weltvollendung vorstellt, paßt ebenfalls nicht in das gewohnte Schema: „Das Evangelium kündet uns an, eines Tages werde die allmählich aufgeladene Spannung zwischen der Menschheit und Gott die durch die Möglichkeiten der Welt gesetzten Grenzen erreichen. Dann wird das Ende dasein. Wie ein Blitz, der von einem Pol zum andern fährt, wird sich die in den Dingen lautlos angewachsene Gegenwart Christi jählings offenbaren. Sie wird alle Dämme, hinter denen die Schleier der Materie und die gegenseitige Abgeschlossenheit der Seelen sie scheinbar zurückhielten, durchbrechen und das Antlitz der Erde überfluten.

Wenn schließlich die wahren Verwandtschaften des Seins frei wirken, dann werden die geistigen Atome der Welt von einer Kraft, in der sich die vereinigenden Mächte des Universums enthüllen, mitgerissen und nehmen in Christus oder außerhalb – aber immer unter dem Einfluß Christi – den Platz der Freude oder der Strafe ein, den ihnen die lebendige Struktur des Pleromas [Fülle; Synthese des Universums mit Gott] zuweist."

Bei aller Fremdheit und Kompliziertheit der Sprache entdecken solche Entwürfe doch nur uralte Glaubensüberzeugungen der Christenheit neu, hier etwa die vergessene, verschüttete Erwartung der Wiederkunft Christi. Haben wir, fragt Teilhard, nicht längst „die Wachtfeuer in unseren entschlafenen Herzen ausgehen lassen"? Wir beten gewissenhaft um das Kommen seines Reiches, wie er es uns beigebracht hat, gewiß. Aber wer von uns erwartet das Umschmelzen unserer Erde wirklich mit heißem Herzen? „Wir fahren fort zu behaupten, daß wir wachen Geistes dem Herrn entgegenwarten. Wenn wir aber aufrichtig sind, müssen wir gestehen, daß wir nichts mehr erwarten."

Höflich kaltgestellt

Zumindest bei Teilhard selbst hat die Transformation der Begriffe den Glauben keineswegs zersetzt – im Gegenteil, in ihm erwachte eine lebendigere Beziehung zu Gott. „Als ich Kind war", erinnert er sich in einem sehr ehrlichen Bekenntnis, „liebte ich Weihnachten wegen der Ferien und der Süßigkeiten. Später habe ich so getan, als ob ich es liebte – aus Konvention. Jetzt beginne ich dieses ‚Geheimnis' wieder zu lieben, weil ich es wiedergefunden habe – indem ich ihm einen Sinn gebe, den ich für den christlichsten halte. Weihnachten, das ist für mich nicht mehr Gott, der sich in unbegreiflicher Weise von außen aufdrängt, sondern Gott, der von nun an unauflöslich (als ein biologisch notwendiger Faktor) in die Entwicklungen der Menschheit hineingemischt ist."

Andere machten dieselben Erfahrungen. In einem schnell wachsenden internationalen Freundeskreis gingen Teilhards Manuskripte von Hand zu Hand, wurden in mühevoller Nachtarbeit kopiert und verbreitet. Seine Ordensoberen begegneten ihm mit Respekt, einige sogar mit Sympathie. Niemand, so scheint es, zweifelte seine persönliche Integrität oder seine christliche Überzeugung an.

In die Bewunderung für die intellektuelle Leistung des Paters mischten sich jedoch von Anfang an Stimmen, die sein Experiment zwar für hochinteressant, aber gefährlich hielten. Wurde hier der Glaube nicht schutzlos einer fremden Welt ausgeliefert? Würden nicht bald alle Dämme brechen, wenn man sich auf die Unbefangenheit einließ, mit der Teilhard alte Formulierungen ersetzte, überlebte Vorstellungen aus dem christlichen Weltbild herausbrach und das Gespräch mit der ungläubigen Wissenschaft suchte? Nein, solche freizügigen Gedankenspiele mochten im kleinen Kreis der theologischen Experten ganz unterhaltsam sein, den – von den Leitungsinstanzen chronisch unterschätzten – „kleinen Leuten" in der Kirche wollte man das nicht zumuten.

Kaum einer wagte es dem immer freundlichen, charmanten Franzosen ins Gesicht zu sagen, daß man ihn für eine Gefahr hielt. So unverblümte Äußerungen wie die eines Mitglieds des Heiligen Offiziums in Rom, der Pater rieche eindeutig „nach Schwefel", waren selten. Teilhard de Chardin wurde nicht mit Schimpf und Schande ausgestoßen, sondern höflich, aber konsequent kaltgestellt.

Kein einziges seiner theologischen Werke durfte zu seinen Lebzeiten erscheinen; erst nach Teilhards Tod begann ein unabhängiges Herausgebergremium Buch um Buch zu veröffentlichen. Später verbot man ihm sogar, Vorträge zu halten und seine Manuskripte an Freunde weiterzugeben. 1937 fuhr Teilhard nach Boston, um die Ehrendoktorwürde der dortigen Jesuitenuniversität entgegenzunehmen, umsonst – die beharrenden Kräfte im amerikanischen Katholizismus hatten die Ehrung zu verhindern gewußt.

Vor allem Teilhards evolutives Weltbild, seine Ansichten über das Werden der Materie und den Ursprung des Menschen, aber auch die Art, wie er über die Geschichtlichkeit der Erlösung, die menschliche Schuld und die Erbsünde sprach, brachten ihn in Rom in Mißkredit und ließen das dickleibige Dossier mit seinen Verfehlungen bei der Glaubensbehörde anwachsen. Seinen letzten Heimaturlaub in Frankreich wenige Monate vor seinem Tod mußte er auf Anordnung Roms vorzeitig abbrechen, weil er sich in einem Vortrag vor katholischen Akademikern über „Afrika und die menschlichen Ursprünge" geäußert hatte – an sich ein rein fachwissenschaftliches Thema.

Teilhard taten Unverständnis und Mißtrauen, die ihm entgegenschlugen, bitter weh. Er gebe sich all diese Mühe doch einzig und allein, um vielleicht Gottes Antlitz sichtbar werden zu lassen und Liebe zu ihm zu wecken, schrieb er einem Freund aus Peking. Er würde so gern nach Rom gehen, wünschte er sich ein andermal, „nicht mit dem Strick um den Hals", sondern um seine Beweggründe verständlich zu machen. 1948 rief man ihn tatsächlich in den Vatikan, ohne jedoch eine Annäherung zu erzielen.

Teilhard litt, er fühlte sich gedemütigt, an den Rand gedrängt – aber er blieb gelassen und der Institution Kirche auf eine fast schon hartnäckig zu nennende Weise treu. „Ich erkenne völlig an", schrieb er seinem Ordensgeneral vier Jahre vor seinem Tod, „daß Rom seine Gründe haben mag zu meinen, meine Vision des Christentums in ihrer aktuellen Form sei verfrüht und unvollständig und würde infolgedessen gegenwärtig nicht ohne Unannehmlichkeiten verbreitet." Ausdrücklich bekundete er seine Entschlossenheit, „ein ‚Kind des Gehorsams' zu bleiben".

Den Zusatz konnte er sich freilich nicht verkneifen, er vermöchte „um den Preis einer inneren Katastrophe" nicht aufzuhören, für sich selbst weiterzuforschen. Und einem Brieffreund vertraute er an: „Der Wille des Herrn geschehe. Ich bin entschlossen, meinen Weg geradeaus weiterzugehen, weil ich mir selber treu sein muß." Alle wohlmeinenden Ratschläge, dem Orden den Rücken zu kehren, wies er mit dem Argument zurück: „Ich bin drinnen hundertmal wirksamer als draußen!"

Jahre nach Teilhard de Chardins Tod ließ das Heilige Offizium seine Bücher aus den Bibliotheken der Priesterseminare entfernen und ermahnte Bischöfe wie Universitätslehrer, die Seelen der ihnen Anvertrauten vor seinen gefährlichen Werken zu schützen, die von „Zweideutigkeiten" und schweren Irrtümern „wimmeln".

20 Jahre später, 1981, schrieb Kardinalstaatssekretär Casaroli im Namen des Papstes an den Rektor des Pariser *Institut Catholique,* unsere Zeit werde „zweifellos das Zeugnis der Einheit des Lebens eines Mannes festhalten, der in seinem tiefsten Sein von Christus ergriffen, gleichzeitig bemüht war, den Glauben und die Vernunft in gleicher Weise zu ehren".

Auf den wütenden Protest einer Reihe von Kurienkardinälen machte der Vatikan einen Rückzieher: Die einstigen Warnungen des Heiligen Offiziums vor Teilhards „Doppeldeutigkeiten" und „Irrtümern" seien durch diesen Brief keineswegs zurückgenommen worden, hieß es beschwichtigend in einem Pressekommuniqué.

Zwei Jahre danach gab es doch noch einmal ein unübersehbares Zeichen für den römischen Sinneswandel: Der 86jährige Jesuitentheologe Henri de Lubac erhielt 1983 den Kardinalspurpur. Lubac, der Teilhards Ideen in Frankreich bekanntgemacht hatte, war unter Papst Pius XII. von seinem Lehrstuhl entfernt worden und durfte nur noch unter römischer Vorzensur Bücher veröffentlichen. Seine späte Rehabilitierung schließt wohl auch eine Ehrenrettung für Teilhard de Chardin ein.

Solidarität führt zu Gott

Für Leute, die auf die Glaubensnöte ihrer Zeitgenossen nur mit Lehrsätzen aus dem Katechismus antworten konnten, mag dieser Mann wirklich ungemein schwer zu verstehen gewesen sein – ein Theologe, der viel eher ein Poet, ein mystischer Visionär war als ein Dogmatiker. In einer Tagebuchaufzeichnung wünschte er sich einen Künstler, der einen *Christus Universalis* malen könnte: „ein Herz, in dem sich die Welten bewegen und fortsetzen".

Denn Teilhard, der den in sich ruhenden Gott fern über der Welt durch einen vorwärtsdrängenden, den Menschen mit sich in eine bessere Zukunft ziehenden Gott ersetzt hat – treu dem „Exodus"-Gott der jüdischen Bibel –, sieht am Ende der Evolution eine kosmische Harmonie.

Weil Gott für ihn „Triebkraft, Sammelpunkt und Garant" der Evolution bedeutet, wird die Spitze des Kegels der universalen Entwicklung, „der letzte Punkt, auf den alle Wirklichkeiten zusammenlaufen", der „kosmische Christus" sein. Unter seiner Anziehung nähern sich alle Dinge einander, um sich endlich in ihm zu versöhnen und zu vollenden. In der Sprache Teilhards: Wenn sich die „in den Dingen lautlos angewachsene Gegenwart Christi" offenbart, wird der *Punkt Omega* dasein.

Dieser *Punkt Omega* wird durch *Sozialisation* erreicht, durch fortschreitende Vermenschlichung. Daß die Völker heute alle vor denselben Problemen stehen und zum ersten Mal in der Menschheitsgeschichte so etwas wie Solidarität zu entwickeln beginnen, daß ein einzelner Mensch heute mit einer einzigen Geste immer mehr Mitmenschen mitreißen kann, in Glück und Untergang – all das läßt Teilhard de Chardin hoffen, daß „unter dem Druck des planetaren Schraubstocks" eine gegenseitige „Durchdringung und Verkittung der menschlichen Masse" erfolgen wird.

Wenn das so ist, stellt diese Welt nicht mehr bloß den Wartesaal zum Himmel dar, können sich die „Fahnenflüchtigen der Erde" (Teilhard) nicht mehr auf das Christentum berufen. Der „kosmische Christus" vereint ja wie in einem Brennspiegel die Liebe zum Himmel und zur Erde; zu ihm gelangt man nicht durch den Rückzug ins meditative Hinterstübchen, sondern durch die Arbeit an der Vermenschlichung der Welt:

„Der lebendige und fleischgewordene Gott", weiß Teilhard, „ist nicht weit von uns. Er ist nicht außerhalb der greifbaren Sphäre. Er erwartet uns vielmehr jederzeit im Handeln, im Werk des Augenblicks. Er ist gewissermaßen an der Spitze meiner Feder, meiner Hacke, meines Pinsels, meiner Nadel – meines Herzens, meines Gedankens."

Teilhard de Chardin predigt eine ausgesprochen aktive Religion. Bei vielen seiner Mitchristen entdeckt er ein fatales Schuldgefühl: Die Arbeit im Büro, in der Fabrik, auf dem Feld sei verlorene Zeit, dem eigentlichen „religiösen Leben" entzogen. So richtig Christ sei man doch bloß beim Beten, im Gottesdienst ... Dagegen setzt Teilhard seine feste Überzeugung, kraft der Schöpfung und der Menschwerdung Christi gebe es nichts Profanes auf der Welt, sei die Arbeit am menschlichen Fortschritt in sich wertvoll. „Seht, wie der Himmel selbst euch durch eure Werke hindurch zulächelt und anzieht! Dann werdet ihr, wenn ihr aus der Kirche in den Lärm der Stadt tretet, nur das Gefühl haben, weiterhin in Gott einzutauchen."

Denn „in unserer Welt sproß der Erlöser hervor; durch unsere bescheidenen Arbeiten und unsere Geduld fortgesetzt, wächst er noch immer und vollendet sich." Solche

Ich liebe dich, Jesus, um der Menge willen, die sich in dir birgt und die man mit allen anderen Wesen lärmen, beten, weinen hört, wenn man sich ganz nahe an dich preßt.
Ich liebe dich als die Quelle, das aktive und belebende Medium, als Ziel und Ausgang der Welt, selbst der natürlichen, und ihres Werdens.
Zentrum, in welchem sich alles begegnet und das sich über alle Dinge erstreckt, sie zu sich einzuholen, ich liebe dich wegen der Fortsetzung deines Leibes und deiner Seele in der ganzen Schöpfung durch die Gnade, das Leben, die Materie.
Jesus, mild wie ein Herz, glühend wie eine Kraft, innig wie ein Leben, Jesus, in den ich mich ergießen kann, mit dem ich herrschen und mich befreien soll, ich liebe dich *wie eine Welt,* wie die Welt, die mich hingezogen hat, und du bist es, jetzt sehe ich's, den die Menschen, meine Brüder, jene sogar, die nicht glauben, durch die Magie des großen Kosmos fühlen und aufsuchen.

Aussagen haben dem liebenswürdigen Jesuiten den unsinnigen Vorwurf eingebracht, ein verkappter Marxist zu sein.

„Anbeten", so formuliert er, „hieß früher Gott den Dingen vorziehen, indem man sie ihm darbrachte und opferte. Anbeten wird jetzt: sich mit Leib und Seele dem schöpferischen Akt hingeben, indem man sich ihm verbindet, um die Welt durch Anstrengung und Forschung zu vollenden. Den Nächsten lieben hieß früher ihm nicht unrecht tun und seine Wunden verbinden. Von nun an wird die Liebe, ohne aufzuhören, mitleidig zu sein, sich in dem für das gemeinsame Vorwärtskommen hingegebenen Leben verzehren ... Ergeben sein konnte früher die passive Hinnahme der gegenwärtigen Daseinsbedingungen des Universums bedeuten. Ergeben sein wird jetzt nur noch dem Kämpfer, dem die Kräfte schwinden, in den Armen des Engels erlaubt sein."

Teilhard selbst hat sich nie als Chefideologe eines geschlossenen Weltsystems verstanden (als „einfachen Resonanzboden" bezeichnete er sich, „der das verstärkt, was die Leute um mich herum denken") und sich kritische Korrekturen gewünscht. Widerspruch und bohrende Fragen erntete er keineswegs nur von furchtsamen Kirchenzensoren, sondern auch von Fachkollegen aus Naturwissenschaft und moderner Theologie. Die fruchtbaren Auseinandersetzungen über seine Ideen, die nach seinem Tod überall geführt wurden, füllen Bibliotheken.

Zu kritisieren gibt es in der Tat manches an seinen kühnen Entwürfen. Nicht alle Voraussetzungen, die er macht, entsprechen dem heutigen Stand wissenschaftlicher Forschung. Mit seinen bestechenden Visionen und waghalsigen Spekulationen verläßt er allzu oft den Boden nüchterner Tatsachen. Er unterscheidet in seinen Aussagen fast nie zwischen gesicherten Kenntnissen, Hypothesen und dichterischen Bildern. Spricht er nicht so ausschließlich vom fernen Übermorgen, daß das Morgen zu kurz kommt mit den kleinen Schritten, die heute zu tun sind?

Wenig realistisch erscheint seine Hoffnung auf eine Elite hoch über den politischen Fronten, die den Prozeß der „Vermenschlichung" durchsetzen soll. Teilhards Respekt vor dem technischen Fortschritt entpuppt sich heute angesichts einer todkranken Umwelt als naiver Optimismus.

Ganz zu schweigen von seiner bestürzenden Fehleinschätzung der Atombombe: Mit der Kernspaltung beginne die Menschheit, die Materie endgültig in den Griff zu bekommen und in gemeinsamer Forschung eine „Atmosphäre der Sympathie" zu entwickeln, freute sich der Prophet einer neuen Erde nach den ersten amerikanischen Atomversuchen in der Wüste von Nevada. Kriege könne es bei einem so verheerenden Übermaß an Zerstörungskräften nun wohl nicht mehr geben, und militärisches Heldentum erscheine vor den fantastischen Perspektiven, welche die

Atomforschung eröffne, schlicht als eine langweilige, überholte Sache.

Anstrengung kostet es auch, Teilhard zu verstehen, wenn er die Leidensgeschichte der Menschheit zum bloßen Schatten der Evolution erklärt – jedes tastende Voranschreiten müsse eben mit Wunden und Mißerfolgen bezahlt werden, und die Leidenden „zahlen lediglich für den Triumph aller". Der Schmerz der Welt – bloß das „Blut der Evolution", wie er es blumig umschreibt? „Schmerz und Schuld, Tränen und Blut: durchweg Nebenprodukte, von der Noogenese während ihres Wirkens erzeugt (übrigens häufig wertvoll und neuverwendbar)" – das ist nun tatsächlich die Sprache einer wenig humanen Sorte von Marxisten, die auf dem Vormarsch in Richtung Paradies blind über die liegengebliebenen Opfer hinwegtrampeln.

Es fällt schwer, Teilhard hier zu folgen – obwohl es ihm doch nur darum geht, in allem Elend den Glauben an die Bestimmung des Menschen am Glühen zu halten, die *ganze* Realität zu sehen, von der Sünde und Gemeinheit und bittere Not immer nur ein Teil sind. Teilhard de Chardin, ein liebenswerter Traumtänzer?

Und wenn schon. Haben die sogenannten Traumtänzer nicht oft und oft die Wege gebahnt, auf denen ihnen später eine einsichtig gewordene Menschheit folgen mußte?

Teilhard selbst kämpft gegen den von Henri de Lubac so genannten „Teilhardismus": einen oberflächlichen Optimismus, der vom Goldenen Zeitalter träumt. Er sagt dem Universum auf dem Weg der bewußten Konzentration noch heftige innere Konflikte, einen „Tribut an Tränen, Blut und Sünde" voraus. „Nicht Optimisten, sondern Begeisterte" wünscht er sich. In der Nähe schlichter Fortschrittsanbeter verspürt er „Atemnot". Denn wenn der „Geist der Autonomie und der Einsamkeit" die zarte Pflanze Solidarität überwuchert, kann das kosmische Glück am Ende der Geschichte, *Christus–Omega,* auch verweigert werden.

„Man muß für Christus schreien“

Madeleine Delbrêl,
Sozialarbeiterin in Ivry (Frankreich),
lebte das Evangelium
in marxistischer Umwelt

„Wir Leute von der Straße
glauben mit aller Kraft,
daß diese Welt,
in die uns Gott gesetzt hat,
für uns der Ort
unserer Heiligkeit ist.“

Mit fünfzehn Jahren", erinnert sie sich, „war ich strikt atheistisch und fand die Welt von Tag zu Tag absurder."

Ein richtig frommes Milieu im Sinn eines behüteten Gettos hat sie nie gekannt. Aufgewachsen ist sie in einer gutbürgerlichen, ungläubigen Familie. Als die erst sechzehnjährige, intellektuell hochbegabte Madeleine Delbrêl an der Pariser *Sorbonne* Philosophie und Sozialwissenschaften zu studieren begann, gab es für sie nicht den geringsten Zweifel: „Gott im 20. Jahrhundert war absurd, unvereinbar mit einer gesunden Vernunft, er war unerträglich, weil nicht unterzubringen."

Befriedigen konnte sie ihre kühle Selbstsicherheit freilich ebensowenig wie die Bewunderung eines großen Freundeskreises, frühe Liebeserfahrungen und beachtliche Erfolge ihres dichterischen Talents. Sie glaubt zu wissen und fragt doch ständig weiter. Sie zerbricht sich den Kopf über den Sinn der absurden menschlichen Existenz und der Weltgeschichte, dieser „denkbar unheimlichsten Farce". Und am Ende kreist all ihr Grübeln um den unfaßbaren Tod, der jedes Glück, jedes Vertrauen in die Zukunft zerschneidet. Auch Gott kann sie lange Zeit nur unter dem Vorzeichen des Todes sehen, als eine Wirklichkeit, die sich überlebt hat:

„Jemand hat gesagt: Gott ist tot. Weil das wahr ist, muß man auch ehrlich genug sein, nicht mehr so zu leben, als ob er noch existierte. Wir haben die Sache mit ihm geregelt: Es bleibt uns aber noch übrig, für uns selber die Konsequenzen daraus zu ziehen ...

Die Revolutionäre interessieren mich, aber sie haben die Frage schlecht verstanden: Sie mögen die Welt zwar aufs Beste einrichten – aber ausziehen muß man eines Tages doch, wohl oder übel!

... Ich möchte nicht bei einem Mann bleiben, den ich geliebt habe und der jetzt meine Zähne ausfallen, mein Kinn herabhängen, meinen Körper zum Schlauch oder zur trokkenen Feige sich wandeln sieht. Wenn ich einmal liebe, dann wird es wie ein Schnappschuß sein, wie befristet, in Eile ... Ich will keine Kinder. Mir genügt's, täglich im voraus dem Begräbnis meiner Eltern beizuwohnen ...

O nein, sie ist nicht erledigt, die Nachfolge Gottes. Er hat überall Hypotheken hinterlassen von Ewigkeit, von Macht, von Seele ... Und wer beerbt ihn jetzt? Der Tod. Gott hatte Dauer, jetzt dauert allein der Tod; Gott war allmächtig, jetzt wird der Tod mit allem und allen fertig. Gott war Geist – ich weiß nicht recht, was ich mir darunter vorstellen soll –, aber jetzt ist der Tod überall, unsichtbar, tatkräftig; er gibt einen Schlag und tack, hört die Liebe auf zu lieben, das Gehirn zu denken, das Baby zu lächeln ... und es gibt nichts mehr ... Wir stehen alle am Rand eines wahren Elends."

Triste Bilanz einer Siebzehnjährigen.

Als sie mit 60 stirbt, entdeckt man in ihr plötzlich das Modell eines Christen der Zukunft, eine hervorragende Glaubenszeugin des 20. Jahrhunderts. Man rühmt sie als eine beispielhafte Gestalt, die mitten in einer marxistischen Umwelt, an der Grenze zum Atheismus, aktiv und ohne Angst ihren Glauben gelebt habe.

Da muß es doch irgendwo in diesem Leben einen radikalen Bruch gegeben haben!

Den Bruch gibt es tatsächlich, er ist sogar ziemlich genau datierbar – eine Kehrtwende, möglich nur, weil die von Gott und der Menschheit enttäuschte Atheistin Madeleine Delbrêl nie aufhörte zu fragen. Weil sie sich nicht hinter ihrer ablehnenden Position verschanzte wie in einer Festung, sondern weiter suchte und horchte, ob ihr jemand den Sinn ihrer absurden, todverfallenen Existenz aufschließen konnte. Madeleine: „Zu dieser Zeit hätte ich die ganze Welt preisgegeben, um zu erfahren, was ich darin trieb."

Dieser Jemand, der den Sinn kannte, fiel in ihr Leben ein wie ein Blitzstrahl, als sie zwanzig war. Von nun an nennt sie sich eine von Gott „Geblendete".

Der Dickschädel des Musketiers

„Hol der Geier diese Gascogner!" knirscht in Dumas' *Die drei Musketiere* ein blasierter Edelmann durch die Zähne, weil er mit seinen hochmütigen Spötteleien bei dem jungen, wehrhaften Heißsporn d'Artagnan an den Falschen geraten ist. Literaturfreunde kennen die südfranzösische Gascogne deshalb seit je als die Heimat besonders selbstbewußter, tapferer, ja verwegener Menschen. Mussidan, wo Madeleine 1904 geboren ist, liegt in dieser Landschaft, und sie hat sich oft genug auf ihre Herkunft berufen, um ihren hartnäckigen Dickschädel zu erklären.

„Auf einigermaßen anarchische Art" (Madeleine) erwarb sie ihre imponierende Bildung: Weil der Vater, ein Eisenbahnbeamter, am laufenden Band versetzt wurde, ersetzten ihr Privatstunden die Schule. 1916 landete die Familie in Paris, wo Madeleine ihre musischen Talente entdeckte und von den Eltern zur Laufbahn einer Pianistin bestimmt wurde. Für ihren ersten Gedichtband erhielt sie mit 22 Jahren den angesehenen *Sully-Prudhomme*-Literaturpreis.

Zum Glauben fand sie, wir hörten es schon, in einer „stürmischen Konversion nach einer Zeit vernünftiger religiöser Suche". Viel mehr hat sie darüber nie gesagt, Vorgänge tief im Innern des Menschen verlangen Diskretion. Die Begegnung mit Christen wird wohl wichtig gewesen sein, die „auf eine überweltliche Hoffnung hin lebten, ohne den konkreten Einsatz in Wissenschaft und Politik zu verschmähen". Und als ihr Gott nicht mehr so „strikt unmöglich" erschien, wartete sie nicht einfach auf die große Erleuchtung, sondern tat etwas: „Ich entschloß mich zu beten ... Dann habe ich, betend und nachdenkend, Gott gefunden, aber indem ich betete, habe ich geglaubt, daß Gott *mich* fand und daß er lebendige Wirklichkeit ist und man ihn lieben kann, wie man eine Person liebt."

Diese Entdeckung sei ein „unerhörtes, bestürzendes Glück" gewesen.

Was sollte sie nun tun? Eine Zeitlang wollte sie Karmelitin werden, aber ihr Vater wurde blind, und sie mochte ihn und die schwer darunter leidende Mutter nicht allein lassen. Sie begann eine Pfadfinderinnengruppe zu leiten und ließ sich in Sozialarbeit ausbilden; damals hieß das „Fürsorge" und war ein brandneuer Beruf.

Zusammen mit zwei Freundinnen entschloß sie sich dann 1933, „das Evangelium nach dem Urtext zu leben" und das Leben der einfachen Leute zu teilen. Sie ging als Sozialhelferin in die Arbeiterstadt Ivry in der Bannmeile von Paris; die kleine Gemeinschaft führte dort ein offenes „Haus der Begegnung" und machte kein Hehl daraus, daß sie ihr Engagement als Nachfolge Christi verstand.

Das war keine bequeme Sache in der ersten kommunistisch verwalteten Stadt Frankreichs. „Auf dem Rathaus wehte die rote Fahne", erinnerte sich Madeleine später. „Was das bedeutete, wußte ich nicht."

Sie sollte es sehr schnell und schmerzlich kennenlernen: Die ideologischen Gegensätze zwischen einer oft verkrusteten Kirche und der neuen Heilslehre ohne Gott wurden in diesen Jahren in Frankreich keineswegs bloß mit so freundschaftlichen Rempeleien ausgetragen wie zwischen Don Camillo und Peppone in Italien, wo die Kirche viel stärker im Volk verwurzelt war. In Ivry, der Hochburg des französischen Kommunismus und dem Aushängeschild der klassenlosen Gesellschaft, herrschte anfangs bitterböse Feindschaft, die sich in offenen Aggressionen und versteckten Demütigungen entlud.

„In den billigen Mietswohnungen", erzählt die Delbrêl,

„bezeichneten die Buben das feindliche Lager als ‚Nüsse' und ‚Pfaffen' und lieferten einander wohlgeordnete Schlachten. Die kommunistische Verwaltung, die schon mehrere Jahre vor unserer Ankunft Ivry regierte, gewährte oder verweigerte gewisse Vorteile oder Hilfen je nach der Schule, die die Kinder besuchten, dem Besitz eines Parteiausweises und so weiter. Sobald man festgestellt hatte, daß wir zu den ‚Pfaffen' gehörten, bekamen wir auf der Straße Steine nachgeworfen wie die Geistlichen selbst. Die Christen unserer Pfarrei versorgten uns mit einer Liste, auf der die kommunistischen Geschäfte genau aufgeführt waren, bei denen wir nicht einkaufen durften, ohne Verrat zu begehen."

Zum Dialog fanden Kirche und Marxismus erst allmählich, und die kleine Gruppe um Madeleine Delbrêl hatte eine mühsame Durststrecke zu überwinden, bis man ihre Arbeit anerkannte und sie als zwar etwas versponnene, aber doch recht brauchbare Zeitgenossen zu schätzen begann.

Das alte, ländliche Ivry war einmal eine beliebte Sommerfrische des Pariser Bürgertums gewesen; in diesen alten Vierteln lebte, als Madeleine Delbrêl nach Ivry kam, die christliche Minderheit – abgeschottet von den Neubaugebieten mit ihren sozialen Problemen. Hier wohnten die Facharbeiter und Proletarier, die das rapide industrielle Wachstum der Stadt mit damals 300 Fabriken angezogen hatte. In den Jahren wirtschaftlicher Rezession und hoher Arbeitslosigkeit konnte man die Christen als Sündenböcke gut brauchen – und die taten in ihrem feindseligen Mißtrauen gegenüber den „Neuheiden" wenig, die Stimmung zu entgiften. Und außerdem: Die katholischen Fabrikbesitzer zahlten die niedrigsten Löhne.

Der Kreis um Madeleine Delbrêl brachte da einiges in Bewegung. Er baute ein Beratungsnetz auf und organisierte Hilfsdienste – zunächst auf privater Basis, im Rahmen kirchlich-caritativer Arbeit. Einige Jahre später übertrug man Madeleine eine leitende Stellung im städtischen Sozialdienst. Sie hatte die sozialen Aktivitäten im ganzen Bezirk zu koordinieren und während des Zweiten Weltkriegs für die Familien von Gefangenen und die Bombenopfer zu sorgen. Kantinen und Sammelstellen für Textilien wurden eingerichtet, Hilfskräfte ausgebildet. Ein Buch, das sie für angehende Sozialarbeiterinnen schrieb, ist lange eine Standardlektüre geblieben.

Dreißig Jahre ihres Lebens hat Madeleine Delbrêl in Ivry verbracht, und sie hat von dieser Stadt mehr gelernt als aus allen Schulbüchern und klugen Gesprächen zusammen. „Ivry war meine Schule des angewandten Glaubens", zog sie in ihrem letzten Vortrag vor Studenten Bilanz, vier Wochen vor ihrem Tod.

Denn das – im Vergleich zur satten Gleichgültigkeit vieler Christen – oft beschämende Engagement von Marxisten, ihr Großmut, ihre Selbstlosigkeit zwangen zum Hinterfragen des eigenen Glaubens, ließen den verpflichtenden Anspruch, den das Evangelium stellt, in einem ganz neuen, bedrängenden Licht erscheinen.

Madeleine: „Wenn wir beobachten, mit welch engen Banden der Marxismus jedes Parteimitglied an sich fesselt, müssen wir beschämt darüber nachdenken, wie wir uns in der innigen Umarmung Gottes verhalten. Die Dynamik dieser politischen Bindungen steht in einem peinlichen Kontrast zu der Art, wie wir das Wirken Gottes durch Gewöhnung gleichsam sterilisieren. Wenn die Erkenntnis dieses kümmerlichen Sachverhalts unsere Gleichgültigkeit überwindet – und uns nicht zu der Meinung verführt, hier werde ein wunderbares Unternehmen von den andern sabotiert –, dann erfassen wir wie zum erstenmal unsere religiöse Bestimmung und leben aus der Fülle unseres Glaubens."

So entpuppt sich der „Schock", den die Begegnung eines Christen mit dem atheistischen Marxismus zunächst darstellt, laut Madeleine Delbrêl letztlich als „Gnade". Sie bestehe darin, „daß wir die Versäumnisse unseres christlichen Lebens und unsere eigene Verantwortung dafür klar erkennen. Wir sind bereit, dafür zu büßen, daß wir unredliche Verwalter gewesen sind, und unsere Treue neu zu bewähren." Madeleine ist den Kommunisten dankbar dafür, daß sie die Christen sozusagen „evangelisieren".

Darüber hinaus provoziert die Begegnung mit den Marxisten bei der Delbrêl die alte Frage nach dem Sinn des Ganzen. Die Marxisten waren zum selbstvergessenen Einsatz, zum Leiden am Elend des andern genauso fähig wie die Christen, gut – aber wofür all die Anstrengungen? Eine gerechtere Welt, anständige Löhne, soziale Sicherheit – war das alles? Für welches letzte Ziel sollte man kämpfen? Und wo war die Instanz, die verläßlich sagen konnte, daß Liebe besser sei als Haß und Gerechtigkeit besser als Ausbeutung?

Den Weg durch dieses Labyrinth, das spürte sie immer deutlicher, konnte ihr nur einer weisen, der von sich gesagt hatte: „Ich *bin* der Weg." Am Ende allen Suchens stand Jesus Christus. Sein Evangelium hier und heute konkret zu leben, allein darauf kam es an – nicht auf großartige Programme und Träume von goldenen Zeiten. „Das Evangelium ist das Buch vom Leben des Herrn", sagte sie schlicht, „es ist dazu da, das Buch *unseres* Lebens zu werden." Bekehrung ist für sie immer ein Bruch, ein gewaltsames Ereignis, ein Abenteuer, das ein Leben lang dauert und dieses ganze Leben verändert.

Das Evangelium und die Gemeinschaft der Kirche, das waren die beiden Quellen, aus denen diese schmale, zarte Frau erstaunliche Kraft schöpfte. Sie war eine Getriebene, sie konnte Gott nicht für sich behalten, mußte ihn zu anderen tragen, missionarisch, immer voller Leben und Pläne, immer darauf aus, zu helfen, zu verändern, zu gestalten. Nichts haßte sie so sehr wie große Worte ohne Konsequenzen und hektisches Getue ohne Wirkung.

Immer aktiv, die leuchtenden, großen Augen voll wacher Aufmerksamkeit, wirkte sie doch nie zerfahren oder ungeduldig. Menschen, die sie kannten, berichten von der konzentrierten liebevollen Zuwendung, mit der sie sich jedem widmete. Aktion – zielgerichtetes Handeln von Menschen, die aus einer Mitte heraus leben – bedeutete für sie etwas völlig anderes als geschäftiger Aktivismus.

Mit einer wahren Leidenschaft erzählt sie davon, wie schön der Glaube ist, wie glücklich sie Christus macht. Aber ihre missionarische Ader ist mit nüchternem Realitätssinn gepaart. Am Beginn ihres Apostolats steht eine sorgfältige Analyse des Milieus, in dem sie ihren Schatz austeilen will.

Bloß noch fromme Fassaden

Es ist ein Milieu, aus dem der Glaube allmählich verschwindet: „Eine Welt, die verchristlicht war, scheint sich wie von innen her zu entleeren ..." Von innen her, das heißt, die Krise der Kirche, der Rückgang der Gottesdienstbesucher und der religiösen „Praxis", ist nur ein Symptom für eine viel tiefer gehende Entfremdung. Die Fassade, sagt Madeleine, falle meist zuletzt ein.

Sie widersteht auch der Versuchung, Marx und Lenin und den geschickten Propagandisten der Kommunistischen Partei die Schuld an der Demontage des Christentums zu geben. In Frankreich sei der Atheismus längst vor dem Marxismus dagewesen; der Marxismus erfülle ihn nur mit einem realistischen, positiven Inhalt.

Nein, schuld sind die Christen selbst, weil sie die ihnen anvertraute Botschaft so schlecht ausgerichtet und das Evangelium seiner vitalen Kraft beraubt haben. Glaube wird weithin mit seinen äußeren Erscheinungsformen verwechselt, Christentum mit bürgerlicher Wohlanständigkeit gleichgesetzt:

Wir halten die Liebe für eine nicht glanzvolle, aber aufzehrende Tätigkeit; wir denken, daß wir, wenn wir für Gott ganz kleine Dinge tun, ihn ebenso lieben wie mit großen Aktionen.
Weil wir die Liebe für eine hinreichende Beschäftigung halten, haben wir uns die Mühe erspart, unsere Taten nach Gebet und Aktion zu klassifizieren.
Jede kleine Unternehmung ist ein gewaltiges Ereignis, worin uns das Paradies geschenkt wird, das wir weiterverschenken können.
Egal, was wir zu tun haben: ob wir einen Besen oder eine Füllfeder halten.
Reden oder stumm sein, etwas flicken oder einen Vortrag halten, einen Kranken pflegen oder auf einer Schreibmaschine hämmern.
All das ist nur die Rinde einer herrlichen Realität, der Begegnung der Seele mit Gott in jeder neuen Minute ...
Man läutet? Schnell, aufgetan! Gott ist es, der uns lieben kommt. Jemand kommt an? ... Bitte ... Es ist Gott, der uns lieben kommt. Zeit, sich zu Tisch zu setzen? Gehen wir: es ist Gott, der uns lieben kommt.
Lassen wir ihn gewähren.

„Wir verkünden keine gute Nachricht, weil das Evangelium keine Neuigkeit mehr für uns ist, wir sind daran gewöhnt ... Wenn wir von Gott sprechen, bereden wir eine Idee, statt eine erhaltene, weitergeschenkte Liebe zu bezeugen. Wir können den Nichtglaubenden unseren Glauben nicht als eine Befreiung von der Sinnlosigkeit einer Welt ohne Gott verkünden, weil wir diese Sinnlosigkeit gar nicht wahrnehmen."

Man kann der Krise des Glaubens deshalb auch ganz bestimmt nicht begegnen, indem man alte Formeln wiederholt oder an Kirchenstrukturen herumexperimentiert. Die Christen selbst müssen wieder glaubwürdig, anziehend, strahlend werden.

Allzuoft, sagt die Delbrêl, mache man aus dem Glauben eine Idee, eine Philosophie, ein Denksystem. Aber: „Unser Herr spricht von einem Leben. Er spricht nicht von einem Studienprogramm, das man durchackern müßte wie auf ein Examen hin. Er spricht nicht von einem politischen System, nach dem das menschliche Dasein zu organisieren wäre, auch nicht von einer philosophischen Lehre, die uns eine objektive Sicht der Welt vermitteln würde. Er gibt uns nicht einmal eine Abhandlung über Gott, die unseren Geist erfreuen könnte. Er spricht von einem *Leben,* das uns die Kraft gibt, daraus wie aus einem neuen Anfang zu leben."

Die Christen, die durch ihre Treue im Alltag die Nähe Gottes sichtbar machen, *sind* der Glaube. „Denn für Menschen, welche die Gesetze der Geschichte aus Tatsachen ableiten und den Wert ihrer Lehre an Tatsachen messen wollen, müssen Christus und seine Kirche eine Tatsache anbieten, eine Tatsache, die allein es uns möglich macht, Gott zu verkünden: die brutale, lebendige, ungewöhnliche Tatsache eines Menschen, der an Gott glaubt." Madeleine Delbrêl scheut sich nicht, als Exempel für die Kraft eines solchen Glaubens Lenin heranzuziehen, der durch die Einheit von Lehre und Leben überzeugt habe, die klassischen Elemente christlicher Mission mit ungeheurem Erfolg benutzend: „eine Lehre, einen Mann, der sie lebt, einen Mann, der sie hinausschreit".

Glaube nicht als toter Buchstabe, sondern als Geist und Leben – das ist ganz biblisch gedacht. Dazu gehört auch die Zeitnähe des Glaubens, das aufmerksame Horchen auf die Forderungen des Tages. Ein wenig neidisch schaut Madeleine Delbrêl in ihren geistlichen Texten, die mit einem kaum übersetzbaren Humor geschrieben sind, auf die Heiligen von einst, die wohl über eine Art spiritueller Versicherung verfügten: „Sie hatten feste Gebetszeiten, bestimmte Bußübungen und ein ganzes Buch voller Ratschläge und Verbote. Uns aber hast du in eine Zeit gestellt, die in ihre

**Die einzige Stelle,
an der der Berg zu bezwingen ist,
ist die Liebe zu den Menschen,
die uns ähnlich,
aber oft so wenig liebenswert sind,
weil sie unserer eigenen Mittelmäßigkeit
zu sehr gleichen.
Vielleicht empfinden wir ein gewisses Vergnügen,
wenn wir zu einer großartigen Demut gelangen,
zu einer unbesiegbaren Anspruchslosigkeit,
zu einem unerschütterlichen Gehorsam,
zu einer außerordentlichen Reinheit;
das kann uns ein Gefühl der Zufriedenheit geben.
Aber wenn uns die Demut,
die Armut, die Reinheit, der Gehorsam
nicht zu gütigen Menschen machen,
wenn die Leute im eigenen Haus,
in unserer Straße, in unserer Stadt
immer noch hungern und frieren,
immer noch traurig und niedergeschlagen sind,
immer noch einsam dahinleben,
dann sind wir vielleicht Helden,
aber wir gehören nicht zu jenen,
die Gott lieben.**

Freiheit verliebt ist, ein wenig aus der Bahn geraten; in ihr spielt das Abenteuer deiner Gnade."

Lebendig muß der Glaube sein, zeitnah – und aktiv. Kämpferisch. Statt selbstgenügsamer Beschaulichkeit Veränderung der Zustände! Das Wort Gottes muß „befruchten, verwandeln, erneuern". Verkünden muß man Christus, ja „für Christus schreien" – aber ohne unser Handeln würde dieser Schrei nicht gehört.

Immer wieder kämpft Madeleine Delbrêl gegen das schreckliche Schweigen vieler Christen an: Wer die Ungerechtigkeiten der Welt unterschätze und sich um eine eindeutige Stellungnahme herumdrücke, „der überläßt anderen den Protest gegen etwas, was Gott selbst verurteilt hat. Wir müssen deshalb diesem göttlichen Verdammungsurteil seinen vollen religiösen Ernst zurückgeben, nicht weil das diesem oder jenem Spaß macht, sondern weil Ungerechtigkeit Ungehorsam gegen Gott ist." Die Unterdrückungsstrukturen in „katholischen" Ländern haben ihr tiefen Schmerz bereitet; hier werde durch Taten der Glaube verleugnet. Irgendwelche Tugendübungen und Vervollkommnungspraktiken seien wertlos ohne die Liebe.

Mit ihrem Modell eines „autonomen Glaubens" entwikkelte Madeleine ausgesprochen moderne Vorstellungen. Der Glaube, sagt sie, muß sich heute in einer Welt behaupten, die ihn nicht mehr wie selbstverständlich trägt oder auch nur dankbar akzeptiert. Denn der Glaube hat sich in seiner langen Geschichte so stark mit – heute überholten – Denkweisen, Mentalitäten und Gewohnheiten vermischt, daß mit dieser sogenannten „christlichen Kultur", mit dem „Milieu" auch der Glaube selbst über Bord geworfen wird. Soll er nicht als bloßes Überbleibsel einer abgestorbenen Vergangenheit erscheinen, so muß er aus dieser Verquikkung mit überlebten Mentalitäten, mit der Wertskala des Bürgertums gelöst, selbständig, „autonom" werden.

Damit will Madeleine keine raffinierte Bekehrungstaktik starten, sondern einen ursprünglichen Glauben zurückgewinnen, befreit von den falschen Stützen einer christlichen Welt von gestern, die längst zu Fesseln geworden sind.

Nein, um Taktik geht es nicht – „darauf würde übrigens auch niemand hereinfallen" –, die Kirche *ist* ihrem Wesen nach missionarisch, sie kann gar nicht anders als ihren Herrn verkünden und für diese Welt Sorge tragen, „der sichtbare Leib des Gottmenschen inmitten des sozialen Leibes der Menschheit". Das Heil der Welt sei die Arbeit der Christen; „Kirche ist Kirche nur, weil sie rettet."

Im Gegensatz zu manchen anderen Stimmen – anders

etwa als später die Brüder von Taizé – beharrt Madeleine Delbrêl darauf, daß die bloße Anwesenheit der Christen im gottentfremdeten Milieu nicht genügt. Dort werden nach ihrer Überzeugung Menschen gebraucht, die ihren Glauben öffentlich bekennen, ihr Leben durch Gott erklären.

„Wir sind zum Glauben und zum Bekenntnis des Glaubens berufen", sagt sie, „wie andere zu dem Beruf des Bäkkers oder des Arztes." Christen dürfen nicht verschämt schweigen, verkündigen müssen sie, ungescheut, laut zu Gott schreien, zu jemandem, den es wirklich gibt, „so daß jeder sich umdreht, um zu sehen, wo und wer dieser Lebendige ist".

Wenn Christen so durch die Welt gehen, Gott und die Menschen in einer leidenschaftlichen Liebe verbindend, interessiert an allem, was die anderen bewegt, alle als Brüder betrachtend, ein fleischgewordenes Gleichnis des Evangeliums – „dann werden jene, die uns auf ihrem Weg begegnen, die Hände nach uns ausstrecken, begierig nach dem Schatz, der in uns sichtbar wird ..."

Einen solchen Einsatz, schreibt sie einem Bischof, müssen die Christen heute erst wieder lernen. Was man bisher unter „Apostolat" verstanden habe, sei eine Sonderwelt frommer Beschäftigungen gewesen, aber nicht das ganz normale christliche Leben unter ungläubigen Mitmenschen, ein Leben, das keine Privatsphäre kenne.

Denn alles, was ein Christ tut, sogar der Küchendienst oder das Essen mit einem Freund, muß „wie ein Segel vom Glauben gebläht" sein, „von einem so unbedingten Glauben, als gälte es einen vom Tod zu erwecken".

Wie schön poetisch sich das anhört ... Aber Madeleine weiß genau um die Frustrationen, schroffen Ablehnungen und seelischen Wunden, die man sich einhandelt, wenn man sich für das Apostolat im atheistischen Milieu entschieden hat. Sie weiß auch, wie sie mit ihren Adressaten umzugehen hat: daß man vom lebendigen Glauben nicht in der toten Sprache reden darf, die für religiöse Themen nur zu oft gebraucht wird. Man solle sich doch einmal die Chansonette Edith Piaf anhören, wie die von „Ewigkeit", „Gott" und „Himmel" singe, so müsse man das machen ...

Blitzreise zum Petrusgrab

Viel Geschriebenes hat diese rastlos tätige Frau nicht hinterlassen. Aber wer ihre wenigen Texte liest – die meisten erst nach ihrem Tod erschienen, unter Titeln wie *Wir andern – Leute von den Straßen, Die Freude des Glaubens, Einfacher Führer für einfache Christen* –, wird fasziniert sein von der urwüchsigen Kraft ihrer Beziehung zu Gott.

Da ist nichts aufgesetzt oder Schablone. Madeleine Delbrêl ist der lebendige Gegenbeweis für die Behauptung, fromme Menschen müßten fade sein, angepaßt und auf gar keinen Fall originell. Denn sie ist ausgelassen fröhlich und ernst zugleich; energischer Tatmensch und hochsensible Zuhörerin; fähig, sich jedem ganz schlicht verständlich zu machen, und intellektuell ohne Arroganz; selbstbewußte Vordenkerin und die Kirche, die so schwerfällige, zärtlich liebend „wie das Kind seine Mutter".

An der Kirche hängt sie so unbeirrt wie viele spät Bekehrte. Sie ist ihr der „Kreuzungspunkt der Liebe", der „gemeinsame Ursprung unseres Zeugnisses der Treue", ein lebendiger, fruchtbarer Organismus, in dem Christus sichtbar und seine Botschaft wirksam wird: „Evangelium und Kirche bilden eine einzige Wirklichkeit." In Sorge um das Experiment der Arbeiterpriester, unternimmt sie 1952 eine Blitzreise nach Rom, um zwölf Stunden lang am Petrusgrab zu beten.

Es war die einzige ausgedehnte Wallfahrt in ihrem Leben, das doch ein einziges Gebet gewesen ist. Ohne Beten, meint sie, gibt es keine Zustimmung zum Glauben, keine Begegnung mit dem lebendigen Christus, ohne Beten kann das Evangelium nicht ins Leben übergehen.

Heute sieht das Gebet freilich anders aus als vor hundert Jahren, weil das Leben anders geworden ist, umtriebiger, hektischer. „Was das Gebet angeht, so ist unser Raum rationiert: das Fehlende müssen Bohrungen ersetzen", und wenn der Herr noch unter uns weilte, kämen in seinen Gleichnissen bestimmt Bohrtürme vor.

Was meint sie damit? Auch in unserem nervösen Alltag gibt es „Zeitteilchen", wie sie sagt, die man, so wie sie sind, nehmen und mit Beten füllen kann. Man „bohrt" in die Tiefe, Intensität ersetzt die Dauer, man taucht zu Gott hinab in konzentrierten Akten des Glaubens, der Hoffnung und der Liebe – beharrlich, immer wieder. „Welche Freude", betet Madeleine, „daß wir unsere Augen zu deinem Angesicht erheben können, ganz allein, während die Suppe langsam aufkocht, während wir beim Telefon auf den Anschluß warten, während wir an einer Haltestelle nach dem Bus Ausschau halten ..."

Wird da nicht Gott buchstäblich zum Lückenbüßer? Im Gegenteil, er taucht ein in die Welt, er durchtränkt das ganze Leben, den Alltag, den redliche Christenmenschen nicht selten sauber von der mit Gott verbrachten Zeit getrennt haben. „Denn die Welt", Madeleine hat es erfahren, „ist kein Hindernis für die, die für sie beten wollen. Wenn einige sich von ihr zurückziehen, um sie auf neue Weise zu finden und zum Himmel zu heben, müssen andere in sie eintauchen, um sich dann mit ihr emporzurecken zum gleichen Himmel ..."

Ein solches Gebet mitten in der Welt kann nie der Versuchung erliegen, vor der Madeleine Delbrêl so oft warnt: „Wenn du die Wüste liebst, vergiß nicht, daß Gott die Menschen lieber sind!" Und es sei gar nicht sicher, ob der Duft der Felder sicherer zu Gott führe als der Lärm der Großstadt.

Wenn der Herr bei uns ist, dann finden wir auch überall, wo es einen Platz zum Leben gibt, einen Platz zum Beten. Die Welt, die Straße, die Menschenmenge, sie sind „der Ort unserer Heiligkeit", und es gibt kein Gebet mehr, bei dem die anderen nicht dabei sind. Den „kleinen Mönch", eine Figur, die sie als Symbol für die vielen Schwächen und den ehrlichen Kern in jedem Christen erfand, mahnt sie (als er beim Beten nur an sich selber denkt): „Laß deine Kinder nicht im Stich, um mit ihrem Vater schönzutun!"

Madeleines Humor kommt aus dem Glauben und aus einem gesunden Verhältnis zu der Schöpfung eines guten Gottes. Dem Herrn sein Leben anbieten, ohne es ihm in der Freude schenken zu wollen – das kann sie sich gar nicht vorstellen. Aber Heilige wünscht sie sich, die vor Gott tanzen aus Freude am Leben: „Du hast von den Leuten genug", vermutet sie in einem sehr vertraulichen Gespräch mit Gott, „die ständig davon reden, dir zu Diensten zu sein mit der Miene von Feldwebeln, dich kennen mit der Pose von Professoren, nach Sportregeln zu dir gelangen und dich lieben, wie man sich liebt in einem alten Haushalt. Eines Tages, da du ein wenig Lust nach etwas anderem hattest, erfandest du den heiligen Franz und machtest deinen Gaukler aus ihm ..."

Wie einen Tanz, wie einen festlichen Ball stellt sie sich das Leben mit Gott vor – wie ein Fest, zu dem das Kreuz genauso gehört wie die Hoffnung: „Der Herr kann uns unter seinem Kreuz erdrücken, so daß es uns bis zur Unkenntlichkeit entstellt und wir darunter nur noch brüllen und um uns schlagen können – aber das soll uns nicht hindern, noch das kleinste Staubkorn zu suchen, das in der Freude ihm darzubieten uns nicht verwehrt ist."

Der bittere Schmerz ist ihr nicht fremd, der sonst so fröhlichen geistlichen Poetin, die so gerne vor Gott lacht und eine „Fahrrad-Spiritualität" entwickelt hat – weil Radfahrer und Christen dasselbe seltsame Gleichgewicht brauchen:

„ein Gleichgewicht, in das man nicht hineinkommt und das man nicht halten kann, es sei denn in der Bewegung, im schwungvollen Voran. Es ist wie mit einem Fahrrad, das sich nur gerade hält, wenn es fährt; es lehnt schief an der Wand, bis man es zwischen die Beine nimmt und davonbraust."

Und ihre Ironie ist nicht bitter oder zynisch, sondern versöhnlich und selbstkritisch, wenn sie etwa die „Falschmünzer des Kreuzes" aufs Korn nimmt, die sich vor geeignetem Publikum gern als Opferseelen aufspielen: „Welche Familie, welche Werkstatt, welche Klostergemeinschaft besitzt nicht die ihre? Und man hat gewöhnlich das Glück, daß sie für ihr Bekanntwerden sorgt; das Glück sage ich, denn sonst hätten wir nie erraten, daß sie eine ist ..." Aber wer, so fragt sie weiter, ertappt sich nicht irgendwann einmal selbst bei diesem Spiel?

Etwas mehr Gelassenheit, meint Madeleine, könnte keinem von uns schaden. Wir warten auf die große Stunde, in der sich unser Glaube bewähren soll, auf unser Kreuz, auf die Passion ... Statt dessen kommen die kleinen Geduldsproben, die Nadelstiche des Alltags: „Schon am Morgen suchen sie uns auf, unsere Nerven gehen uns so leicht durch, der Bus ist bereits voll, die Milch läuft über, der Schornsteinfeger kommt, die Kinder verderben alles, das Telefon läutet ununterbrochen ... So treten die Geduldsübungen an uns heran, neben- oder hintereinander, und vergessen immer uns zu sagen, daß sie das Martyrium sind, das für uns vorgesehen ist."

Auf den Alltag kommt es an, nicht auf die einmalige Heldentat irgendwann in ferner Zukunft. Wie wir mit den Menschen neben uns umgehen, ist wichtig. Jesus ist nahe. „Mit mir ist er unter den Menschen von heute gegenwärtig." Seine Liebe geht durch die Welt „durch die Brüder in unserer Nähe, die wir bedienen, lieben, retten dürfen". Das Evangelium will in uns Fleisch werden, uns bewohnen; „ist es einmal in uns Fleisch geworden, so dürfen wir es nicht bei uns behalten: wir gehören fortan denen, die darauf warten ... Er will wir selber sein, wo immer wir sind."

„Kommunist wird man aus Liebe"

Viele in ihrer Umgebung haben sich gefragt, warum diese Frau mit ihrer leidenschaftlichen Liebe zu den Ausgebeuteten und ihren radikalen Ideen eine Einzelkämpferin blieb, sich nicht der starken kommunistischen Partei anschloß. Eine Zeitlang habe sie mit diesem Gedanken gespielt, gibt sie ganz offen zu. Doch dann kaufte sie sich eine Broschüre mit Äußerungen Lenins über die Religion – „auf einen einzigen Schlag war alles entschieden".

Denn Seite für Seite war da von der Unvereinbarkeit von Glaube und Kommunismus die Rede, von der programmatischen Bedeutung des Atheismus für die marxistische Partei ... Madeleine Delbrêl blieb allein. Ihre Zusammenarbeit mit den Marxisten von Ivry – die sie persönlich oft sehr schätzte – beschränkte sich auf praktische, zeitlich begrenzte Aufgaben.

Am aggressiven Antikommunismus des christlichen Bürgertums hat sie sich nie beteiligt. Sie erkannte an, daß „in der kommunistischen Partei unzählige Herzen die Sehnsucht der Armen bewahren", sie wußte, daß viele Marxisten in Gott nur das christliche Alibi für den Verzicht auf menschliche Anstrengung verfolgten. Sie zollte den Genossen Respekt, die bereit waren, für das Glück ihrer Mitmenschen zu sterben, und eine Welt ersehnten, in der niemand mehr wegen vermeidbarer Leiden weinen müsse. Kommunist werde man in der Regel aus Liebe zu den Menschen.

In aller Freundschaft sagte sie den Kommunisten freilich auch, warum sie niemals zu ihnen gehören konnte: Fundamental unterscheide sich der christliche Weg von der mar-

Du hast uns heute nacht
in dieses Café namens Mondschein geführt.
Du wolltest dort einige Stunden in der Nacht
du in uns sein.
Durch unsere armselige Erscheinung,
durch unsere kurzsichtigen Augen,
durch unsere liebeleeren Herzen
wolltest du all diesen Leuten begegnen,
die gekommen sind, die Zeit totzuschlagen.
Das Café ist nun nicht mehr ein profaner Ort,
ein Stückchen Erde,
das dir den Rücken zuzuwenden schien.
Wir wissen, daß wir durch dich
ein Scharnier aus Fleisch geworden sind,
ein Scharnier der Gnade ...
Wir binden uns an dich
mit der ganzen Kraft unseres dunklen Glaubens,
wir binden uns an sie
mit der Kraft eines Herzens, das für dich schlägt ...
Danach werden wir die letzte U-Bahn nehmen.
Wir werden Leute finden, die dort schlafen ...
Und unser Herz wird immer weiter
und immer schwerer
von der Last vielfältiger Begegnung,
immer schwerer von der Last deiner Liebe,
unser Herz, das du gebildet
und bevölkert hast mit unseren Brüdern,
den Menschen.

Liturgie der Außenseiter

xistischen Vision. Die Welt retten sei mehr als sie glücklich machen.

Für Christus sei der Kampf gegen das Elend so wichtig, daß er die Menschen einmal danach richten werde. Aber außer Brot und Wohnung brauche der Mensch auch die Möglichkeit, seine wirkliche Bestimmung zu erkennen. Ja, die bescheidenste Vorstellung von Gott bedeute mehr für die Welt als alle Forschungsinstitute und Bibliotheken.

Die marxistische Hoffnung ende beim Tod, und der Marxist tröste sich mit dem Gedanken an das Glück der künftigen Menschheit. Für die Christen dagegen ziele der „historische Prozeß" letztlich auf das ewige Leben – Begegnung mit Gott statt anonymer Geschichte. Deshalb sei es mit der Anhebung der Lebensqualität allein nicht getan, mit einem „Goldrausch" für die Armen sozusagen. Auch Jesus habe von Brot und Frieden und Freiheit gesprochen, aber noch mehr gebracht: die Nähe Gottes, seine Liebe, das ewige Leben. Und „wenn wir das ewige Leben nicht weitergeben, wird es niemand an unserer Stelle tun."

Mit bloßer Vertröstung auf ein fernes Jenseits hat das gar nichts zu tun. „Kann man mit wirklicher Hoffnung auf Erlösung der Welt hoffen, ohne leidenschaftlichen Herzens das Unrecht in der Welt und seine Folgen enden sehen zu wollen?" fragt Madeleine.

Leidenschaftlich wünscht sie die Veränderung einer unmenschlichen Gesellschaft, einer kapitalistischen Arbeitswelt, welche Menschen verkrüppelt, die Lungen ruiniert, langsam tötet: „Man verbrennt Hände, solange es nicht wirtschaftlicher ist, sie durch mechanische Rührlöffel zu ersetzen."

In vielen Details geht sie mit den Marxisten einig – aber die Ausschaltung Gottes kann sie nicht akzeptieren, denn der Verzicht auf Gott sei für den Menschen „schlimmer als alles Elend der Welt zusammengenommen". Wenn im Namen der Liebe zu den Menschen der Haß gegen Gott gefordert werde, sieht die sonst so sanfte Madeleine Delbrêl den „Geist des Bösen" am Werk.

Deshalb kann es eine zeitlich begrenzte Zusammenarbeit mit Kommunisten geben – wie in Ivry im Hilfskomitee für die Arbeitslosen –, aber keine „Doppelmitgliedschaft", wie man heute sagen würde, in Kirche und marxistischer Partei:

Sobald ein Christ dieser Partei beitrete, unterschreibe er im Prinzip die Ablehnung des ersten Gebotes und zerbreche damit letztlich auch die brüderliche Liebe, weil Christus beide Gebote, Gottesliebe und Menschenliebe, zu einem einzigen gemacht habe. Deshalb gehe es nicht an, daß ein Christ verschämt seine Hoffnung verstecke, im Gegenteil, er sei dazu gerufen, genau dort lebendige Kräfte zu wecken, wo man den Glauben untergrabe.

Schwierigkeiten bereitete Madeleine Delbrêl nicht zuletzt auch der marxistische Begriff des Klassenkampfes: „Der Marxismus haßt Menschen von heute wegen seiner Liebe zu anderen Menschen von heute und mehr noch wegen seiner Liebe zur Menschheit von morgen." Ein Christ verleugnete jedoch Gott, würde er auch nur einen einzigen Menschen von seiner Liebe ausschließen.

Madeleine sieht darin den besten Beweis für ihre These von der unlösbaren Verbindung zwischen Gottes- und Menschenliebe: Der Marxismus liquidiere die Liebe zu Gott und verstümmle gleichzeitig die Liebe zu den Menschen, indem er das Gebot der Liebe nicht auf die „verdammte Minderheit" anwende. Auch der Reiche habe jedoch ein Recht auf Gottes Barmherzigkeit; zur christlichen Gerechtigkeit gehöre beides: Brot für die Armen und Erlösung für die Reichen.

Madeleine Delbrêl blieb bis an ihr Lebensende in Ivry. Ihr Buch *Ville marxiste, terre de mission* (Marxistische Stadt als Missionsland), das sie in Jahren der Krankheit geschrieben hatte, war zwar nicht besonders erfolgreich, machte sie aber in aufgeschlossenen Kreisen so bekannt, daß sie immer häufiger zu Vorträgen und Gesprächen eingeladen wurde.

Sie sprach vor *Pax Christi* in Genf, vor der Christlichen Arbeitergewerkschaft Frankreichs in Paris, bei einem ökumenischen Treffen in Bossey, vor Studenten und Ordensfrauen. Sie hatte Kontakte zu Polen und besuchte die Ableger ihrer Gemeinschaft in Longwy, Paris, im algerischen Tizi-Ouzou und in Abidjan, an der afrikanischen Elfenbeinküste; von da an begann sie sich sehr stark für die Nöte der Dritten Welt zu interessieren.

Zunehmend beteiligte sie sich an den Debatten katholischer Intellektueller über eine mögliche Zusammenarbeit mit Kommunisten. Die Leser des Pariser Diözesanblatts fragte sie provokant: „Atheisten – gibt es die?" Sie gründete eine Arbeiter-Produktivgenossenschaft, demonstrierte für politische Gefangene und wirkte an den Anfängen der *Mission de France* mit, indem sie sich um die Ausbildung der Arbeiterpriester kümmerte.

Später hatte sie zwar manchmal den Eindruck, der missionarische Elan der Bewegung verflüchtige sich in der „Besessenheit" von einem ausschließlich sozialen Engagement, und sie erhob auch ihre kritische Stimme dagegen. Dennoch hielt sie den Arbeiterpriestern immer die Stange und zeigte sich schwer enttäuscht, als das Experiment 1954 zum erstenmal von Rom gestoppt wurde.

Ihrer Treue zur Kirche tat diese kalte Dusche allerdings keinen Abbruch. Eine realistische Liebe zur Kirche, sagte sie, bringe es nun mal mit sich, daß man Schläge und Wunden bekomme. Aber wer ohne Bindung an die Kirche versuche, das Evangelium zu leben, dessen Dasein sei „wie ein Manuskript, das bloß im Kreis einiger eingeweihter Freunde herumgereicht wird". Gute, lesbare Buchstaben gebe so ein Christenleben erst dann ab, wenn es „in der Druckpresse der Kirche gedruckt" werde.

Sie liebte die Kirche, der sie ihren Luxus vorwarf und deren vatikanische Führer sie wegen der ständigen Versuchung bedauerte, „im Charme dieser Kultur und dieses Reichtums" leben zu müssen. Nach dem Begräbnis des Pariser Kardinals Suhard kritisierte sie in einem Artikel für die katholische *Témoignage Chrétien* (Christliches Zeugnis) den „kalten, organisierten Trauerpomp" der Zeremonien und die Aussperrung der kleinen Leute, die nicht im Besitz einer Eintrittskarte waren: „*Notre-Dame* ist dazu da, das Pariser Volk zu empfangen." Nein, den Mund ließ sie sich nicht verbieten in all ihrer Liebe zur Kirche; denn wer liebt, der hat es nicht nötig, zu heucheln.

Madeleine Delbrêl starb sechzigjährig, am 13. Oktober 1964, einen schnellen Tod, als sie gerade über einer Schreibarbeit saß.

Vielleicht würde sie heute manches anders sagen, nachdem der Dialog zwischen Christen und Marxisten vielerorts schon ein gutes Stück weit vorangekommen ist. Vielleicht würde sie sich darüber freuen, wie Christen und Marxisten in manchen Ländern Lateinamerikas ganz selbstverständlich zusammenarbeiten, im Interesse der ausgebeuteten Menschen und in gegenseitigem Respekt. Zu ihrer Zeit war eine vorsichtige Öffnung, wie sie es versuchte, schon eine echte Pionierleistung.

Der Erfahrungsbericht, den sie im Vorfeld des Konzils 1962 für einige französische Bischöfe verfaßte, hat den Geist dieses Konzils jedenfalls mitgeprägt und auch Eingang in die Erklärung über die Kirche in der Welt von heute – *Gaudium et spes* – gefunden, wo die Haltung gegenüber dem Atheismus formuliert wird: Die Kirche, so heißt es da, könne die Leugnung Gottes nur voller Schmerz verurteilen. Sie verkenne aber nicht die Mitverantwortung der Gläubigen, die durch ihr religiöses, moralisches und gesellschaftliches Leben das wahre Antlitz Gottes „eher verhüllen als offenbaren", für die Entstehung des Atheismus. Heilmittel gegen den Atheismus könne nur das „integre Leben" der Kirche und ihrer Glieder sein, das Gott den Vater und seinen menschgewordenen Sohn im Zeugnis eines lebendigen und gereiften Glaubens sichtbar mache.

Das ist – im etwas geschraubten Stil, den Bischöfe schreiben – Geist vom Geist der Madeleine Delbrêl.

„Gebt mir das Geld für einen Tag Krieg!“

Raoul Follereau,
Begründer der Welt-Leprahilfe

*„Niemand hat das Recht,
allein glücklich zu sein!"*

Ich hatte einen Traum:
Ein Mensch erschien vor dem Gericht des Herrn.
‚Sieh, lieber Gott', so sprach er,
‚ich habe dein Gesetz beachtet,
habe nichts Unredliches, nichts Böses
oder Frevelhaftes getan:
Herr, meine Hände sind rein.'
‚Ohne Zweifel, ohne Zweifel',
antwortete ihm der liebe Gott,
‚doch sie sind leer.'"

Der Aufruf, in dem diese Sätze stehen, erschien im Jahr 1949. Durch ihn erfuhr die große Öffentlichkeit von dem Zweifrontenkampf, den der damals 46jährige Raoul Follereau führte – gegen den Hunger und gegen die Sattheit.

„Heute müssen wir uns entscheiden", hatte Follereau geschrieben, „sofort und für immer. Entweder werden die Menschen lernen, sich zu lieben, sich zu verstehen, und der Mensch wird endlich für den Menschen leben, oder die Menschen werden untergehen, alle, und zwar alle zusammen."

Für „unwürdige Kompromisse" sei keine Zeit mehr: „Wir müssen uns entscheiden ... und zuerst lernen, für andere zu leben. Wenn wir es nur fertigbrächten, an etwas anderes als an uns zu denken, jede Minute unseres Lebens uns zu vergegenwärtigen, während wir essen, schlafen, während wir nichts tun oder Schlimmeres als dies, daß es Geschöpfe gibt, Millionen menschlicher Wesen, die in Christus unsere Brüder sind, die verhungern und erfrieren; wenn wir es nur fertigbrächten, an die anderen zu denken, dann könnten wir nicht mehr essen gleich den Tieren, nicht mehr schlafen wie das Vieh und weiterhin einfältig glücklich sein. Wenn wir es fertigbrächten, das Elend der anderen zu begreifen, dann würden wir wahrhaftig zu Menschen."

„Atombombe oder Nächstenliebe?" So hatte Follereau

seinen Appell betitelt. Zuerst lächelten viele über den armen Idealisten und seine fixe Idee vom Kampf der Liebe gegen Wasserstoffbomben. Nur ein hoffnungsloser Träumer konnte das schreiben: „Ich bin sicher, eines Tages wird die Liebe recht behalten gegenüber der Gewalt, dem Egoismus und dem Geld." Aber die Realität, Monsieur Follereau, die brutale, traurige Realität!

Heute, wenige Jahrzehnte danach, sind seine Hilfswerke auf der ganzen Erde bekannt. Raoul Follereau hat das unvorstellbare Elend der Leprakranken in das öffentliche Bewußtsein gerückt und den Anstoß für weltweite Hilfsaktionen gegeben. „Apostel der Aussätzigen" nannten ihn seine Freunde voller Bewunderung. Solche Lobreden hörte er nicht gern – er, der gar nicht wie ein frommer Bußprediger aussah, sondern eher einem lebenslustigen Gourmet glich und hervorragend in einen exquisiten Weinkeller gepaßt hätte. Er erfand für sich selbst den Beinamen „Vagabund der Nächstenliebe", bei aller Bescheidenheit ein wenig kokett.

Krawattenstreit mit Mussolini

Dem jungen Follereau – er ist 1903 in Nevers geboren, ein Industriellensohn – sagt man eine glänzende literarische Karriere voraus. Mit siebzehn veröffentlicht er sein erstes Werk. Es heißt: *Buch der Liebe.* Die Gedichte des 25jährigen werden in „poetischen Matinéen" in der *Comédie Française* vorgetragen, die gefeierte Schauspielerin Madeleine Roch öffnet ihm alle Türen zur Bühnenwelt. Verschiedene seiner Dramen erreichen über tausend Aufführungen. Follereau muß ein recht selbstbewußter junger Mann gewesen sein. Aufmüpfig blieb er in gewissem Sinn sein ganzes Leben, und er bezog Kraft zum Durchhalten aus solcher Widerspenstigkeit.

Seine überdimensionale Künstlerkrawatte, schwarz mit Riesenschleife, verstand er selbst als Symbol für diese unangepaßte Haltung. Eine „Herausforderung" nennt er die monströse Fliege, einen Beweis der Freiheitsliebe, die „meine erste fordernde und eifersüchtige Leidenschaft" gewesen sei, einen „Protest gegen die Versklavung in Dingen der Kleidermode". Das sagte er auch Mussolini, dem italienischen Diktator, der an dem Schlips Anstoß nahm: „Diese auffallende Krawatte ist für mich ein sicheres Zeichen meiner individuellen Freiheit." Lächerlich der Anlaß, aber ein ziemlich mutiges Glaubensbekenntnis einem Faschisten gegenüber!

In den „poetischen Dramen" dieser Zeit – zarte Visionen einer besseren Welt, voller Idealismus und Vertrauen – brechen bereits die bestimmenden Ideen seines späteren Lebens durch. „Kein Traum ist zu groß", schreibt er da zum Beispiel, „geh weiter, bleib nicht stehen."

Siegessicher sind diese Gedichte: „Man muß im Herzen eine wunderbare Kraft haben, wenn man des Guten gewiß ist, das man tut ... Man wird unser Ideal nicht verstehen? Was tut's! Anzüglichkeiten wird es regnen, feige und verleumderisch? Habt Mut, Freunde! Der Kampf kann uns nie erschöpfen, der Traum ist nie zu groß! Denn der herrlichste und edelste Lohn, wenn man allein gegen hundert stand und fast zerbrach, ist doch das Wort, das wir auf dem Grund unseres Herzens lesen, das Wort, welches das Gewissen mit goldenen Buchstaben schrieb: ‚Ich hab dich nie verachtet.'"

Freilich, Follereau war nie nur Dichter. Früh schon macht sich sein hervorragendes Organisationstalent bemerkbar, seine Fähigkeit, Einzelaktionen zu planvollem Einsatz zu bündeln. Seine erste Gründung ist die *Liga der lateinischen Union,* deren Ehrenvorsitz die Herzogin von Vendôme innehat und deren Ziele ausgesprochen bombastisch formuliert sind: „Verteidigung der christlichen Zivilisation gegenüber jedwedem Heidentum und jeder Barbarei". In zahlreichen europäischen und südamerikanischen Ländern beginnt er Tochterorganisationen zu gründen.

Seine entscheidende Prägung erhält er jedoch von der Bewegung des Charles de Foucauld, eines ehemaligen Armee-Offiziers, der als Priester den Nomaden in der nordafrikanischen Sahara das Evangelium vorzuleben versuchte. In zahlreichen Vorträgen unterstützt Raoul Follereau die *Kleinen Brüder und Schwestern Jesu,* die Foucaulds Wege beschreiten und mit Slum-Bewohnern, Obdachlosen, Fabrikarbeitern zusammenleben.

Kurz vor dem Ausbruch des Krieges mit Deutschland hat Follereau unvorsichtigerweise eine Artikelserie im Mitteilungsblatt seiner Lige veröffentlicht, die an Deutlichkeit nichts zu wünschen übrigläßt. Der Titel: *Hitler, das Gesicht des Antichrist.*

Als die Nazis in Paris einmarschieren, entzieht sich der Autor der drohenden Verhaftung durch Flucht in die unbesetzte Zone; später geht er in den Untergrund. Noch so schwierige Bedingungen können indes seine Produktivität nicht lähmen: 1942 erfindet er die *Stunde der Armen* und bringt seine neue Idee in ungeheizten Sälen unter die Leute, mit hastig vorbereiteten Ansprachen, die nicht selten unter dem Geheul des Fliegeralarms ein vorzeitiges Ende finden.

Der Grundgedanke dieser Aktion: Jeder soll wenigstens einen Stundenlohn pro Jahr dafür verwenden, den Elenden zu helfen. Und zwar soll er nicht bloß ein Geldstück hergeben, um einen lästigen Bettler loszuwerden, sondern bewußt eine Stunde lang für ihn arbeiten, eine Zeitspanne seines Lebens opfern.

„Durch die *Stunde der Armen*", erläutert Follereau, „wollen wir eine lückenlose Kette der Liebe schaffen ... Umsonst hat man versucht, die Menschen durch große Ideen zusammenzuschließen, Ideen, die sehr oft nur hohle Worte waren. Ketten wir sie alle an dasselbe Werk der Liebe, vielleicht werden sie dann den Weg eines brüderlichen Zusammenlebens wiederfinden."

Das „Werk der Liebe" beginnt unter den bescheidensten Voraussetzungen. Follereau verfügt lediglich über eine Kartei mit ein paar hundert Adressen, die seine Frau auf der Flucht mitgenommen hat. In einem kleinen Hotel werden Konferenzen gehalten, in der Wohnung eines jungen Journalisten flammende Aufrufe getippt. Aber ein Jahr später haben bereits über 25000 Menschen geantwortet und fast eine halbe Million Franken (alter Währung) gegeben. 1950 sind es 52,6 Millionen Franken, die verteilt werden.

Die *Aktion Dritter Schuh* kommt hinzu, Follereaus Weihnachtshilfswerk, das die Kinder mobilisiert: Zu den beiden traditionsgemäß am Heiligen Abend unter den Kamin gestellten Schuhen soll sich ein dritter gesellen, dessen Inhalt für die Kinder in Not bestimmt ist. „Als der kleine Jesus zur Welt kam", schreibt Follereau in seinem Aufruf, „ist er arm gewesen. Hättet ihr nicht mit ihm eure Süßigkeiten und eure Spielsachen teilen wollen?" Ein paar Jahre darauf gehen in Follereaus Zentrale schon 80000 Päckchen ein.

Der verzweifelte Brief eines marokkanischen Freundes löst die berühmt gewordene „Chininschlacht" aus: Eine gefährliche Sumpffieber-Epidemie hat die nordwestafrikanische Region heimgesucht. Wo das lebensnotwendige Chinin im besetzten Frankreich mit seinen rationierten Vorräten auftreiben?

Follereau und seine Freunde gehen von Apotheke zu Apotheke, erzählen von der Not jenseits des Mittelmeers. Innerhalb weniger Stunden bekommt die Gruppe 12000 Dosen Chinin zusammen, weitere 50000 folgen. Zwei Wochen später erhält Follereau ein Telegramm des marokkanischen Paters: „Epidemie totaler Rückgang dank Ihrer Hilfe. Vielen Dank."

Und 1946 schließlich gründet Follereau den *Ordre de la Charité,* die freie Gemeinschaft der brüderlich Handelnden. „Ich war immer der Ansicht", wird er einmal rückblickend sagen, „meine Aufgabe bestehe darin, Initiativen wachzurufen und sie in einfachen und knappen Formeln auszudrükken, damit sie fähig seien, sich in den Herzen jener festzusetzen, die auf meine Stimme hörten. Ich sollte ihnen Flügel leihen und sie dann fortfliegen lassen."

„Christ ist mein Vorname"

„Der Egoist ist immer traurig", weiß dieser Botschafter der Liebe, „der Egoist ist immer einsam, der Egoist tut immer nur so, als sei er glücklich. Inmitten seiner gekünstelten Freuden stellt er mit Bangen fest, daß sein Leben glanzlos und sinnlos ist, weil eben unmenschlich." Die Liebe zum Nächsten allein vermöge den Menschen über die Todverfallenheit hinauszuheben. „Sie ist die Botin Gottes, sie ist ein Funke Ewigkeit."

Hier wird deutlich, daß Follereaus Humanismus immer mehr gewesen ist als ein unverbindliches „Seid nett zueinander" oder praktische Lebensphilosophie. Nicht tiefschürfende Überlegungen über das wenig harmonische Gefüge der Welt und die Beziehungen der Menschen untereinander haben ihn zum Engagement getrieben, sondern eine ganz einfache Erfahrung: „Die Liebe sieht im Gesicht des Armen, des Leidenden, des Verfolgten das Gesicht Jesu." Weil er in jedem Elenden Christus begegnete, direkt und persönlich, darum mußte er helfen, ohne lange zu fragen, abzuwägen und zu analysieren.

Denn solange es auf Erden noch einen unschuldig Hungernden, Frierenden, Verfolgten gebe, solange sei die Botschaft der Liebe Christi nicht erfüllt, und niemand habe das

Herr, lehre uns, nicht mehr uns selbst zu lieben und uns nicht damit zu begnügen, die Unseren zu lieben und die, welche uns gern haben.
Herr, lehre uns, nur an die andern zu denken, zuerst jene zu lieben, die niemand liebt. Herr, laß schmerzlich uns spüren das Leid der andern.
Herr, schenk uns die Gnade, zu begreifen, daß es zu jeder Minute unseres Lebens, unseres glücklichen und von dir wohlbehüteten Lebens, Millionen menschlicher Geschöpfe gibt, die deine Söhne sind, die unsere Brüder sind, die vor Hunger sterben und nicht verdienten, vor Hunger zu sterben, die vor Kälte sterben und nicht verdienten, vor Kälte zu sterben ...
Herr, hab Erbarmen mit allen Armen der Welt. Hab Erbarmen mit den Aussätzigen, denen du einst auf dieser Erde zugelächelt hast, den Millionen Aussätzigen, die ihre Hände ohne Finger, ihre Arme ohne Hände deiner Barmherzigkeit entgegenstrecken ...
Und vergib uns, daß wir sie allzulange aus schmählicher Angst im Stich ließen.
Herr, laß nicht länger zu, daß wir ganz allein glücklich sind.
Gib uns die Angst vor dem Leid der ganzen Welt, und mach uns von uns selber frei – so es dein Wille ist.

Recht, müßig zu sein. „Mensch ist mein Familienname", so hat er mit großen Respekt gegenüber nichtglaubenden Humanisten bekannt, „Christ mein Vorname." Viele seiner Meditationen und Denkanstöße haben die Form von Gebeten und münden in die Bitte an Gott: „Möge unser Leben ein Spiegel deiner Liebe sein!" Denn das Herz, allein das Herz sei der Schlüssel zum Himmelreich.

Jemand, der wie Follereau im Hilfsbedürftigen weder eine verachtenswerte gescheiterte Existenz noch ein lästiges Objekt bürokratischer Fürsorge sieht, sondern den armen, ohnmächtigen Christus, ist nicht von Erfolgsmeldungen abhängig und pocht nicht auf die Dankbarkeit des Beschenkten.

„Die Liebe rechtfertigt sich nicht mit ihren Siegen“, konnte der Christ Raoul Follereau sagen. „Nicht eine Spur von ihr ist je verloren. Jede Anstrengung aus Liebe, auch wenn sie erfolglos bleibt, verbindet uns inniger mit Gott.“ Seine immer wiederkehrende Bitte lautete: „Freunde, wollt ihr so gut sein, niemals an der Güte, am Mitleid, an dem, was ich ‚Liebe, die die Welt rettet‘ nannte, zu zweifeln?“

In seinem Exil – ein Schwesternkloster in der Bannmeile von Lyon – entdeckt Follereau in diesen Jahren die „schmerzlichste unterdrückte Minderheit der Welt“, wie er sie nennt: die Leprakranken. Auf mehreren Reisen rund um den Erdball besucht er die Leprastationen in zahlreichen Ländern. Erschüttert beginnt er einen Feldzug gegen die Not, die er gesehen hat. Seine Hilfsaktionen organisiert der „Vagabund der Nächstenliebe“ gemeinsam mit seiner Frau („das größte Glück meines Lebens“). Er redet, schreibt, sammelt und reist. Weit über zwei Millionen Kilometer hat er im Dienst der Aussätzigen zurückgelegt und 102 Länder besucht.

Ein sozial verbrämter Dauerurlaub war das beileibe nicht. Mit Schrecken erinnert sich das Ehepaar Follereau etwa an jene Gewitternacht, als der Motor ihres Bootes mitten auf dem Amazonas aussetzte und die beiden mühselig mit Konservendosen ans Ufer paddelten, wo sie im Schilf steckenblieben, in der Gesellschaft Tausender Stechmükken und überdimensionaler Alligatoren.

In rund 50 Büchern und Broschüren hat dieser Chronist des Elends die Lebensbedingungen der Leprakranken geschildert. Die meisten von ihnen sind immer noch zu einem trostlosen Dahinvegetieren verurteilt. In „Gespenster-Leprosenhäusern“ wie diesem:

„Fünfzehn Kilometer von der großen Stadt entfernt, sind 22 Aussätzige versteckt und vergraben. Ein vom Leid gezeichnetes Gesicht, mit erloschenen Augen; das ist der Chef. Taumelnd führt er uns. Der Besuch ist schnell gemacht: es gibt nichts zu sehen, nur Verfall und Elend.

In der ‚Apotheke' sind genau drei Pakete Verbandszeug. Man hebt sie der Merkwürdigkeit halber auf, denn die Wunden der Aussätzigen sind unbedeckt und blutig. Das Erstaunlichste ist übrigens, daß überhaupt eine Apotheke da ist. Denn die ‚Anstalt' ist auf der Karte des Gesundheitsdienstes überhaupt nicht verzeichnet. Ein Gespenster-Leprosenhaus, fünfzehn Kilometer von der großen Stadt entfernt.

Wir fragen den Blinden: ‚Wie steht's mit der Ernährung?'

‚Wir erhalten (von wem wohl) hundert Kilo Reis alle drei Monate.' Das macht – wenn ich richtig rechne – 50 Gramm Reis täglich für jeden Kranken …

Ich sage zum Chef: ‚Euer Unglück ist zu Ende. Wir versprechen, euch zu ernähren und pflegen zu lassen. Und das sofort.'

Er will etwas sagen. Da er zögert, versuche ich ihm zu helfen: ‚Willst du etwas? Etwas anderes? Sag es. Sag es ohne Furcht.'

Da sagt der Blinde mit einer sonderbar sanften Stimme: ‚Könntest du uns eine Schaufel und eine Hacke schicken?' Und noch leiser, beinahe verschämt: ‚Damit wir unsere Toten begraben können. Du verstehst, bei dem Zustand unserer Hände …'

Man möchte weinen und die Fäuste ballen.

Und da geschieht es, daß eine amputierte und gelähmte Frau, die sich wie ein gräßlich zerstückelter Wurm über den Boden schleppt, sich meiner Frau nähert und ihr ein Ei hinhält. Ein Ei: Ihr ganzer Reichtum. Sie sah uns in unserem schönen Auto ankommen, sie sah uns in unseren sauberen Kleidern aussteigen, mit unseren dumm-glücklichen Gesichtern. Sie weiß nichts von uns, außer daß wir das alles haben, was sie nicht hat. Sie versuchte nicht, uns Steine nachzuwerfen. Nein, sie kam, um uns die Hand entgegenzustrecken. Um zu geben. Denn sie ist es, die gibt. Sofort. Mit schwerem Herzen müssen wir es annehmen, ihr die Freude gönnen, diejenige zu sein, die als erste gibt.

Langsam, sehr langsam fahren wir los ... um uns selbst nicht den Anschein zu geben, als ob wir fliehen würden ..."

Die Gettos öffnen sich

„Das Elend in der Welt muß sich in unser Fleisch einbrennen, unser Blut zum Kochen bringen", schwor sich Follereau und klärte die Weltöffentlichkeit über die katastrophale Lage der Aussätzigen auf. In 1200 Vortragsveranstaltungen brachte das Ehepaar Millionenbeträge zusammen. Damit wurden neben dem ersten großen Behandlungszentrum mit 500 Betten an der Elfenbeinküste, Adzopé, viele kleine Siedlungen errichtet, die die bisherigen Leprosenhäuser ablösen und den Kranken ein menschenwürdiges Leben ermöglichen sollten.

Die Umwandlung solcher Gettos in Behandlungszentren und die Sicherung der Menschenrechte Lepröser durch ein internationales Statut forderte er auch 1952 in einer Botschaft an die Vereinten Nationen. Zwei Jahre später bekam sein Antrag die einstimmige Unterstützung der französischen Nationalversammlung; Griechenland, Indien, Vietnam, Kolumbien und weitere Länder schlossen sich an. Das griechische Parlament etwa schaffte die Absonderung der Leprakranken am 6. September 1955 per Gesetz ab. Mittlerweile hatte der erste *Welttag der Leprakranken* stattgefunden, der heute in 140 Ländern begangen wird: jedes Jahr am letzten Sonntag im Januar, dem Todestag von Mahatma Gandhi.

Schwärmerische Fehlentwicklungen bedachte er mit einem ihm sonst ganz fremden spöttischen Sarkasmus, und er hatte ein untrügliches Gespür für die wirklichen Motive derer, die ihm ihre Hilfe und Mitarbeit anboten. Follereau: „Es handelt sich nicht darum, zu den Leprakranken zu gehen aus abgeschmackten und lächerlichen romantischen Gefühlen heraus und mit einem Gesänglein des Mitleids auf den Lippen. Man muß sich vielmehr zum Dienst an ihnen verpflichten und durch unerläßliche Studien erworbenes Fachwissen mitbringen."

Ebensoviel Unbehagen bereitete ihm eine sentimentale Almosenfrömmigkeit mit ihrer Beschränkung auf „jene herablassende milde Gabe, die von oben herab gegeben wird und die den Geber entehrt, wie sie den Empfänger beleidigt. Almosen sind eine Karikatur der Liebe!" Man habe die Liebe wohl zum Almosen verkleinert, sinnierte er einmal, um sie loszuwerden – mühsam genug sei es schließlich, alle Welt zu lieben.

Eines Tages gingen zehn Franken bei ihm ein nebst ein paar Zeilen auf parfümiertem Papier: „Bitte senden Sie mir keine solchen Hefte mehr mit diesen entsetzlichen Bildern von Aussätzigen. Zwei Nächte lang wurde ich von Angstträumen bedrängt. Beiliegend zehn Franken für die Aussätzigen; aber um der Liebe Gottes willen, lassen Sie mich nichts mehr davon hören!"

Raoul Follereau sandte der vornehmen Dame ihren Geldschein zurück und schrieb mit schneidender Schärfe dazu: „Möge Gott Ihnen die Angstträume belassen, gnädige Frau. Das ist das größte Gut, das ich Ihnen wünschen kann bis zu dem Tag, an dem diese Fotos, die Sie entsetzlich finden (ah! wenn man doch die Seelen fotografieren könnte!), bei Ihnen nicht nur Entsetzen und noch weniger Mitleid, sondern eine hellsehende und mutige Liebe wecken. Ich sende Ihnen Ihren Zehnfrankenschein zurück, weil er schlecht gegeben wurde und weil ich deshalb nicht weiß, was ich damit anfangen soll. Sie werden ihn selbst einem Armen geben, wenn Sie fähig geworden sind, auch um den Preis Ihrer behaglichen, schlaferfüllten Nächte, seine Armut zu sehen und ihm die Hände zu reichen.

Sie haben geglaubt, Gutes zu tun? In Wirklichkeit wollten Sie sich uns vom Halse schaffen. Uns und die Armen. Ist das Liebe? Liebe, wie man einen Hund liebt, wenn man ihm einen Knochen hinwirft."

Denn Mitleid, „diese kränkliche Form der Liebe", ist für Follereau immer bloß ein Vorwand. Die soziale Frage sei nicht durch Weihnachtsbäume zu lösen, stellt er klar, und der Hunger nicht mit Sammlungen abzuschaffen: „Nächstenliebe heißt nicht geben, sondern teilen!"

Nicht ein wenig von unserem Überfluß braucht der Arme, der Unglückliche neben uns, sondern daß wir seine Leiden teilen, seinen Groll, seine Freude, daß wir ihn in unser Dasein miteinbeziehen. Das hat auch etwas mit den Besitzverhältnissen zu tun, mit der Verteilung der Güter, denn: „Liebe ohne Gerechtigkeit ist wie ein blökender Hammel!"

Die Schlacht gegen die Lepra – das betont Follereau immer wieder – darf sich nicht auf die medizinische Arbeit und die Errichtung neuer Heilstätten beschränken. Wichtiger noch ist ihm der Kampf gegen die „andere Lepra": gegen Angst, Egoismus und Feigheit. Die Lepra ist eine Krankheit wie alle anderen auch, nicht ansteckender und genauso heilbar, außer im weit fortgeschrittenen Stadium. Aber eine panische Angst vor dem „Aussatz" verhindert besonders in den unterentwickelten Ländern oft jede Behandlung und verdammt die Kranken zu einem menschenunwürdigen Leben im Getto.

„Hier ist ein kleines Kind", notierte sich Follereau beim Besuch in einem Leprosenhaus, „ein Knabe von sieben oder acht Jahren, mit nur einem kleinen Fleck auf der Stirne. Ein beginnender Aussatz, den die geringste Sulfon-Kur auf immer beseitigt. Doch er ist ins Leprosenhaus gekommen. Und vom Leprosenhaus kommt man nicht mehr heraus.

Er hatte gesagt: „Ich will nicht bleiben." Doch das Gesetz ist ausdrücklich: die Aussätzigen müssen isoliert und eingesperrt sein. Die Polizei übernimmt dies. Man kann erraten, wie.
Er entfloh. Man fing ihn wieder, brachte ihn mit Handschellen zurück. Er sagte: „Ich werde es wieder tun."
Er tat es wieder. Ein zweites Mal war die Polizei hinter ihm her. Er wurde erwischt, gebunden, zurückgebracht.
Er sagte: „Wenn man mich wieder erwischt, nehme ich mir das Leben." Und ein drittes Mal entwich er. Er verbarg sich. Man fand ihn, fing ihn wieder.
Er nahm sich das Leben.

Nicht einmal tot, denn auch der Friedhof, ‚ihr' Friedhof, ist mit Stacheldraht umzäunt.

Ich sage zum Arzt: ‚Doktor, dieses Kind, Sie wissen es besser als ich, ist nicht ansteckend. In wenigen Wochen kann seine Krankheit vergehen. Doch wenn es hier bleibt, inmitten all dieser Kranken, dieser von Syphilis und Aussatz verfaulten Wesen, ist es verloren. Es wird wie alle anderen verfaulen ... Sehen Sie doch: es ist noch so jung und kann noch lächeln. Öffnen Sie die Türe.'

Da er kein Wort sagt, dränge ich: ‚In diesem Alter braucht man noch die Mutter. Es muß doch irgendwo eine Mutter haben ... Es muß seine Mutter wiederhaben!'

Da blickt mich der Mann entrüstet an: ‚Aber, mein Herr', sagt er, ‚hier ist es sehr glücklich. Wir haben ihm ein Fahrrad gekauft.'"

Und irgendwo auf einer Insel der französischen Kolonien findet der „Vagabund der Nächstenliebe" ein völlig gesundes Mädchen, ungefähr zwölf Jahre alt, in der Lepròsen-Abteilung des Krankenhauses, von den übrigen Stationen durch ein Gitter getrennt. Sein Pech: Es ist auf einer Aussätzigen-Insel geboren worden. Es ist nicht krank, ihm fehlt nichts. Aber seine Eltern waren aussätzig.

„Das genügt", sagt Follereau, „um ein gesundes, unschuldiges, nettes kleines Mädchen auf Lebenszeit ins Leprosenhaus zu verdammen. Und das tun Leute, die zur Kirche gehen und überzeugt sind, daß der liebe Gott mit ihnen sehr zufrieden ist."

Die gut versicherten Christen

Angst und Feigheit, Borniertheit und Resignation – das sind die eigentlichen Ursachen für das kaum beschreibbare Elend der Leprakranken. Die „andere Lepra", die Wurzel allen Übels: darunter fällt für Follereau auch die Hartherzigkeit einer satten Wohlstandsgesellschaft. „Ihr Christen", redet er ihre Bürger an, „die ihr euren sogenannten Glauben bieder auf eure Söhne vererbt, ihr Christen, die ihr satt und gut versichert seid, ihr zahlt die Schätze der Liebe, die euch die Frohbotschaft Jesu vermacht hat, in sehr kleiner Münze aus."

Die ausgetrocknete Zivilisation habe aus dem Glauben „ein Handbuch des Wohlverhaltens und der Ordnung" gemacht, „im besten Fall noch eine Versicherung gegen das ewige Höllenfeuer". Ihm ist das zu wenig. Denn ein erbauliches Christentum gibt es nicht, und die vom Evangelium verlangte soziale Revolution darf nicht länger aufgeschoben werden. Verrat an der Botschaft Christi ist es, das eigene Heil sichern zu wollen und darüber den notleidenden Mitmenschen zu vergessen, mit dem sich Christus solidarisch erklärt hat.

„Seit 2000 Jahren", so fragt er nachdenklich, „ist christliche Zeitrechnung ... Doch wann werden wir beginnen, Christen zu sein?"

Entsetzt berichtet er von der Kirche in dem kleinen Dorf, in der es kein Weihwasserbecken gibt. Und warum nicht? Weil auch die Aussätzigen, die nicht behandelten, ihrem

Die glücklichen Leute, die fürchterlich glücklichen Leute, tun nichts. Sie wollen es nicht wahrhaben. Sie verstehen sich darauf, daß ihre Verdauung nicht gestört wird.
Sie tun, was man zu tun sie lehrte. Sie tun nichts, was man ihnen verbot. Also liegt es auf der Hand, daß der liebe Gott ihnen das Paradies schuldet. Im übrigen ist ihr Platz gesichert: sie haben ihn vorausbezahlt.
Für sie ist die Religion eine Feuerversicherungspolice gegen die Hölle.
Und beim Einschlafen erinnern sich die „Kleinbürger der Ewigkeit" der bequemen Maxime aus ihrer Kindheit: „Jeder für sich, der liebe Gott für alle."

Schicksal überlassenen Aussätzigen ihre verfaulenden Finger in das geweihte Wasser tauchten und man Fleischfetzen am Boden der Steinmuschel fand. „Anstatt sie nun zu behandeln, hat man das Weihwasserbecken weggenommen."

Dagegen wird Raoul Follereau anschreien, bis das Weltgewissen unwillig aus seinem Schlaf erwacht. „Und jene, die lieber ihre Augen schließen, die gerne taub sind, jene, die den Smoking anziehen, um die Welt zu verbessern, von großen Hungersnöten sprechen, während sie Kuchen knabbern, werden mich letzten Endes eines Tages hören." Dann werden die Menschen begreifen, daß der Reichtum ein „teuflischer Wahn" ist und daß sie keine Festungen mehr bauen müssen, in denen sie kalten Blickes die sterben sehen, „denen das fehlt, was sie selbst zuviel haben".

Um einen solchen Denkprozeß in Gang zu setzen, konfrontierte Follereau die Weltöffentlichkeit mit beschämenden Zahlen: Mit dem Wert eines Flugzeugtorpedos könne man den Kindern aus Elendsbehausungen 16000 Ferientage bieten. Mit dem, was ein Bomber modernster Bauart koste, ließen sich 30 Schulen mit je 20 Klassenzimmern bauen. Um den Preis eines einzigen Flugzeugträgers könne man

400000 Menschen ein Jahr lang ernähren ... Es sei höchste Zeit, „Todeswaffen in Lebenswerke umzukehren".

1944 richtete Follereau einen ersten Aufruf an US-Präsident Roosevelt. Ein paar Jahre später bat er US-Präsident Eisenhower und den sowjetischen Ministerpräsidenten Malenkov um jeweils ein Flugzeug. Denn mit dem Preis für zwei Todesbomber könne man alle Aussätzigen dieser Welt pflegen.

„Ein Flugzeug weniger in jedem Lager würde das Verhältnis Ihrer Streitkräfte nicht verändern ... Sie können weiterhin ruhig schlafen. Ich, ich werde besser schlafen. Und Millionen armer Leute werden endlich schlafen." Die Probleme seien damit noch nicht gelöst, gewiß, aber sie würden sich erhellen, und er, Follereau, wäre nicht mehr allein mit seiner Hoffnung – „wenn es Gott gefällt, diesem lieben Gott, an den nur einer von Ihnen glaubt, doch der Sie alle beide liebt ..."

1959 erneuerte er seinen Appell, diesmal an die Adresse von Eisenhower und Chruschtschow. In einem Brief „an alle Staatsmänner der Welt" argumentierte er, wenn es nicht mehr soviel Elend auf der Welt gäbe, wäre auch die Chance weiterer Kriege geringer. „Wenn alle Nationen, klein oder groß, im Jahre 1962, sooft sie zur Kriegsvorbereitung eine Million geopfert haben, 100 Franken für die Pflege der Aussätzigen gegeben hätten, wären alle Aussätzigen der Welt gepflegt worden. Eine Million, um zu töten: 100 Franken, um zu heilen. Das ist so leicht und scheint so lächerlich, daß man es sich nicht vorzustellen wagt, daß ein einziges Land es abschlagen könnte." Doch alle Aufrufe blieben ohne Erfolg.

Da wandte sich Raoul Follereau an die Jugend. Ihr riet er: „Wenn Ihr essen wollt, sagt nicht: ‚Ich habe Hunger!' Sondern denkt an die 400 Millionen junger Mädchen und junger Männer, die heute nichts essen werden. Denn die Hälfte der Jugend der Welt leidet Hunger. Wenn Ihr einen

Schnupfen habt, sagt nicht: ‚Mein Gott, ich bin so krank!‘ Sondern denkt an all diejenigen, die leiden, an die 800 Millionen menschlicher Geschöpfe, die niemals einen Arzt gesehen haben. Und besonders an die 15 Millionen Leprakranken, die von der Welt verflucht sind und wovon noch 12 Millionen ohne Pflege, ohne Hilfe, ohne Liebe sind. Ihr Verbrechen? Sie sind krank ...

Eines Tages, als ich in Asien war, wurde ich zu einer im Sterben liegenden Leprakranken gerufen. Sie war jung – 22 Jahre – von überdurchschnittlicher Körpergröße. Ich sah sie, ohnmächtig, in kleinen Zuckungen ihr qualvolles Leben aushauchen. Als sie tot war, packte mich der schauderhafte Wunsch, sie zu wiegen. Ich nahm das noch warme Knochenbündel in meine Arme und trug es auf die Waage. Die Leprakranke mit 22 Jahren wog 20 Kilo. Ihr wißt jetzt, woran sie gestorben ist.

Weil ich darüber entsetzt und empört war, sagte man mir: ‚Dies ist so seit Anbeginn der Welt. Sie werden daran nichts ändern. Das ist unmöglich.‘ Unmöglich? Das einzig Unmögliche ist, daß Ihr, daß ich, daß wir noch essen, schlafen und lachen können, wo wir wissen, daß es auf der Erde Frauen mit 22 Jahren gibt, die sterben, weil sie 20 Kilo wiegen ... Wird das so bleiben? Das ist die Frage, auf die Ihr antworten werdet.“

Bei den jungen Menschen fand Follereaus Botschaft ein fantastisches Echo: Drei Millionen Jugendliche aus 125 Ländern unterschrieben einen Brief an die Vereinten Nationen. Ihre Forderung: Jedes Land der Erde sollte die Rüstungskosten eines Tages für den Kampf gegen Hunger, Seuchen und Slums zur Verfügung stellen. Die Vollversammlung der Vereinten Nationen hieß Follereaus Vorschlag am 5. Dezember 1969 gut. Sie stellte sich selbst die Aufgabe, praktische Möglichkeiten für die Verwendung so gewonnener Gelder zu erörtern.

700 000 Dollar vom Schah

Von der Unterstützung der jungen Leute hatte sich Follereau den Durchbruch erhofft – er wurde bitter enttäuscht. Die meisten Politiker schwiegen zu seiner Bitte, vor allem die aus den Industrienationen. Mit einer Ausnahme: Ausgerechnet der diktatorisch regierende Schah von Persien, an dessen Thron das Blut von Gefolterten und Ermordeten klebte, hatte bereits 1966 den Gegenwert eines Tages vom Militärbudget des Iran – das waren 700 000 Dollar – für die Aussätzigenhilfe locker gemacht.

Immerhin, die Aktionen hatten Aufmerksamkeit erregt. Follereaus Schlacht gegen die Lepra wurde mit steigendem Interesse verfolgt – und auch unterstützt.

Heute wird bereits jeder Dritte der rund 15 bis 20 Millionen Aussätzigen in der Welt regelmäßig behandelt. Die internationalen Hilfswerke erweitern laufend ihre ambulanten Dienste. Damit können sie Kranke bereits im Frühstadium versorgen. Je früher die Behandlung beginnt, desto besser ist die Aussicht auf völlige Heilung. Deshalb sind umfassende Reihenuntersuchungen in den betroffenen Ländern notwendig, und das ist eine kostspielige Angelegenheit. Genauso wichtig wie die Einrichtung von Krankenhäusern erscheint inzwischen der Aufbau flächendeckender Kontroll- und Behandlungsprogramme für große Landstriche. Mehr und mehr versucht man auch, den Kampf gegen den Aussatz in die allgemeine Gesundheitsfürsorge einzugliedern. So verhindert man zum einen die bekannte Gettobildung, zum andern wird die kombinierte Behandlung etwa von Lepra und Tbc erleichtert.

Den sozialen Nährboden der Krankheit kennt man mittlerweile: Hunger, Mangelernährung, Elendswohnungen. Um die Ansteckungsgefahr auszuschließen, genügt meist ein kurzer Krankenhausaufenthalt mit einer medikamentösen Stoßtherapie. Danach muß der Kranke aber oft jahrelang weiterbehandelt werden, bis die Geschwüre, die er nicht spürt und sich deshalb immer wieder selbst aufstößt, völlig ausgeheilt sind. Entscheidend wichtig sind deshalb Trainingsmaßnahmen für die abgestorbenen Muskeln und Nerven der Leprakranken: In Bädern kneten sie zum Beispiel warmes Wachs mit Händen und Füßen, um die Glieder wieder zu aktivieren.

Wichtiger Bestandteil der Strategie gegen die Lepra ist die Rehabilitation und soziale Wiedereingliederung der Geheilten. Manche bleiben ein Leben lang stark behindert, andere leiden unter ihren entstellenden Narben. Viele Lepraheime verfügen über Lehrfarmen und Werkstätten, in denen die wiederhergestellten Patienten allmählich den Anschluß an die Berufswelt wiederfinden sollen. Auch die Forschung hat noch ein riesiges Arbeitsfeld vor sich. Vor allem fehlt ein wirksamer Impfstoff, weil der Lepra-Bazillus hartnäckig allen Versuchen widersteht, ihn im Labor zu züchten.

Jeder dritte von 20 Millionen wird behandelt – eine deprimierende Bilanz? Nicht, wenn man gesehen hat, was das heißt: Von der Lepra geheilt.

Von einem „verfluchten Dorf" berichtet Raoul Follereau, auf der Landkarte gar nicht verzeichnet, dessen Bewohner für die Verwaltungskarteien als nicht geboren galten. „Sie existierten einfach nicht. Damit war alles gesagt."

Zehn Jahre später: Der Welttag der Aussätzigen wird mit einem Fest begangen, der Präsident der Republik ist zugegen. „An der Spitze eines imposanten Zuges schreitet er auf der neuen Straße, die anstelle des schmachvollen kleinen Weges von einst gebaut worden ist. Und hier ... fallen große Anschlagtafeln ins Auge.

Darauf steht: ‚Wir haben tausend Ölpalmen gepflanzt.' Und weiter: ‚Wir haben 24 Hektar gerodet. Wir haben aus dem Nichts fruchtbare Felder angebaut.' Und noch weiter: ‚Wir haben grünende Wiesen geschaffen.' Wer ist das: ‚Wir'? Die Aussätzigen.

Hier haben die Aussätzigen einen Namen, eine Identität, eine Familie und eine Zukunft. Sie haben durch ihre Arbeit wieder in die Gesellschaft zurückgefunden. Sie arbeiten: also sind sie Menschen. Sie sind Menschen: also singen sie."

Ein Wunder? Nein, denn die Lepra ist heilbar, wenn sie früh genug erkannt wird. Das gilt vor allem für Hunderttausende von Kindern, die irgendwo den Lepra-Bazillus aufgeschnappt haben. Von Würzburg aus kämpft das *Deutsche Aussätzigen-Hilfswerk* gegen das Elend der Leprösen. Bisher sind 600 bitter notwendige Projekte in mehr als 60 Ländern der Welt unterstützt worden. Das Hilfswerk kann sich auf 200 000 Spender und 3000 ehrenamtliche Mitarbeiter verlassen, damit die Arbeit weitergehen kann.

Zum Beispiel im indischen Chettipatty, wo mobile Ambulanzen 500 Dörfer betreuen und mehr als 9000 Menschen regelmäßig behandeln. Deutscher Beitrag: bisher 2,5 Millionen Mark.

Zum Beispiel in Äthiopien, wo in einem gesamtafrikanischen Ausbildungszentrum medizinisches und pflegerisches Personal geschult wird. Gleichzeitig finden dort 12 000 Patienten Behandlung. Deutscher Beitrag: bis heute rund vier Millionen Mark.

Auf solche Projekte war Follereau stolz; die Auszeichnungen, mit denen man ihn überhäufte, bedeuteten ihm herzlich wenig. Er erhielt zweimal den *Prix Monthyon* der *Académie française,* war Präsident des *Ordens der Barmherzigkeit,* Ritter der Ehrenlegion und Kommandeur des *Ordens vom Heiligen Stuhl.* Die kanadische Universität Sherbrooke machte ihn zum Ehrendoktor. Follereau gehörte der Akademie der Kolonialwissenschaften an, war Ehrenmitglied der Akademie der moralischen und politischen Wissenschaften und Ehrenpräsident der Internationalen Vereinigung der Leprahilfswerke.

1974 schlug Frankreichs Staatspräsident Alain Poher gemeinsam mit 22 Regierungen vor allem von Ländern der

Dritten Welt den 71jährigen für den Friedensnobelpreis vor – vergeblich. Drei Jahre später starb Raoul Follereau.

Hören wir ihn zum Abschluß noch einmal selbst:

„Von einer weltverlorenen Insel im Pazifik schrieb mir ein Missionar, der den Leprakranken dient: ‚Unsere größte Sorge müssen wir der Rattenplage zuwenden. Sie wissen, daß die von der Lepra befallenen Glieder oft gefühllos werden, die Hände wie die Füße. Nachts machen sich die Ratten daran zu schaffen. Es gibt kaum einen Morgen, an dem nicht ein Kranker erwacht, der einen blutenden Fuß oder eine Zehe weniger hat. Ich habe für sie Schuhe zum Schutz erbettelt. Oft wies man mich ab. Oder – schlimmer noch – man entledigte sich meiner, indem man mir Schuhe gab, die nicht zueinander paßten, oder solche, die man nicht mehr gebrauchen konnte. Aber selbst wenn die Kranken sich hiermit schützen können, so fühlen sie sich doch gedemütigt.‘

So etwas ist doch widerwärtig, nicht wahr? Aber warten Sie den Schluß ab, denn es ist ein Ende mit Glanz.

Einige Wochen später schrieb mir der gleiche Missionar: ‚Ein Tornado hat auf unserer Insel 170 Häuser weggerissen und einige weitere hundert zerstört. Natürlich waren dies die schwächsten, also die, die den Ärmsten gehören. 2000 Betroffene sind ohne Dach, und niemand kümmert sich um sie. Heute morgen kamen meine Leprakranken. Sie sagten mir: Das wenige Geld, das wir besitzen, haben wir zusammengelegt. Hier ist es für die Obdachlosen. Man muß nicht unglücklich sein und dabei die anderen Unglücklichen vergessen.‘

Jetzt lesen Sie nicht weiter. Erheben Sie sich vielmehr. Betrachten Sie im Spiegel Ihr sattes Gesicht, Ihre ordentlichen Kleider, Ihre gut gewichsten Schuhe, Ihre glücklichen Kinder, Ihr festes Dach, Ihr so behütetes Leben. Und haben Sie nichts für die anderen getan, versuchen Sie, Ihren eigenen Blick auszuhalten."

Die erste große,
umfassende und ungeschminkte Biographie
über Thomas Merton

Monica Furlong

Alles, was ein Mensch sucht

Thomas Merton, ein exemplarisches Leben

„Diese große und wohl schwer zu überbietende Biographie zeigt, daß Thomas Merton nicht nur der schweigende und schreibende Mönch war, sondern ein Prophet des 20. Jahrhunderts. An seinem Leben wird die grundsätzliche Dialektik von Aktion und Kontemplation, von Innerlichkeit und Engagement, die dem Christentum insgesamt anhaftet, deutlich. Daß diese Biographie noch dazu spannend geschrieben ist, macht sie zu einem interessanten Lesebuch für breiteste Kreise." *Anzeiger für die Seelsorge*

„Wer diesen wichtigen Inspirator nordamerikanischer geistlicher Erneuerung wie Friedens- und Menschenrechtsbewegung verstehen will, sollte zu diesem Buch greifen."
Pax-Christi

424 Seiten, gebunden
ISBN 3-451-19627

Verlag Herder Freiburg · Basel · Wien